淵海子平 正說 ❶권

김찬동 金讚東

· 1950년 경북 달성 출생, 장로교신학대학교 졸업
· 한국추명학회 정회원 · 광진구 지부장, 한국역술학회 정회원
· 추명학 연구와 동양철학 학술연구로 감사패와 표창장을 여러 차례 받음
· 수년간 성경 · 불경 · 논어 · 명리학 연구
· 현재 역산철학원 원장
  일본의 동경 · 경도 등을 여행하며 일본풍수학 연구 중

저서에는 『역산성명학』(삼한), 『이렇게 하면 좋은 운이 온다』(삼한), 『역산비결』(삼한), 『복을 부르는 방법』(삼한), 『운을 잡으세요』(삼한), 『적천수 정설』(삼한), 『궁통보감 정설』(삼한), 『연해자평 정설』(삼한), 『명리정설』(정음), 『팔자고치는 법』(미래문화사), 『나도 돈 벌 수 있다』(생각하는백성), 『사주운명학의 정설』(명문당), 『운명으로 본 인생』(명문당) 등이 있다.

전화 02)455-3204 | 016-9292-3207

연해자평 정설 **❶**권

1판 1쇄 인쇄일 | 2011년 1월 16일
1판 1쇄 발행일 | 2011년 1월 26일

발행처 | 삼한출판사
발행인 | 김충호
지은이 | 김찬동

신고년월일 | 1975년 10월 18일
신고번호 | 제305-1975-000001호

411-776 경기도 고양시 일산서구 일산동 1654번지
산들마을 304동 2001호

대표전화 (031) 921-0441
팩시밀리 (031) 925-2647

값 33,000원
ISBN 978-89-7460-155-3 04180(세트)
ISBN 978-89-7460-153-9 04180

신비한 동양철학 · 101

연해자평 정설 ❶권

김찬동 편역

삼한

■ 머리말

　많은 학문 중에서도 주역(周易)에서 파생된 추명학(推命學)은 특별한 운명학으로, 예로부터 많은 사람의 관심을 많이 끌어왔다. 그러나 운명학을 자세히 알려면 명리학(命理學)의 5대 원서라고 하는 적천수(滴天隨), 궁통보감(窮通寶鑑), 명리정종(命理正宗), 삼명통회(三命通會), 연해자평(淵海子平)을 독파해야 한다.

　연해자평(淵海子平)의 저자인 서자평(徐子平)은 중국 송대(宋代)의 대음양(大陰陽) 학자로 명리학(命理學)의 비조(鼻祖)일 뿐만 아니라 천문점성(天文占星)에도 밝았다. 서자평(徐子平) 이전에는 년(年)을 기준으로 추명했는데 적중률이 낮았다고 한다. 그래서 서자평(徐子平)이 일간(日干)을 기준으로 하고, 일지(日支)를 배우자로 보는 이론을 발표하면서 명리학(命理學)은 크게 발전하여 오늘에 이른 것이다. 때문에 연해자평(淵海子平)은 5대 원서 중에서도 필독하지 않으면 안 되는 책이다.

저자는 이 5가지 원서를 모두 바르게 편역한다는 의미에서 정설(正說)이라는 말을 덧붙여 출간하기로 결정하고, 이미 적천수(滴天隨) 징설(正說)과 궁통보감(窮通寶鑑) 정설(正說)을 선보였고, 이 연해자평(淵海子平) 정설(正說)이 3번째 나오는 책이다. 그런데 추명학(推命學)이 워낙 난해한 부분이 많은 학문이라 이설과 잡론이 많아 중도를 잡기가 쉽지 않았다.

　그래서 선현들이 터득한 것을 참고하면서 필자가 30여년 동안 상담한 것을 토대로 해설하였다. 원서를 번역하면서 부족함을 많이 반성하면서도 선현들의 탁월한 지혜에 감탄하였다. 부족한 면이 많지만 이 책이 후학들에게 도움이 된다면 나름대로 보람을 느낄 수 있을 것이다. 아무쪼록 독자제현들의 충고를 바라며 감사드린다.

역산 김찬동

제 I 부. 명리학의 기초론

제Ⅲ부. 명리각론편(命理各論篇)

| 제 I 부 |

명리학의 기초편

제1장. 기초론

1. 오행(五行)의 기원

【원문】

蓋聞天地未判 混沌乾坤未分 是名胚腪 日月星辰未生

개문천지미판 혼돈건곤미분 시명배운 일월성신미생

陰陽寒暑未分也 在上則無雨露 無霜雪 無雷霆 不過杳合而冥冥

음양한서미분야 재상즉무우로 무상설 무뢰정 불과묘합이명명

在下則無草木 無山川 無禽獸 無人民 不過昧昧而昏作

재하즉무초목 무산천 무금수 무인민 불과매매이혼작

是時一氣盤中結 於是太易生水 太初生火 太始生木 太素生金

시시일기반중결 어시태역생수 태초생화 태시생목 태소생금

太極生土 所以水數一 火數二 木數三 金數四 土數五

태극생토 소이수수일 화수이 목수삼 금수사 토수오

迨夫三元旣極 混沌一判 胚腪乃分 輕淸爲天 重濁爲地

태부삼원기극 혼돈일판 배운내분 경청위천 중탁위지

二氣相成 兩儀旣生 化而成天 其始也 或人形鳥喙 或人首蛇身

이기상성 양의기생 화이성천 기시야 혹인형조훼 혹인수사신

無嗜慾 無姓名 無邦國 無君臣 巢處穴居 任其風雨 親疏同途

무기욕 무성명 무방국 무군신 소처혈거 임기풍우 친소동도

莫知其父子 五穀未植 飮血茹毛 其名蕩蕩 其樂陶陶

막지기부자 오곡미식 음혈여모 기명탕탕 기락도도

及其聖賢一出 智愚兩分 遂君臣父子之分 禮樂衣冠之制

급기성현일출 지우양분 수군신부자지분 예악의관지제

嗚呼 大道廢而奸詐生妖怪出

오호 대도폐이간사생요괴출

【해 설】

천지가 창조되기 전에는 하늘과 땅이 구분되지 않아 혼돈과 공허한 상태였다. 이 때를 배운(胚腪)이라 한다. 아직 일월성진(日月星辰)이 생기지 않았고, 음양(陰陽)과 한서(寒暑)도 구분되지 않았다. 하늘에는 우로와 상설과 뇌정이 없었고, 땅에는 초목과 산천과 금수와 백성이 없었다.

이 때 홀연히 일기(一氣)가 응결하여 태역(太易)이 생수(生水)하고, 태초(太初)가 생화(生火)하고, 태시(太始)가 생목(生木)하고, 태소(太素)가 생금(生金)하고, 태극(太極)이 생토(生土)하였다. 그리하여 수(水)는 1이 되고, 화(火)는 2가 되고, 목(木)은 3이 되고, 금

(金)은 4가 되고, 토(土)는 5가 되었다

천지인(天地人) 삼원(三元)이 극(極)을 이루며 혼돈함을 일판(一判)의 배운(胚腪)으로 구분하였다. 약하고 맑은 것은 하늘이 되고, 무겁고 탁한 것은 땅이 되어 이기(二氣)가 이루어졌다. 이에 양의(兩儀)가 탄생하고 비로소 우주가 전개되었다.

처음에는 사람의 형상에 새의 부리를 가진 자도 있었고, 사람의 머리에 뱀의 몸을 한 자도 있었다. 특별히 무엇을 좋아하거나 욕심을 부리지 않았고, 신분을 나타내는 이름이나 지위도 없었고, 나라가 세워지지 않았으니 국가도 없었고 임금도 신하노 없있다.

사는 곳은 대개 자연히 생긴 동굴이었는데 바람과 비를 피할 수 있으면 만족했다. 또 친하게 지내거나 소원하게 지내는 자도 없었고, 부모와 자식의 관계나 윤리도 알지 못했고, 곡식을 심고 가꾸는 것도 몰랐다. 무지몽매하며 사냥하여 날것으로 먹었으나 만족했다.

드디어 세상에 복희(福喜)와 신농(神農)과 황제(黃帝)가 나타났다. 이들은 지혜로움과 어리석음을 분별할 수 있도록 가르쳐 주었고, 군신과 부자의 구분을 가르쳐 주었고, 예의범절과 음악과 의관제도를 가르쳐 주었다. 오호라! 슬프다. 대도(大道)의 폐(廢)하였음이여. 간사함이 속출하고 요괴함이 횡행하는구나.

2 간지(干支)의 기원

【원문】

竊以奸詐生 妖怪出 黃帝時有蚩尤神擾亂 當是之時
절이간사생 요괴출 황제시유치우신요난 당시지시

黃帝甚憂民之苦 逐戰蚩尤於涿鹿之野 流血百里 不能治之

황제심우민지고 수전치우어탁록지야 유혈백리 불능치지

黃帝於是齊戒 築壇祀天 方丘禮地 天乃降十干十二支

황제어시제계 축단사천 방구예지 천내강십간십이지

帝乃將十干圓布象天形 十二支方布象地形 始以干爲天 支爲地

제내장십간원포상천형 십이지방포상지형 시이간위천 지위지

合光仰職門放之 然後乃能治也 自後有大撓氏 爲後人憂之曰

합광앙직문방지 연후내능치야 자후유대요씨 위후인우지왈

嗚呼 黃帝乃聖人 尚不能治其惡煞 萬一後世見炎被苦

오호 황제내성인 상불능치기악살 만일후세견염피고

將何奈乎 逐將十干十二支分配成六十甲子云

장하내호 수장십간십이지분배성육십갑자운

【해 설】

 살인과 도적과 간음과 간사함과 요괴함이 횡행하는데 전쟁과 사
악함을 좋아하는 치우(蚩尤)라는 요망한 여귀가 나타났다. 이 때
황제(黃帝)가 백성이 고통받는 것을 근심하여 탁록(涿鹿)이라는
벌판에서 치우(蚩尤)를 토벌하는 전쟁을 벌였으나 피가 백 리에
뻗쳐 다스리기가 어려웠다.

 황제(黃帝)는 제단을 쌓고 제계한 후 천지신명께 빌었다. 그러자
천지신명이 십간(十干)과 십이지(十二支)를 주었다. 황제(黃帝)는
십간(十干)을 원형으로 펴서 하늘을 만들고, 십이지(十二支)를 사
방으로 펴서 땅을 만들었다. 그리고 천간(天干)과 지지(地支)로 육

십갑자(六十甲子)를 만들어 각 분야에 적용하여 다스리니 천하가 평화롭게 안정되었다.

그 후에 통치한 대요씨(大撓氏)는 후인을 근심하며 "황제(黃帝)는 성인인데도 악을 간단하게 다스리지 못했는데, 후세에 재난으로 고통받을 때 어떻게 해결하며 구제할 것인가"하면서 십간(十干)과 십이지(十二支)를 다시 분배하여 육십갑자(六十甲子)를 만들었다.

천간(天干)과 지지(地支)

太極										
大陰陽	太陽						太陰			
五行	木		火		土			金		水
天干	甲	乙	丙	丁	戊		己	庚	辛	壬	癸
地支	寅	卯	巳	午	辰	戌	未	丑	申	酉	亥	子

육십갑자(六十甲子)

甲子	乙丑	丙寅	丁卯	戊辰	己巳	庚午	辛未	壬申	癸酉
甲戌	乙亥	丙子	丁丑	戊寅	己卯	庚辰	辛巳	壬午	癸未
甲申	乙酉	丙戌	丁亥	戊子	己丑	庚寅	辛卯	壬辰	癸巳
甲午	乙未	丙申	丁酉	戊戌	己亥	庚子	辛丑	壬寅	癸卯
甲辰	乙巳	丙午	丁未	戊申	己酉	庚戌	辛亥	壬子	癸丑
甲寅	乙卯	丙辰	丁巳	戊午	己未	庚申	辛酉	壬戌	癸亥

3. 천간(天干)의 상합(相合)

【원 문】

甲己合土 乙庚合金 丙辛合水 丁壬合木 戊癸合火

갑기합토 을경합금 병신합수 정임합목 무계합화

【해 설】

  갑기합토(甲己合土)는 중정지합(中正之合)이라 하는데 갑목(甲木)과 기토(己土)가 합(合)하면 토(土)가 되고, 을경합금(乙庚合金)은 인의지합(仁義之合)이라 하는데 을목(乙木)과 경금(庚金)이 합(合)하면 금(金)이 되고, 병신합수(丙辛合水)는 위엄지합(威嚴之合)이라 하는데 병화(丙火)와 신금(辛金)이 합(合)하면 수(水)가 되고, 정임합목(丁壬合木)은 인수지합(仁壽之合)이라 하는데 정화(丁火)와 임수(壬水)가 합(合)하면 목(木)이 되고, 무계합화(戊癸合火)는 무정지합(無情之合)이라 하는데 무토(戊土)와 계수(癸水)가 합(合)하면 화(火)가 된다.

4. 십간(十干)과 십이지(十二支)의 방위

【원 문】

甲乙木屬東方 丙丁火屬南方 戊己土屬中央 庚辛金屬西方

갑을목속동방 병정화속남방 무기토속중앙 경신금속서방

壬癸水屬北方 是時大撓氏 雖以甲乙木屬 丙丁火屬 戊己土屬

임계수속북방 시시대요씨 수이갑을목속 병정화속 무기토속

庚辛金屬 壬癸水屬 又以支元 寅卯屬木 巳午屬火 申酉屬金

경신금속 임계수속 우이지원 인묘속목 사오속화 신유속금

亥子屬水 辰戌丑未屬土 其理何義 或曰 東方有神太昊

해자속수 진술축미속토 기리하의 혹왈 동방유신태호

乘在震 執規司春 生仁風和氣 萬物發生 所以木居之

승재진 집규사춘 생인풍화기 만물발생 소이목거지

故甲乙寅卯同也

고갑을인묘동야

【해 설】

갑을목(甲乙木)은 동방에 속하고, 병정화(丙丁火)는 남방에 속하고, 무기토(戊己土)는 중앙에 속하고, 경신금(庚辛金)은 서방에 속하고, 임계수(壬癸水)는 북방에 속한다.

대요씨(大撓氏)는 천간(天干)이 오행(五行)에 속함을 밝히며 갑을(甲乙)은 목(木), 병정(丙丁)은 화(火), 무기(戊己)는 토(土), 경신(庚辛)은 금(金), 임계(壬癸)는 수(水)에 소속시켰다. 그리고 하늘의 이치를 본받아 지지(地支)를 오행(五行)에 배속시켰다. 즉 인묘(寅卯)는 목(木), 사오(巳午)는 화(火), 신유(申酉)는 금(金), 해자(亥子)는 수(水), 진술축미(辰戌丑未)는 토(土)에 배속시켰다.

동방에는 태호(太昊)라는 신명이 있는데 진방(震方)에서 봄철을 집권하며 규제한다. 기(氣)는 인풍화기(仁風和氣)이고, 성품은 인

(仁)이고, 오운(五運)은 풍(風)이고, 만물을 발생시킨다. 따라서 목
(木)이 거하는 곳으로 갑을인묘(甲乙寅卯)가 그것이다.

【원 문】

南方有神神農 乘在離 執衡司夏 生炎陽酷氣 萬物至此咸齊
남방유신신농 승재이 집형사하 생염양혹기 만물지차함제
所以火居之 故丙丁巳午同也 西方有神少昊 乘在兌 執矩司秋
소이화거지 고병정사오동야 서방유신소호 승재태 집구사추
生肅殺靜氣 萬物到此收斂 所以金居之 故庚辛申酉同也
생숙살정기 만물도차수렴 소이금거지 고경신신유동야
北方有神顓帝 乘在坎 執權司冬 生凝結嚴氣 萬物到此藏伏
북방유신전제 승재감 집권사동 생응결엄기 만물도차장복
所以水居之 故壬癸亥子同也
소이수거지 고임계해자동야

【해 설】

남방에는 신농(神農)이라는 신명이 있는데 이방(離方)에서 여름
철을 집권하며 규제한다. 기(氣)는 염양혹기(炎陽酷氣)이고, 성품은
예(禮)이고, 오운(五運)은 열(熱)이고, 만물을 크게 키운다. 따라서
화(火)가 거하는 곳으로 병정사오(丙丁巳午)가 그것이다.

서방에는 소호(少昊)라는 신명이 있는데 태방(兌方)에서 가을철
을 집권하며 규제한다. 기(氣)는 숙살정기(肅殺靜氣)이고, 성품은
의(義)이고, 오운(五運)은 조(燥)이고, 만물을 거두어 수렴한다. 따

라서 금(金)이 거하는 곳으로 경신신유(庚辛申酉)가 그것이다.

　북방에는 전제(顓帝)라는 신명이 있는데 감방(坎方)에서 겨울철을 집권하며 규제한다. 기(氣)는 응결엄기(凝結嚴氣)이고, 성품은 지(智)이고, 오운(五運)은 한습(寒濕)이고, 만물을 저장한다. 따라서 수(水)가 거하는 곳으로 임계해자(壬癸亥子)가 그것이다.

【원 문】

中央有神黃帝 乘在坤 執繩司中土 況木火金水 皆不可無土
중앙유신황제 승재곤 집승사중토 황목화금수 개불가무토

故將戊己居中央 辰戌丑未散四維 各得所主 何公論曰 天若無土
고장무기거중앙 진술축미산사유 각득소주 하공론왈 천약무토

不能圓蓋於上 不能厚載於下 五穀不生 人若無土 不能營運於中
불능원개어상 불능후재어하 오곡불생 인약무토 불능영운어중

五行不立 此三才 不可闕土也 木若無土 有失栽培之力 火若無土
오행불립 차삼재 불가궐토야 목약무토 유실재배지력 화약무토

不能照燭四方 金若無土 難施鋒銳之氣 水若無土
불능조촉사방 금약무토 난시봉예지기 수약무토

不能隄泛濫之波 土若無水 不能長養萬物 此所以五行皆不可無土
불능제범람지파 토약무수 불능장양만물 차소이오행개불가무토

所以土居中央 支散四維 (建立五行而成也
소이토거중앙 지산사유 건립오행이성야

【해 설】

　중앙에는 황제(黃帝)라는 신명이 있는데 곤방(坤方)에서 사계절을 집권하며 규제한다. 기(氣)는 후덕둔기(厚德鈍氣)이고, 성품은 신(信)이고, 오운(五運)은 풍열조습(風熱燥濕)이고, 만물을 키운다. 무기(戊己)는 중앙에 있고 진술축미(辰戌丑未)는 사방에 분산되어 있다. 따라서 목화금수(木火金水)는 모두 토(土)가 없으면 안 된다.

　만일 하늘에 토(土)가 없으면 땅을 둥글게 덮을 수 없고, 땅에 토(土)가 없으면 만물을 풍후하게 덮을 수 없으니 오곡이 생장할 수 없다. 따라서 사주에 토(土)가 없으면 인의예지신(仁義禮智信)의 오상(五常)을 운행할 수 없으니 오행(五行)이 성립되지 않는다. 이러한 천지인(天地人) 삼재(三才)는 토(土)를 결(缺)할 수 없다.

　만일 토(土)가 없으면 목(木)은 자라지 못하고, 화(火)는 사방을 밝히지 못하고, 금(金)은 예리한 기운을 발하지 못하고, 수(水)는 홍수를 막지 못한다. 그리고 토(土)는 수(水)가 없으면 만물을 생장시키기 어렵다. 이처럼 목화금수(木火金水)는 토(土)가 없으면 불가하다. 토(土)는 중앙에 거하고 지지(地支)에서는 사방에 분산되어 오행(五行)을 건립하여 성립한다.

5. 십이지(十二支)의 음양(陰陽)

【원 문】

子陽 丑陰 寅陽 卯陰 辰陽 巳陰 午陽 未陰 申陽 酉陰 戌陽 亥陰
자양 축음 인양 묘음 진양 사음 오양 미음 신양 유음 술양 해음

【해 설】

자(子)는 쥐이며 양기(陽氣)이고, 축(丑)은 소이며 음기(陰氣)이고, 인(寅)은 호랑이며 양기(陽氣)이고, 묘(卯)는 토끼이며 음기(陰氣)이고, 진(辰)은 용이며 양기(陽氣)이고, 사(巳)는 뱀이며 음기(陰氣)이고, 오(午)는 말이며 양기(陽氣)이고, 미(未)는 양이며 음기(陰氣)이고, 신(申)은 원숭이며 양기(陽氣)이고, 유(酉)는 닭이며 음기(陰氣)이고, 술(戌)은 개이며 양기(陽氣)이고, 해(亥)는 돼지이며 음기(陰氣)다.

음양(陰陽)의 구성

天干	甲	乙	丙	丁	戊		己		庚	辛	壬	癸
地支	寅	卯	巳	午	辰	戌	未	丑	申	酉	亥	子
띠	호랑이	토끼	뱀	말	용	개	양	소	원숭이	닭	돼지	쥐
月	1	2	4	5	3	9	6	12	7	8	10	11
陰陽	陽	陰	陰	陽	陽	陽	陰	陰	陽	陰	陰	陽
節氣	立春	驚蟄	立夏	亡種	淸明	寒露	小暑	小寒	立秋	白露	立冬	大雪

6. 십이지(十二支)의 육합(六合)

【원 문】

子丑合土 寅亥合木 卯戌合火 辰酉合金 巳申合水 午未合火
자축합토 인해합목 묘술합화 진유합금 사신합수 오미합화

【해 설】

　육합(六合)은 지합(支合)이라고도 하는데 지지(地支) 2개가 만나 합(合)하는 것으로 힘이 더 강해진다. 자(子)와 축(丑)이 합(合)하면 토(土)가 되고, 인(寅)과 해(亥)가 합(合)하면 목(木)이 되고, 묘(卯)와 술(戌)이 합(合)하면 화(火)가 되고, 진(辰)과 유(酉)가 합(合)하면 금(金)이 되고, 사(巳)와 신(申)이 합(合)하면 수(水)가 되고, 오(午)와 미(未)가 합(合)하면 화(火)가 된다.

7. 십이지(十二支)의 삼합(三合)

【원 문】

申子辰合水局　亥卯未合木局　寅午戌合火局　巳酉丑合金局
신자진합수국　해묘미합목국　인오술합화국　사유축합금국
辰戌丑未合土局
진술축미합토국

【해 설】

　삼합(三合)은 지지(地支) 3개가 모여 합(合)하는 것으로 강력한 힘을 발휘한다. 신(申)·자(子)·진(辰)이 삼합(三合)하면 수국(水局)을 이루고, 해(亥)·묘(卯)·미(未)가 삼합(三合)하면 목국(木局)을 이루고, 인(寅)·오(午)·술(戌)이 삼합(三合)하면 화국(火局)을 이루고, 사(巳)·유(酉)·축(丑)이 삼합(三合)하면 금국(金

局)을 이루고, 진(辰)·술(戌)·축(丑)·미(未)가 삼합(三合)하면 토국(土局)을 이룬다.

8. 십이지(十二支)의 상충(相沖)

【원 문】

子午相沖 寅申相沖 卯酉相沖 辰戌相沖 巳亥相沖 丑未相沖
자오상충 인신상충 묘유상충 진술상충 사해상충 축미상충

【해 설】

  형충파해(刑沖破害)는 오행(五行)의 상극(相剋)을 세분한 것인데 그 중에서 상충(相沖)이 가장 강력하다. 자(子)와 오(午)가 만나면 상충(相沖)하고, 인(寅)과 신(申)이 만나면 상충(相沖)하고, 묘(卯)와 유(酉)가 만나면 상충(相沖)하고, 진(辰)과 술(戌)이 만나면 상충(相沖)하고, 사(巳)와 해(亥)가 만나면 상충(相沖)하고, 축(丑)과 미(未)가 만나면 상충(相沖)한다.

9. 십이지(十二支)의 상해(相害)

【원 문】

子未相害 丑午相害 寅巳相害 卯辰相害 申亥相害 酉戌相害
자미상해 축오상해 인사상해 묘진상해 신해상해 유술상해

【해 설】

상해(相害)는 육해(六害)라고도 하는데 사주에 있으면 반드시 배우자와 사별하거나 생이별한다. 자(子)와 미(未)가 만나면 상해(相害)하고, 축(丑)과 오(午)가 만나면 상해(相害)하고, 인(寅)과 사(巳)가 만나면 상해(相害)하고, 묘(卯)와 진(辰)이 만나면 상해(相害)하고, 신(申)과 해(亥)가 만나면 상해(相害)하고, 유(酉)와 술(戌)이 만나면 상해(相害)한다.

10. 십이지(十二支)의 상형(相刑)

【원 문】

寅巳申 丑戌未 子卯 辰午酉亥

인사신 축술미 자묘 진오유해

【해 설】

상형(相刑)은 삼형살(三刑殺)이라고도 한다. 인사신(寅巳申)이 만나면 지세지형(持勢之刑)이라고 하는데 자신의 세력만 믿고 교만방자하다가 형(刑)을 당하고, 축술미(丑戌未)가 만나면 무은지형(無恩之刑)이라고 하는데 배은망덕하고, 자묘(子卯)가 만나면 무례지형(無禮之刑)이라고 하는데 예의범절을 모르고, 진오유해(辰午酉亥)가 만나면 자형(自刑)이라고 하는데 자포자기하거나 자살한다.

11. 십이지(十二支)의 상파(相破)

【원 문】

子酉相破 午卯相破 申巳相破 寅亥相破 辰丑相破 戌未相破
자유상파 오묘상파 신사상파 인해상파 진축상파 술미상파

【해 설】

상파(相破)는 서로 파괴하는 살이다. 사주에 있으면 가정에 풍파
가 따르고 심신이 편안하지 못하며 어려서 부모와 이별하고 양자
로 가거나 고향을 떠난다. 자(子)와 유(酉)가 만나면 상파(相破)가
되고, 오(午)와 묘(卯)가 만나면 상파(相破)가 되고, 신(申)과 사
(巳)가 만나면 상파(相破)가 되고, 인(寅)과 해(亥)가 만나면 상파
(相破)가 되고, 진(辰)과 축(丑)이 만나면 상파(相破)가 되고, 술
(戌)과 미(未)가 만나면 상파(相破)가 된다.

제2장. 간지론(干支論)

1. 천간(天干)의 해설

【원문】

群書考異曰 甲者坼也 言萬物剖符甲而出也 易曰

군서고이왈 갑자탁야 언만물부부갑이출야 역왈

百果草木皆甲析 乙言萬物初生 曲孼而未伸也 丙言萬物

백과초목개갑탁 을언만물초생 곡얼이미신야 병언만물

炳然着見 丁言萬物 壯實之形 故邦國圖籍曰成丁 戊茂也

병연착견 정언만물 장실지형 고방국도적왈성정 무무야

言物之茂盛 故漢志曰 孼茂於戊是也 己紀也

언물지무성 고한지왈 얼무어무시야 기기야

言萬物有形可紀識也 庚堅强貌 言物收斂而有實也 辛言萬物

언만물유형가기식야 경견강모 언물수렴이유실야 신언만물

方盛而見制 故辛痛也 壬妊也 陰陽之交 言物懷妊至子而萌也
방성이견제 고신통야 임임야 음양지교 언물회임지자이맹야
癸者冬時土旣平 萬物可揆度也
계자동시토기평 만물가규도야

【해 설】

『군서고이(群書考異)』에서는 "갑(甲)은 껍질이 깨지는 것으로 만물은 껍질을 깨야 태어난다"고 하였고, 역(易)에서도 "백과와 초목은 모두 껍질을 깨야 태어난다. 을(乙)은 만물이 생장할 때 넝쿨이 을(乙)자 모양으로 꼬부라져 나가는 모습을 나타낸 것이고, 병(丙)은 만물을 밝고 환하게 보여주는 것이고, 정(丁)은 만물의 건장하고 충실한 형상을 나타낸 것"이라고 하였다.

『방국도적(邦國圖籍)』에서는 "정(丁)은 만물을 키우는 것이고, 무(戊)는 만물을 무성하게 하는 것"이라 하였고, 『한지(漢志)』에서는 "무(戊)는 만물을 무성하게 하는 것이고, 기(己)는 만물을 성숙하게 하는 것인데 이것을 기식(紀識)이라 한다. 경(庚)은 만물을 수렴하며 결실을 맺게 하는 것이고, 신(辛)은 사별의 고통이 있고, 임(壬)은 임신하는 것으로 자식이 생기며 싹이 생기고, 계(癸)는 겨울철에 토기(土氣)가 있으니 만물을 규도한다"고 하였다.

2. 지지(地支)의 해설

【원 문】

子孽也 陽氣始萌 孽生於下也 丑紐也 寒氣自屈曲也 寅髕也
자자야 양기시맹 자생어하야 축뉴야 한기자굴곡야 인빈야

陽氣欲出 陰尚强而髕演於下 卯者冒也 萬物冒地而出 辰伸也
양기욕출 음상강이빈연어하 묘자모야 만물모지이출 진신야

物皆舒伸而出 巳已也 陽氣畢布而已矣 午仵也
물개서신이출 사이야 양기필포이이의 오오야

陰陽交相愕而仵也 未昧也 日中則昃 陽向幽也 申伸束以成
음양교상악이오야 미매야 일중즉측 양향유야 신신속이성

故晉志曰 萬物之體皆成也 酉就也 萬物成熟 戌滅也 萬物滅盡
고진지왈 만물지체개성야 유취야 만물성숙 술멸야 만물멸진

亥核也 萬物收藏 皆堅核也
해핵야 만물수장 개견핵야

【해 설】

　자(子)는 임신을 뜻하니 양기(陽氣)가 싹트는 것이고, 축(丑)은 굴복과 종속을 뜻하니 한기가 스스로 굴복하는 것이고, 인(寅)은 종지뼈와 같으니 양기(陽氣)가 출발하는 초봄에 해당한다.

　묘(卯)는 모험한다는 뜻이니 만물이 땅 위로 올라오는 것이고, 진(辰)은 발전한다는 뜻이니 만물이 기운을 펴고 뻗어나가는 것이고, 사(巳)는 다 마쳤다는 뜻이니 양기(陽氣)를 다 베푼 것이고, 오

(午)는 짝을 이룬다는 뜻이니 음양(陰陽)이 교접할 때 상대가 자신과 정반대임을 알아 놀라고, 미(未)는 묻힌다는 뜻이니 한쪽으로 기울어 양기(陽氣)가 숨는 것이고, 신(申)은 만물이 발전하지 못한다는 뜻이다.

『진지(晉志)』에서는 "신(申)은 만물의 체성(體性)이 모두 이루어짐을 뜻하고, 유(酉)는 만물이 성숙하여 잘 여물어가는 상태를 뜻하고, 술(戌)은 만물이 완성되었음을 뜻하고, 해(亥)는 만물의 씨앗이 견고함을 뜻한다"고 하였다.

3. 십이지(十二支)의 생초(生肖)

【원 문】

子鼠 丑牛 寅虎 卯兎 辰龍 巳蛇 午馬 未羊 申猿 酉鷄 戌犬 亥猪
자서 축우 인호 묘토 진용 사사 오마 미양 신원 유계 술견 해저

【해 설】

자(子)는 쥐, 축(丑)은 소, 인(寅)은 호랑이, 묘(卯)는 토끼, 진(辰)은 용, 사(巳)는 뱀, 오(午)는 말, 미(未)는 양, 신(申)은 원숭이, 유(酉)는 닭, 술(戌)은 개, 해(亥)는 돼지다.

4. 육십갑자납음(六十甲子納音)

【원 문】

夫甲子者 始成於大撓氏 而納音成之於鬼谷子 象成於東方曼倩子

부갑자자 시성어대요씨 이납음성지어귀곡자 상성어동방만천자

時曼倩子旣成其象 因號曰花甲 然甲子者 自子至亥 十二宮

시만천자기성기상 인호왈화갑 연갑자자 자자지해 십이궁

各有金木水火土之屬 始起於子 是一陽 終於亥 爲六陰

각유금목수화토지속 시기어자 시일양 종어해 위육음

其五行所屬 但加入之世事也 何以謂之世事 大率五行金木水火土

기오행소속 단가입지세사야 하이위지세사 대솔오행금목수화토

在天爲五星 於地爲五嶽 於德爲五常 於人爲五臟 其爲命也 爲五行

재천위오성 어지위오악 어덕위오상 어인위오장 기위명야 위오행

【해 설】

  육십갑자(六十甲子)는 대요씨(大撓氏)가 이루었고, 납음(納音)은
귀곡자(鬼谷子)가 이루었고, 상(象)은 만천자(曼倩子)가 이루어 화
갑(花甲)이라 하였다. 육십갑자(六十甲子)는 자(子)에서 해(亥)까
지 12궁(宮)이 각각 오행(五行)의 목화토금수(木火土金水)에 소속
된다. 그리고 자(子)에서 일양(一陽)이 시작하고, 해(亥)에서 육음
(六陰)이 끝난다. 목화토금수(木火土金水)의 오행(五行)을 하늘에
서는 오성(五星), 땅에서는 오악(五嶽), 덕(德)에서는 오상(五常),
인체(人體)에서는 오장(五臟)에 배속시켜 인생사와 비교하였다. 따

라서 삼라만상은 오행(五行)에 의존하지 않는 것이 없고 사람의
운명 또한 그렇다.

【원 문】

是故甲子之屬 乃應之於命 命則一世之事 故甲子納音象之
시고갑자지속 내응지어명 명즉일세지사 고갑자납음상지
時聖人喩之 亦如人一世之事體也 一世事者 宜聖所謂三十而立
시성인유지 역여인일세지사체야 일세사자 의성소위삼십이입
四十而不惑 五十而知天命 六十而耳順 七十而從心所欲
사십이불혹 오십이지천명 육십이이순 칠십이종심소욕
其甲子之象 自子而至於亥 其理灼然而可見矣
기갑자지상 자자이지어해 기리작연이가견의

【해 설】

육십갑자(六十甲子)와 납음(納音)은 성현들이 세상사를 운명에
비유한 것으로 인생사에 나타난다. 세상사란 공자가 30세에 뜻을
세우고, 40세에 불혹하고, 50세에 천명을 알고, 60세에 모든 이치를
알고, 70세에는 천리에 순응하면 원하는 대로 할 수 있다고 한 것
과 같은 원리다. 이처럼 인생사에는 자(子)에서 해(亥)에 이르기까
지의 원리가 명확하게 적용된다.

【원 문】

且如子丑二位者 陰陽始孕 人在胞胎 物藏根核 未有涯際也

차여자축이위자 음양시잉 인재포태 물장근핵 미유애제야

寅卯二位者 陰陽漸闢 人漸生長 物以坼甲 群萉漸剖

인묘이위자 음양점벽 인점생장 물이탁갑 군파점부

如人將有立身也 辰巳二位 陰陽氣盛 物當華秀 人至三十四十

여인장유입신야 진사이위 음양기성 물당화수 인지삼십사십

而有立身之地 進就之象 午未二位者 陰陽彰露 物色成齊

이유입신지지 진취지상 오미이위자 음양창로 물색성제

人至五十六十 富貴貧賤可知 凡百興衰可見矣 申酉二位者

인지오십육십 부귀빈천가지 범백흥쇠가견의 신유이위자

陰陽肅殺 物已收成 人已龜縮 各得靜矣 戌亥二位者 陰陽閉塞

음양숙살 물이수성 인이귀축 각득정의 술해이위자 음양폐색

物氣歸根 人當休息 各有歸着也 但只詳此十二位 先後灼然可見

물기귀근 인당휴식 각유귀착야 단지상차십이위 선후작연가견

於六十甲子 可以次第而知矣

(어육십갑자 가이차제이지의

【해 설】

　자축(子丑)은 음양(陰陽)이 잉태되는 시기다. 사람은 모태에 들어가는 것과 같고, 식물은 뿌리나 씨앗에 생기가 돌아오는 것과 같다.

　인묘(寅卯)는 음양(陰陽)이 점점 열리는 시기다. 사람은 성장하여 입신하는 것과 같고, 식물은 싹이 껍질을 깨고 나오는 것과 같다.

진사(辰巳)는 음양(陰陽)의 기운이 왕성한 시기다. 사람은 30~40세의 장년기에 해당하니 진취하는 기상이 있고, 만물은 창성하며 수려한 상태다.

오미(午未)는 음양(陰陽)이 창창하게 발전하는 시기이니 만물이 형태와 용색을 완전히 갖추는 것과 같다. 사람은 50~60세에 해당하므로 부귀와 빈천을 알 수 있고 백 가지의 왕쇠를 본다.

신유(申酉)는 음양(陰陽)이 숙살(肅殺)하는 시기이니 이미 성취한 시기다. 사람은 선악을 구분하며 조용히 수양하면서 인생을 마무리하는 상태다.

술해(戌亥)는 음양(陰陽)이 닫히는 시기이니 만물은 기운이 돌아오고, 사람은 죽음으로 돌아갈 준비를 하는 시기다.

이와 같이 십이지지(十二地支)를 상세히 연구하면 인생의 선후장단과 길흉화복과 부귀빈천에 대한 모든 문제를 알 수 있으니 육십갑자(六十甲子)는 인생사를 정확하게 파악할 수 있는 지침표라고 할 수 있다.

【원 문】

甲子乙丑海中金 丙寅丁卯爐中火 戊辰己巳大林木
갑자을축해중금 병인정묘노중화 무진기사대림목

庚午辛未路傍土 壬申癸酉劍鋒金 甲戌乙亥山頭火
경오신미노방토 임신계유검봉금 갑술을해산두화

丙子丁丑潤下水 戊寅己卯城頭土 庚辰辛巳白蠟金
병자정축윤하수 무인기묘성두토 경진신사백납금

壬午癸未楊柳木　甲申乙酉泉中水　丙戌丁亥屋上土
임오계미양류목　갑신을유천중수　병술정해옥상토

戊子己丑霹靂火　庚寅辛卯松柏木　壬辰癸巳長流水
무자기축벽력화　경인신묘송백목　임진계사장류수

甲午乙未砂中金　丙申丁酉山下火　戊戌己亥平地木
갑오을미사중금　병신정유산하화　무술기해평지목

庚子辛丑壁上土　壬寅癸卯金箔金　甲辰乙巳覆燈火
경자신축벽상토　임인계묘금박금　갑진을사복등화

丙午丁未天河水　戊申己酉大驛土　庚戌辛亥釵釧金
병오정미천하수　무신기유대역토　경술신해채천금

壬子癸丑桑柘木　甲寅乙卯大溪水　丙辰丁巳砂中土
임자계축상자목　갑인을묘대계수　병진정사사중토

戊午己未天上火　庚申辛酉石榴木　壬戌癸亥大海水
무오기미천상화　경신신유석류목　임술계해대해수

【해 설】

갑자(甲子)와 을축(乙丑)은 해중(海中)의 쇠이고, 병인(丙寅)과 정묘(丁卯)는 노중(爐中)의 불이고, 무진(戊辰)과 기사(己巳)는 대림(大林)의 나무이고, 경오(庚午)와 신미(辛未)는 노방(路傍)의 흙이다.

임신(壬申)과 계유(癸酉)는 검봉(劍鋒)의 쇠이고, 갑술(甲戌)과 을해(乙亥)는 산두(山頭)의 불이고, 병자(丙子)와 정축(丁丑)은 윤하(潤下)의 물이고, 무인(戊寅)과 기묘(己卯)는 성두(城頭)의 흙이다.

육십갑자(六十甲子) 납음오행(納音五行)

甲子乙丑 海中金	甲戌乙亥 山頭火	甲申乙酉 泉中水	甲午乙未 沙中金	甲辰乙巳 覆燈火	甲寅乙卯 大溪水
丙寅丁卯 爐中火	丙子丁丑 澗下水	丙戌丁亥 屋上土	丙申丁酉 山下火	丙午丁未 天河水	丙辰丁巳 沙中土
戊辰己巳 大林木	戊寅己卯 城頭土	戊子己丑 霹靂火	戊戌己亥 平地木	戊申己酉 大驛土	戊午己未 天上火
庚午辛未 路傍土	庚辰辛巳 白蠟金	庚寅辛卯 松柏木	庚子辛丑 壁上土	庚戌辛亥 叉釧金	庚申辛酉 石榴木
壬申癸亥 劍鋒金	壬午癸未 楊柳木	壬辰癸巳 長流水	壬寅癸卯 金箔金	壬子癸丑 桑柘木	壬戌癸亥 大海水

경진(庚辰)과 신사(辛巳)는 백납(白蠟)의 쇠이고, 임오(壬午)와 계미(癸未)는 양류(楊柳)의 나무이고, 갑신(甲申)과 을유(乙酉)는 천중(泉中)의 물이고, 병술(丙戌)과 정해(丁亥)는 옥상(屋上)의 흙이고, 무자(戊子)와 기축(己丑)은 벽력(霹靂)의 불이다.

경인(庚寅)과 신묘(辛卯)는 송백(松柏)의 나무이고, 임진(壬辰)과 계사(癸巳)는 장류(長流)의 물이고, 갑오(甲午)와 을미(乙未)는 사중(砂中)의 쇠이고, 병신(丙申)과 정유(丁酉)는 산하(山下)의 불이다.

무술(戊戌)과 기해(己亥)는 평지(平地)의 나무이고, 경자(庚子)와 신축(辛丑)은 벽상(壁上)의 흙이고, 임인(壬寅)과 계묘(癸卯)는 금박(金箔)의 쇠이고, 갑진(甲辰)과 을사(乙巳)는 복등(覆燈)의 불이고, 병오(丙午)와 정미(丁未)는 천하(天河)의 물이다.

무신(戊申)과 기유(己酉)는 대역(大驛)의 흙이고. 경술(庚戌)과 신해(辛亥)는 채천(釵釧)의 쇠이고, 임자(壬子)와 계축(癸丑)은 상자(桑柘)의 나무이고, 갑인(甲寅)과 을묘(乙卯)는 대계(大溪)의 물이다.

병진(丙辰)과 정사(丁巳)는 사중(砂中)의 흙이고. 무오(戊午)와 기미(己未)는 천상(天上)의 불이고, 경신(庚申)과 신유(辛酉)는 석류(石榴)의 나무이고, 임술(壬戌)과 계해(癸亥)는 대해(大海)의 물이다.

5. 천간(天干)의 생왕사절(生旺死絶)

십이운성(十二運星)은 장생(長生)·목욕(沐浴)·관대(冠帶)·건록(建祿)·제왕(帝旺)·쇠(衰)·병(病)·사(死)·묘(墓)·절(絶)·태(胎)·양(養) 12가지로 나눈다.

장생(長生)은 막 태어난 시기를 말하고, 목욕(沐浴)은 태어난 후 목욕시키는 시기를 말하고, 관대(冠帶)는 성장하여 성인이 되는 시기를 말하고, 건록(建祿)은 사회에 진출하여 등과하는 시기를 말하고, 제왕(帝旺)은 일생에서 가장 왕성한 시기를 말하고, 쇠(衰)는 극에 달하면 기우니 쇠약해지는 시기를 말하고, 병(病)은 쇠약해져 병이 든 시기를 말하고, 사(死)는 죽는 시기를 말하고, 묘(墓)는 무덤에 들어가는 시기를 말하고, 절(絶)은 생전의 인연이 끊어지는 시기를 말하고, 태(胎)는 새 생명이 다시 모태에 잉태되는 시기를 말하고, 양(養)은 생명이 모태에서 자라는 시기를 말한다.

십이운성표(十二運星表)

일간 십이 운성	甲	乙	丙	丁	戊	己	庚	辛	壬	癸
長生	亥	午	寅	酉	寅	酉	巳	子	申	卯
沐浴	子	巳	卯	申	卯	申	午	亥	酉	寅
帶	丑	辰	辰	未	辰	未	未	戌	戌	丑
祿	寅	卯	巳	午	巳	午	申	酉	亥	子
旺	卯	寅	午	巳	午	巳	酉	申	子	亥
衰	辰	丑	未	辰	未	辰	戌	未	丑	戌
病	巳	子	申	卯	申	卯	亥	午	寅	酉
死	午	亥	酉	寅	酉	寅	子	巳	卯	申
墓	未	戌	戌	丑	戌	丑	丑	辰	辰	未
絶	申	酉	亥	子	亥	子	寅	卯	巳	午
胎	酉	申	子	亥	子	亥	卯	寅	午	巳
養	戌	未	丑	戌	丑	戌	辰	丑	未	辰

6. 지지장간(地支藏干)

地支	初氣	中氣	正氣
子	壬 10일 3분	0	癸 20일 3분
丑	癸 9일 3분	辛 3일 1분	己 18일 6분
寅	戊 7일 2분	丙 7일 2분	甲 16일 5분
卯	甲 10일 3분	0	乙 20일 6분
辰	乙 9일 3분	癸 3일 1분	戊 18일 6분
巳	戊 5일 2분	庚 9일 2분	丙 16일 5분
午	丙 10일 3분	己 10일 1분	丁 10일 3분
未	丁 9일 3분	乙 3일 2분	己 18일 6분
申	己 7일 2분	戊 3일 10분 壬 3일 10분	庚 16일 5분
酉	庚 10일 3분	0	辛 20일 6분
戌	辛 9일 3분	丁 3일 1분	戊 18일 6분
亥	戊 9일 2분	甲 7일 2분	壬 16일 5분

7. 천간(天干) 오양오음(五陽五陰)의 통변(通變)

【원 문】

剋我者爲正官偏官 生我者爲正印偏印 我剋者爲正財偏財

극아자위정관편관 생아자위정인편인 아극자위정재편재

我生者爲食神傷官 我同者爲比肩劫財

아생자위식신상관 아동자위비견겁재

【해 설】

일간(日干)인 나를 극(剋)하는 것은 관성(官星)이다. 일간(日干)과 음양(陰陽)이 다르면 정관(正官)이라 하고, 음양(陰陽)이 같으면 편관(偏官)이라 한다.

일간(日干)인 나를 생(生)하는 것은 인성(印星)이다. 일간(日干)과 음양(陰陽)이 다르면 정인(正印)이라 하고, 음양(陰陽)이 같으면 편인(偏印)이라 한다.

일간(日干)인 내가 극(剋)하는 것은 재성(財星)이다. 일간(日干)과 음양(陰陽)이 다르면 정재(正財)라 하고, 일간(日干)과 음양(陰陽)이 같으면 편재(偏財)라 한다.

일간(日干)인 내가 생(生)하는 것은 식상(食傷)이다. 일간(日干)과 음양(陰陽)이 다르면 상관(傷官)이라 하고, 일간(日干)과 음양(陰陽)이 같으면 식신(食神)이라 한다.

일간(日干)인 나와 같은 것은 비겁(比劫)이다. 일간(日干)과 음양(陰陽)이 다르면 겁재(劫財)라 하고, 일간(日干)과 음양(陰陽)이 같으면 비견(比肩)이라 한다.

8. 육신(六神)의 길작용

【원 문】

爲比肩兄弟之類 爲劫敗財剋父剋妻 爲食神天廚壽星爲男
위비견형제지류 위겁패재극부극처 위식신천주수성위남

육신표(六神表)

日干 六神	甲日	乙日	丙日	丁日	戊日	己日	庚日	辛日	壬日	癸日
比肩	甲寅	乙卯	丙巳	丁午	戊辰戌	己丑未	庚申	辛酉	壬亥	癸子
劫財	乙卯	甲寅	丁午	丙巳	己丑未	戊辰戌	辛酉	庚申	癸子	丁午
食神	丙巳	丁午	戊辰戌	己丑未	庚申	辛酉	壬亥	癸子	甲寅	乙卯
傷官	丁午	丙巳	己丑未	戊辰戌	辛酉	庚申	癸子	壬亥	乙卯	甲寅
偏財	戊辰戌	己丑未	庚申	辛酉	壬	癸子	甲寅	乙卯	丙	丁午
正財	己丑未	戊辰戌	辛酉	庚申	癸子	壬亥	乙卯	甲寅	丁午	丙巳
偏官	庚申	辛酉	壬	癸子	甲寅	乙卯	丙	丁午	戊辰戌	己丑未
正官	辛酉	庚申	癸子	壬亥	乙卯	甲寅	丁午	丙巳	己丑未	戊辰戌
偏印	壬亥	癸子	甲寅	乙卯	丙	丁午	戊辰戌	己丑未	庚申	辛酉
正印	癸子	丁午	乙卯	甲寅	丁午	丙巳	己丑未	戊辰戌	辛酉	庚申

爲傷官退財耗氣子甥 爲偏財偏妻偏妾剋子

위상관퇴재모기자생 위편재편처편첩극자

爲正財正妻剋母爲合神 爲偏官七殺官鬼將星

위정재정처극모위합신 위편관칠살관귀장성

爲正官祿馬榮神祖父母爲倒食偏印梟神剋女

위정관녹마영신조부모위도식편인효신극녀

爲印綬正印君子產業

위인수정인군자산업

【해 설】

일간(日干)과 오행(五行)이 같고 음양(陰陽)이 같으면 비견(比肩)
이라고 하는데 형제·친구·동료를 말한다.

일간(日干)과 오행(五行)이 같고 음양(陰陽)이 다르면 겁재(劫財)
라고 하는데 재물을 극(剋)하므로 패재(敗財)라고도 한다. 또 아버
지를 극(剋)하므로 극부(剋父)하는 육신(六神)으로 보기도 하고,
아내를 극(剋)하므로 극처(剋妻)하는 육신(六神)으로 보기도 한다.

일간(日干)이 생(生)하고 음양(陰陽)이 같으면 식신(食神)이라고
한다. 식신(食神)은 천주성(天廚星)이니 식복을 나타내고, 또 수성
(壽星)이니 건강과 수명을 나타내고, 남명은 아들에 해당한다.

일간(日干)이 생(生)하고 음양(陰陽)이 다르면 상관(傷官)이라고
한다. 상관(傷官)은 재물을 손해나게 하며 기운을 소모시킨다. 인간
관계에서는 자녀와 생질에 해당한다.

일간(日干)이 극(剋)하고 음양(陰陽)이 같으면 편재(偏財)라고 한

다. 편재(偏財)는 편법으로 얻은 재물을 뜻하고, 인간관계에서는 외첩을 말하며 자식을 극(剋)하는 별이다.

일간(日干)이 극(剋)하고 음양(陰陽)이 다르면 정재(正財)라고 한다. 정재(正財)는 정처를 말한다. 어머니를 극(剋)하기도 하고 합(合)하기도 하는 별이다.

일간(日干)을 극(剋)하고 음양(陰陽)이 같으면 편관(偏官)이라고 하는데 7가지가 있어 칠살(七殺)이라고도 한다. 길작용을 할 때는 관운(官運)이 있으나 흉작용을 하면 관운(官運)이 없다. 편관(偏官)은 장성(將星)의 별이다.

일간(日干)을 극(剋)하고 음양(陰陽)이 다르면 정관(正官)이라고 하는데 복록을 주므로 녹마(祿馬)라고도 한다. 부귀영화가 따르고, 인간관계에서는 조부모에 해당한다.

일간(日干)을 생(生)하고 음양(陰陽)이 같으면 편인(偏印)이라고 한다. 편인(偏印)은 식복을 엎는다고 하여 도식(倒食)이라고도 하고, 부모와 일찍 이별한다고 하여 효신(梟神)이라도 한다. 여자를 극(剋)하는 별이다.

일간(日干)을 생(生)하고 음양(陰陽)이 다르면 정인(正印) 또는 인수(印綬)라고 한다. 인수(印綬)는 군자의 풍모를 지니며 산업을 일으켜 복록이 많이 따른다.

9. 육신(六神)의 흉작용

【원 문】

爲比肩兄弟朋友 爲傷官小人盜氣爲甥 爲食神天廚壽星子孫
위비견형제붕우 위상관소인도기위생 위식신천주수성자손

爲正財正妻剋母 爲偏財偏妻偏妾剋子 爲正官祿馬剋祖父母
위정재정처극모 위편재편처편첩극자 위정관녹마극조부모

爲偏官七殺官鬼媒人 爲印綬正印君子忌殺 爲倒食偏印梟神剋母
위편관칠살관귀매인 위인수정인군자기살 위도식편인효신극모

爲敗財逐馬剋妻
위패재축마극처

【해 설】

비견(比肩)이 기신(忌神)에 해당하면 형제자매와 대립투쟁하고, 친구사이도 불리하고, 단체생활에서도 조화를 이루지 못한다.

상관(傷官)이 기신(忌神)에 해당하면 소인배이고, 도기(盜氣)라 하여 건강과 재물에 손해가 따르고, 생질에게 손해를 본다.

식신(食神)이 기신(忌神)에 해당하면 식복이 없다. 식중독에 잘 걸리며 수명이 짧고 자손이 불행하다.

정재(正財)가 기신(忌神)에 해당하면 어머니를 극(剋)하니 어머니가 정처가 아닌 첩이고, 아내와 어머니가 상극(相剋)하니 고부간에 갈등이 많다.

편재(偏財)가 기신(忌神)에 해당하면 재물로 인하여 고통을 받고,

처첩이 악하며 자식을 극(剋)한다.

　정관(正官)이 기신(忌神)에 해당하면 관운(官運)이 불리하고, 복록이 작고, 조상과 조부모에게 불리하고, 편법에 의한 관직으로 불리하고, 7가지 관재구설이 따른다. 중매나 중개인이 되지만 구설수가 많다.

　인수(印綬)가 기신(忌神)에 해당하면 부모의 상속이 불리하고, 군자의 풍모를 갖추기 어렵고, 부모덕이 없어 초년이 곤고하다.

　편인(偏印)이 기신(忌神)에 해당하면 도식(倒食)이니 식복이 없고, 효신(梟神)이니 양자로 가고, 어머니를 극(剋)한다.

　겁재(劫財)가 기신(忌神)에 해당하면 재물을 빼앗기고, 축마(逐馬)이니 복록을 쫓아버려 빈천하고, 극처성(剋妻星)이니 아내를 극(剋)한다.

10. 년상기월례(年上起月例) 월건산출법(月建算出法)

【원 문】

甲己之年丙作首　乙庚之歲戊爲頭　丙辛之歲尋庚上
갑기지년병작수　을경지세무위두　병신지세심경상

丁壬壬位順行流　若言戊癸何方發　甲寅之上好追求
정임임위순행류　약언무계하방발　갑인지상호추구

其法假如甲己年生　寅上起丙寅　以正月爲丙寅　二月爲丁卯
기법가여갑기년생　인상기병인　이정월위병인　이월위정묘

一順數去 至其所生之月止 一月位順行

일순수거 지기소생지월지 일월위순행

【해 설】

  년상(年上)에 갑목(甲木)이나 기토(己土)가 있으면 병화(丙火)에서 시작하고, 년상(年上)에 을경(乙庚)이 있으면 무토(戊土)에서 시작하고, 년상(年上)에 병신(丙辛)이 있으면 경금(庚金)에서 시작하고, 년상(年上)에 정임(丁壬)이 있으면 임수(壬水)에서 시작하고, 년상(年上)에 무계(戊癸)가 있으면 갑인(甲寅)에서 시작하여 순행한다.

  예를 들어 갑기(甲己)년생이면 인(寅)월이 상기(上起)하니 병인(丙寅)에서 시작한다. 만일 정월생이면 병인(丙寅)에서 시작하고, 2월생이면 정묘(丁卯)에 시작하여 순행한다. 갑기병인(甲己丙寅), 을경무인(乙庚戊寅), 병신경인(丙辛庚寅), 정임임인(丁壬壬寅), 무계갑인(戊癸甲寅)으로 외우면 된다. 또 간합(干合)하여 얻은 오행(五行)을 생(生)하는 양간(陽干)에서 시작한다고 외우면 쉽다.

월간지표(月干支表)

生月 / 節名 (出生年)		甲己年	乙庚年	丙辛年	丁壬年	戊癸年
정월	立春	丙寅	戊寅	庚寅	壬寅	甲寅
2월	驚蟄	丁卯	己卯	辛卯	癸卯	乙卯
3월	淸明	戊辰	庚辰	壬辰	甲辰	丙辰
4월	立夏	己巳	辛巳	癸巳	乙巳	丁巳
5월	芒種	庚午	壬午	甲午	丙午	戊午
6월	小暑	辛未	癸未	乙未	丁未	己未
7월	立秋	壬申	甲申	丙申	戊申	庚申
8월	白露	癸酉	乙酉	丁酉	己酉	辛酉
9월	寒露	甲戌	丙戌	戊戌	庚戌	壬戌
10월	立冬	乙亥	丁亥	己亥	辛亥	癸亥
11월	大雪	丙子	戊子	庚子	壬子	甲子
12월	小寒	丁丑	己丑	辛丑	癸丑	乙丑

11. 일상기시례(日上起時例) 생시산출법(生時算出法)

【원 문】

甲己還加甲 乙庚丙作初 丙辛從戊起 丁壬庚子居 戊癸何方發

갑기환가갑 을경병작초 병신종무기 정임경자거 무계하방발

壬子是眞途

임자시진도

【해 설】

갑기(甲己) 일주(日柱)는 시주(時柱)를 갑자(甲子)에서 시작하고,
을경(乙庚) 일주(日柱)는 시주(時柱)를 병자(丙子)에서 시작하고,
병신(丙辛) 일주(日柱)는 시주(時柱)를 무자(戊子)에서 시작하고,
정임(丁壬) 일주(日柱)는 시주(時柱)를 경자(庚子)에서 시작하고,
무계(戊癸) 일주(日柱)는 시주(時柱)를 임자(壬子)에서 시작한다.

갑기갑자(甲己甲子), 을경병자(乙庚丙子), 병신무자(丙辛戊子), 정
임경자(丁壬庚子), 무계임자(戊癸壬子)로 외우면 된다. 또 간합(干
合)한 오행(五行)을 극(剋)하는 양간(陽干)에서 자(子)시가 시작한
다고 외우면 된다.

시간지표(時干支表)

生時＼生日	甲己日	乙庚日	丙辛日	丁壬日	戊癸日
子	甲子	丙子	戊子	庚子	壬子
丑	乙丑	丁丑	己丑	辛丑	癸丑
寅	丙寅	戊寅	庚寅	壬寅	甲寅
卯	丁卯	己卯	辛卯	癸卯	乙卯
辰	戊辰	庚辰	壬辰	甲辰	丙辰
巳	己巳	辛巳	癸巳	乙巳	丁巳
午	庚午	壬午	甲午	丙午	戊午
未	辛未	癸未	乙未	丁未	己未
申	壬申	甲申	丙申	戊申	庚申
酉	癸酉	乙酉	丁酉	己酉	辛酉
戌	甲戌	丙戌	戊戌	庚戌	壬戌
亥	乙亥	丁亥	己亥	辛亥	癸亥

12. 기태법(起胎法) 태월산출법(胎月算出法)

【원 문】

切法但從本生月　前四位是也　其法如己巳月則前申是胎

절법단종본생월　전사위시야　기법여기사월즉전신시태

郤數退于一位於未上　將生月天干己字喚起己未　數至庚申

극수퇴우일위어미상　장생월천간기자환기기미　수지경신

乃是受胎之月他　餘皆倣此

내시수태지월타　여개방차

【해 설】

기태법(起胎法)은 임신한 달을 알아보는 방법인데 태어난 달에서 4번째를 기준으로 한다. 예를 들어 기사(己巳)월생이면 사(巳)에서 시작하여 사오미신(巳午未申)으로 짚어가면 4번째인 신(申)이 입태월이고, 신(申)에서 다시 뒤로 1위를 가면 미(未)가 된다. 이 때 출생월의 천간(天干)이 기(己)이면 기(己)와 신(申)에서 퇴위한 미(未)를 간합(干合)한 기미(己未)부터 앞으로 1위를 가면 출생월인 신(申)은 경신(庚申)이니 입태월은 경신(庚申)월이 된다.

다른 경우도 이와 같은 방법으로 계산한다. 다소 복잡하다고 생각할 수 있으나 월간지 조견표를 참고하면 간단하게 알 수 있다. 예를 들어 출생월이 정축(丁丑)이면 앞으로 10번째인 정묘(丁卯)가 입태월이고, 출생월이 경오(庚午)이면 앞으로 10번째인 경신(庚申)이 입태월이고, 출생월이 경진(庚辰)이면 앞으로 10번째인 경오(庚午)가 입태월이다.

13. 기식법(起息法)

【원 문】

取日主上天干合處 地支合處是也

취일주상천간합처 지지합처시야

【해 설】

기식법(起息法)이란 일간(日干)이 어느 천간(天干)이나 어느 지지

(地支)와 합(合)하는가를 알아보는 것이다. 일간(日干)과 합(合)한 년간(年干)이나 월간(月干)이나 시간(時干)이 일간(日干)을 도와주면 부귀영화를 누리나 극(剋)하면 빈천하다.

14. 기변법(起變法)

【원 문】

取法上天干合處 時下地支合處

취법상천간합처 시하지지합처

【해 설】

기변법(起變法)이란 상위의 천간(天干)과 시지(時支)가 합(合)하는 것을 말한다. 예를 들어 갑신(甲申) 일주(日柱)가 시주(時柱)에서 기사(己巳)를 만나면 천간(天干)에서 갑기합토(甲己合土)하고, 지지(地支)에서 신사합수(申巳合水)하여 일시(日時)의 천간(天干)과 지지(地支)가 모두 합(合)을 한다. 이렇게 합(合)한 결과가 길신이 되면 부귀영화가 따르나 흉신이 되면 재앙이 따른다.

15. 기통법(起通法)

【원 문】

假如甲子年寅時生 卯上安命 取甲己之年 丙作首起丙寅

가여갑자년인시생 묘상안명 취갑기지년 병작수기병인

卽丁卯是通

즉정묘시통

【해 설】

만일 갑자(甲子)년 인(寅)월생인데 묘(卯)가 있으면 가장 편안한 명이 된다. 년간(年干)이 갑기(甲己)이면 병인(丙寅)월부터 월건(月建)이 일어난다. 정묘(丁卯)와는 순리대로 상통하기 때문이다.

제3장. 신살론(神殺論)

1. 기옥당천을귀인(起玉堂天乙貴人)

【원 문】

甲戊庚牛羊 乙己鼠猴鄕 丙丁猪鷄位 壬癸兎蛇藏 六辛逢馬虎

갑무경우양 을기서후향 병정저계위 임계토사장 육신봉마호

此是貴人方 命中如遇此 定作紫微郞

차시귀인방 명중여우차 정작자미랑

【해 설】

　기옥당천을귀인(起玉堂天乙貴人)은 황제와 국정을 논하는 고관이
된다는 길성이다. 갑무경(甲戊庚) 일간(日干)이 축미(丑未)를 만나
거나, 을기(乙己) 일간(日干)이 자신(子申)을 만나거나, 병정(丙丁)
일간(日干)이 해유(亥酉)를 만나거나, 임계(壬癸) 일간(日干)이 묘
사(卯巳)를 만나거나, 육신(六辛)일생이 인(寅)을 만나면 천을귀인
(天乙貴人)이 된다.

日干	甲	乙	丙	丁	戊	己	庚	辛	壬	癸
天乙貴人	丑未	子申	亥酉	亥酉	丑未	子申	丑未	午寅	巳卯	巳卯

2. 천관귀인(天官貴人)

【원 문】

天官遁甲入羊群 乙謏龍事可陳 丙見巳兮爲官貴 丁見酉兮戊戌尋

천관둔갑입양군 을회용사가진 병견사혜위관귀 정견유혜무술심

己用卯兮庚宜亥 辛喜申兮壬愛寅 六癸之人逢見午 必作淸朝顯代人

기용묘혜경의해 신희신혜임애인 육계지인봉견오 필작청조현대인

【해 설】

천관귀인(天官貴人)은 고관대작이 되어 이름을 떨친다는 길성이다. 갑목(甲木) 일간(日干)이 미(未)를 만나거나, 을목(乙木) 일간(日干)이 진(辰)을 만나거나, 병화(丙火) 일간(日干)이 사(巳)를 만나거나, 정화(丁火) 일간(日干)이 유(酉)를 만나거나, 무토(戊土) 일간(日干)이 술(戌)을 만나거나, 기토(己土) 일간(日干)이 묘(卯)를 만나거나, 경금(庚金) 일간(日干)이 해(亥)를 만나거나, 신금(辛金) 일간(日干)이 신(申)을 만나거나, 임수(壬水) 일간(日干)이 인(寅)을 만나거나, 계수(癸水) 일간(日干)이 오(午)를 만나면 천관귀인(天官貴人)이 된다.

日干	甲	乙	丙	丁	戊	己	庚	辛	壬	癸
天官貴人	未	辰	巳	酉	戌	卯	亥	申	寅	午

3. 태극귀인(太極貴人)

【원 문】

甲乙生人子午中　丙丁鷄兎定亨通　戊己兩干臨四季
갑을생인자오중　병정계토정형통　무기양간임사계

庚辛寅卯祿盈豊　壬癸巳申偏喜美　值此應當福氣鍾
경신인묘녹영풍　임계사신편희미　치차응당복기종

更須貴格相扶合　候封萬戶列三公
갱수귀격상부합　후봉만호열삼공

【해 설】

태극귀인(太極貴人)은 입신양명하여 이름을 떨치고, 오복을 구비하여 부귀영화를 누리며 고관대작이 된다는 길성이다. 갑을목(甲乙木) 일간(日干)이 자오(子午)를 만나거나, 병정화(丙丁火) 일간(日干)이 묘유(卯酉)를 만나거나, 무기토(戊己土) 일간(日干)이 진술축미(辰戌丑未)를 만나거나, 경신금(庚辛金) 일간(日干)이 인묘(寅卯)를 만나거나, 임계수(壬癸水) 일간(日干)이 사신(巳申)을 만나면 태극귀인(太極貴人)이 된다.

日干	甲乙	丙丁	戊己	庚辛	壬癸
太極貴人	子午	卯酉	辰戌丑未	寅亥	巳申

4. 삼기귀인(三奇貴人)

【원 문】

天上三奇甲戊庚 地下三奇乙丙丁 人中三奇壬癸辛

천상삼기갑무경 지하삼기을병정 인중삼기임계신

【해 설】

　삼기귀인(三奇貴人)은 3가지의 기이한 귀인(貴人)을 만난다는 길성이다. 사주에 갑무경(甲戊庚)이 있으면 천상삼기(天上三奇)가 되고, 을병정(乙丙丁)이 있으면 지하삼기(地下三奇)가 되고, 임계신(壬癸辛)이 있으면 인중삼기(人中三奇)가 된다. 이 때 천문성(天門星)에 해당하는 술해(戌亥)가 있으면 더 길하다. 그러나 천간(天干)에 삼기(三奇)가 있어도 지지(地支)에 술해(戌亥)가 없으면 삼기(三奇)의 귀함은 없다.

天上三奇	地下三奇	人文三奇
甲戊庚	乙丙丁	辛壬癸

5. 월덕귀인(月德貴人)

【원 문】

寅午戌月在丙 申子辰月在壬 亥卯未月在甲 巳酉丑月在庚

인오술월재병 신자진월재임 해묘미월재갑 사유축월재경

【해 설】

월덕귀인(月德貴人)은 길성은 더 길작용을 하고 흉성은 더 약해
진다는 길성이다. 인오술(寅午戌)월생이 천간(天干)에 병(丙)이 있
거나, 신자진(申子辰)월생이 천간(天干)에 임(壬)이 있거나, 해묘미
(亥卯未)월생이 천간(天干)에 갑(甲)이 있거나, 사유축(巳酉丑)월
생이 천간(天干)에 경(庚)이 있으면 월덕귀인(月德貴人)이 된다.

月支	寅	卯	辰	巳	午	未	申	酉	戌	亥	子	丑
月德貴人	丙	甲	壬	庚	丙	甲	壬	庚	丙	甲	壬	庚

6. 월덕합귀인(月德合貴人)

【원 문】

寅午戌月在辛 申子辰月在丁 亥卯未月在己 巳酉丑月在乙
인오술월재신 신자진월재정 해묘미월재기 사유축월재을

【해 설】

월덕합귀인(月德合貴人)은 길성은 더 길작용을 하고, 흉성은 약해
진다는 길성이다. 인오술(寅午戌)월생이 신(辛)이 있거나, 신자진
(申子辰)월생이 정(丁)이 있거나, 해묘미(亥卯未)월생이 기(己)가
있거나, 사유축(巳酉丑)월생이 을(乙)이 있으면 월덕합귀인(月德合
貴人)이 된다.

月支	寅	卯	辰	巳	午	未	申	酉	戌	亥	子	丑
月合	辛	己	丁	乙	辛	己	丁	乙	辛	己	丁	乙

7. 천덕귀인(天德貴人)

【원 문】

正丁二坤申 三壬四辛同 五亥六甲上 七癸八寅同

정정이곤신 삼임사신동 오해육갑상 칠계팔인동

九丙十歸乙子寅丑庚中

구병십귀을자인축경중

【해 설】

천덕귀인(天德貴人)은 길성은 더 길작용을 하고 흉성은 약해진다
는 길성이다. 정월생이 정(丁)이 있거나, 2월생이 신(申)이 있거나,
3월생이 임(壬)이 있거나, 4월생이 신(辛)이 있거나, 5월생이 해
(亥)가 있거나, 6월생이 갑(甲)이 있거나, 7월생이 계(癸)가 있거나,
8월생이 인(寅)이 있거나, 9월생이 병(丙)이 있거나, 10월생이 을
(乙)이있거나, 11월생이 인(寅)이 있거나, 12월생이 경(庚)이 있으
면 천덕귀인(天德貴人)이 된다.

月支	寅	卯	辰	巳	午	未	申	酉	戌	亥	子	丑
天德	丁	申	壬	辛	亥	甲	癸	寅	丙	乙	巳	庚

8. 천주귀인(天廚貴人)

【원 문】

甲丙愛行雙女遊 乙丁獅子己金牛 戊坐陰陽庚魚腹

갑병애행쌍여유 을정사자기금우 무좌음양경어복

二千石祿坐皇州 癸用蝎壬人馬 辛到寶瓶祿自由 寅是天廚注天祿

이천석녹좌황주 계용갈임인마 신도보병녹자유 인시천주주천록

令人福慧兩優遊

영인복혜양우유

【해 설】

　천주귀인(天廚貴人)은 일간(日干)이 식신(食神)의 건록지(建祿地)에 임하는 것을 말한다. 사주에 천주귀인(天廚貴人)이 들면 귀인의 도움을 받아 위기에 처해도 구제받는다. 갑목(甲木) 일간(日干)이 지지(地支)에 사(巳)가 있거나, 을목(乙木) 일간(日干)이 지지(地支)에 오(午)가 있거나, 병화(丙火) 일간(日干)이 지지(地支)에 진술(辰戌)이 있거나, 정화(丁火) 일간(日干)이 지지(地支)에 축미(丑未)가 있거나, 무토(戊土) 일간(日干)이 지지(地支)에 신(申)이 있거나, 기토(己土) 일간(日干)이 지지(地支)에 유(酉)가 있거나, 경금(庚金) 일간(日干)이 지지(地支)에 해(亥)가 있거나, 신금(辛金) 일간(日干)이 지지(地支)에 자(子)가 있거나, 임수(壬水) 일간(日干)이 지지(地支)에 인(寅)이 있거나, 계수(癸水) 일간(日干)이 지지(地支)에 묘(卯)가 있으면 천주귀인(天廚貴人)이 된다.

日干	甲	乙	丙	丁	戊	己	庚	辛	壬	癸
天廚貴人	巳	午	巳	午	申	酉	亥	子	寅	卯

9. 복성귀인(福星貴人)

【원 문】

甲丙相邀入虎鄉 更逢鼠穴最高强 戊猴己未乙丁亥 丙人惟喜戌中藏
갑병상요입호향 갱봉서혈최고강 무후기미을정해 병인유희술중장

庚趁馬頭辛到巳 壬騎龍背喜非常 更有丁人愛尋酉 癸乙宜牛祿自昌
경진마두신도사 임기용배희비상 갱유정인애심유 계을의우녹자창

【해 설】

복성귀인(福星貴人)은 귀인(貴人)이 나타나 도와준다는 길성이다. 갑목(甲木) 일간(日干)이 인(寅)이 있거나, 을목(乙木) 일간(日干)이 축(丑)이 있거나, 병화(丙火) 일간(日干)이 자(子)가 있거나, 정화(丁火) 일간(日干)이 유(酉)가 있거나, 무토(戊土) 일간(日干)이 신(申)이 있거나, 기토(己土) 일간(日干)이 미(未)가 있거나, 경금(庚金) 일간(日干)이 오(午)가 있거나, 신금(辛金) 일간(日干)이 사(巳)가 있거나, 임수(壬水) 일간(日干)이 진(辰)이 있거나, 계수(癸水) 일간(日干)이 묘(卯)가 있으면 복성귀인(福星貴人)이 된다.

日干	甲	乙	丙	丁	戊	己	庚	辛	壬	癸
福星貴人	寅	丑	子	酉	申	未	午	巳	辰	卯

10. 삼원천지인(三元天地人)

【원 문】

假令甲子以甲木爲天元 子爲地元 子中所藏癸水爲人元

가령갑자이갑목위천원 자위지원 자중소장계수위인원

【해 설】

삼원천지인(三元天地人)은 하늘과 땅과 사람의 도움이 항상 따른다. 예를 들어 갑자(甲子)에서 볼 때 천간(天干)의 갑(甲)은 천원(天元)이 되고, 지지(地支)의 자(子)는 지원(地元)이 되고, 자(子)에 암장(暗藏)된 임계(壬癸)는 인원(人元)이 된다. 년월일시(年月日時)의 구별없이 천간(天干)은 모두 천원(天元)이 되고, 지지(地支)는 모두 지원(地元)이 되고, 지지(地支)에 암장(暗藏)된 지장간(支藏干)은 모두 인원(人元)이 된다. 지지(地支)는 천간(天干)보다 3배 이상 강한데 그 중에서도 월지(月支)는 다른 지지(地支)보다 2배 이상 강하다.

11. 십간록(十干祿)

【원 문】

甲祿在寅 乙祿在卯 丙戊祿在巳 丁己祿在午 庚祿在申 辛祿居酉

갑록재인 을록재묘 병무록재사 정기록재오 경록재신 신록거유

壬祿在亥 癸祿在子

임록재해 계록재자

　녹(祿)은 건록(建祿)이라고도 하는데 벼슬에 오른다는 뜻이다. 건록(建祿)이 길성에 해당하면 크게 성공하나 흉성에 해당하면 패가 망신한다. 천간(天干)에 갑(甲)이 있는데 인(寅)을 만나거나, 천간(天干)에 을(乙)이 있는데 묘(卯)를 만나거나, 천간(天干)에 병무(丙戊)가 있는데 사(巳)를 만나거나, 천간(天干)에 정기(丁己)가 있는데 오(午)를 만나거나, 천간(天干)에 경(庚)이 있는데 신(申)을 만나거나, 천간(天干)에 신(辛)이 있는데 유(酉)를 만나거나, 천간(天干)에 임(壬)이 있는데 해(亥)를 만나거나, 천간(天干)에 계(癸)가 있는데 자(子)를 만나면 건록(建祿)이 된다.

天干	甲	乙	丙	丁	戊	己	庚	辛	壬	癸
建綠	寅	卯	巳	午	巳	午	申	酉	癸	子

12 역마(驛馬)

【원 문】

申子辰馬在寅　寅午戌馬在申　巳酉丑馬在亥　亥卯未馬在巳
신자진마재인　인오술마재신　사유축마재해　해묘미마재사

【해 설】

　역마(驛馬)는 몸과 마음이 항상 분주하다는 살인데 길성에 해당하면 성공이 빠르나 흉성에 해당하면 분주하기만 할뿐 이익이 없다. 년지(年支)나 일지(日支)에 신자진(申子辰)이 있는데 인(寅)을 만나거나, 년지(年支)나 일지(日支)에 인오술(寅午戌)이 있는데 신(申)을 만나거나, 년지(年支)나 일지(日支)에 사유축(巳酉丑)이 있는데 해(亥)를 만나거나, 년지(年支)나 일지(日支)에 해묘미(亥卯未)가 있는데 사(巳)를 만나면 역마(驛馬)가 된다.

日支	寅	午	戌	申	子	辰	巳	酉	丑	亥	卯	未
驛馬	申	申	申	寅	寅	寅	亥	亥	亥	巳	巳	巳

13. 천사(天赦)

【원 문】

春戊寅 夏甲午 秋戊申 冬甲子

춘무인 하갑오 추무신 동갑자

【해 설】

천사(天赦)는 죄인이 하늘의 은덕으로 사함을 받는다는 살이다. 봄철생이 무인(戊寅)이 있거나, 여름철생이 갑오(甲午)가 있거나, 가을철생이 무신(戊申)이 있거나, 겨울철생이 갑자(甲子)가 있으면 천사(天赦)가 된다.

月支	寅	卯	辰	巳	午	未	申	酉	戌	亥	子	丑
天赦	戊寅	戊寅	戊寅	甲午	甲午	甲午	戊申	戊申	戊申	甲子	甲子	甲子

14. 화개(華蓋)

【원 문】

寅午戌見戌 巳酉丑見丑 申子辰見辰 亥卯未見未

인오술견술 사유축견축 신자진견진 해묘미견미

【해 설】

　화개(華蓋)는 예술에 재능이 있고, 학문과 지혜가 있으면 수도자가 된다는 살이다. 년지(年支)나 일지(日支)에 인오술(寅午戌)이 있으면 술(戌)이 화개(華蓋)가 되고, 년지(年支)나 일지(日支)에 사유축(巳酉丑)이 있으면 축(丑)이 화개(華蓋)가 되고, 년지(年支)나 일지(日支)에 신자진(申子辰)이 있으면 진(辰)이 화개(華蓋)가 되고, 년지(年支)나 일지(日支)에 해묘미(亥卯未)가 있으면 미(未)가 화개(華蓋)가 된다.

月支	寅	卯	辰	巳	午	未	申	酉	戌	亥	子	丑
華蓋	戌	戌	戌	辰	辰	辰	丑	丑	丑	未	未	未

15. 학당(學堂)

【원 문】

金生人見巳辛巳爲正 木生人見亥己亥爲正 水生人見申甲申爲正

금생인견사신사위정 목생인견해기해위정 수생인견신갑신위정

土生人見申戌申爲正 火生人見寅丙寅爲正

(토생인견신무신위정 화생인견인병인위정

【해 설】

학당(學堂)이란 학문에 총명하다는 길성이다. 경신금(庚辛金) 일간(日干)이 신사(辛巳)가 있거나, 갑을목(甲乙木) 일간(日干)이 기해(己亥)가 있거나, 임계수(壬癸水) 일간(日干)이 갑신(甲申)이 있거나, 무기토(戊己土) 일간(日干)이 무신(戊申)이 있거나, 병정화(丙丁火) 일간(日干)이 병인(丙寅)이 있으면 학당(學堂)이 된다.

日干	甲	乙	丙	丁	戊	己	庚	辛	壬	癸
學堂	亥	午	寅	酉	寅	酉	巳	子	申	卯

16. 식록(食祿)

【원 문】

甲食丙 乙食丁 丙食戊 丁食己 戊食庚 己食辛 庚食壬 辛食癸

갑식병 을식정 병식무 정식기 무식경 기식신 경식임 신식계

壬食甲 癸食乙 歌曰 時人欲識食神名 甲人食丙乙人丁

임식갑 계식을 가왈 시인욕식식신명 갑인식병을인정

丙食戊兮丁食己 己食辛兮戊食庚 庚壬辛癸偏相喜

병식무혜정식기 기식신혜무식경 경임신계편상희

壬甲癸乙最光榮 若遇食神騎祿馬 必居豪富立功名

임갑계을최광영 약우식신기녹마 필거호부입공명

不食空亡羊刃殺　不食休囚病死絶　食生食旺食貴神
불식공망양인살　불식휴수병사절　식생식왕식귀신
食印食財別優劣　若能推究得其眞　祿食天廚無休歇
식인식재별우열　약능추구득기진　녹식천주무휴헐

【해 설】

식록(食祿)이란 먹을 복이 많다는 길성이다. 갑(甲)의 식신(食神)
은 병(丙), 을(乙)의 식신(食神)은 정(丁), 병(丙)의 식신(食神)은
무(戊), 정(丁)의 식신(食神)은 기(己), 무(戊)의 식신(食神)은 경
(庚), 기(己)의 식신(食神)은 신(辛), 경(庚)의 식신(食神)은 임(壬),
신(辛)의 식신(食神)은 계(癸), 임(壬)의 식신(食神)은 갑(甲), 계
(癸)의 식신(食神)은 을(乙)이다. 이 중에서 임(壬)·갑(甲)·계
(癸)·을(乙)이 가장 광영하다.

만일 식신(食神)이 녹마(祿馬)를 만나면 반드시 부호와 공명을 이
루나 식신(食神)이 공망(空亡)되거나 양인(陽刃)이 되거나 휴수지
(休囚地)에 임하거나 사절지(死絶地)에 임하면 흉하다. 식신(食神)
의 왕성함과 인성(印星)과 재성(財星)과 관성(官星)의 우열을 따져
진격(眞格)인지 파격(破格)인지를 구분해야 한다.

17. 금여록(金輿祿)

【원 문】

十干祿前第二位是也 如甲祿在寅辰上是也 餘皆倣此而推

십간록전제이위시야 여갑록재인진상시야 여개방차이추

【해 설】

  금여(金輿)는 황금가마를 뜻하는데 사주에 있으면 온후하며 유순하고, 세인의 도움으로 명문대가의 좋은 인연을 만나 결혼하고, 인물이 좋다. 남자는 처덕이 많고 여자는 남편덕이 많다. 건록(建祿) 2번째 앞에 있는 것이 금여(金輿)다. 예를 들어 갑(甲)의 건록(建祿)은 인(寅)이니 진(辰)이 금여(金輿)가 된다. 다른 것도 이와 같이 추리하면 된다. 만일 금여(金輿)가 일주(日柱)에 있으면 배우자복이 많고, 시지(時支)에 있으면 자식복과 말년복이 많다.

日干	甲	乙	丙	丁	戊	己	庚	辛	壬	癸
金輿	辰	巳	未	申	未	申	戌	亥	丑	寅

18. 공록(拱祿)

【원 문】

假如戊辰生人見丙午 丙午生人見戊辰 丁巳生人見己未

가여무진생인견병오 병오생인견무진 정사생인견기미

己未生人見丁巳 前後相拱 只此四位 其餘不是

기미생인견정사 전후상공 지차사위 기여불시

【해 설】

　공록(拱祿)이란 복을 두 손으로 맞잡아 껴안는다는 길성이다. 예를 들어 무진(戊辰)일생이 병오(丙午)가 있으면 진(辰)과 오(午) 사이에 있는 사(巳)가 공록(拱祿)이 된다. 또 병오(丙午)일생이 무진(戊辰)이 있거나, 정사(丁巳)일생이 기미(己未)가 있거나, 기미(己未)일생이 정사(丁巳)가 있으면 공록(拱祿)이 된다. 모두 앞뒤에서 상공(相拱)히는 4위가 공록(拱祿)이고, 나머지는 공록(拱祿)으로 보지 않는다.

19. 교록(交祿)

【원 문】

假如甲申生人見甲寅 庚寅生人見甲申 甲祿在寅互換往來

가여갑신생인견갑인 경인생인견갑신 갑록재인호환왕래

【해 설】

　교록(交祿)은 교환이나 소개를 잘 하므로 영업·소개업·무역업·대사관 등에서 성공한다. 예를 들어 갑신(甲申)일생이 갑인(甲寅)이 있거나, 경인(庚寅)일생이 갑신(甲申)이 있으면 교록(交祿)이 된다. 갑(甲)의 녹(祿)은 인(寅)에 있으므로 서로 왕래한다.

日干	甲申	乙酉	丙子	丁亥	戊子	己亥	庚寅	辛卯	壬午	癸巳
交祿	甲寅	辛卯	癸巳	壬午	癸巳	壬午	甲申	乙酉	丁亥	丙子

20. 암록(暗祿)

【원 문】

假如甲生人逢亥是 甲祿在寅寅與亥合 乙生人逢戌是 乙祿在卯
가여갑생인봉해시 갑록재인인여해합 을생인봉술시 을록재묘
卯與戌合是也
묘여술합시야

【해 설】

암록(暗祿)은 보이지 않는 덕이 많이 따른다는 길성으로 사주에 있으면 평생 재물이 끊이지 않고 뜻밖의 귀인을 만나 성공한다. 예를 들어 갑목(甲木) 일간(日干)이 해(亥)를 만나면 암록(暗祿)이 된다. 갑(甲)의 녹(祿)은 인(寅)인데 해(亥)와 합(合)하기 때문이다. 또 을목(乙木) 일간(日干)이 술(戌)을 만나면 암록(暗祿)이 된다. 을(乙)의 녹(祿)은 묘(卯)인데 술(戌)과 합(合)하기 때문이다.

日干	甲	乙	丙	丁	戊	己	庚	辛	壬	癸
暗祿	亥	戌	申	未	申	未	巳	辰	寅	丑

21. 내록(來祿)

【원 문】

假如甲生人 遇丑卯 是甲祿在寅 寅前有卯 後有丑 乙生人
가여갑생인 우축묘 시갑록재인 인전유묘 후유축 을생인

遇寅辰 是乙祿在卯 前有辰 後有寅 他倣此
우인진 시을록재묘 전유진 후유인 타방차

【해 설】

 내록(來祿)은 복록이 저절로 들어온다는 길성으로 건록(建祿)의
앞뒤에 있는 글자가 내록(來祿)이 된다. 예를 들어 갑목(甲木) 일
간(日干)이 지지(地支)에 축묘(丑卯)가 있으면 내록(來祿)이 된다.
갑(甲)의 녹(祿)은 인(寅)에 있는데 앞에는 묘(卯)가 있고 뒤에는
축(丑)이 있기 때문이다. 또 을목(乙木) 일간(日干)이 인진(寅辰)
을 만나면 내록(來祿)이 된다. 이것도 을(乙)의 녹(祿)은 묘(卯)에
있는데 앞에 진(辰)이 있고 뒤에 인(寅)이 있기 때문이다.

日干	甲	乙	丙	丁	戊	己	庚	辛	壬	癸
來祿	丑卯	寅辰	辰午	巳未	辰午	巳未	未酉	申戌	戌子	亥丑

22. 원성(垣城)

【원 문】

其法取日上天干長生是也 如甲日生長生在亥 卽亥上是也

기법취일상천간장생시야 여갑일생장생재해 즉해상시야

【해 설】

원성(垣城)은 배우자운이 좋다는 길성이며, 원성(垣城)은 담장이
나 성벽을 뜻하므로 사주에 있으면 도적이 들지 않는다. 일간(日
干)에 장생(長生)이 있으면 원성(垣城)이 된다. 예를 들어 갑목(甲
木) 일간(日干)이 해(亥)가 있으면 장생(長生)이니 원성(垣城)이
된다.

日干	甲	乙	丙	丁	戊	己	庚	辛	壬	癸
垣城	亥	午	寅	酉	寅	酉	巳	子	申	卯

23. 제좌(帝座)

【원 문】

其法時下納音旺處是也 如甲子時納音屬金 金旺於酉卽酉上是也

기법시하납음왕처시야 여갑자시납음속금 금왕어유즉유상시야

其餘倣此

기여방차

  제좌(帝座)는 자식운이 좋아 자녀가 총명하며 자식덕을 많이 본다는 길성으로 납음(納音)이 왕(旺)한 시지(時支)를 말한다. 예를 들어 갑자(甲子)시생이면 납음(納音)으로 볼 때 갑자(甲子)와 을축(乙丑)은 해중금(海中金)이니 금(金)이 왕성한 유(酉)가 제좌(帝座)이고, 병인(丙寅)시생이면 납음(納音)으로 볼 때 노중화(爐中火)이니 화(火)가 왕성한 오(午)가 제좌(帝座)가 된다.

甲子乙丑	酉	丙寅丁卯	午	戊辰己巳	卯	庚午辛未	未	壬申癸酉	酉
甲戌乙亥	午	丙子丁丑	子	戊寅己卯	辰	庚辰辛巳	申	壬午癸未	卯
甲申乙酉	子	丙戌丁亥	戌	戊子己丑	午	庚寅辛卯	卯	壬辰癸巳	子
甲午乙未	申	丙申丁酉	午	戊戌己亥	卯	庚子辛丑	丑	壬寅癸卯	酉
甲辰乙巳	午	丙午丁未	子	戊申己酉	戌	庚戌辛亥	酉	壬子癸丑	卯
甲寅乙卯	子	丙辰丁巳	未	戊午己未	午	庚申辛酉	卯	壬戌癸亥	子

24. 육십공망(六十空亡)

【원 문】

甲子旬中無戌亥 甲戌旬中無申酉 甲申旬中無午未
갑자순중무술해 갑술순중무신유 갑신순중무오미
甲午旬中無辰巳 甲辰旬中無寅卯 甲寅旬中無子丑
갑오순중무진사 갑진순중무인묘 갑인순중무자축

【해 설】

육십공망(六十空亡)은 길성과 흉성이 모두 약해진다는 살이다. 즉 길성이 공망(空亡)되면 길복이 줄어드니 불리해지고, 흉성이 공망(空亡)되면 흉이 줄어드니 유리해진다.

육십갑자(六十甲子)는 천간(天干)과 지지(地支)가 배합하여 이루어지는데, 순서대로 배합하다 보면 지지(地支) 2개가 남는다. 여기서 남는 2개의 지지(地支)를 공망(空亡)이라고 한다.

갑자순(甲子旬)에는 술해(戌亥)가 공망(空亡)이고, 갑술순(甲戌旬)에는 신유(申酉)가 공망(空亡)이고, 갑신순(甲申旬)에는 오미(午未)가 공망(空亡)이고, 갑오순(甲午旬)에는 진사(辰巳)가 공망(空亡)이고, 갑진순(甲辰旬)에는 인묘(寅卯)가 공망(空亡)이고, 갑인순(甲寅旬)에는 자축(子丑)이 공망(空亡)이 된다.

六十甲子										空亡
甲子	乙丑	丙寅	丁卯	戊辰	己巳	庚午	辛未	壬申	癸酉	戌亥
甲戌	乙亥	丙子	丁丑	戊寅	己卯	庚辰	辛巳	壬午	癸未	申酉
甲申	乙酉	丙戌	丁亥	戊子	己丑	庚寅	辛卯	壬辰	癸巳	午未
甲午	乙未	丙申	丁酉	戊戌	己亥	庚子	辛丑	壬寅	癸卯	辰巳
甲辰	乙巳	丙午	丁未	戊申	己酉	庚戌	辛亥	壬子	癸丑	寅卯
甲寅	乙卯	丙辰	丁巳	戊午	己未	庚申	辛酉	壬戌	癸亥	子丑

25. 절로공망(截路空亡)

【원 문】

甲己申酉最爲愁 乙庚午未不須求 丙辛辰巳何勞間

갑기신유최위수 을경오미불수구 병신진사하노간

丁壬寅卯一場空 戊癸子丑君須忌 人生値此也多憂

정임인묘일장공 무계자축군수기 인생치차야다우

忽然更何胎中遇 白髮盈簪苦未休

홀연생하태중우 백발영잠고미휴

【해 설】

절로공망(截路空亡)은 태중에서 백발까지 노고가 계속 된다는 살
로 사주에 있으면 평생 근심이 많다. 갑기(甲己) 일주(日柱)가 신
유(申酉)시에 태어나면 극심한 근심이 따르고, 을경(乙庚) 일주(日
柱)가 오미(午未)시에 태어나면 구제됨이 없고, 병신(丙辛) 일주
(日柱)가 진사(辰巳)시에 태어나면 수고가 따르고, 정임(丁壬) 일
주(日柱)가 인묘(寅卯)시에 태어나면 수고가 허사로 돌아가고, 무
계(戊癸) 일주(日柱)가 자축(子丑)시에 태어나면 근심이 따른다.

日干	甲己	乙庚	丙辛	丁壬	戊癸
截路空亡	申酉時	午未時	辰巳時	寅卯時	子丑時

26. 4대 공망(空亡)

【원 문】

甲子幷甲午 旬中水絶流 甲寅與甲申 金氣杳難求

갑자병갑오 순중수절류 갑인여갑신 금기묘난구

【해 설】

4대 공망(空亡)은 단명요절한다는 살이다. 갑자순(甲子旬)과 갑오순(甲午旬)에는 수기(水氣)의 흐름이 끊어지고, 갑인순(甲寅旬)과 갑신순(甲申旬)에는 금기(金氣)를 구하기 어려우니 흉하다.

六十甲子										4대空亡
甲子	乙丑	丙寅	丁卯	戊辰	己巳	庚午	辛未	壬申	癸酉	子
甲戌	乙亥	丙子	丁丑	戊寅	己卯	庚辰	辛巳	壬午	癸未	-
甲申	乙酉	丙戌	丁亥	戊子	己丑	庚寅	辛卯	壬辰	癸巳	酉
甲午	乙未	丙申	丁酉	戊戌	己亥	庚子	辛丑	壬寅	癸卯	子
甲辰	乙巳	丙午	丁未	戊申	己酉	庚戌	辛亥	壬子	癸丑	-
甲寅	乙卯	丙辰	丁巳	戊午	己未	庚申	辛酉	壬戌	癸亥	酉

27. 십악대패일(十惡大敗日)

【원 문】

甲辰乙巳與壬申 丙申丁亥及庚辰 戊戌癸亥加辛巳

갑진을사여임신 병신정해급경진 무술계해가신사

己丑都來十位神 邦國用兵須大忌 龍蛇出穴也難伸

기축도래십위신 방국용병수대기 용사출혈야난신

人命若還逢此일 倉庫金銀化作塵

인명약환봉차일 창고금은화작진

【해 설】

십악(十惡)은 10가지의 악을 뜻하고 대패(大敗)는 크게 실패한다
는 뜻으로 나라에서 군병을 쓸 때도 매우 꺼리는 날이다. 이 날은
용과 뱀이 굴에서 나와도 발전하기 어렵고, 창고의 금은보화가 모
두 티끌로 사라진다. 십악대패일(十惡大敗日)은 갑진(甲辰)·을사
(乙巳)·임신(壬申)·병신(丙申)·정해(丁亥)·경진(庚辰)·무술
(戊戌)·계해(癸亥)·신사(辛巳)·기축(己丑)일이다.

日柱	甲辰	乙巳	丙申	丁亥	戊戌	己丑	庚辰	辛巳	壬申	癸亥

28. 사폐일(四廢日)

【원 문】

春庚申 夏壬子 秋甲寅 冬丙午

춘경신 하임자 추갑인 동병오

【해 설】

사폐일(四廢日)은 4가지 폐일(廢日)을 말하는데, 사주에 있으면

가정에 풍파가 많고 부부가 이별하며 무슨 일을 해도 실패한다. 봄철생이 일주(日柱)에 경신(庚申)이 있거나, 여름철생이 일주(日柱)에 임자(壬子)가 있거나, 가을철생이 일주(日柱)에 갑인(甲寅)이 있거나, 겨울철생이 일주(日柱)에 병오(丙午)가 있으면 해당된다.

月支	寅	卯	辰	巳	午	未	申	酉	戌	亥	子	丑
廢日	庚申	庚申	庚申	壬子	壬子	壬子	甲寅	甲寅	甲寅	丙午	丙午	丙午

29. 천지전살(天地轉殺)

【원 문】

春兎夏馬天地轉 秋鷄冬鼠便爲殃 行人在路須憂死 造屋未成先架喪
춘토하마천지전 추계동서편위앙 행인재로수우사 조옥미성선가상

【해 설】

천전살(天轉殺)은 하늘에서 떨어져 사고를 당한다는 살이다. 봄철생이 일주(日柱)에 을묘(乙卯)가 있거나, 여름철생이 일주(日柱)에 병오(丙午)가 있거나, 가을철생이 일주(日柱)에 신유(辛酉)가 있거나, 겨울철생이 일주(日柱)에 임자(壬子)가 있으면 해당한다.

그리고 지전살(地轉殺)은 땅에서 넘어져 사고를 당한다는 살이다. 봄철생이 일주(日柱)에 신묘(辛卯)가 있거나, 여름철생이 일주(日柱)에 무오(戊午)가 있거나, 가을철생이 일주(日柱)에 계유(癸酉)가 있거나, 겨울철생이 일주(日柱)에 병자(丙子)가 있으면 해당한

다. 일주(日柱)에 천전살(天轉殺)이나 지전살(地轉殺)이 있으면 단명요절하기 쉽고 도로에서 비명횡사하며 집을 짓다 상복을 입는 등 매우 흉하다.

月支	寅	卯	辰	巳	午	未	申	酉	戌	亥	子	丑
天轉	乙卯	乙卯	乙卯	丙午	丙午	丙午	辛酉	辛酉	辛酉	壬子	壬子	壬子
地轉	辛卯	辛卯	辛卯	戊午	戊午	戊午	癸酉	癸酉	癸酉	丙子	丙子	丙子

30. 천라지망(天羅地網)

【원 문】

辰爲天羅 戌爲地網 又爲魁罡所占 天乙不臨之地也
진위천라 술위지망 우위괴강소점 천을불임지지야

【해 설】

진(辰)은 천라(天羅), 술(戌)은 지망(地網), 진술(辰戌)은 괴강(魁罡)인데 지지(地支)에 진술(辰戌)이 모두 있는 것을 천라지망(天羅地網)이라 한다. 사주에 천라지망(天羅地網)이 있으면 천을의 덕이 땅에 임하지 못한다. 상사나 윗사람이나 부하나 아랫사람이나 동료나 친구의 방해가 많아 만사가 불통이니 뜻을 이루지 못한다. 또 용두사미격이라 잘 나가다가도 좌절에 빠진다.

日干	甲	乙	丙	丁	戊	己	庚	辛	壬	癸
天羅地網	辰戌	辰戌	辰戌	辰戌	辰戌	辰戌	辰戌	辰戌	辰戌	辰戌

31. 양인(羊刃)과 비인(飛刃)

【원문】

甲生人羊刃在卯酉飛刃　乙生人羊刃在辰戌飛刃

갑생인양인재묘유비인　을생인양인재진술비인

丙生人羊刃在午子飛刃　丁生人羊刃在未丑飛刃

병생인양인재오자비인　정생인양인재미축비인

戊生人羊刃在午子比印　己生人羊刃在未丑比印

무생인양인재오자비인　기생인양인재미축비인

庚生人羊刃在酉卯比印　辛生人羊刃在戌辰比印

경생인양인재유묘비인　신생인양인재술진비인

壬生人羊刃在子午比印　癸生人羊刃在丑未比印

임생인양인재자오비인　계생인양인재축미비인

【해 설】

양인(羊刃)은 건록(建祿) 바로 앞에 있는 글자를 말하는데, 사주에 있으면 국권을 장악하고 형을 집행하며 공명을 이룬다. 그러나 흉성에 해당하면 난폭하며 싸움을 좋아하여 비명횡사나 타살이나 총살을 당한다. 만일 사주에 3개 이상 있으면 장애인이 되거나 단명하기도 한다. 비인(飛刃)은 양인(羊刃)보다는 흉작용이 덜하나 기신(忌神)에 해당하면 매우 흉하다.

갑목(甲木) 일간(日干)은 묘(卯)가 양인(羊刃)이고 유(酉)는 비인(飛刃)이다. 을목(乙木) 일간(日干)은 진(辰)이 양인(羊刃)이고 술

(戌)은 비인(飛刃)이다. 병화(丙火) 일간(日干)은 오(午)가 양인(羊刃)이고 자(子)는 비인(飛刃)이다. 정화(丁火) 일간(日干)은 미(未)가 양인(羊刃)이고 축(丑)은 비인(飛刃)이다. 무토(戊土) 일간(日干)은 오(午)가 양인(羊刃)이고 자(子)는 비인(飛刃)이다. 기토(己土) 일간(日干)은 미(未)가 양인(羊刃)이고 축(丑)은 비인(飛刃)이다. 경금(庚金) 일간(日干)은 유(酉)가 양인(羊刃)이고 묘(卯)는 비인(飛刃)이다. 신금(辛金) 일간(日干)은 술(戌)이 양인(羊刃)이고 진(辰)은 비인(飛刃)이다. 임수(壬水) 일간(日干)은 자(子)가 양인(羊刃)이고 오(午)는 비인(飛刃)이다. 계수(癸水) 일간(日十)은 축(丑)이 양인(羊刃)이고 미(未)는 비인(飛刃)이다.

日干	甲	乙	丙	丁	戊	己	庚	辛	壬	癸
羊刃	卯	辰	午	未	午	未	酉	戌	子	丑
飛刃	酉	戌	子	丑	子	丑	卯	辰	午	未

32. 대운법(大運法)

【원문】

凡起大運 俱從所生之月 陽男陰女 順行數至未來節 陽女陰男
범기대운 구종소생지월 양남음녀 순행수지미래절 양녀음남
逆行數已過去節 俱折除三일 以爲一歲 陽男陰女順運
역행수이과거절 구절제삼일 이위일세 양남음녀순운

假如甲子年 甲己之年丙作首 正月建丙寅 初一日生男

가여갑자년 갑기지년병작수 정월건병인 초일일생남

男順數至二月節驚蟄 此得三十日起 十歲逢順行丁卯 如乙丑年

남순수지이월절경칩 차득삼십일기 십세봉순행정묘 여을축년

乙庚之歲戊爲頭 正月起戊寅 初一立春十八日生女

을경지세무위두 정월기무인 초일입춘십팔일생녀

順數至二月驚蟄節止 得四三 十二일 起四歲運 順行己卯

순수지이월경칩절지 득사삼 십이일 기사세운 순행기묘

餘皆倣此

여개방차

【해 설】

대운(大運)은 태어난 달부터 시작하여 계산한다. 양남음녀(陽男陰女)는 미래절로 순행하고, 양녀음남(陽女陰男)는 과거절로 역행한다. 그리고 대운수(大運數)는 생일부터 절입일까지를 3으로 나누어 1이 남으면 버리고 2가 남으면 올려서 정한다.

양남음녀(陽男陰女)는 순행한다. 가령 갑자(甲子)년생이면 갑자(甲子)의 머리는 병(丙)이니 정월의 월건(月建)은 병인(丙寅)이 된다. 1일이 입춘(立春)인데 1일에 태어난 남자라면 순행하니 2월의 절기인 경칩(驚蟄)까지 이르면 30일이 나오고, 이 30일을 3으로 나누면 10이 나온다. 따라서 10세부터 정묘(丁卯)운을 받아 순행한다.

만일 을축(乙丑)년생이면 을경(乙庚)의 머리는 무(戊)이니 정월의 월건(月建)은 무인(戊寅)이 된다. 1일이 입춘(立春)인데 1일에 태어난 여자라면 1일은 입춘(立春)이니 2월의 절기인 경칩(驚蟄)까지 이르면 12일이 나오고, 이 12일을 3으로 나누면 4가 나온다. 따라서 4세부터 기묘(己卯)운을 받아 순행한다. 다른 경우도 이와 같은 원리로 계산하면 된다.

【원 문】

陰男陽女逆運 假如乙丑年 乙庚之歲戊爲頭 正月起戊寅
음남양녀역운 가여을축년 을경지세무위두 정월기무인

初一日立春後十五日生男 逆數初一日立春節止
초일일입춘후십오일생남 역수초일일입춘절지

得五三十五日 起五歲運 逆行丁丑 如甲子年 甲己之年丙作首
득오삼십오일 기오세운 역행정축 여갑자년 갑기지년병작수

正月丙寅 初一日立春後十日生女 逆數至初一日立春
정월병인 초일일입춘후십일생녀 역수지초일일입춘

小得九日 三三單九日 起三歲運 逆行乙丑 餘皆倣此 若多一日
소득구일 삼삼단구일 기삼세운 역행을축 여개방차 약다일일

減一日 少一日 增一日
감일일 소일일 증일일

【해 설】

음남양녀(陰男陽女)는 역행한다. 예를 들어 을축(乙丑)년생이면 을경(乙庚)의 머리는 무(戊)이니 정월의 월건(月建)은 무인(戊寅)이 된다. 1일이 입춘(立春)인데 15일에 태어난 남자라면 역수로 계

산하여 1일인 입춘(立春)까지 이르면 15일이 된다. 이 15일을 3으로 나누면 5가 나온다. 따라서 5세부터 정축(丁丑)운을 받아 역행한다.

만일 갑자(甲子)년생이면 갑기(甲己)의 머리는 병(丙)이니 정월의 월건(月建)은 병인(丙寅)이 된다. 1일이 입춘(立春)인데 10일에 태어난 여자라면 역수로 계산하여 1일인 입춘(立春)까지 이르면 9일이 나온다. 이 9일을 3으로 나누면 3이 나온다. 따라서 3세부터 을축(乙丑)운을 받아 역행한다. 다른 경우도 이와 같이 계산하면 된다. 만일 1이 남으면 버리고, 1이 부족하면 1을 더한다.

제4장. 오행론(五行論)

1. 소운법(小運法)

【원 문】

凡小運 不問陰陽二命 男命一起丙寅 二歲丁卯 順行截法

범소운 불문음양이명 남명일기병인 이세정묘 순행절법

十一歲丙子 二十一丙戌 周而復始 女一歲起壬申 二歲辛未

십일세병자 이십일병술 주이복시 여일세기임신 이세신미

逆順截法 十一壬戌 二十壬子 周而復始

역순절법 십일임술 이십임자 주이복시

【해 설】

소운(小運)은 태어난 해가 음간(陰干)이나 양간(陽干)을 불문하고 남명은 1세를 병인(丙寅)에서 시작하여 2세에는 정묘(丁卯), 3세에는 무진(戊辰)으로 순행한다. 따라서 11세는 병자(丙子), 21세는 병술(丙戌), 31세는 병신(丙申)이 된다. 여명은 1세를 임신(壬申)에서 시작하여 2세는 신미(辛未), 3세는 경오(庚午), 4세는 기사(己巳)로 역행한다. 따라서 11세는 임술(壬戌), 21세는 임자(壬子)가 된다. 10세 이전의 어린아이의 명을 볼 때는 대운(大運)은 보지 않고 소운(小運)으로만 판단한다.

나이	1	2	3	4	5	6	7	8	9	10
남자	丙寅	丁卯	戊辰	己巳	庚午	辛未	壬申	癸酉	甲戌	乙亥
여자	壬申	辛未	庚午	己巳	戊辰	丁卯	丙寅	乙丑	甲子	癸亥

2 오행(五行)의 상생상극(相生相剋)

【원 문】

論五行相生 金生水 水生木 木生火 火生土 土生金
론오행상생 금생수 수생목 목생화 화생토 토생금
論五行相剋 金剋木 木剋土 土剋水 水剋火 火剋金
론오행상극 금극목 목극토 토극수 수극화 화극금

【해 설】

오행(五行)의 상생(相生)은 금(金)은 수(水)를 생(生)하고, 수(水)는 목(木)을 생(生)하고, 목(木)은 화(火)를 생(生)하고, 화(火)는 토(土)를 생(生)하고, 토(土)는 금(金)을 생(生)하는 것을 말한다.

오행(五行)의 상극(相剋)은 금(金)은 목(木)을 극(剋)하고, 목(木)은 토(土)를 극(剋)하고, 토(土)는 수(水)를 극(剋)하고, 수(水)는 화(火)를 극(剋)하고, 화(火)는 금(金)을 극(剋)하는 것을 말한다.

3. 육신(六神)의 상생상극(相生相剋)

【원문】

生我者爲 父母我生者爲子孫 剋我者爲官鬼 我剋者爲妻財
생아자위 부모아생자위자손 극아자위관귀 아극자위처재

比和者爲兄弟
비화자위형제

【해설】

　나를 생(生)하는 자는 부모이니 편인(偏印)과 인수(印綬)이고, 내가 생(生)하는 자는 자손이니 식신(食神)과 상관(傷官)이고, 나를 극(剋)하는 자는 관귀(官鬼)이니 편관(偏官)과 정관(正官)이고, 내가 극(剋)하는 자는 처재(妻財)이니 편재(偏財)와 정재(正財)이고, 나와 어깨를 나란히 하며 화합하는 자는 형제자매이니 비견(比肩)과 겁재(劫財)다.

4. 절후가(節侯歌)

【원문】

正月立春雨水節 二月驚蟄及春分 三月淸明幷穀雨
정월입춘우수절 이월경칩급춘분 삼월청명병곡우

四月立夏小滿方 五月芒種幷夏至 六月小暑大暑當
사월입하소만방 오월망종병하지 육월소서대서당

七月立秋還處暑 八月白露秋分忙 九月寒露又霜降

칠월입추환처서 팔월백로추분망 구월한로우상강

十月立冬小雪藏 子月大雪冬至節 丑月小寒大寒昌

십월입동소설장 자월대설동지절 축월소한대한창

【해 설】

정월은 입춘(立春)과 우수절(雨水節)이고, 2월은 경칩(驚蟄)과 춘분절(春分節)이고, 3월은 청명(淸明)과 곡우절(穀雨節)이고, 4월은 입하(立夏)와 소만절(小滿節)이고, 5월은 망종(芒種)과 하지절(夏至節)이고, 6월은 소서(小暑)와 대서절(大暑節)이고, 7월은 입추(立秋)와 처서절(處暑節)이고, 8월은 백로(白露)와 추분절(秋分節)이고, 9월은 한로(寒露)와 상강절(霜降節)이고, 10월은 입동(立冬)과 소설절(小雪節)이고, 11월은 대설(大雪)과 동지절(冬至節)이고, 12월은 소한(小寒)과 대한절(大寒節)이다. 동방의 역학(曆學)에서는 1년을 24절기로 나눈다.

5. 지지장간(地支臧干)

【원 문】

立春七日丙火用 餘日甲木旺提綱 驚蟄乙木未用事

입춘칠일병화용 여일갑목왕제강 경칩을목미용사

春分乙木正相當 淸明之木十日管 後來八日癸水洋

춘분을목정상당 청명지목십일관 후래팔일계수양

穀雨前三戊土盛　其中土旺要消詳　立夏又伏戊土取
곡우전삼무토성　기중토왕요소상　입하우복무토취

小滿過午丙火光　芒種己土相當好　中停七日上高張
소만과오병화광　망종기토상당호　중정칠일상고장

夏至陰生陽極利　丙丁火旺有土張　小暑十日丁火旺
하지음생양극이　병정화왕유토장　소서십일정화왕

後來三日乙木方　己土三日威風盛　大暑己土十日黃
후래삼일을목방　기토삼일위풍성　대서기토십일황

立秋十日壬水漲　處暑十五庚金良　白露七日庚金旺
입추십일임수창　처서십오경금양　백로칠일경금왕

八月辛金福獨行　寒露七日辛金管　八日丁火又水降
팔월신금복독행　한로칠일신금관　팔일정화우수강

霜降己土十五日　其中雜氣取無妨　立冬七日癸水旺
상강기토십오일　기중잡기취무방　입동칠일계수왕

壬水八日更流忙　小雪七日壬水急　八日甲木又芬芬
임수팔일갱유망　소설칠일임수급　팔일갑목우분분

大雪七日壬水管　冬至癸水更漏汪　小寒七日癸水養
대설칠일임수관　동지계수갱잔왕　소한칠일계수양

八日辛金丑庫藏　大寒十日己土勝　術者精研仔細詳
팔일신금축고장　대한십일기토승　술자정연자세상

【해설】

입춘절(立春節)에는 7일을 병화(丙火)가 주관하고 나머지는 갑목

(甲木)이 강하니 제강(提綱)이다. 경칩절(驚蟄節)에는 을목(乙木)을 사용하기 어렵고, 춘분절(春分節)에는 을목(乙木)을 사용한다. 청명절(淸明節)에는 10일을 목(木)이 주관하고 후 8일은 계수(癸水)가 주관한다. 곡우절(穀雨節)에는 3일은 무토(戊土)가 왕성하니 토왕(土旺)한 것을 잘 살펴야 한다.

입하절(立夏節)은 무토(戊土)를 취하고, 소만절(小滿節)에는 오화(午火)가 매우 많으니 병화(丙火)가 발광한다. 망종절(芒種節)에는 기토(己土)가 매우 좋은데 중정(中停)의 7일은 발전이 있다. 하지절(夏至節)에는 음기(陰氣)가 생(生)하고 양기(陽氣)가 극(極)하니 이로운데 병정화(丙丁火)가 강하니 토(土)는 발전이 있다. 소서절(小暑節)에는 10일은 정화(丁火)가 강하고 후 3일은 을목(乙木)의 방향이며 기토(己土)가 왕성하다. 대서절(大暑節)은 10일간 기토(己土)가 왕성하다.

입추절(立秋節)에는 10일은 임수(壬水)가 왕성하고, 처서절(處暑節)에는 15일은 경금(庚金)이 양호하고, 백로절(白露節)에는 7일은 경금(庚金)이 왕성하나 8월의 신금(辛金)은 복을 독행한다. 한로절(寒露節)에는 7일은 신금(辛金)이 주관하고 8일은 정화(丁火)와 수(水)가 주관한다. 상강절(霜降節)에는 15일을 기토(己土)가 주관하는데 잡기가 있어도 무방하다.

입동절(立冬節)에는 7일은 계수(癸水)가 왕성하고, 후 8일은 임수(壬水)가 주관한다. 소설절(小雪節)에는 7일은 임수(壬水)가 급(急)하고, 8일은 갑목(甲木)이 분주하다. 대설절(大雪節)에는 7일은 임수(壬水)가 주관한다. 동지절(冬至節)에는 계수(癸水)가 다시 잔

잔하게 흐른다. 소한절(小寒節)에는 7일은 계수(癸水)가 양호하고, 8일은 신금(辛金)이 축(丑)에서 고장(庫藏)이 된다. 대한절(大寒節)에는 10일은 기토(己土)가 승리한다.

6. 절기가(節氣歌)

【원 문】

看命先須看日主 八字始能究奧理 假如子上十日壬
간명선수간일주　팔자시능구오리　가여자상십일임

中旬下旬方是癸 丑宮九日癸之餘 除却三辛皆屬己
중순하순방시계　축궁구일계지여　제각삼신개속기

寅宮戊丙各七朝 十六甲木方堪器 卯宮陽木朝初旬
인궁무병각칠조　십육갑목방감기　묘궁양목조초순

中下兩旬陰木是 三月九朝仍是乙 三日癸慮餘戊奇
중하양순음목시　삼월구조잉시을　삼일계려여무기

初夏九日生庚金 十六丙火五戊時 午宮陽火屬上旬
초하구일생경금　십육병화오무시　오궁양화속상순

丁火十日九日己 未宮九日丁火明 三朝是乙餘是己
정화십일구일기　미궁구일정화명　삼조시을여시기

孟秋己七戊三朝 三壬十七庚金備 酉宮還有十日庚
맹추기칠무삼조　삼임십칠경금비　유궁환유십일경

二十辛金屬旺地 戌宮九日辛金勝 三丁十八戊十具
이십신금속왕지　술궁구일신금승　삼정십팔무십구

亥宮七戊五日甲 餘皆壬旺君須記 須知得一擬三分
해궁칠무오일갑 여개임왕군수기 수지득일의삼분

此訣先賢與驗秘
차결선현여험비

【해 설】

간명할 때는 일간(日干)을 중심으로 보아야 한다. 자궁(子宮)에는
초기(初氣) 10일 동안은 임수(壬水)가 있고, 중기(中氣)와 정기(正
氣) 20일 동안은 계수(癸水)가 들어 자수(子水)를 이룬다.

축궁(丑宮)에는 초기(初氣) 9일 동안은 계수(癸水)가 있고, 중기
(中氣) 3일 동안은 신금(辛金)이 있고, 나머지 18일 동안은 기토(己
土)가 있어 축토(丑土)를 이룬다.

인궁(寅宮)에는 초기(初氣) 7일 동안은 무토(戊土)가 있고, 중기
(中氣) 7일 동안은 병화(丙火)가 있고, 정기(正氣) 16일 동안은 갑
목(甲木)이 있어 인목(寅木)을 이룬다.

묘궁(卯宮)에는 초기(初氣) 10일 동안은 갑목(甲木)이 있고, 중기
(中氣)와 정기(正氣) 20일 동안은 을목(乙木)이 있어 묘목(卯木)을
이룬다.

사궁(巳宮)에는 초기(初氣) 5일 동안은 무토(戊土)가 있고, 중기
(中氣) 9일 동안은 경금(庚金)이 있고, 정기(正氣) 16일 동안은 병
화(丙火)가 있어 사화(巳火)를 이룬다.

오궁(午宮)에는 초기(初氣) 10일 동안은 병화(丙火)가 있고, 중기
(中氣) 10일 동안은 기토(己土)가 있고, 정기(正氣) 10일 동안은 정

화(丁火)가 있어 오화(午火)를 이룬다.

미궁(未宮)에는 초기(初氣) 9일 동안은 정화(丁火)가 있고, 중기(中氣) 3일 동안은 을목(乙木)이 있고, 정기(正氣) 18일 동안은 기토(己土)가 있어 미토(未土)를 이룬다.

신궁(申宮)에는 초기(初氣) 7일 동안은 기토(己土)가 있고, 중기(中氣)에는 3일 동안은 무토(戊土)가 있고 3일 동안은 임수(壬水)가 있고, 정기(正氣) 16일 동안은 경금(庚金)이 있다.

유궁(酉宮)에는 초기(初氣) 10일 동안은 경금(庚金)이 있고, 중기(中氣)와 정기(正氣) 20일 동안은 신금(辛金)이 있어 완전한 유금(酉金)을 이룬다.

술궁(戌宮)에는 초기(初氣) 9일 동안은 신금(辛金)가 있고, 중기(中氣) 3일 동안은 정화(丁火)가 있고, 정기(正氣) 16일 동안은 무토(戊土)가 있어 술토(戌土)를 이룬다.

해궁(亥宮)에는 초기(初氣) 9일 동안은 무토(戊土)가 있고, 중기(中氣) 7일 동안은 갑목(甲木)이 있고, 정기(正氣) 16일 동안은 임수(壬水)가 있어 해수(亥水)를 이룬다.

이와 같이 한 달은 초기(初氣)와 중기(中氣)와 정기(正氣)로 나뉘는데 선현들이 경험에서 얻은 것이다.

7. 지지장둔가(地支藏遁歌)

【원 문】

子宮癸水在其中　丑癸辛金己土同　寅宮甲木兼丙戊

자궁계수재기중　축계신금기토동　인궁갑목겸병무

卯宮乙木獨相逢　辰藏乙戊三分癸　巳中庚金丙戊叢

묘궁을목독상봉　진장을무삼분계　사중경금병무총

午宮丁火幷己土　未宮乙己丁共宗　申位庚金壬水戊

오궁정화병기토　미궁을기정공종　신위경금임수무

酉宮辛字獨豊隆　戌宮辛金及丁戊　亥藏壬甲是眞踪

유궁신자독풍융　술궁신금급정무　해장임갑시진종

【해 설】

　자궁(子宮)에는 계수(癸水)가 가운데 있고, 축궁(丑宮)에는 계수(癸水)와 신금(辛金)과 기토(己土)가 있고, 인궁(寅宮)에는 갑목(甲木)과 병화(丙火)와 무토(戊土)가 있고, 묘궁(卯宮)에는 을목(乙木)이 혼자 있고, 진궁(辰宮)에는 을목(乙木)과 무토(戊土)와 계수(癸水)가 있고, 사궁(巳宮)에는 경금(庚金)과 병화(丙火)와 무토(戊土)가 있고, 오궁(午宮)에는 정화(丁火)와 기토(己土)가 있고, 미궁(未宮)에는 을목(乙木)과 기토(己土)와 정화(丁火)가 있고, 신궁(申宮)에는 경금(庚金)과 임수(壬水)와 무토(戊土)가 있고, 유궁(酉宮)에는 신금(辛金)이 혼자 있고, 술궁(戌宮)에는 신금(辛金)과 정화(丁火)와 무토(戊土)가 있고, 해궁(亥宮)에는 임수(壬水)와 갑목(甲木)이 있다.

8. 사계대절결(四季大節訣)

【원 문】

今歲要知來年春 但加五日三時辰 立春三日便逢秋

隔岸退位夏更臨 再過三朝冬又到 六郎又去打春牛

금세요지내년춘 단가오일삼시진 입춘삼일변봉추

격안퇴위하갱임 재과삼조동우도 육랑우거타춘우

【해 설】

금년의 입춘일(立春日)로 내년의 입춘일(立春日)·입하일(立夏日)·입추일(立秋日)·입동일(立冬日)을 알 수 있다. 금년의 입춘일(立春日)에 5일을 더하면 내년의 입춘일(立春日)이 되고, 금년의 입춘일(立春日)과 같은 날이 내년의 입하일(立夏日)이 되고, 금년의 입춘일(立春日)에서 2일을 빼면 내년의 입추일(立秋日)이 되고, 금년의 입춘일(立春日)에 6일을 더하면 내년의 입동일(立冬日)이 된다. 다시 말해 금년의 입춘일(立春日)에 더하거나 빼보면 된다.

9. 미래의 월삭절기오결(月朔節氣奧訣)

【원 문】

月朔原來自古有 前九將來對後九 大月五干連九支
월삭원래자고유 전구장래대후구 대월오간연구지

小月四干八支遇 六六之年仔細思 任君走盡風寒路
소월사간팔지우 육육지년자세사 임군주진풍한로

便做今年立春數 算來又本無差誤 四十七年前有閏
변주금년입춘수 산내우본무차오 사십칠년전유윤

閏前二月是今逢 分毫不漏眞消息 盡在先生掌訣中
윤전이월시금봉 분호불누진소식 진재선생장결중

但觀中氣所在 閏前之月 中氣在晦 閏後之月 中氣在朔
단관중기소재 윤전지월 중기재회 윤후지월 중기재삭

無中氣則謂之閏月
무중기즉위지윤월

【해 설】

월삭(月朔)이란 지난 9년과 앞으로의 9년을 비교해 보는 것이다. 큰 달이면 오간(五干)을 연(連)하고, 지지(地支)는 9위를 연(連)한다. 작은 달이면 사간(四干)을 진(進)하고, 지지(地支)는 팔지(八支)를 우(遇)한다.

육육지년(六六之年)이란 6×6＝36이니 36개월마다 윤달이 생긴다는 말이다. 임군(任君)이 풍한의 길을 달리기를 다하고 금년의 입춘(立春)을 새로 맞이해도 산출해보면 이 법칙은 조금도 오차가 없다. 47년 전에 윤달이 있었고 윤달 전의 2월을 지금 만난 것이다. 이것은 털끝만큼도 틀리지 않는 진리인데 선현들의 비결에 다 있다. 단 중기(中氣)의 소재지를 관찰해보면 윤달 전의 달은 중기(中氣)가 회(晦)에 있고, 윤달 후의 달은 중기(中氣)가 삭(朔)에 있다. 중기(中氣)가 없으면 윤달이라 한다.

10. 절유년(截流年) 절기일(節氣日) 시각수요결(時刻數要訣)

【원 문】

審詳春日莫他求　時正刻眞節自酬　五時二刻驚蟄是
심상춘일막타구　시정각진절자수　오시이각경칩시

十時四刻淸明頭　立夏一日三時六　芒種一日九時收
십시사각청명두　입하일일삼시육　망종일일구시수

二日二時二小暑　二日七時四刻秋　白露三朝單六刻
이일이시이소서　이일칠시사각추　백로삼조단육각

立冬三朝十一二　大雪四四雨雙流　小寒四時九時六
입동삼조십일이　대설사사우쌍유　소한사시구시육

五日三時他春牛　節遇子時加一일　此爲捷法記心頭
오일삼시타춘우　절우자시가일일　차위첩법기심두

【해 설】

시간의 정확함은 절기가 알려주니 입춘일(立春日)을 다른 곳에서 구하지 말라. 오시이각(五時二刻)은 경칩(驚蟄)이고, 십시사각(十時四刻)은 청명(淸明)이고, 일일삼시육(一日三時六)은 입하(立夏)이고, 일일구시(一日九時)는 망종(芒種)이고, 이일이시(二日二時)는 소서(小暑)이고, 이일칠시사각(二日七時四刻)은 입추(立秋)다.

백로(白露)는 삼조(三朝)의 육각(六刻)이고, 입동(立冬)은 삼조(三朝)의 십일이(十一二)다. 대설(大雪)은 사사(四四)의 우(雨)가 쌍으로 흐르고, 소한(小寒)은 사시(四時)와 구시(九時)와 육시(六時)다. 오일삼시(五日三時)는 타춘(他春)의 오(牛)이고, 절기가 자(子)시에 2일을 더하여 만난다. 이 법은 반드시 외우는 것이 좋다.

제5장. 일간월령론(日干月令論)

1. 일위주(日爲主)

【원 문】

矛嘗觀 唐書所載有李虛中者 取人所生年月日時 干支生剋
모상관 당서소재유이허중자 취인소생년월일시 간지생극

論命之貴賤 壽夭之說 己祥之矣 至於宋時 方有子平之說
논명지귀천 수요지설 기상지의 지어송시 방유자평지설

取日干爲主 以年爲根 以月爲苗 以日爲花 以時爲果
취일간위주 이년위근 이월위묘 이일위화 이시위과

以生旺死絶休囚制化 決人体咎各其理必然矣 復有何疑哉
이생왕사절휴수제화 결인체구기리필연의 복유하의재

【해 설】

모상(矛嘗)을 관찰하니 당서(唐書)에 대부(大夫)를 지낸 이허중
(李虛中)이라는 사람이 있었는데 사람의 생년월일시(生年月日時)

로 간지(干支)의 생극(生剋)을 구별하며 귀천과 수명을 살피는 학설을 세웠다. 그리고 송대(宋代)에 이르러 서승(徐升)이라는 학자가 연해자평(淵海子平)이라는 새로운 학설을 정립하였다.

연해자평(淵海子平)은 일간(日干)을 주인으로 보고, 생년(生年)을 근(根), 생월(生月)을 묘(苗), 생일(生日)을 화(花), 생시(生時)를 실(實)로 보는 이론이다. 또 생왕사절(生旺死絶)과 휴수제화(休囚制化)로 변화를 살펴 운명을 감정하기 때문에 심오하고 오묘하여 의심할 여지가 없었다.

【원 문】

以日爲主 年爲大 月爲提綱 時爲補佐 以日爲主 大要看日
이일위주 년위대 월위제강 시위보좌 이일위주 대요간일
加臨於甚度 或身旺 或身衰 又看支有格局 木火土金水之數
가임어심도 혹신왕 혹신쇠 우간지유격국 목화토금수지수
後看月令中 木火土金水何者旺 又看歲運 有何旺 邰次日下消詳
후간월령중 목화토금수하자왕 우간세운 유하왕 극차일하소상
非此是拘之一隅之說也
비차시구지일우지설야

【해 설】

사주를 볼 때는 일간(日干)을 기준으로 보는데 년주(年柱)는 대본(大本), 월주(月柱)는 제강(提綱), 시주(時柱)는 보좌하는 것이 된다. 일간(日干)이 주인이므로 일간(日干)에 임하는 오행(五行)의

깊이로 신왕(身旺)과 신약(身弱)을 살피고, 지지(地支)의 격국(格局)으로 오행(五行)인 목화토금수(木火土金水)의 수를 계산하여 강약을 살피고, 월령(月令)의 목화토금수(木火土金水) 중에 어느 것이 강한가 약한가를 살피고, 세운(歲運)에서는 어떤 오행(五行)이 강한가 약한가를 본다. 그리고 일지(日支)는 배우자궁이므로 잘 살펴야 한다. 이것은 매우 중요한 이론이니 숙지하기 바란다.

【원 문】

且如甲子日生 四柱中有個申字 合用子辰爲水局 次看餘辰何損益

차여갑자일생 사주중유개신자 합용자진위수국 차간여진하손익

四柱中有何犯損 其甲子日主之秀氣 有壞其用神

사주중유하범손 기갑자일주지수기 유괴기용신

則要別制之不要蓋之 論命者切不可泥之 月令消詳 故表而出之

즉요별제지불요개지 론명자절불가니지 월령소상 고표이출지

【해 설】

예를 들어 갑자(甲子)일생이 신(申)이 있으면 자진(子辰)과 삼합(三合)하여 수국(水局)을 이룬다. 그러나 수기(秀氣)가 괴멸되면 용신(用神)이 왕성해야 하고, 용신(用神)이 제압당하면 좋지 않다. 월령(月令)은 매우 중요하므로 소상하게 살펴야 정확하게 간명할 수 있다. 간명의 비법은 일간(日干)을 중심으로 월지(月支)의 심천을 살펴 용신(用神)을 찾는 것이다. 한마디로 명리학(命理學)은 용신(用神)을 찾는 학문이라고 할 수 있다.

2. 월령(月令)

【원 문】

假令年爲本 帶官星印綬 則奮年有官 出自祖宗 月爲提綱

가령년위본 대관성인수 즉조년유관 출자조종 월위제강

帶官星印綬 卽慷慨聰明 見識高人 時爲補佐 平生操履 若年月日

대관성인수 즉강개총명 견식고인 시위보좌 평생조리 약년월일

有吉神 則時歸生旺之處 若凶神 則要歸時制伏鄕 時上吉凶神

유길신 즉시귀생왕지처 약흉신 즉요귀시제복향 시상길흉신

則年月日 吉者生之 凶者制之 假合月令有用神 得父母力

즉년월일 길자생지 흉자제지 가령월령유용신 득부모력

年有用神 得祖宗力 時有用神 得子孫力 反此則不得力

년유용신 득조종력 시유용신 득자손력 반차즉불득력

【해 설】

예를 들어 년주(年柱)는 조상궁이며 근본이므로 관성(官星)이나 인수(印綬)가 들고 용신(用神)에 해당하면 관직과 명예가 따르니 부귀영화를 누리고 총명하며 조상운과 가문이 좋다.

월주(月柱)는 제강(提綱)이므로 관성(官星)이나 인수(印綬)가 들고 용신(用神)에 해당하면 강개심이 많고 부모덕과 형제덕이 많으며 총명하고 식견이 높다.

일간(日干)은 자신을 나타내므로 성격을 알 수 있고, 일지(日支)는 배우자궁이니 배우자의 길흉을 알 수 있다.

시주(時柱)는 자녀운·말년운·평생운을 보니 시주(時柱)에 용신(用神)이 있으면 자녀운과 말년운이 좋고 수명도 길다.

그리고 년월일시 어디든 길신이 있으면 길신이 든 위치의 가족이 발복하고, 흉신이 있으면 흉신이 든 위치의 가족이 고전한다. 특히 시상(時上)에 든 길신이나 흉신은 매우 중요하다. 만일 용신(用神)이 년주(年柱)에 있으면 조상덕이 있고, 월주(月柱)에 있으면 부모덕이 있고, 시주(時柱)에 있으면 자손덕이 있다. 그러나 기신(忌神)이 년주(年柱)에 있으면 조상덕이 없고, 월주(月柱)에 있으면 부모덕이 없고, 일주(日柱)에 있으면 배우자덕이 없고, 시주(時柱)에 있으면 자손덕이 없다.

3. 생왕(生旺)

【원 문】

當法以金生巳 木生亥 火生寅 水生申 土居中央 寄母生
당법이금생사 목생해 화생인 수생신 토거중앙 기모생
如戊在巳 己在午 又土爲四季 各旺十八일 共七十二日
여무재사 기재오 우토위사계 각왕십팔일 공칠십이일
幷木火土金水 各七十二日 其德三百六十日 以成歲功 此良法也
병목화토금수 각칠십이일 기덕삼백육십일 이성세공 차양법야

【해 설】

경금(庚金)은 사(巳)에서 생(生)하고, 갑목(甲木)은 해(亥)에서 생

(生)하고, 병화(丙火)는 인(寅)에서 생(生)하고, 임수(壬水)는 신(申)에 생(生)하는데, 천간(天干)의 무기토(戊己土)는 중앙에 거하며 어머니가 되니 목화금수(木火金水)는 토(土)에 의지하여 살아간다. 그리고 무토(戊土)는 사(巳)에서 생왕(生旺)하고, 기토(己土)는 오(午)에서 생왕(生旺)한다.

진토(辰土)는 봄에 속하고, 미토(未土)는 여름에 속하고, 술토(戌土)는 가을에 속하고, 축토(丑土)는 겨울에 속한다. 각각 계절의 끝 18일 동안을 장악하니 1년 중 72일을 토(土)가 주관하고, 목화금수(木火金水)는 각각 72일 동안을 관장하니 1년은 360일이 된다.

4. 오행(五行)의 생왕쇠절(生旺衰絶)

【원 문】

觀陰陽家書有曰 生旺有陰死陽生 陽死陰生 假如甲木生於亥
관음양가서유왈 생왕유음사양생 양사음생 가여갑목생어해

而死於午 乙木生於午而死於亥 餘皆同例 故命十有九生
이사어오 을목생어오이사어해 여개동예 고명십유구생

又非的法也 論命 豈可拘於生旺之說 且丙寅屬火而絶於亥
우비적법야 논명 개가구어생왕지설 차병인속화이절어해

水爲不好 孰不測亥中有木 爲印綬而生旺火 丙日多時 乃多貴格
수위불호 숙불측해중유목 위인수이생왕화 병일다시 내다귀격

亦戊屬土而旺于巳 兼又建祿木則貴格
역무속토이왕우사 겸우건록목즉귀격

孰不測巳反生金之地而傷官星 凡戊土巳時 官終不顯 擧此二例
숙불측사반생금지지이상관성 범무토사시 관종불현 거차이례

則議命 切不可專泥於生旺而吉 敗凶也 又當以活法推之
즉의명 절불가전니어생왕이길 패흉야 우당이활법추지

【해 설】

『음양가서(陰陽家書)』에서는 "생왕(生旺)이라는 이론이 있는데 음기(陰氣)가 사(死)하면 양기(陽氣)가 생(生)하고, 양기(陽氣)가 사(死)하면 음기(陰氣)가 생(生)한다. 갑목(甲木)은 해(亥)에서 생(生)하나 오(午)에서는 사(死)하고, 을목(乙木)은 오(午)에서 생(生)하나 해(亥)에서 사(死)한다. 다른 것도 이와 같은 이치다. 따라서 십천간(十天干)은 지지(地支)에 의지해 9가 생(生)하고, 길흉화복과 빈부귀천을 단순히 생왕(生旺)의 이론에만 의존하면 안 된다"고 하였다.

병화(丙火)는 인(寅)에서 장생(長生)하나 해(亥)에서는 절(絶)된다. 이것은 병화(丙火)는 수(水)를 좋아하지 않기 때문이다. 그러나 해(亥)에 있는 갑목(甲木)이 인수(印綬)가 되어 목생화(木生火)하여 병화(丙火)를 생(生)해준다. 이 때 병화(丙火)가 많으면 귀격을 이룬다.

무토(戊土)는 사(巳)에서 왕성하여 목(木)이 건록(建祿)이 되면 귀격을 이룬다. 그러나 사(巳) 경금(庚金)이 목(木)을 극(剋)하므로 무토(戊土)가 사절(巳節)에 태어나면 관성(官星)이 불리하여 관운(官運)이 좋지 않다. 이러한 예를 보면 생왕사절(生旺死絶)의 이론에만 전적으로 의존하면 안 된다. 명리학(命理學)의 비법은 오행(五行)의 강약·상생(相生)·상극(相剋)·조화 등의 전체적인 원리 속에서 응용해야 제대로 추리할 수 있다.

5. 오행(五行)의 묘고재인(墓庫財印)

【원 문】

丙丁生人 以辰庫官水上庫干辰庫也 須年月時中有木

병정생인 이진고관수상고간진고야 수년월시중유목

或亥卯未并寅郤淸 如無木則上奪丙丁之官 則濁卑而不淸亦不顯

혹해묘미병인극청 여무목즉상탈병정지관 즉탁비이불청역불현

【해 설】

병정(丙丁) 일간(日干)이 진(辰)월에 태어나면 진(辰) 중의 계수(癸水)가 관(官)인데 고(庫)에 들어 있다. 수기(水氣)가 많은데 년월시(年月時)에 목(木)이 있거나 지지(地支)에 해묘미(亥卯未)나 인목(寅木)이 있으면 목생화(木生火)하여 좋으나 목(木)이 없으면 바로 수극화(水剋火)하여 왕성한 관(官)에게 극(剋)을 당한다. 관성(官星)이 왕성데 인수(印綬)가 없어 관극비(官剋比)되면 사주가 혼탁하여 발전하지 못한다.

6. 관살혼잡(官殺混雜)의 제복(制伏)

【원 문】

官星要純不要雜 假如甲木 用辛金爲官 若年是辛 月是酉
관성요순불요잡 가여갑목 용신금위관 약년시신 월시유

時上亦是死官 雖多 儘不妨 益純一儘好 若有金或庚申
시상역시사관 수다 진불방 익순일진호 약유금혹경신

則混雜爲殺 以傷其身 要行火鄕 制伏則發福也 餘倣此也
즉혼잡위살 이상기신 요행화향 제복즉발복야 여방차야

【해 설】

관성(官星)은 혼잡되지 않고 순수해야 좋다. 만일 갑목(甲木) 일
간(日干)이 신금(辛金)이 관성(官星)인데 년주(年柱)에 있고, 월주
(月柱)에 유금(酉金)이 있고, 시주(時柱)에도 사관(死官)이 있으면
관성(官星)이 많아도 순수하기 때문에 무방하다. 그러나 경신금(庚
申金)이 들어 정관(正官)과 편관(偏官)이 섞여 혼잡하면 일간(日
干)을 상해하니 흉하다. 이 때는 사오미(巳午未) 화운(火運)으로
흘러야 화극금(火剋金)으로 왕금(旺金)을 제복(制伏)하므로 발복
할 수 있다. 다른 경우도 이와 같은 원리이니 참고하면 된다.

7. 오행(五行)의 생극제화(生剋制化)

【원 문】

金旺得火 方成器血 火旺得水 方成相濟 水旺得土 方成池沼

금왕득화 방성기혈 화왕득수 방성상제 수왕득토 방성지소

土旺得木 方能流通 木旺得金 方成棟梁

토왕득목 방능유통 목왕득금 방성동량

【해 설】

금(金)이 강한데 화(火)를 얻으면 좋은 기물을 이루고, 화(火)가
강한데 수(水)를 얻으면 수화기제(水火旣濟)가 되어 조화를 이루
고, 수(水)가 강한데 토(土)를 얻으면 좋은 연못을 이루고, 토(土)
가 강한데 목(木)을 얻으면 유통이 잘 되고, 목(木)이 강한데 금
(金)을 얻으면 나라의 동량이 된다.

【원 문】

金賴土生 土多金埋 土賴火生 火多土焦 火賴木生 木多火熄

금뢰토생 토다금매 토뢰화생 화다토초 화뢰목생 목다화식

木賴水生 水多木漂 水賴金生 金多水濁

목뢰수생 수다목표 수뢰금생 금다수탁

【해 설】

금(金)은 토(土)에 의존하여 생존하나 토(土)가 너무 많으면 매몰

되고, 토(土)는 화(火)에 의존하여 생존하나 화(火)가 너무 많으면 무용지물이 되고, 화(火)는 목(木)에 의존하여 생존하나 목(木)이 너무 많으면 꺼지고, 목(木)은 수(水)에 의존하여 생존하나 수(水)가 너무 많으면 떠다니고, 수(水)는 금(金)에 의존하여 생존하나 금(金)이 너무 많으면 탁해진다.

【원 문】

金能生水 水多金沈 水能生木 木多水縮 木能生火 火多木焚
금능생수 수다금침 수능생목 목다수축 목능생화 화다목분
火能生土 土多火埋 土能生金 金多土變
화능생토 토다화매 토능생금 금다토변

【해 설】

금(金)은 능히 수(水)를 생(生)하나 수(水)가 너무 많으면 침몰하고, 수(水)는 능히 목(木)을 생(生)하나 목(木)이 너무 많으면 위축되고, 목(木)은 능히 화(火)를 생(生)하나 화(火)가 너무 많으면 타버리고, 화(火)는 능히 토(土)를 생(生)하나 토(土)가 너무 많으면 꺼지고, 토(土)는 능히 금(金)을 생(生)하나 금(金)이 너무 많으면 변한다.

【원 문】

金能剋木 木堅金缺 木能剋土 土重木折 土能剋水 水多土流
금능극목 목견금결 목능극토 토중목절 토능극수 수다토류

水能剋火 火多水熱 火能剋金 金多火熄
수능극화 화다수열 화능극금 금다화식

【해 설】

금(金)은 능히 목(木)을 극(剋)하나 목(木)이 너무 단단하면 흠결(欠缺)되고, 목(木)은 능히 토(土)를 극(剋)하나 토(土)가 너무 많으면 부러지고, 토(土)는 능히 수(水)를 극(剋)하나 수(水)가 너무 많으면 유실되고, 수(水)는 능히 화(火)를 극(剋)하나 화(火)가 너무 많으면 뜨거워지고, 화(火)는 능히 금(金)을 극(剋)하나 금(金)이 너무 많으면 꺼진다.

【원 문】

金衰遇火 必見消鎔 火弱逢水 必爲熄滅 水弱逢土 必爲游塞
금쇠우화 필견소용 화약봉수 필위식멸 수약봉토 필위유색
土衰遇木 必遭傾陷 木弱逢金 必爲破斫
토쇠우목 필조경함 목약봉금 필위파작

【해 설】

금(金)이 쇠약한데 화(火)를 만나면 반드시 쓸모가 있고, 화(火)가 쇠약한데 수(水)를 만나면 반드시 꺼지고, 수(水)가 쇠약한데 토(土)를 만나면 반드시 유색(游塞)이 되고, 토(土)가 쇠약한데 목(木)을 만나면 반드시 경함(傾陷)이 되고, 목(木)이 쇠약한데 금(金)을 만나면 반드시 파작(破斫)이 된다.

【원 문】

强金得水 方挫其鋒 强水得木 方泄其勢 强木得火 方化其頑

강금득수 방좌기봉 강수득목 방설기세 강목득화 방화기완

强火得土 方止其焰 强土得金 方制其害

강화득토 방지기염 강토득금 방제기해

【해 설】

금(金)이 강하면 난폭하나 수(水)로 설기(泄氣)하면 정의롭고, 수(水)가 강하면 음란하며 사악하나 목(木)으로 설기(泄氣)하면 지혜롭고, 목(木)이 강하면 질투심이 많으나 화(火)로 설기(泄氣)하면 인자하고, 화(火)가 강하면 무례하나 토(土)로 설기(泄氣)하면 예의범절을 알고, 토(土)가 강하면 욕심이 많고 고집이 강하나 금(金)으로 설기(泄氣)하면 신실하다.

8. 이지음양상생리(二至陰陽相生理)

【원 문】

一年之內 細分五行 配合氣候 於十二月之中 各主旺相 以定用神

일년지내 세분오행 배합기후 어십이월지중 각주왕상 이정용신

其中五行 又分陰陽爲兩股 於一年之中 各主生旺之氣 如冬至陽

기중오행 우분음양위양고 어일년지중 각주생왕지기 여동지양

則有木光生旺之理 何則試以甲乙日干生人 在冬至之前 陽氣未動

즉유목광생왕지리 하즉시이갑을일간생인 재동지지전 양기미동

木方死絶 其木不甚吉利 若甲乙日生人 在冬至之後 陽氣已生

목방사절 기목불심길이 약갑을일생인 재동지지후 양기이생

木乘煖氣 其命壽祿皆全 只要用火入格 又如丙丁日干生人

목승난기 기명수록개전 지요용화입격 우여병정일간생인

在冬至之前 遇水卽滅 若在冬至之後 不甚忌水

재동지지전 우수즉멸 약재동지지후 불심기수

蓋丙丁乘木之生也 夏至則陰生 則有金生水用之理 如官歷所載

개병정승목지생야 하지즉음생 즉유금생수용지리 여관력소재

夏至後逢庚爲三伏 益謂一陰生後 金生而火囚 明乎此

하지후봉경위삼복 익위일음생후 금생이화수 명호차

則庚辛生於夏至之後 金略有氣 不甚忌火 其理尤明

즉경신생어하지지후 금약유기 불심기화 기리우명

學者不可不知矣

학자불가불지의

【해 설】

1년을 오행(五行)으로 나누어 기후를 배합하고, 12개월을 각각 왕
상휴수사(旺相休囚死)에 따라 용신(用神)을 정한다. 그리고 오행
(五行)과 음양(陰陽)에서 어느 것이 왕성하며 쇠약한가를 구별한
다. 일년 중 생왕(生旺)하는 양기(陽氣)는 동지(冬至)부터 생긴다.
목(木)은 유광(有光)하고 생왕(生旺)하니 만일 갑을목(甲乙木) 일

간(日干)이 동지(冬至) 전에 태어났으면 아직 양기(陽氣)가 미미하니 목기(木氣)가 사절(死絶)되어 이로움이 별로 없다. 그러나 동지(冬至) 후에 태어났으면 양기(陽氣)가 이미 생겼으니 목기(木氣)가 온난한 기운을 만난 것이므로 수명과 복록을 갖춘다. 이 때 화(火)가 용신(用神)이면 길하다.

만일 병정화(丙丁火) 일간(日干)이 동지(冬至) 전에 태어났으면 수기(水氣)를 만난 것이니 화기(火氣)가 소멸하고, 동지(冬至) 후에 태어났으면 수(水)를 심하게 꺼리지 않는다. 병정화(丙丁火)가 목생화(木生火)하여 목(木)의 도움을 받기 때문이다.

하지(夏至)부터는 음기(陰氣)가 다시 생기므로 금(金)이 있으면 금생수(金生水)하여 수(水)를 생(生)한다. 그리고 하지(夏至) 후에 경금(庚金)을 만나면 삼복(三伏)이라 하는데, 금(金)은 1음(一陰)이 발생한 후부터 이롭고, 화(火)는 수(囚)가 된다. 즉 경신금(庚辛金)이 생기는 것은 하지(夏至) 후이니 금(金)은 지략이 있어 화(火)를 심하게 꺼리지 않는 것이다. 이 원리는 매우 정확하니 잘 알아야 한다.

9. 자평거요결(子平擧要訣)

【원 문】
造化先須詳日主 坐官坐印衰旺取 年時月令號提綱
조화선수상일주 좌관좌인쇠왕취 년시월령호제강

元有元無旺重舉　大抵官星要純粹　正偏雜亂反無情

원유원무왕중거　대저관성요순수　정편잡난반무정

露官職殺方爲福　露殺藏官是禍胎　殺官俱露將何擬

노관직살방위복　노살장관시화태　살관구로장하의

混雜財官取財議　官旺怕官忌刑冲　官輕見財爲福利

혼잡재관취재의　관왕파관기형충　관경견재위복이

年上傷官取可嫌　重怕傷官不可蠲　傷官傷財乃爲福

년상상관취가혐　중파상관불가견　상관상재내위복

財絶官衰福亦然　貪合忘官　榮不足　貪合忘殺　爲己福

재절관쇠복역연　탐합망관　영부족　탐합망살　위기복

堪嗟身弱怕財多　更歷官鄕禍相逐　財多身弱食神來

감차신약파재다　갱역관향화상수　재다신약식신내

食神殺必爲災會　合天合地有刑剋　更宜達士　細推裁

식신살필위재회　합천합지유형극　갱의달사　세추재

【해 설】

　사람의 운명을 제대로 알려면 먼저 일간(日干)을 잘 살펴야 한다.
일간(日干)에 관살(官殺)과 인성(印星)이 있으면 쇠약과 왕성을 본
다. 그리고 월지(月支)를 월령(月令) 또는 제강(提綱)이라고 하는
것은 월지(月支)의 중요함을 강조한 것이다. 관성(官星)은 순수해
야 하는데 정관(正官)과 편관(偏官)이 섞여 혼잡하면 무정한 사주
가 된다. 만일 신왕(身旺)한데 관살(官殺)이 투출(透出)하면 길하
나 신약(身弱)한데 관살(官殺)이 투출(透出)하고 지지(地支)에 관

살(官殺)이 너무 많이 암장(暗藏)되어 있으면 화가 된다.

그럼 관살(官殺)이 투출(透出)한 것을 어떻게 아는가. 혼잡한 재관(財官)은 취득함에 있어서는 논의해야 한다. 관살(官殺)이 왕성한데 형충(刑沖)되면 꺼리고, 관살(官殺)이 약한데 재성(財星)을 만나 재생관(財生官)하면 이롭고, 관살(官殺)이 투출(透出)했는데 년주(年柱)에 상관(傷官)이 또 투출(透出)하면 매우 흉하고, 관살(官殺)이 있는데 강하고 밝은 상관(傷官)과 상충(相沖)하면 매우 흉하고, 관살(官殺)이 기신(忌神)인데 상관(傷官)이 관살(官殺)을 상해하여 재생관(財生官)을 막으면 흉화가 작아진다.

신약(身弱) 사주가 재성(財星)이 끊어지고 관살(官殺)이 쇠약하면 복이 따르고, 정관(正官)이 용신(用神)인데 탐합(貪合)하여 본분을 잊으면 부귀영화가 약하나 관살(官殺)이 본분을 잊으면 복이 되고, 재성(財星)이 많은데 관살운(官殺運)으로 흐르면 화근이 된다. 만일 재다신약(財多身弱)한데 식신(食神)이 또 임하면 설기(洩氣)가 심하여 더 약해지니 식신(食神)과 관살(官殺)은 반드시 재앙이 된다. 만일 천간(天干)이 합(合)하고 지지(地支)가 합(合)하여 일간(日干)이 왕성하면 재관(財官)으로 형극(刑剋)해야 좋아진다.

제6장. 상해정진론(詳解定眞論)

【원 문】

夫生日爲主者 行君之令 法運四時 陰陽剛柔之情 內外否泰之道

부생일위주자 행군지령 법운사시 음양강유지정 내외부태지도

進退相傾 動靜相代 取固亨出入之緩急 求濟復散歛之巨微

진퇴상경 동정상대 취고형출입지완급 구제복산감지거미

【해 설】

사주로 운명을 볼 때는 일간(日干)을 나머지 7글자와 대조하면 군주가 국정을 통치하는 것과 같고, 춘하추동의 사시가 조화롭게 운행하는 것과 같고, 나아감과 물러남을 잘 알 수 있다. 즉 음(陰)과 양(陽)이 각각 6개씩 있는데 서로 조화를 이루며 변화를 만든다.

해(亥)월은 무양육음(無陽六陰)이니 곤위지(坤爲地)이고, 자(子)월은 오음일양(五陰一陽)이니 지뢰복(地雷復)이고, 축(丑)월은 사

음이양(四陰二陽)이니 지택림(地澤臨)이고, 인(寅)월은 삼음삼양(三陰三陽)이니 지천태(地天泰)이고, 묘월(卯月)은 이음사양(二陰四陽)이니 뇌천대장(雷天大壯)이고, 진(辰)월은 일음오양(一陰五陽)이니 택천쾌(澤天快)이고, 사(巳)월은 무음육양(無陰六陽)이니 건위천(乾爲天)이고, 오(午)월은 일음오양(一陰五陽)이니 천풍구(天風姤)이고, 미(未)월은 이음사양(二陰四陽)이니 천산돈(天山豚)이고, 신(申)월은 삼음삼양(三陰三陽)이니 천지부(天地否)이고, 유(酉)월은 사음이양(四陰二陽)이니 풍지관(風地觀)이고, 술(戌)월은 오음일양(五陰一陽)이니 산지박(山地剝)이다.

양기(陽氣)가 하나 전진하면 음(陰)이 하나 후퇴하고, 음기(陰氣)가 하나 전진하면 양기(陽氣)가 하나 후퇴하면서 춘하추동의 조화를 이룬다. 천지의 만물은 동(動)과 정(靜)이 조화를 이루면서 발전한다. 동(動)만 계속되어도 안 되고, 정(靜)만 계속되어도 안 된다. 사람의 하루도 낮에는 열심히 활동하니 동(動)하는 것이고, 밤에는 잠을 자니 정(靜)하는 것이다. 이렇게 동(動)과 정(靜)이 조화를 이루어야 발전할 수 있다. 그렇지 않고 동(動)이 좋다고 쉬지 않고 계속 활동하면 결국 지쳐 쓰러질 것이고, 정(靜)이 좋다고 계속 놀거나 잠만 잔다면 폐인이 될 것이다. 활동과 휴식을 적당하게 취하면서 동정(動靜)의 원리를 따라야 건강도 좋아진다.

사주에서는 양(陽)을 동(動)하는 오행(五行)으로 보고, 음(陰)을 정(靜)하는 오행(五行)으로 본다. 따라서 음양(陰陽)과 오행(五行)이 골고루 들어 동정(動靜)의 조화를 이루어야 길복이 많다. 견고함과 형통함과 길흉화복을 알려면 먼저 일간(日干)의 강약을 살펴

후 재관(財官)을 살펴야 한다. 만일 일간(日干)이 강하고 재관(財官)이 용신(用神)인데 행운에서 재관운(財官運)을 만나면 발복한다. 그리고 신약(身弱)할 때는 인비(印比)가 용신(用神)이면 인성운(印星運)이나 비겁운(比劫運)으로 흐를 때 발복한다. 만일 일간(日干)이 강한데 용신(用神)이 강하면 길복이 많다. 용신(用神)은 능력을 나타내므로 강하면 능력이 많은 사람이 되고, 용신(用神)이 약하면 능력이 작은 사람이 된다.

그리고 전진·후퇴·분산·집합·대소를 살펴야 한다. 즉 공명의 진퇴를 살피고, 재물의 이합집산을 살피고, 관직의 고저를 살피고, 재물의 유무를 살펴야 한다. 육하원칙에 따라 누가, 언제, 어디서, 무엇으로, 왜, 어떻게 성공할 것인가 등등을 살펴야 한다.

【원문】

擇日之法 有三要 以干爲天 以支爲地 支中所藏者 爲人元
택일지법 유삼요 이간위천 이지위지 지중소장자 위인원

乃分四柱 以年爲根 月爲苗 日爲花 時爲果 又擇四柱之中
내분사주 이년위근 월위묘 일위화 시위과 우택사주지중

以年爲祖上 則世代宗派盛衰之理 月爲父母
이년위조상 즉세대종파성쇠지리 월위부모

則知親陰名利有無之類 以日爲己身 當推其干搜用八字
즉지친음명리유무지류 이일위기신 당추기간수용팔자

爲內外生剋取捨之源 干弱則求氣旺之藉 有餘則欲不足之營
위내외생극취사지원 간약즉구기왕지자 유여즉욕부족지영

【해 설】

일간(日干)으로 볼 때는 삼원(三元)이라는 요긴한 것이 있다. 삼원(三元)이란 천원(天元)·지원(地元)·인원(人元)을 말하는데 천간(天干)을 천원(天元), 지지(地支)를 지원(地元), 지지(地支)에 암장(暗藏)된 것을 인원(人元)이라고 한다. 위치로는 년주(年柱)는 근(根), 월주(月柱)는 묘(苗), 일주(日柱)는 화(花), 시주(時柱)는 실(實)이라고 한다. 그리고 육친(六親)으로는 년주(年柱)는 조상궁이니 세대의 흥망성쇠를 보고, 월주(月柱)는 부모궁이니 부모덕과 명리를 보고, 일주(日柱)의 일간(日干)은 자신의 성격을 보고, 일지(日支)로는 배우자궁을 본다.

명리(命理)의 비법은 일간(日干)을 나머지 7자를 대조하여 길흉을 보는 것이다. 년주(年柱)에 용신(用神)이 있으면 조상덕이 있고, 월주(月柱)에 용신(用神)이 있으면 부모덕이 있고, 일주(日柱)에 용신(用神)이 있으면 배우자덕이 있고, 시주(時柱)에 용신(用神)이 있으면 자손덕이 있다. 그러나 해당하는 위치에 기신(忌神)이 있으면 덕이 없다. 즉 위치로 육친(六親)의 길흉을 보는 것이다.

【원 문】

干同以爲兄弟 如乙以甲爲兄 忌庚重也 甲以乙爲弟 畏辛多也
간동이위형제 여을이갑위형 기경중야 갑이을위제 외신다야
干剋以爲妻財 財多干旺則稱意 若干衰則反禍矣 干與支同
간극이위처재 재다간왕즉칭의 약간쇠즉반화의 간여지동

損財傷妻 男取剋干爲嗣 女取干生爲子 存失皆例 以時分野

손재상처 남취극간위사 여취간생위자 존실개례 이시분야

當推貧賤富貴之區

당추빈천부귀지구

【해 설】

일간(日干)과 오행(五行)이 같으면 비견(比劫)이니 형제가 된다.
오행(五行)이 같은데 음양(陰陽)도 같으면 비견(比肩)이라 하고,
음양(陰陽)이 다르면 겁재(劫財)라고 한다. 예를 들어 갑(甲)은 양
기(陽氣)이니 형으로 보고, 을(乙)은 음기(陰氣)이니 아우로 본다.
예를 들면 갑(甲)이 용신(用神)인데 경금(庚金)이 많으면 꺼리고,
을(乙)이 용신(用神)인데 신금(辛金)이 많으면 꺼린다.

일간(日干)이 극(剋)하는 오행(五行)이면 처재(妻財)가 된다. 만
일 재성(財星)이 많은데 일간(日干)이 강하면 부귀영화를 누리나
일간(日干)이 약하면 화근이 된다. 다시 말해 재성(財星)이 많은데
신약(身弱)하면 부잣집에 사는 가난뱅이가 된다.

일간(日干)과 일지(日支)의 오행(五行)이 같은데 재성(財星)이 기
신(忌神)이면 재물이나 아내를 잃는다. 일간(日干)과 일지(日支)의
오행(五行)이 같다는 것은 갑인(甲寅)·을묘(乙卯)·병오(丙午)·
정사(丁巳)·경신(庚申)·신유(辛酉) 등의 일주(日柱)를 말한다.

남명은 일간(日干)을 극(剋)하는 관성(官星)이 자식이고, 여명은
일간(日干)이 생(生)하는 식상(食傷)이 자식이다. 시주(時柱)는 자
식궁이므로 시주(時柱)에 용신(用神)이 있으면 자식복이 있으나

기신(忌神)이 있으면 자식복이 없다. 자식운은 육신(六神)으로 보는 방법과 위치로 보는 방법 2가지가 있다.

【원 문】

理愚歌云 五行眞假少人知 知時須是泄天機是也

이우가운 오행진가소인지 지시수시설천기시야

俗以甲子作海中金 卽娶景之前 未知金在海中之論 或以年爲主者

속이갑자작해중금 즉루경지전 미지금재해중지론 혹이년위주자

則可知萬億富貴相同者 以甲子年生 便可爲本命 忌日之戒

즉가지만억부귀상동자 이갑자년생 편가위본명 기일지계

以月爲兄弟 如火命 生酉戌亥子月 言兄弟不得力之斷

이월위형제 여화명 생유술해자월 언형제불득력지단

【해 설】

『이우가(理愚歌)』에서는 "오행(五行)의 진가는 천기(天氣)를 자각해야 알 수 있는데 이런 사람이 그리 많지 않다. 속설로 전해오는 갑자을축(甲子乙丑)은 해중금(海中金)을 만들지만 금(金)이 해(海)에 존재한다는 것을 잘 알지 못한다. 또 년주(年柱)를 위주로 하는 자인데 억만의 부귀영화가 있다. 만일 갑자(甲子)년생이면 기일(忌日)을 경계한다"고 하였다. 자평법(子平法) 이전에는 년간(年干)을 위주로 간명했는데 오류가 많았으나 자평법(子平法)에서 일간(日干)을 위주로 간명하면서 적중률이 높아졌다.

월주(月柱)는 형제궁인데 화(火)가 용신(用神)이며 유술해자(酉戌

亥子)월생이면 기신(忌神)에 해당하여 형제의 도움을 받지 못한다. 형제의 길흉은 육신(六神)으로는 비견(比肩)과 겁재(劫財)를 보고, 위치로는 월주(月柱)를 본다. 따라서 비겁(比劫)이 용신(用神)이거나 월주(月柱)에 용신(用神)이 있으면 형제덕이 있으나 기신(忌神)에 해당하면 형제덕이 없다.

【원 문】

以日爲妻 如在空刑剋殺之地 言剋妻妾之斷 以時爲子息
이일위처 여재공형극살지지 언극처첩지단 이시위자식

來臨死絶之鄕 言子少之斷 蓋此論之 非人之所爲 造化陰陽所致
내림사절지향 언자소지단 개차론지 비인지소위 조화음양소치

傾世術士 不知此理潛亂於俗 不可以言傳 當考幽微之妙矣
경세술사 불지차리잠난어속 불가이언전 당고유미지묘의

【해 설】

남명에서 일지(日支)는 처궁이므로 일지(日支)에 공망(空亡)이 들거나 형극(刑剋)되거나 극살(剋殺)되어 기신(忌神)에 해당하면 아내를 극(剋)하니 흉하다. 다시 말해 일지(日支)에 용신(用神)이 있으면 처복이 있으나 기신(忌神)이 있으면 처복이 없다. 그리고 육신(六神)으로는 편재(偏財)와 정재(正財)를 본다. 따라서 재성(財星)이 용신(用神)이거나 일지(日支)에 용신(用神)이 있으면 처복이 있다. 그러나 재성(財星)이 기신(忌神)에 해당하거나 일지(日支)에 기신(忌神)이 있으면 처복이 없다.

시주(時柱)는 자식궁이므로 시주(時柱)가 사절지(死絶地)에 임하면 자식복이 약하다. 자식운은 남명은 관성(官星)으로 보고, 여명은 식상(食傷)으로 본다. 그리고 위치로는 시주(時柱)를 본다. 다시 말해 시주(時柱)에 용신(用神)이 있으면 자식복이 있으나 기신(忌神)이 있으면 자식복이 없다. 그리고 남명이 관성(官星)이 용신(用神)이면 자식복이 있으나 기신(忌神)이면 자식복이 없고, 여명은 식상(食傷)이 용신(用神)이면 자식복이 있으나 기신(忌神)이면 자식복이 없다. 그러나 남명이 식상(食傷)이 용신(用神)인데 자식복이 있는 경우도 많다.

사람의 운명은 마음대로 되는 것이 아니라 천지의 조화와 음양(陰陽)의 원리인 사주팔자에 달려 있다. 그러나 술사들이 이 원리를 알지 못하여 오류를 범하는 경우가 많다. 이것은 오행(五行)의 통변(通變) 원리와 취하는 방법이므로 말로 다 전할 수 없으나 미묘함을 잘 고찰해야 한다. 다시 말해 조상이나 부모나 형제자매나 처첩이나 친구나 부하나 빈부귀천이나 영고성쇠는 사람의 노력으로 결정되는 것이 아니라 사주팔자에 달려 있다는 뜻이다.

제7장. 희기론(喜忌論)

【원 문】

四柱論定 三才次分 專以日上天元 配合八字干支 有見不見之刑

사주론정 삼재차분 전이일상천원 배합팔자간지 유견불견지형

無時不有 神殺相絆 輕重比較 若乃時逢七殺見之 未必爲凶

무시불유 신살상반 경중비교 약내시봉칠살견지 미필위흉

月制干强其殺 反爲權印 財官印綬全備 藏蓄於四季之中

월제간강기살 반위권인 재관인수전비 장축어사계지중

官星財氣長生 鎮居於寅申巳亥 庚申時逢戊日 名食神干旺之鄕

관성재기장생 진거어인신사해 경신시봉무일 명식신간왕지향

歲月犯甲丙卯寅 此乃遇而不遇

세월범갑병묘인 차내우이불우

【해 설】

사주를 논할 때는 먼저 삼재(三才)를 분별하고, 일간(日干)을 나

머지 7자의 간지(干支)와 배합하며 비교해야 한다. 그리고 천간(天干)과 지지(地支)와 암장(暗藏)을 분별해야 한다.

년주(年柱)는 근(根)이며 조상궁이고, 월주(月柱)는 묘(苗)이며 부모궁과 형제궁이고, 일주(日柱)는 화(花)인데 일간(日干)은 자신이고 일지(日支)는 배우자궁이다. 그리고 시주(時柱)는 실(實)이며 자손궁이다. 이렇게 분별한 다음 일간(日干)의 신강(身强)과 신약(身弱)을 판단한 후 용신(用神)과 기신(忌神)을 정한다.

그리고 보는 것이 있고 보지 않는 것이 있다. 형충파해(刑沖破害)인데 합(合)하면 있어도 없는 것이 된다. 예를 들어 갑목(甲木)이 용신(用神)인데 경금(庚金)을 만나면 갑경상충(甲庚相沖)이 되어 해로우나, 을목(乙木)이 들어 을경합(乙庚合)하면 상충(相沖)이 사라져 좋아진다. 즉 상충(相沖)을 말리는 것이 합(合)인데 이 때 합(合)은 희신(喜神) 역할을 한다. 합(合)에는 간합(干合)·육합(六合)·삼합(三合)·방합(方合)이 있는데 신살(神殺)이 들고 혼잡하면 경중을 비교해야 한다.

관(官)은 정관(正官)을 말하고 칠살(七殺)은 편관(偏官)을 말하는데 합쳐서 관살(官殺)이라고 한다. 만일 사주에 관살(官殺)이 혼잡하면 절기의 심천을 살펴 경중을 구별해야 하는데 거관유살(去官留殺)이나 거살유관(去殺留官)이 되어야 흉이 줄어든다. 거관유살(去官留殺)이란 정관(正官)을 보내고 편관(偏官)을 머물게 하는 것이고, 거살유관(去殺留官)이란 편관(偏官)을 보내고 정관(正官)을 머물게 하는 것이다.

시주(時柱)에 칠살(七殺)이 있다고 반드시 흉한 것만은 아니다.

월령(月令)에서 제압하고 일간(日干)이 강하면 칠살(七殺)이 오히려 권세와 부귀로 변한다. 즉 편관(偏官)이 시주(時柱)에 있어도 용신(用神)이나 희신(喜神)에 해당하면 길성이 된다는 말이다. 이런 사주는 자식운과 말년운이 좋고, 권세와 부귀를 이룬다.

사주에 재성(財星)과 관성(官星)과 인성(印星)이 모두 있으면 잡기재관격(雜氣財官格)이라 하는데 사계절 중에 숨어 있다. 사계절이란 진술축미(辰戌丑未)를 말하는데 진토(辰土)에는 을계무(乙癸戊)가 있고, 술(戌)에는 신정무(辛丁戊)가 있고, 축(丑)에는 계신기(癸辛己)가 있고, 미(未)에는 정을기(丁乙己)가 있다. 따라서 지지(地支)에 진술축미(辰戌丑未)가 있으면 어떤 오행(五行)이라도 재관인(財官印)을 조금씩은 얻는 것이니 좋으나, 1개도 없으면 사주가 불안하여 중심을 잡지 못하고, 너무 많으면 우둔하며 미련하고 고지식하다.

관성(官星)과 재성(財星)의 장생(長生)은 인신사해(寅申巳亥)에 있으니 재관(財官)이 인신사해(寅申巳亥)의 사맹(四孟)에서 생왕(生旺)하면 장생지(長生地)가 된다. 사맹(四孟)이란 맏형을 말하는데 인(寅)은 입춘(立春)이니 봄철의 맏형이고, 사(巳)는 입하(立夏)이니 여름철의 맏형이고, 신(申)은 입추(立秋)이니 가을철의 맏형이고, 해(亥)는 입동(立冬)이니 겨울철의 맏형이다.

만일 무자(戊子)일 경신(庚申)시에 태어났으면 식신간왕(食神干旺)이 된다. 이 때는 년주(年柱)와 월주(月柱)에서 갑병(甲丙)이나 묘인(卯寅)을 만나도 만나지 않은 것과 같으니 격이 깨진다. 이것은 전왕(專旺)한 식신(食神)에 대한 설명이다. 즉 경금(庚金)은 무토(戊土)에서 보면 식신(食神)인데 시지(時支)에 신금(申金)이 있으니 경금(庚金)이 신금(申金)에서 건록(建祿)이 된 것이다.

또 무토(戊土)는 수(水)를 재성(財星)으로 삼는데 임수(壬水)도 신(申)에 장생(長生)하여 재왕지(財旺地)가 되고, 을(乙)은 무토(戊土)의 관성(官星)인데 경금(庚金)이 묘(卯)에 있는 을목(乙木)을 합(合)하므로 무토(戊土)의 관귀(官貴)가 된다. 이 때 사주에 갑병(甲丙)과 묘인(卯寅)이 있으면 신(申)에 있는 경금(庚金)의 귀기(貴氣)가 극상(剋傷)되니 영귀함이 있으나마나 하다는 것이다.

【원 문】

月生日干 無天財 乃印綬之格 日祿居時 沒官星 號靑雲得路
월생일간 무천재 내인수지격 일록거시 몰관성 호청운득로
陽水疊逢辰位 是壬騎龍背之鄕 陰木獨遇子時 爲六乙鼠貴之地
양수첩봉진위 시임기용배지향 음목독우자시 위육을서귀지지
庚日全逢潤下 忌壬癸巳午之方 時遇子申 其福減半
경일전봉윤하 기임계사오지방 시우자신 기복감반
若逢傷官月建 如凶處 未必爲凶
약봉상관월건 여흉처 미필위흉

【해 설】

월령(月令)이 일간(日干)을 돕는데 천간(天干)에 재성(財星)이 없으면 인수격(印授格)이 된다. 편인(偏印)과 인수(印綬)는 나를 생(生)하는 자이니 부모이며 생기(生氣)다. 또 편인(偏印)과 인수(印綬)는 관성(官星)을 상해하는 식신(食神)과 상관(傷官)을 제압하니 관귀(官貴)를 보호하는 자가 된다. 따라서 인성(印星)은 사절(死絕)되면 안 되고 생왕(生旺)되어야 길하다.

일간(日干)이 약하면 편인(偏印)과 인수(印綬)는 길성에 해당하나 신강(身强)하면 기신(忌神)에 해당한다. 인성(印星)이 용신(用神)이면 부모덕이 있고 총명하나, 기신(忌神)이면 부모덕이 없고 총명하지 못하다.

일록(日祿)이 시주(時柱)에 있는데 관성(官星)이 몰락하면 청운의 뜻을 품고 출세한다. 이것은 귀록격(貴祿格)을 두고 하는 말이다. 귀록격(貴祿格)은 관성(官星)이 1개도 없어야 한다. 만일 관성(官星)이 있으면 격이 깨진다. 귀록격(貴祿格)은 일간(日干)이 신왕(身旺)하고 식상운(食傷運)으로 흐르면 발복한다.

양수(陽水)가 진(辰)을 거듭 만나면 임기용배격(壬騎龍背格)이라 한다. 만일 임진(壬辰)일생이 지지(地支)에 진(辰)이 많으면 귀격을 이루고, 인(寅)을 많이 만나면 부격을 이룬다. 시(詩)에서는 "임수(壬水) 일간(日干)이 지지(地支)에 진토(辰土)가 있으면 용의 등에 올라타는 것과 같으니 비상한 기쁨이 있다"고 하였다.

음목(陰木)은 을목(乙木)을 말하는데 시주(時柱)에 자(子)가 1개 있으면 육을서귀격(六乙鼠貴格)이라 한다. 이 때 오(午)가 와서 자오상충(子午相沖)하면 매우 꺼리나, 병자(丙子)시생은 기묘함을 이룬다. 그러나 사주에 경신(庚辛)과 신유축(申酉丑)이 있으면 격이 절반으로 떨어지고, 행운에서 만나도 마찬가지다. 육을서귀격(六乙鼠貴格)은 월주(月柱)에 관성(官星)이 없어야 진격(眞格)이 된다.

경금(庚金) 일간(日干)이 윤하(潤下)를 모두 만나면 임계사오(壬

癸巳午)의 방위인데, 시주(時柱)에 자신(子申)이 있으면 복이 반감된다. 이것은 정란차격(井欄叉格)에 대한 설명이다. 정란차격(井欄叉格)은 경금(庚金) 일간(日干)에게 해당하는데 일주(日柱)에 신자진(申子辰)이 있으면 고관대작이 된다. 즉 경신(庚申)·경진(庚辰)·경자(庚子)일생은 사주에 신자진(申子辰)이 있어야 길하고, 신자진(申子辰)과 상극(相剋)하는 인오술사(寅午戌巳)가 없어야 길하다.

월령(月令)에서 상관격(傷官格)을 이루면 흉지(凶地)를 만나도 흉화가 따르지 않는다. 이것은 상관격(傷官格)에 대한 설명이다. 상관격(傷官格)은 편인(偏印)이나 인수(印綬)를 만나야 길하다. 금수상관격(金水傷官格)은 토(土)를 만나 토극수(土剋水)하면 길하고, 수목상관격(水木傷官格)은 금(金)을 만나 금극목(金剋木)하면 길하고, 목화상관격(木火傷官格)은 수(水)를 만나면 길하고, 화토상관격(火土傷官格)은 목(木)을 만나면 길하다. 그러나 상관격(傷官格)인데 행운에서 또 상관운(傷官運)을 만나면 매우 흉하다.

【원 문】

內有正倒祿飛 忌官星 亦嫌羈絆 六癸日 時逢寅位歲月
내유정도녹비 기관성 역혐기반 육계일 시봉인위세월

怕逢戊己二方 甲子日再逢子時 畏庚辛申酉丑午
파봉무기이방 갑자일재봉자시 외경신신유축오

辛癸日多逢丑地不喜官星 時歲逢子巳二宮虛名虛利 拱祿拱貴
신계일다봉축지불희관성 시세봉자사이궁허명허리 공록공귀

塡實則凶 時上偏財 別宮忌見

전실즉흉 시상편재 별궁기견

【해 설】

비천녹마격(飛天祿馬格)은 관성(官星)과 기반(羈絆)을 꺼린다. 경금(庚金)이나 임수(壬水) 일간(日干)이 지지(地支)에서 자수(子水)를 많이 만나거나, 신금(辛金)이나 계수(癸水) 일간(日干)이 지지(地支)에서 해(亥)를 많이 만나면 비천녹마격(飛天祿馬格)이 된다. 만일 임수(壬水) 일간(日干)이 자수(子水)가 많은데 오(午)를 만나면 자오상충(子午相沖)한다. 오(午) 중의 기토(己土)는 정관(正官)인데 관록(官祿)으로 보아 녹마(祿馬)라고 한다. 이 때 오(午)가 와서 자오상충(子午相沖)하면 복이 반감되고, 자수(子水)가 기반(羈絆)되어도 흉하다.

육계(六癸) 일간(日干)이 시지(時支)에 인목(寅木)이 있는데 세운(歲運)에서 무기토(戊己土)를 만나면 흉하다. 이것은 형합격(刑合格)에 대한 설명이다. 만일 계(癸)일 인(寅)시생이 관살(官殺)이 없는데 사(巳)를 만나면 인사(寅巳)가 형합(刑合)하니 사(巳) 중의 무토(戊土)로 관성(官星)을 삼는다. 형합격(刑合格)은 경신(庚申)이 있으면 갑경상충(甲庚相沖)하고 인신상충(寅申相沖)하므로 격이 깨진다. 이런 사주는 일간(日干)을 극(剋)하는 무기토(戊己土) 관성(官星)이 없으면 평생 명리가 많이 따른다.

갑자(甲子) 일주(日柱)가 자(子)시에 태어났는데 경신(庚辛)과 신유(辛酉)와 축오(丑午)를 만나면 흉하다. 이것은 자요사격(子遙巳

格)에 대한 설명이다. 그러나 갑자(甲子) 일주(日柱)가 갑자(甲子) 시에 태어났는데 신강(身强)하고 사주에 경신(庚申)과 신유(辛酉)와 축오(丑午)가 없으면 금운(金運)에 성공한다. 자(子)에 임계(壬癸)가 있고 계수(癸水)가 합(合)하는 것은 무토(戊土)인데 무토(戊土)를 암장(暗藏)한 사(巳)가 자요사격(子遙巳格)이 되는 것이다.

신금(辛金)이나 계수(癸水) 일간(日干)이 지지(地支)에 축토(丑土)가 많으면 관성(官星)을 기뻐하지 않고, 시지(時支)와 년지(年支)에 자(子)나 사(巳)가 있으면 허명처리를 이룬다. 이것은 축요사격(丑遙巳格)에 대한 설명이다. 신축(辛丑)일생과 계축(癸丑)일생이 지지(地支)에 축(丑)이 많으면 사유축(巳酉丑) 삼합(三合)으로 금국(金局)을 이루어 사(巳)를 맞아들인다. 그리고 사(巳) 중의 병화(丙火)는 신금(辛金) 일간(日干)에서는 관성(官星)이 되어 관록(官祿)으로 작용하니 길하다. 그러나 자수(子水)가 없어야 축요사격(丑遙巳格)의 진격(眞格)이 되어 고관에 오른다.

공록격(拱祿格)과 공귀격(拱貴格)이 전실(塡實)되면 흉하다. 전실(塡實)이란 사주에 재성(財星)과 관(官星)이 모두 있는 것을 말한다. 공록격(拱祿格)은 일지(日支)와 시지(時支) 사이에 지지(地支)의 순서대로 일간(日干)의 건록(建祿)을 끼고 있는 사주를 말한다. 예를 들어 정사(丁巳)일생이 시주(時柱)가 정미(丁未)이면 지지(地支)의 순서는 사오미(巳午未)이니 오(午)가 그 사이에 있어 공록격(拱祿格)이 된다. 이런 사주는 귀격을 이룬다.

공귀격(拱貴格)이란 영귀함을 받는다는 뜻인데, 일지(日支)와 시지(時支)가 지지(地支)의 순서대로 나란히 있는 것을 말한다. 예를 들어 갑인(甲寅)일 갑자(甲子)시생이 축(丑)을 만나면 자축인(子丑寅)이니 공귀격(拱貴格)이 된다.

　시상편재격(時上偏財格)이 년월일에 편재(偏財)가 또 있으면 꺼린다. 시상편재격(時上偏財格)은 시주(時柱)에 편재(偏財)가 있는 것을 말하는데 신강(身强)하면 재물운이 매우 좋다. 큰 부자들의 사주를 보면 시상편재격(時上偏財格)인 경우가 많다.

【원 문】

六辛日逢戊子 嫌午未位運喜西方 五行遇月支偏官 歲月時中
육신일봉무자 혐오미위운희서방 오행우월지편관 세월시중
亦宜制伏 類有去官留殺留官 四柱純雜有制 定居一品之尊
역의제복 유유거관유살유관 사주순잡유제 정거일품지존
略有一位正官 官殺混雜反賤也 戊日午月勿作刃看
약유일위정관 관살혼잡반천야 무일오월물작인간
歲時火多却爲印綬 月令雖逢建祿 切忌會殺爲凶
세시화다각위인수 월령수봉건록 절기회살위흉

【해 설】

　육신(六辛) 일간(日干)이 무자(戊子)시에 태어나면 육음조양격(六陰朝陽格)이 되는데, 오미(午未)를 매우 꺼리고 신유술(申酉戌) 서방운을 매우 기뻐한다. 육음조양격(六陰朝陽格)은 육신(六辛)일인 신축(辛丑)·신묘(辛卯)·신사(辛巳)·신미(辛未)·신유(辛酉)·신해(辛亥)일이 자(子)시에 태어난 것을 말한다. 자(子)시는 하루를 시작하는 시각으로 아침에 태양이 솟아오르니 육음조양격(六陰朝陽格)이라 하는 것이다.

육음조양격(六陰朝陽格)이 월지(月支)에 편관(偏官)이 있으면 년주(年柱)나 월주(月柱)나 시주(時柱)에서 제복(制伏)시켜야 길하다. 거관유살(去官留殺)이나 거살유관(去殺留官)이 되어야 한다는 말이다. 혼잡한 관살(官殺)을 제거하면 일품의 고관대작이 될 수 있으나 그렇지 않으면 하천한 사람이 된다.

무토(戊土) 일간(日干)이 오(午)월생이면 양인(羊刃)으로 간명하지 않는다. 년주(年柱)나 시주(時柱)에 화(火)가 많으면 인수(印綬)로 본다. 이것은 양인격(羊刃格)에 대한 설명이다. 양인(羊刃)은 육신(六神)으로는 겁재(劫財)인데 용신(用神)에 해당하면 신변안전·수명장수·명예·재물 등이 따르나, 기신(忌神)에 해당하면 재물손해·극처(剋妻)·이별 등이 따른다. 비록 월령(月令)에서 건록(建祿)을 만나도 칠살(七殺)이 모이면 흉하다. 다시 말해 월지(月支)에 건록(建祿)이 있어도 편관(偏官)이 지나치게 많고 기신(忌神)에 해당하면 흉하다는 말이다. 관성(官星)은 일간(日干)이 감당하지 못할 만큼 많으면 기신(忌神) 작용을 하기 때문이다.

【원 문】

官星七殺交差 郄以合殺爲貴 柱中官星太旺 天元羸弱之格
관성칠살교차 극이합살위귀 주중관성태왕 천원리약지격
日干旺甚無依 若不爲僧卽道 印綬生月忌見財星
일간왕심무의 약불위승즉도 인수생월기견재성

運入財鄉却宜退身避位 劫財羊刃切忌時逢歲運 倂臨炎殃立至

운입재향각의퇴신피위 겁재양인절기시봉세운 병임염앙입지

十干背祿歲時 喜吉見財星運至比肩 號曰背祿逐馬

십간배록세시 희길견재성운지비견 호왈배록축마

【해 설】

정관(正官)과 편관(偏官)이 혼잡하고 기신(忌神)에 해당하면 매우
흉하다. 관성(官星)이 왕성하면 일간(日干)이 약해지기 때문이다.
이 때는 거관유살(去官留殺)이나 거살유관(去殺留官)이 되어 둘
중 하나를 제거해야 흉화를 줄일 수 있다. 사주가 신약(身弱)하면
재관(財官)은 물론 식상(食傷)도 흉작용을 하고, 비겁(比劫)과 인
성(印星)만이 길작용을 한다.

만일 일간(日干)이 왕성한데 재관(財官)이나 식상(食傷)에 의지할
수 없으면 승려나 수도자가 된다. 길복이 많은 사주가 되려면 오행
(五行)이 균형을 이루어야 한다. 비겁(比劫)과 인성(印星)이 왕성
하기만 하고 재관식(財官食)이 없으면 불리하다. 이 때 종강격(從
强格)이면 다행이지만 정격(正格)이면 속세와 인연을 끊고 승려나
수도자가 된다. 그리고 인수(印綬)가 월령(月令)에 있는데 행운에
서 재성(財星)을 만나면 재물손해가 따르니 조심해야 한다. 이 말
은 인수(印綬)가 용신(用神)인데 재성운(財星運)을 만나면 매우 흉
하다는 뜻이다.

만일 겁재(劫財)와 양인(羊刃)이 있는데 년운(年運)이나 대운(大
運)에서 양인(羊刃)을 또 만나면 큰 재앙이 따른다. 겁재(劫財)와

양인(羊刃)은 모두 일간(日干)을 도와주지만 신강(身强)하면 기신(忌神)이 되어 파산·파가·이별·파직 등이 따른다.

십간배록격(十干背祿格)은 년운(年運)에서 재성(財星)을 만나면 길하다. 운이 비견(比肩)에 이르면 녹마(祿馬)를 쫓아버린다고 한다. 여기서 녹(祿)은 정관(正官)을 말하는데, 상관(傷官)이 극(剋)하여 정관(正官) 작용을 하지 못하는 것을 배록(背祿)이라고 한다. 그리고 축마(逐馬)는 재물을 쫓아버린다는 뜻인데, 재성(財星)이 용신(用神)인데 비견(比肩)과 겁재(劫財)를 만나면 해당한다.

【원 문】

五行正貴 忌沖刑破之宮 四柱干支 喜三合六合之地
오행정귀 기충형파지궁 사주간지 희삼합육합지지
日干無氣時逢羊刃不爲凶 官殺兩停 喜者存之 憎者棄之
일간무기시봉양인불위흉 관살양정 희자존지 증자기지
地支天干合多 亦云貪合忘官 四柱殺旺 運純身旺 爲官淸貴
지지천간합다 역운탐합망관 사주살왕 운순신왕 위관청귀
凡天元太弱 內有弱處復生 柱中七殺 全彰身旺極貧
범천원태약 내유약처복생 주중칠살 전창신왕극빈

【해 설】

정기(正氣) 관성(官星)이 용신(用神)이면 대귀격을 이루나 형충파해(刑沖破害)되면 매우 흉하다. 이 때 삼합(三合)이나 육합(六合)이 있으면 길하다. 천간(天干)의 합(合)에는 간합(干合)이 있고, 지지(地支)의 합(合)에는 삼합(三合)·육합(六合)·방합(方合)이 있다. 합(合)을 하면 본래의 오행(五行)보다 더 강해지는데 합(合)의 결과가 용신(用神)이 되어야 길하다. 그렇지 않고 기신(忌神)이 되면 흉하다.

신약(身弱)한데 행운에서 양인(羊刃)을 만나면 오히려 좋아진다. 신약(身弱)할 때는 비겁(比劫)과 양인(羊刃)이 길작용을 하기 때문이다. 이 때 정관(正官)과 편관(偏官)이 모두 투출(透出)하면 희신(喜神)을 취하고 기신(忌神)은 버린다. 이 말은 관살(官殺)이 혼잡하여 흉할 때는 정관(正官)을 제거하는 거관유살(去官留殺)이나 편관(偏官)을 제거하는 거살유관(去殺有官)을 시켜 흉을 줄여야 한다는 뜻이다.

만일 천간(天干)과 지지(地支)에 합(合)이 많으면 탐합(貪合)하므로 관성(官星)이 본분을 망각한다. 다시 말해 정관(正官)이 용신(用神)인데 정관(正官)이 합(合)하여 기신(忌神)으로 변하면 정관(正官)이 본분을 잊는다는 뜻이다.

사주에 칠살(七殺)이 강한데 신왕운(身旺運)을 만나면 관운(官運)이 좋으니 관직으로 나가면 입신양명한다. 이 말은 신약(身弱) 사주가 관살(官殺)이 왕성한데 비겁운(比劫運)이나 양인운(羊刃運)이나 인성운(印星運)을 만나 신왕(身旺)해지면 재관(財官)을 감당할 수 있다는 뜻이다.

천원(天元)인 일간(日干)이 약해도 약한 곳에서 다시 살아나는 경우가 있다. 다시 말해 일간(日干)이 칠살(七殺)월에 태어나 약해도 태기(胎氣)가 생(生)하는 곳이므로 다시 생(生)한다. 예를 들어 갑

(甲)일 신(申)월생이면 신(申) 중의 경금(庚金)이 칠살(七殺)이라 금극목(金剋木)하지만 신(申) 중에 임수(壬水)가 들어 수생목(水生木)하니 태원(胎元)이 되어 다시 살아난다.

사주에 편관(偏官)이 1개도 없는데 일간(日干)이 왕성하면 매우 가난한 팔자가 된다. 이 말은 신강(身强)해도 반드시 재관(財官)이 있어야 한다는 뜻이다. 아무리 신강(身强)해도 재관식(財官食)이 전혀 없거나 무력하면 가난한 명이 된다.

【원 문】

無殺女人之命 一貴可作良人 貴衆合多 定是師尼娼婢 偏官時遇
무살여인지명 일귀가작양인 귀중합다 정시사니창비 편관시우
制伏太過 乃是貧儒 四柱傷官 運入官鄕必破 五行絶處 是胎元
제복태과 내시빈유 사주상관 운입관향필파 오행절처 시태원
生日逢之 名曰受氣 是以陰陽罕測 不可一例而推
생일봉지 명왈수기 시이음양한측 불가일례이추
務要稟得中和之氣 神分貴賤 略敷古聖之遺書
무요품득중화지기 신분귀천 약부고성지유서
縱約以今賢之博覽 若通此法參祥 鑒命無差無誤矣
종약이금현지박람 약통차법참상 감명무차무오의

【해 설】

여명에 편관(偏官)은 없고 정관(正官)만 1개 있으면 현모양처가 된다. 여명에서 정관(正官)은 본남편으로 보고 편관(偏官)은 내연

남으로 본다. 따라서 관살(官殺)이 혼잡하지 않고, 정관(正官)만 1
개 있으면서 용신(用神)에 해당하고, 일주(日柱)에 길성이 있으면
현모양처의 사주가 되는 것이다. 그러나 정관(正官)과 편관(偏官)
이 많고 합(合)이 많으면 반드시 여승이나 창부가 된다.

  편관(偏官)은 총명함·강함·오만함을 나타내나 지나치게 제복
(制伏)시키면 가난한 선비가 되고, 상관(傷官)이 용신(用神)인데
관살운(官殺運)으로 흐르면 반드시 실패한다. 오행(五行)의 절지
(絶地)는 태원(胎元)이니 생일(生日)에 해당하면 수기(受氣)라고
한다. 이처럼 음양오행(陰陽五行)으로 간명할 때는 한 가지 방법으
로만 추리하면 안 된다. 강약과 조후(調候)와 중화의 득실을 살피
고, 신분의 귀천을 살피고, 성현들의 이론과 현재의 이론을 통달한
후 간명해야 실수하지 않는다.

격국편(格局篇)

제1장. 계선론(繼善論)

1. 인품론(人品論)

【원 문】

人稟天地 命屬陰陽 生居覆載之內 盡在五行之中 欲知貴賤

인품천지 명속음양 생거복재지내 진재오행지중 욕지귀천

先看月令乃提綱 次斷吉凶 專用日干爲主本 三元要成格局

선간월령내제강 차단길흉 전용일간위주본 삼원요성격국

四柱喜見財官 用神不可損傷 日主最宜健旺 年傷日干

사주희견재관 용신불가손상 일주최의건왕 년상일간

名爲主本不和 歲月時中 大怕官殺混雜 取用憑於生月

명위주본불화 세월시중 대파관살혼잡 취용빙어생월

當推究其深淺 發覺在於日時 要消詳夫强弱

당추구기심천 발각재어일시 요소상부강약

【해 설】

사람의 품성은 태어날 때 천지의 기운을 받아 형성된다. 명조는 음양(陰陽)에 속하는데 그 모든 것이 오행(五行)의 원리 속에 있다. 따라서 빈부귀천을 알려면 먼저 월령(月令)과 제강(提綱)을 살펴야 한다.

월령(月令)은 사주팔자의 강령이 되고, 절기의 심천은 조후(調候)와 강약을 결정하는 근본이 된다. 따라서 월령(月令)을 중심으로 용신(用神)과 기신(忌神)을 정하여 길흉화복을 구분해야 한다. 그리고 일간(日干)을 중심으로 보는데 삼원(三元)이 격국(格局)을 이루어야 하고, 사주에 재관(財官)이 있어야 좋다.

사주에서 천간(天干)은 천원(天元)이 되고, 지지(地支)는 지원(地元)이 되고, 지지(地支)에 암장(暗藏)된 것은 인원(人元)이 된다. 사주에서는 일간(日干)이 자신이므로 일간(日干)을 중심으로 삼원(三元)과 배합하여 격국(格局)을 이루어야 하는데 반드시 신강(身强)하고 재관(財官)이 있어야 길복이 많은 사주가 된다.

그리고 용신(用神)은 손상되면 안 되고, 일간(日干)은 반드시 건왕해야 한다. 사주에서 가장 중요한 것은 용신(用神)인데 상충(相沖)이나 상극(相剋)으로 손상되면 매우 흉해지기 때문이고, 또 사주의 중심인 일간(日干)이 약하면 재관(財官)을 감당하지 못하기 때문이다.

만일 년주(年柱)가 일간(日干)을 상해하면 화합하지 못한다. 예를 들어 일간(日干)이 갑을목(甲乙木)인데 년주(年柱)에 경신금(庚辛金)이 들어 기신(忌神)에 해당하면 년주(年柱)가 금극목(金剋木)으로 일간(日干)을 극(剋)한다. 이런 사주는 부모가 자식을 해치는 것과 같아 매우 흉하다.

만일 칠살(七殺)이 기신(忌神)에 해당하면 근본이 허약하며 관운(官運)이 불리하나 인성(印星)이 있어 관인상생(官印相生)을 시키면 근본이 유력해지고 관운(官運)도 좋아진다. 만일 년월시(年月時)에 정관(正官)과 칠살(七殺)이 함께 들어 관살(官殺)이 혼잡하면 매우 불길하다. 이런 사주는 남편이 둘인 것과 같고 정권이 분리되는 것과 같아 매우 불길히다.

만일 신약(身弱)한데 관살(官殺)이 혼잡하면 매우 흉하다. 이런 사주는 생월(生月)의 심천과 일시(日時)의 강약을 잘 살펴야 한다. 예를 들어 해자축(亥子丑)월생이면 추운 계절에 태어났으니 화기(火氣)로 용신(用神)을 삼아야 길하고, 사오미(巳午未)월생이면 더운 계절에 태어났으니 수기(水氣)로 용신(用神)을 삼아야 길하다.

2. 관성정기(官星正氣)

【원문】

官星正氣 忌見刑沖 時上偏財 怕逢兄弟 生氣印綬
관성정기 기견형충 시상편재 파봉형제 생기인수
利官運畏見財鄕 七殺偏官 喜制伏不宜太過 傷官復行官運
이관운외견재향 칠살편관 희제복불의태과 상관복행관운

不測災來 羊刃冲合歲君 勃然禍至 富而且貴 定因財旺生官

불측재래 양인충합세군 발연화지 부이차귀 정인재왕생관

非夭則貧 必是身衰遇鬼 六壬生臨午位 號曰祿馬同鄕

비요즉빈 필시신쇠우귀 육임생임오위 호왈녹마동향

【해 설】

관성(官星)의 정기(正氣)가 형충(刑冲)되면 매우 흉하다. 『벽옥가(碧玉歌)』에서는 "관성(官星)의 정기(正氣)는 혼잡하지 않아야 하고, 재성(財星)이 많으면 식상(食傷)을 만나지 않아야 한다"고 하였다.

만일 시상(時上)에 편재(偏財)가 있는데 비겁(比劫)을 만나면 흉하고, 편재(偏財)가 용신(用神)인데 인성(印星)과 비겁(比劫)을 만나도 매우 흉하다. 이 때 인수(印綬)가 생기(生氣)가 있으면 관운(官運)이 좋으나 재성운(財星運)으로 흐르면 흉하다. 다시 말해 인수(印綬)가 용신(用神)이면 관인상생(官印相生)하여 전화위복이 되기 때문이고, 재성(財星)은 인성(印星)을 극(剋)하기 때문에 재성운(財星運)으로 향하면 흉한 것이다.

만일 칠살(七殺)인 편관(偏官)이 기신(忌神)에 해당하면 제복(制伏)시켜야 길하다. 칠살(七殺)이 기신(忌神)인데 지나치게 많으면 흉하고, 편관(偏官)이 기신(忌神)인데 지나치게 많으면 형용하기 어려운 재앙이 따르고, 상관(傷官)이 있는데 관운(官運)으로 흐르면 예측하기 어려운 재앙이 따르고, 양인(羊刃)이 년운(年運)과 충합(沖合)하면 재앙이 따른다.

식상(食傷)과 관살(官殺)이 상극(相剋)하는데 식상(食傷)이 용신(用神)이고 관성운(官星運)이나 인성운(印星運)으로 흐르면 큰 재앙을 당하고, 양인(羊刃)이 용신(用神)인데 관살운(官殺運)을 만나 상충(相沖)하면 큰 화를 당한다. 부귀는 신왕(身旺)하고 재왕(財旺)하고 생관(生官)해야 나타난다. 즉 신왕재왕(身旺財旺)하면 부격을 이루고, 신왕관왕(身旺官旺)하면 귀격을 이룬다. 단명요절하거나 빈천한 것은 일간(日干)이 약한데 관살(官殺)이 왕성하기 때문이고, 신약(身弱)하면 재관(財官)을 감당하지 못하기 때문이다.

육임(六壬)일생이 오(午)가 있으면 녹마동향(祿馬同鄕)이라 한다. 육임(六壬)일은 임인(壬寅)·임오(壬午)·임진(壬辰)·임신(壬申)·임술(壬戌)·임자(壬子)일을 말하는데 정화(丁火)가 정재(正財)이고 기토(己土)가 정관(正官)인데 오(午)에는 병기정(丙己丁)이 암장(暗藏)되어 있어 녹마동향(祿馬同鄕)이 되는 것이다. 이런 사주는 부귀격을 이룬다.

【원 문】

癸日生向巳宮 財官雙美 財多身弱 正爲富屋貧人 以殺化權
계일생향사궁 재관쌍미 재다신약 정위부옥빈인 이살화권

定顯寒門貴客 登科甲第 官星臨無破之宮 納粟奏名
정현한문귀객 등과갑제 관성임무파지궁 납률주명

財庫居生旺之地 官貴太甚 纔臨旺處必傾 印綬被傷
재고거생왕지지 관귀태심 재임왕처필경 인수피상

倘若榮華不久 有官有印 無破作廊廟之材 無官無印
당약영화불구 유관유인 무파작낭묘지재 무관무인

有格朝廷之用 名標金榜 須還身旺逢官 得佐聖君 貴在冲官逢合
유격조정지용 명표금방 수환신왕봉관 득좌성군 귀재충관봉합

【해 설】

계수(癸水) 일간(日干)이 지지(地支)에 사(巳)가 있으면 재관(財官)이 모두 있는 것이니 아름다운 명이 된다. 사(巳)에는 무경병(戊庚丙)이 암장(暗藏)되어 있어 무토(戊土)는 정관(正官)이 되고 병화(丙火)는 정재(正財)가 되기 때문이다. 이런 사주를 재관쌍미격(財官雙美格)이라 한다. 그러나 재다신약(財多身弱)하면 부잣집에 사는 가난뱅이에 불과하다. 일간(日干)이 신약(身弱)하여 재물을 감당하지 못하기 때문이다.

만일 기신(忌神)인 칠살(七殺)이 용신(用神)인 정관(正官)으로 변하면 가난한 집에서 태어나도 귀격을 이룬다. 칠살(七殺)은 기신(忌神)에 해당하면 7가지 재앙을 주는 흉살이지만 관성(官星)이 용신(用神)이며 정관(正官)이면 길성이 되기 때문이다.

우수한 성적으로 등과급제하려면 관성(官星)이 무파지궁(無破之宮)에 임해야 한다. 관성(官星)은 관직이나 부귀영화를 나타내는데 충파(沖破)되지 않아야 등과급제하기 때문이다. 만일 관성(官星)이 기신(忌神)이나 용신(用神)이 되어도 관성(官星)이 충파(沖破)되면 등과하기 어렵다.

납율주명(納栗奏名)이란 재고(財庫)가 생왕지(生旺地)에 임하는

것을 말한다. 나라의 재정을 맡는 관직에 오르려면 재성(財星)이 용신(用神)이어야 한다. 그러나 관귀(官貴)가 매우 왕성한데 다시 왕지(旺地)에 임하면 반드시 흉하다. 다시 말해 관성(官星)이 매우 왕성하여 기신(忌神)이 되었는데 다시 관성운(官星運)을 만나면 반드시 흉화가 따른다.

만일 인수(印綬)가 용신(用神)인데 충극(沖剋)되어 손상되면 부귀 영화가 있어도 길게 가지 못한다. 인수(印綬)뿐 아니라 어느 육신(六神)이라도 용신(用神)인데 충극(沖剋)되면 마찬가지다.

만일 관성(官星)과 인성(印星)이 있는데 손상되지 않으면 등과하여 나라의 동량이 된다. 인성(印星)이 용신(用神)인데 관성(官星)이 관인상생(官印相生)을 시키면 관운(官運)이 좋아 반드시 등과하고, 능력이 있으니 요직을 맡는 것이다.

사주에 관성(官星)과 인성(印星)이 없어도 격국(格局)을 이루면 조정에 등용될 수 있다. 재성(財星)이 용신(用神)이면 재정공무원이 될 수 있고, 비겁(比劫)이나 식상(食傷)이 용신(用神)이어도 사주가 좋으면 재관(財官)보다는 못하나 등용할 수 있다.

금운(金運)에 이름을 얻는 것은 신왕(身旺)한데 관성(官星)이 용신(用神)이기 때문이고, 고위직에 오르는 것은 관성(官星)을 충(沖)하는 것을 합(合)하여 관성(官星)이 능력을 발휘할 수 있기 때문이다.

3. 비격비국(非格非局)

【원 문】

非格非局 見之焉得爲奇 身弱遇官 得後徒然費力 小人命内

비격비국 견지언득위기 신약우관 득후도연비력 소인명내

亦有正印官星 君子格中 也犯七殺羊刃 爲人好殺

역유정인관성 군자격중 야범칠살양인 위인호살

羊刃必犯於偏官 素食慈心 印綬遂逢於天德 生平少病 日主高强

양인필범어편관 소식자심 인수수봉어천덕 생평소병 일주고강

一世安然 財命有氣 官刑不犯 印綬天德同宮 少樂多憂

일세안연 재명유기 관형불범 인수천덕동궁 소락다우

蓋因日主自弱

개인일주자약

【해 설】

사주가 격국(格局)을 이루지 못하면 재관(財官)을 만나도 기이한 명을 이루지 못한다. 즉 신약(身弱)한데 관성(官星)을 만나면 노력해도 관재구설만 따르고 이익이 없다. 사주의 격이 깨지면 재관(財官)을 만나도 이익이 없기 때문이다.

소인배의 명조에도 정인(正印)과 관성(官星)의 영귀함이 따를 수 있고, 군자의 명조에도 칠살(七殺)과 양인(羊刃)의 흉폭함이 따를 수 있다. 그러나 군자는 고난을 극복할 수 있으나 소인은 극복하지 못하는 것이 다르다.

살생을 좋아하는 것은 사주에 양인(羊刃)과 편관(偏官)이 들어 있기 때문이다. 양인(羊刃)과 편관(偏官)은 살생을 좋아하는 별이므로 사주에 있으면 반드시 살생을 좋아한다.

소박한 음식을 좋아하며 자비심이 많은 것은 인수(印綬)가 천덕귀인(天德貴人)을 만났기 때문이다. 인수(印綬)는 부모이므로 용신(用神)에 해당하면 자비심이 많고, 여기다 천덕귀인(天德貴人)이 있으면 자비심이 더 많아지는 것이다.

평생 병이 적은 것은 일간(日干)이 매우 강하기 때문이다. 일간(日干)이 강하면 병이 적고, 사주에 오행(五行)이 골고루 있으면 병이 적고, 용신(用神)이 강하면 병이 적다.

평생 편안하게 사는 것은 재성(財星)이 용신(用神)이기 때문이다. 일간(日干)이 강하고 재성(財星)이 용신(用神)이면 재물복이 많아 평생 의식주 걱정없이 편안하게 산다.

관형(官刑)을 범하지 않는 것은 인수(印綬)와 천덕귀인(天德貴人)이 동궁(同宮)에 있기 때문이다. 관형살(官刑殺)이 침범하지 않는 것은 인수(印綬)가 용신(用神)이 되어 관인상생(官印相生)을 시키고, 인수(印綬)가 천덕귀인(天德貴人)과 동궁(同宮)에 있어 흉이 길로 변하기 때문이다. 그러나 관살(官殺)이 왕성한데 인수(印綬)가 없어 관인상생(官印相生)을 시키지 못하면 매우 흉하다.

즐거움이 적고 근심이 많은 것은 일간(日干)이 신약(身弱)하기 때문이다. 신약(身弱) 사주가 재관(財官)이 왕성하면 재물과 권력을 감당할 수 없기 때문에 근심이 많을 수밖에 없다. 그러나 신강(身强)하면 재관(財官)을 감당할 수 있으니 즐거움이 많다.

4. 신강살천(身强殺淺)

【원 문】

身强殺淺 假殺爲權 七殺重身輕 終身有損 衰則變官爲鬼

신강살천 가살위권 칠살중신경 종신유손 쇠즉변관위귀

旺則化鬼爲官 月生日干 運行不喜財鄕 日主無依 却喜運行財地

왕즉화귀위관 월생일간 운행불희재향 일주무의 각희운행재지

時歸日祿 生平不喜官星 陰若朝陽 切忌丙丁離位

시귀일록 생평불희관성 음약조양 절기병정이위

太歲乃衆殺之主 人命未必爲災 若遇鬪爭之鄕 必主刑於本命

태세내중살지주 인명미필위재 약우투쟁지향 필주형어본명

【해 설】

　신강(身强) 사주가 관살(官殺)이 약하면 권세를 이루어도 거짓이
다. 신강(身强)하여 관살(官殺)이 용신(用神)인데 관살(官殺)이 미
약하면 재성(財星)이 용신(用神)이니 재관운(財官運)을 만나야 부
귀영화가 들어온다.

　만일 관살(官殺)이 중중한데 일간(日干)이 약하면 평생 손재가 따
른다. 일간(日干)이 약하면 관살(官殺)은 기신(忌神)이 되어 흉작
용을 하기 때문이다. 그러나 신강(身强)하면 관살(官殺)이 용신(用
神)이 되므로 길작용을 한다.

　월주(月柱)가 일간(日干)을 도와주는데 재지(財地)로 흐르면 좋지
않다. 월지(月支)의 인수(印綬)가 용신(用神)인데 재성운(財星運)

을 만나면 재극인(財剋印)하므로 좋지 않은 것이다. 그리고 일간(日干)이 약한데 재지(財地)로 흘러도 좋지 않다. 신약(身弱) 사주는 인성운(印星運)과 비겁운(比劫運)만 길하기 때문이다.

일록(日祿)이 시주(時柱)로 돌아오면 평생 관성운(官星運)을 기뻐하지 않는다. 일간(日干)의 건록(建祿)이 용신(用神)인데 관성운(官星運)을 만나면 관극비(官剋比)하기 때문이다. 굳이 시주(時柱)에 건록(建祿)이 없더라도 건록(建祿)이 용신(用神)일 때는 관살운(官殺運)을 만나면 매우 흉하다.

만일 육음(六陰)일이 조양(朝陽)인 자(子)시에 해당하면 병정화(丙丁火)를 꺼린다. 신묘(辛卯)·신사(辛巳)·신미(辛未)·신유(辛酉)·신해(辛亥)·신축(辛丑)일생이 무자(戊子)시에 태어나면 육음조양격(六陰朝陽格)이 된다. 그런데 년간(年干)이나 월간(月干)에 병정화(丙丁火)가 있으면 남방의 화기(火氣)에 해당하니 조양(朝陽)을 극(剋)하여 꺼리는 것이다.

태세(太歲)는 모든 살(殺)을 주관하지만 반드시 재앙이 되는 것은 아니나 투쟁의 땅으로 흐르면 형(刑)을 입는다. 태세(太歲)는 년운(年運)이 당년을 관장하므로 세군(歲君)이라고도 한다. 년운(年運)은 모든 살(殺)을 다스리는데 기신(忌神)에 해당할 때만 살성(殺星)이 발동한다. 만일 년운(年運)이 용신(用神)에 해당하면 살성(殺星)이 나타나지 않고 길복이 따른다.

【원 문】

歲傷日干 有禍必輕 日犯歲君 災殃必重 五行有救 其年反必爲財

세상일간 유화필경 일범세군 재앙필중 오행유구 기년반필위재

四柱無情 故論名爲剋歲 庚辛來傷甲乙 丙丁先見無危

사주무정 고논명위극세 경신내상갑을 병정선견무위

丙丁反剋庚辛 壬癸遇之不畏 戊己愁逢甲乙 干頭須要庚辛

병정반극경신 임계우지불외 무기수봉갑을 간두수요경신

壬癸慮遭戊己 甲乙臨之有救 壬來剋丙 須要戊字當頭 癸去傷丁

임계려조무기 갑을임지유구 임내극병 수요무자당두 계거상정

却喜己來相制

각희기내상제

【해 설】

　년주(年柱)가 일간(日干)을 극해(剋害)하면 흉화가 있어도 가벼우
나, 일간(日干)이 년주(年柱)를 극해(剋害)하면 재앙이 무겁다. 부
모가 자식을 극(剋)하면 재앙이 가벼우나, 자식이 부모를 극(剋)하
면 재앙이 무거운 것과 같기 때문이다.

　오행(五行)이 년주(年柱)를 구제해주면 년주(年柱)가 재물을 이루
나 사주가 무정하면 년주(年柱)를 극(剋)한다. 이 말은 년주(年柱)
의 재성(財星)이 용신(用神)에 해당하면 재물을 얻을 수 있으나 기
신(忌神)에 해당하면 재물손실이 따른다는 뜻이다.

　경신(庚辛)이 갑을(甲乙)을 상해할 때는 병정(丙丁)을 먼저 만나
야 화액을 당하지 않는다. 즉 갑을목(甲乙木) 일간(日干)이 경신금

(庚辛金)으로 금극목(金剋木)하면 흉하나 병정화(丙丁火)로 화극금(火剋金)하면 위험을 면할 수 있다.

병정화(丙丁火)가 경신금(庚辛金)을 화극금(火剋金)으로 반극(反剋)하지만, 임계수(壬癸水)를 만나면 수극화(水剋火)하므로 병정화(丙丁火)를 두려워하지 않는다.

무기토(戊己土)는 갑을목(甲乙木)을 만나면 목극토(木剋土)하니 근심이 따르나, 간두(干頭)에 경신금(庚辛金)이 있으면 금극목(金剋木)하니 무난하다.

임계수(壬癸水)는 무기토(戊己土)를 만나면 토극수(土剋水)하므로 근심이 따르나, 갑을목(甲乙木)을 만나 목극토(木剋土)하면 구제된다. 임수(壬水)가 병화(丙火)를 극(剋)할 때는 무토(戊土)가 투출(透出)해야 길하고, 계수(癸水)가 정화(丁火)를 상해할 때는 기토(己土)가 계수(癸水)를 제(制)해주면 길하다.

【원 문】

庚得壬男制丙 作長年 甲以乙妹妻庚 凶爲吉兆 天元雖旺
경득임남제병 작장년 갑이을매처경 흉위길조 천원수왕
若無依倚是常人 日主太柔 縱遇財官爲寒士 女人無殺
약무의의시상인 일주태유 종우재관위한사 여인무살
帶二德作兩代之封 男命身强 遇三奇爲一品之貴 甲逢己而生旺
대이덕작양대지봉 남명신강 우삼기위일품지귀 갑봉기이생왕
定懷中正之心 丁遇壬而太過 必犯淫訛之亂 丙臨申位
정회중정지심 정우임이태과 필범음와지난 병임신위

遇陽水難獲延年
우양수난획연년

【해 설】

경금(庚金)이 병화(丙火)를 만나 고전할 때 임수(壬水)가 수극화(水剋火)로 병화(丙火)를 제압하면 장수하고, 갑목(甲木)이 경금(庚金)을 만나 고전할 때 을목(乙木)을 만나 을경합(乙庚合)하여 경금(庚金)의 아내로 삼으면 흉이 길로 변한다.

비록 일간(日干)이 왕성해도 의지처인 재관(財官)을 얻지 못하면 평상인에 불과하고, 일간(日干)이 약하여 신약(身弱) 사주가 되면 재관(財官)을 만나도 한가한 선비에 불과하다. 이 말은 일간(日干)이 강하면 반드시 재관(財官)을 만나야 길복이 따르고, 일간(日干)이 약하면 재관(財官)을 만나도 감당하지 못하니 길복이 없다는 뜻이다.

여명에 편관(偏官)이 없고 천덕귀인(天德貴人)과 월덕귀인(月德貴人)이 있으면 2대에 걸쳐 봉(封)을 받는다. 여명에서 편관(偏官)은 내연남인데 없고, 정관(正官)이 용신(用神)에 해당하고, 천월이덕(天月二德)이 들었으니 귀부인이 되는 것이다.

남명이 일간(日干)이 강한데 삼기(三奇)인 재관식(財官食)을 모두 만나면 일품 벼슬에 오르나, 신약(身弱)한데 재관식(財官食)을 모두 만나면 패가망신한다. 이처럼 일간(日干)의 신강(身强)과 신약(身弱)은 매우 중요하므로 먼저 살펴야 한다.

갑목(甲木) 일간(日干)이 기토(己土)를 만나 갑기합(甲己合)하여

생왕(生旺)하면 중정지심(中正之心)을 품는다. 갑목(甲木)은 동방
이며 인자함을 나타내고, 기토(己土)는 중앙이며 신의를 나타내므
로 갑기합(甲己合)하여 생왕(生旺)하면 용신(用神) 작용을 하기 때
문이다.

  정화(丁火) 일간(日干)이 임수(壬水)를 만나 정임합(丁壬合)하여
기신(忌神)이 되면 반드시 음란하며 거짓을 범하고, 정화(丁火)가
기신(忌神)에 해당하면 구업을 많이 범하고, 임수(壬水)가 기신(忌
神)에 해당하면 음란하고, 병화(丙火)가 신(申)에 임했는데 다시
양수(陽水)를 만나면 장수하기 어렵고, 병(丙)일 신(申)시생이 임
수(壬水)를 만나 임병(壬丙)이 상충(相沖)하면 장수하지 못한다.

5. 기입해궁(己入亥宮)

【원 문】

己入亥宮 見陰木終爲損壽 庚値寅而遇丙 土旺無危
기입해궁 견음목종위손수 경치인이우병 토왕무위

乙遇巳而見辛 身衰有禍 乙逢庚旺 常存仁義之風 丙合辛生
을우사이견신 신쇠유화 을봉경왕 상존인의지풍 병합신생

鎭掌威權之職 一木重逢火位 名爲氣散之文 獨水三犯庚辛
진장위권지직 일목중봉화위 명위기산지문 독수삼범경신

號曰體全之象 水歸冬旺 生平樂自無憂 木向春生 處世安然必壽
호왈체전지상 수귀동왕 생평낙자무우 목향춘생 처세안연필수

金弱遇火炎之地 血疾無疑

금약우화염지지 혈질무의

【해 설】

 기토(己土)가 해궁(亥宮)에 있는데 다시 을목(乙木)을 만나면 수명이 손상된다. 즉 기(己)일 해(亥)월생이 신약(身弱)한데 다시 을목(乙木)을 만나 을기상충(乙己相沖)하면 수명이 줄어든다.

 경금(庚金)이 지지(地支)에서 인목(寅木)을 만나 갑경상충(甲庚相沖)하여 신약(身弱)한데 다시 병화(丙火)를 만나 병경상충(丙庚相沖)하면 위험하다. 그러나 토기(土氣)가 왕성하여 토생금(土生金)하면 위험이 사라진다.

 을(乙)일 사(巳)월생이 설기(泄氣)가 심한데 다시 신금(辛金)을 만나 을신상충(乙辛相沖)하면 불리하다. 이 때 신약(身弱)하면 재앙이 따르고, 왕성한 경금(庚金)을 만나 을경합금(乙庚合金)하면 인자하며 정의롭다. 을목(乙木)의 성정은 유약하며 온유하나 왕금(旺金)을 만나 합(合)되면 금(金)의 성격을 띠기 때문이다.

 병화(丙火) 일간(日干)이 신금(辛金)을 만나 병신합수(丙辛合水)하면 권위있는 직위에 올라 대중을 장악한다.

 사주에 목(木)이 1개 있는데 화(火)를 거듭 만나면 기산지문(氣散之文)이라 한다. 즉 갑을목(甲乙木) 일간(日干)이 병정화(丙丁火)를 거듭 만나 심하게 설기(泄氣)되는 것을 말한다. 목(木)이 화(火)를 도와주나 화(火)가 너무 많아 설기(泄氣)가 심하면 목(木)이 불에 타버려 자신의 능력을 발휘하지 못한다.

사주에 수(水)가 1개 있는데 경신금(庚辛金)을 만나면 체전지상 (體全之象)이라 한다. 즉 임수(壬水) 일간(日干)이 경신(庚辛)이나 신유(申酉)를 만나면 인성(印星)에 해당하여 안전하니 체(體)가 안 전한 형상을 이룬다는 뜻이다. 만일 수(水)가 겨울철에 태어나면 왕성하니 평생 근심이 없어 즐겁다. 즉 임계수(壬癸水)가 해자축 (亥子丑)월에 태어나면 신강(身强)한데 일간(日干)이 태과(太過)하 지 않으면 평생 안전하며 근심이 없다.

갑을목(甲乙木) 일간(日干)이 인묘진(寅卯辰)월에 태어나면 신왕 (身旺)한데 목(木)일이 태과(太過)하지 않고 신강(身强)하면 처세 가 편안하며 장수한다.

경신금(庚辛金) 일간(日干)이 신약(身弱)한데 다시 병정사오화(丙 丁巳午火)를 만나면 혈액·신경·호흡기 계통에 질병이 따른다.

【원문】

土虛逢木旺之鄕 脾傷定論 筋疼骨痛 蓋因木被金傷 眼昏目暗
토허봉목왕지향 비상정론 근동골통 개인목피금상 안혼목암
必是火遭水剋 下元冷疾 必是水値火傷 金逢艮而遇土 號曰還魂
필시화조수극 하원냉질 필시수치화상 금봉간이우토 호왈환혼
水入巽而見金 名爲不絶 土臨卯位 未中年偏作灰心 金遇火鄕
수입손이견금 명위불절 토임묘위 미중년편작회심 금우화향
雖少壯必然挫志 金木交差刑戰 仁義俱無 水火遞互相傷
수소장필연좌지 금목교차형전 인의구무 수화체호상상

是非日有 木從水養 水盛而則漂流 金賴土生 土厚而金遭埋沒
시비일유 목종수양 수성이즉표류 금뢰토생 토후이금조매몰
是以五行不可偏枯 務稟中和之氣 更須絶慮忘思 鑑命無差誤矣
시이오행불가편고 무품중화지기 갱수절려망사 감명무차오의

【해 설】

무기토(戊己土) 일간(日干)이 신약(身弱)한데 인묘(寅卯)의 목왕절(木旺節)을 만나 목극토(木剋土)되면 비장에 병이 따르나 신강(身强)하면 무방하다. 근육통이나 골통은 대개 왕성한 금(金)이 허약한 목(木)을 금극목(金剋木)하기 때문에 생긴다.

눈이 어두운 것은 화(火)가 약한데 왕성한 수(水)가 극(剋)하기 때문이다. 다시 말해 화기(火氣)가 약한데 왕성한 수기(水氣)가 수극화(水剋火)하면 눈이 어두워진다.

하복부에 냉증이 따르는 것은 수(水)와 화(火)가 상충(相沖)하기 때문이다. 다시 말해 수기(水氣)가 왕성한데 화기(火氣)가 허약하면 하복부에 냉증이 따른다.

경신금(庚辛金)이 간방(艮方)인 인묘(寅卯)의 기(氣)를 받았는데 다시 토기(土氣)를 만나면 환혼(還魂)이라고 한다. 다시 말해 경신금(庚辛金) 일간(日干)이 인묘(寅卯)월에 태어나면 쇠약한데 토기(土氣)를 만나면 토생금(土生金)하니 운이 돌아온다.

임계수(壬癸水) 일간(日干)이 손방(巽方)인 진사(辰巳)월에 태어나면 신약(身弱)하다. 그러나 경신금(庚辛金)을 만나면 금생수(金生水)하여 도와주니 끊어지지 않는다.

무토(戊土) 일간(日干)이 묘(卯)에 임하면 목욕지(沐浴地)이니 중년에 뜻을 품어도 이루지 못하고, 경금(庚金)이 오(午)에 임하면 역시 목욕지(沐浴地)이니 젊은 장정이라도 좌절에 빠진다.

사주에서 금(金)과 목(木)이 교대로 상형(相刑) 상전(相戰)하면 인(仁)과 의(義)가 모두 사라지고, 수(水)와 화(火)가 교대로 상해하면 날마다 시비를 벌인다.

목(木)은 수(水)에 의지하여 생존하나 수(水)가 너무 왕성하면 표류하는데 이깃을 수다목표(水多木漂)라 하고, 금(金)은 토생금(土生金)하여 토(土)에 의지하여 생존하나 토(土)가 너무 많으면 매몰되어 광명을 잃는데 이것을 토다금매(土多金埋)라 한다. 이처럼 오행(五行)은 한쪽으로 치우치면 흉하니 반드시 중화되어야 한다.

제2장. 통변론(通變論)

1. 간명입식(看命入式)

【원 문】

五行提綱 凡看命排下八字 以日干爲主 取年爲根 爲祖上財産

오행제강 범간명배하팔자 이일간위주 취년위근 위조상재산

知世波之盛衰 取月爲苗 爲父母 則知親陰之有無 日干爲己身

지세파지성쇠 취월위묘 위부모 즉지친음지유무 일간위기신

日支爲妻妾 則知妻妾賢淑 時爲花實 爲子息 方知嗣續之所歸

일지위처첩 즉지처첩현숙 시위화실 위자식 방지사속지소귀

法分月氣深淺 得令不得令 年時露出財官 須要身旺 如身衰財旺

법분월기심천 득령불득령 년시노출재관 수요신왕 여신쇠재왕

但多反破財傷妻 身旺財多財亦旺 財多稱意 若無財官

단다반파재상처 신왕재다재역왕 재다칭의 약무재관

次看印綬得何局式 吉凶斷之 學者不可拘執 而不知通變也

차간인수득하국식 길흉단지 학자불가구집 이불지통변야

【해 설】

오행(五行)의 제강(提綱)은 사주의 8자와 비교하면서 살펴야 한다. 사주는 일간(日干)을 기준으로 보는데 년주(年柱)는 뿌리이므로 조상의 부귀영화와 흥망성쇠를 보고, 월주(月柱)는 묘(苗)이므로 부모덕의 유무를 본다. 즉 월주(月柱)에 용신(用神)이나 희신(喜神)이 있으면 부모덕이 있으나 기신(忌神)이나 구신(仇神)이 있으면 부모덕이 없다.

사주에서 일간(日干)은 자신이고 일지(日支)는 배우자궁이므로 남명은 일지(日支)로 아내덕의 유무를 보고, 여명은 일지(日支)로 남편덕의 유무를 본다. 그리고 시주(時柱)는 실(實)이며 자식궁에 해당하므로 자식덕의 유무를 본다. 즉 시주(時柱)가 길신에 해당하면 자식덕이 있고, 흉신에 해당하면 자식덕이 없다. 그리고 중요한 것은 월령(月令)의 심천이므로 득령(得令)의 유무를 살피는 것이다. 다음은 년주(年柱)나 시주(時柱)에 재관(財官)이 투출(透出)했는가를 살핀다.

가장 중요한 것은 일간(日干)이 신왕(身旺)해야 한다. 만일 일간(日干)이 신약(身弱)한데 재성(財星)이 왕성하면 오히려 재물이나 아내가 손상된다. 즉 신왕재다(身旺財多)하면 재운(財運)도 역시 왕성하여 재물복이 많은 사주가 된다. 만일 재관(財官)이 없으면 인수(印綬)를 본다. 그리고 어떤 격국(格局)을 이루었냐에 따라 길흉이 달라진다. 이처럼 사주를 간명할 때는 어느 한 가지 방법만으로 보면 안 되고 종합적으로 살펴야 한다.

2. 정관(正官)

【원 문】

夫正官者 甲見辛之類 乃陰見陽爲官 陽見陰爲官

부정관자 갑견신지류 내음견양위관 양견음위관

陰陽配合成其道也 大抵要行官旺鄉 月令是也 月令者提綱也

음양배합성기도야 대저요행관왕향 월령시야 월령자제강야

看命先看提綱 方看其餘 旣曰正官 運復行官旺之鄉 或是有成局

간명선간제강 방간기여 기왈정관 운복행관왕지향 혹시유성국

又行不得傷官之地 幷金財旺之鄉 皆知作福之處 正官乃貴氣之物

우행불득상관지지 병금재왕지향 개지작복지처 정관내귀기지물

大忌刑冲破害 及年月日時中 皆有官星隱露 恐福渺矣

대기형충파해 급년월일시중 개유관성은로 공복묘의

【해 설】

　예를 들어 갑목(甲木) 일간(日干)의 정관(正官)은 신금(辛金)이다. 즉 음기(陰氣)가 양기(陽氣)를 만나면 정관(正官)이 되고, 양기(陽氣)가 음기(陰氣)를 만나면 정관(正官)이 된다. 정관(正官)은 음양(陰陽)이 배합을 이루는 도(道)이고, 오행(五行)이 일간(日干)을 극(剋)하며 음양(陰陽)이 다른 것을 말한다.

　그리고 관성(官星)은 왕강지(旺强地)인 월지(月支)에서 제강(提綱)되어야 한다. 월지(月支)는 월령(月令)이라고도 하는데 사람에 비유하면 머리와 같고, 자동차에 비유하면 엔진과 같으니 매우 중

요하다. 다음은 년일시(年日時)를 살펴야 한다.

　정관격(正官格) 사주가 관왕지(官旺地)로 흐르면 길하고, 재왕지 (財旺地)로 흘러도 길하여 귀격을 이룬다. 즉 정관(正官)이 용신 (用神)인데 정관운(正官運)으로 흐르면 발복하는데, 상관(傷官)을 만나지 않고 재성(財星)을 만나면 재생관(財生官)하므로 더욱 길 하다. 그러나 관성(官星)이 용신(用神)인데 형충파해(刑沖破害)되 면 흉하고, 년월일시(年月日時)의 지지(地支)에 모두 관성(官星)이 임징(唔藏)되어 있으면 관성(官星)이 기신(忌神)에 해당하므로 길 복이 오래 가지 못하니 흉하다.

【원 문】

須看年時上 別有何者入格 作福去處 方可斷其吉凶
수간년시상 별유하자입격 작복거처 방가단기길흉

苟一途而執取之則不能通變 必有差之毫釐 誤以千里之患
구일도이집취지즉불능통변 필유차지호리 오이천리지환

經曰通變 以爲神者是也 正官或多 反不爲福 何以言之 蓋人之命
경왈통변 이위신자시야 정관혹다 반불위복 하이언지 개인지명

宜得中和之氣 不宜太過變不及同 中和之氣爲福厚
의득중화지기 불의태과변불급동 중화지기위복후

偏黨之剋爲災殃 旣用提綱作正官 年時支干位 或有一偏官便難矣
편당지극위재앙 기용제강작정관 년시지간위 혹유일편관변난의

不可不仔細 以輕重推測也 又曰月令 得之是也 喜財旺印綬
불가불자세 이경중추측야 우왈월령 득지시야 희재왕인수

如甲用辛官 喜吉土生官 最怕刑沖破害 羊刃殺爲貧命

여갑용신관 희길토생관 최파형충파해 양인살위빈명

如時干逢殺 乃官殺混雜 若四柱有刑沖破害 皆不爲貴命

여시간봉살 내관살혼잡 약사주유형충파해 개불위귀명

【해 설】

년주(年柱)와 시주(年柱)만으로 격을 구분하여 길흉을 판단하는 방법도 있으나 한 가지 방법만을 고집하면 올바른 통변(通變)이 될 수 없다. 털끝만한 오차가 큰 실수를 범할 수 있기 때문이다. 경(經)에서는 "통변(通變)이란 육신(六神)의 변동을 살피는 것이다. 정관(正官)이 많아 기신(忌神)에 해당하면 복이 아니라 흉화가 된다"고 하였다.

사주는 중화를 제일로 본다. 즉 어느 한 가지가 지나치거나 모자라면 좋지 않다. 사주의 8글자가 중화를 이루면 길복이 후하나 편중되면 재앙이 따른다. 이미 월주(月柱)에 정관(正官)이 있는데 년시(年時)의 간지(干支)에 편관(偏官)이 또 있으면 뜻을 이루기 어려우니 그 경중을 잘 살펴야 한다.

사주에 정관(正官)과 편관(偏官)이 함께 있으면 관살혼잡(官殺混雜)이라 하는데, 신강(身强)하면 무방하나 신약(身弱)하면 매우 흉하다. 만일 월령(月令)에 정관(正官)이 있는데 재왕(財旺)하고 인수(印綬)가 있으면 길하다. 예를 들어 갑목(甲木) 일간(日干)이 신금(辛金)이 정관(正官)이며 용신(用神)인데, 재성(財星)인 무기토(戊己土)가 재생관(財生官)을 하면 길하나 형충파해(刑沖破害)되면 흉하다. 이 때 양인(羊刃)과 칠살(七殺)이 있으면 가난한 명이 되고, 시간(時干)에 편관(偏官)이 있으면 관살혼잡(官殺混雜)이 되는데 형충파해(刑沖破害)되면 귀격을 이루지 못한다.

【원 문】

官來剋我 我去剋官不爲害 若兩官不妨 若月令中正官

관내극아 아거극관불위해 약양관불방 약월령중정관

時干支偏官 便難以正官言之 月如甲以辛爲官 生於八月中氣之後

시간지편관 변난이정관언지 차여갑이신위관 생어팔월중기지후

金旺在酉故 謂之正官 如天干不透出辛字 却地支又有巳酉丑

금왕재유고 위지정관 여천간불투출신자 각지지우유사유축

雖不能於八月中氣之後 亦可言官大要身旺時辰 歸於甲木旺處

수불능어팔월중기지후 역가언관대요신왕시진 귀어갑목왕처

如歲時透出正官 地支又有官印 却不拘八月中氣之後

여세시투출정관 지지우유관인 각불구팔월중기지후

大率官星須得印綬生旺則發 若無傷官破印 身不弱者便爲貴命

대솔관성수득인수생왕즉발 약무상관파인 신불약자변위귀명

如命中有官星 而行傷官之運則不吉 必待印綬官星旺運

여명중유관성 이행상관지운즉불길 필대인수관성왕운

可發必得官

가발필득관

【해 설】

정관(正官)이 사주의 주인인 일간(日干)을 극(剋)하거나, 일간(日干)이 정관(正官)을 극(剋)하면 해가 되지 않는다. 이 때는 관성(官星)이 2개 있어도 무방하다. 그러나 월령(月令)에 정관(正官)이 있는데 시간지(時干支)에 편관(偏官)이 있으면 관살(官殺)이 혼잡된 것이니 길복으로 보기 어렵다.

만일 갑목(甲木) 일간(日干)이 신금(辛金)으로 정관(正官)을 삼는데, 8월 중기(中氣) 후에 태어났으면 금(金)이 유(酉)에서 강해지므로 정관격(正官格)으로 본다. 그러나 생일(生日)이 8월 중기(中氣) 후가 아니면 천간(天干)에 신금(辛金)이 투출(透出)하지 않아도 지지(地支)에 사유축(巳酉丑)이 있으면 길하다. 정관격(正官格)은 반드시 신왕(身旺)해야 갑목(甲木)이 왕지(旺地)에 임하기 때문이다. 예를 들어 세군(歲君)에서 정관(正官)이 투출(透出)했는데 지지(地支)에 관성(官星)과 인성(印星)이 있으면 8월 중기(中氣) 후에 태어나든 아니든 정관격(正官格)이 된다.

관성(官星)은 인수(印綬)를 만나 생왕(生旺)되어야 발복한다. 만일 상관(傷官)이 인성(印星)을 파손하지 않고, 일간(日干)이 신약(身弱)하지 않으면 귀격을 이룬다. 만일 사주에 관성(官星)이 있는데 상관운(傷官運)으로 가면 불길하다. 이 때는 반드시 인수(印綬)와 관성(官星)의 왕운(旺運)을 만나야 발복하니 반드시 관성(官星)을 만나야 한다.

3. 관성(官星)의 태과(太過)

【원 문】

如壬癸生人 四柱是辰戌丑未巳午 天干不露官星與殺

여임계생인 사주시진술축미사오 천간불로관성여살

則官殺暗藏於中爲多 若四柱元有爲好 若無制伏須行木運

즉관살암장어중위다 약사주원유위호 약무제복수행목운

與三合木局亦好 大凡官星多則雜 務要餘而淸之 乃可發福

여삼합목국역호 대범관성다즉잡 무요여이청지 내가발복

若官星多又行官運 亦不濟事

약관성다우행관운 역불제사

【해 설】

　만일 임계수(壬癸水) 일간(日干)이 사주에 진술축미(辰戌丑未)와 사오(巳午)가 많으면 관성(官星)이 많은 것이므로 천간(天干)에 관살(官殺)이 또 투출(透出)하면 안 된다. 즉 암장(暗藏)된 관살(官殺)이 너무 많으면 불리하므로 토극수(土剋水)로 제복(制伏)시키지 않고 목운(木運)으로 흘러야 목극토(木剋土)하여 길하다. 이 때 해묘미(亥卯未)가 삼합(三合)하여 목국(木局)을 이루면 길하고, 관살(官殺)이 혼잡해도 제복(制伏)시켜 사주가 맑아지면 발복할 수 있다. 그러나 관살(官殺)이 기신(忌神)에 해당하는데 관성운(官星運)으로 흐르면 만사불통이 된다.

4. 편관(偏官)

【원 문】

夫偏官者 蓋甲見庚之類 陰見陰 陽見陽 乃爲之偏官 不成配合
부편관자 개갑견경지류 음견음 양견양 내위지편관 불성배합

猶如經言二女同居 二男不並處是也 偏官則七殺要制伏
유여경언이녀동거 이남불병처시야 편관즉칠살요제복

蓋偏官七殺卽小人 小人無知多凶暴 無忌憚乃能勞力以養君子
개편관칠살즉소인 소인무지다흉폭 무기탄내능노력이양군자

而服從御君子者小人也 惟是不懲不戒 無術以控制之
이복종어군자자소인야 유시불징불계 무술이공제지

不能馴伏而爲用 故楊子曰 御得其道 則馴伏或作使 御失其道
불능순복이위용 고양자왈 어득기도 즉순복혹작사 어실기도

則狙詐或作敵 小人有狙詐也
즉저사혹작적 소인유저사야

【해 설】

  예를 들어 갑목(甲木) 일간(日干)의 편관(偏官)은 경금(庚金)이
다. 다시 말해 음기(陰氣)가 음기(陰氣)를 보는 것이고, 양기(陽氣)
가 양기(陽氣)를 보는 것이다. 따라서 편관(偏官)은 음양(陰陽)이
조화되지 않으면 배합이 이루어지지 않는다. 경(經)에서는 "여자
둘이 같이 살거나 남자 둘이 같이 사는 격이니 행복하기 어려운
이치"라고 하였다.

편관(偏官)은 칠살(七殺)이라고도 하는데 반드시 제복(制伏)시켜야 한다. 그렇지 않으면 난폭한 소인배가 된다. 편관(偏官)을 제복(制伏)시키려면 일간(日干)이 강해야 한다. 양자(楊子)는 "편관(偏官)을 제복(制伏)시키면 사악한 지혜가 사라지고 총명한 자가 되지만, 제복(制伏)시키지 못하면 온갖 간사함을 부리는 소인배가 된다"고 하였다.

【원 문】

要控御得其道矣 若失控御 小人得權 則禍立見矣
요공어득기도의 약실공어 소인득권 즉화입견의

經曰人命有偏官 如抱虎而眠 雖惜其威足以攝羣畜 梢失關防
경왈인명유편관 여포호이면 수석기위족이섭군축 초실관방

必其噬臍 不可不慮也 如遇三刑俱全 羊刃在日及時 又有六害
필기서제 불가불려야 여우삼형구전 양인재일급시 우유육해

復遇魁罡相冲 如是人之凶 不可俱述 制伏得位
복우괴강상충 여시인지흉 불가구술 제복득위

運復經行制伏之鄕 此大貴之命也 苟於前者 凶神俱聚
운복경행제복지향 차대귀지명야 구어전자 흉신구취

運游殺旺之鄕 凶害有不可言者可知也 如有一殺而制伏
운유살왕지향 흉해유불가언자가지야 여유일살이제복

有二三復行制伏之運 反不作福 何以言之
유이삼복행제복지운 반불작복 하이언지

【해 설】

소인을 제복(制伏)시키면 정도를 갈 수 있으나 제복(制伏)시키지 못하면 화근이 된다. 경(經)에 이르기를 "사주에 편관(偏官)이 있으면 호랑이를 가슴에 품고 잠을 자는 것과 같이 위험하다. 비록 그 위엄이 뭇짐승들을 섭리할 것 같으나 점차 세력을 잃고 후회막급할 일이 나타나니 근심하지 않을 수 없다.

만일 삼형(三刑)을 갖추어 양인(羊刃)이 일지(日支)와 시지(時支)에 있고, 육해(六害)가 있고, 다시 괴강(魁罡)을 만나 상충(相沖)하면 흉화를 말로 다 설명하기 어렵다. 원명에서 편관(偏官)이 제복(制伏)되고 운이 제복(制伏)된 방향으로 흐르면 대귀한 명조를 이루나, 흉신이 모이고 칠살(七殺)이 강한 운으로 흐르면 그 대흉함을 말로 다 표현하기 어렵다. 만일 칠살(七殺) 1개를 제복(制伏)시켜 용신(用神)이 되면 길하나, 편관(偏官)이 2~3개 들어 매우 강한데 제복(制伏)시키는 식상운(食傷運)으로 흐르면 매우 흉하다"고 하였다.

다시 말해 관살(官殺)이 제복(制伏)되어 용신(用神)에 해당하면 길복이 따르나, 그렇지 않으면 기신(忌神)에 해당하는데 제복(制伏)시키는 식상운(食傷運)으로 흐르면 왕신(旺神)과 상충(相沖)하므로 매우 흉하다는 말이다.

【원 문】

蓋盡法無法 雖猛如狼 不能制伏矣 是有不可專言制伏
개 진 법 무 법 수 맹 여 랑 불 능 제 복 의 시 유 불 가 전 언 제 복

要須輕重得所 不可太甚 亦不可不及 須仔細審詳 而言禍福
요수경중득소 불가태심 역불가불급 수자세심상 이언화복

殆如影響矣 又云 有制伏則爲偏官 無制伏則爲七殺 譬諸小人
태여영향의 우운 유제복즉위편관 무제복즉위칠살 비제소인

御之得其道則可使 失其道則難敵 在吾控御之道 何如耳
어지득기도즉가사 실기도즉난적 재오공어지도 하여이

凡此見殺 勿便言凶 誰不知此帶殺者 多有貴命
범차견살 물변언흉 수불지차대살자 다유귀명

【해 설】

대개 진법(盡法)은 무법(無法)이기 때문에 이리처럼 용맹해도 제복(制伏)시키지 못하면 불가하다. 즉 법을 다하면 법이 없음과 같아 이리와 같이 용맹해도 제복(制伏)시키지 않으면 안 되고 그 경중이 적당해야 한다. 태심(太甚)한 것도 불가하고 태약(太弱)한 것도 불가하다. 다시 말해 사주에 있는 오행(五行)은 경중이 적당해야 한다. 만일 어느 한 오행(五行)이 너무 많아도 불가하고, 너무 부족해도 불가하다. 오행(五行)이 중화되면 문제가 없지만 태과태심(太過太甚)하거나 태약불급(太弱不及)하면 문제가 생긴다.

관성(官星)은 제복(制伏)시키면 편관(偏官)이 되지만 제복(制伏)시키지 못하면 칠살(七殺)이 된다. 예를 들어 소인이 어명을 따르면 호국용사가 되지만 그렇지 않으면 산적의 무리가 되는 것과 같다. 즉 편관(偏官)이 용신(用神)에 해당하면 길작용을 하지만, 기신(忌神)에 해당하면 흉작용을 한다는 뜻이다. 따라서 칠살(七殺)을 무조건 흉한 것으로만 보면 안 된다. 관살(官殺)을 대동한 자가 귀한 명을 이루는 경우가 많기 때문이다.

【원 문】

如遇三刑六害 或羊刃魁罡相冲 如是之凶 不可謂之制伏

여우삼형육해 혹양인괴강상충 여시지흉 불가위지제복

但運行制伏 此貴人命也 苟如前凶神俱聚 其運復行殺旺之鄕

단운행제복 차귀인명야 구여전흉신구취 기운복행살왕지향

禍不可言 大抵傷官七殺 最喜身旺有制伏爲妙 元有制伏可

화불가언 대저상관칠살 최희신왕유제복위묘 원유제복가

行方殺旺之方 元無制伏可 行方制伏之運 身旺化之 得爲偏官

행방살왕지방 원무제복가 행방제복지운 신왕화지 득위편관

身弱制伏 則爲殺 制伏行制伏運 謂之大運 則爲偏官無餘燼矣

신약제복 즉위살 제복행제복운 위지대운 즉위편관무여신의

月中之氣 怕冲與羊刃 其本身弱 若殺强則難制 如身强殺淺

월중지기 파충여양인 기본신약 약살강즉난제 여신강살천

則是假爲權刃 如曰七殺不怕刑冲宜詳之

즉시가위권인 여왈칠살불파형충의상지

【해 설】

만일 삼형(三刑)이나 육해(六害)가 있거나, 양인(羊刃)이나 괴강(魁罡)을 만나 상충(相冲)되면 편관(偏官)을 제복(制伏)할 수 없다. 그러나 대운(大運)이나 년운(年運)에서 제복(制伏)되면 귀격을 이루나, 흉신이 모였는데 관왕운(官枉運)으로 흐르면 재앙을 말로 다 표현하기 어렵다. 만일 신왕(身旺)하여 상관(傷官) 칠살(七殺)을 제복(制伏)시키면 가장 가장 기묘한 명을 이룬다. 칠살(七殺)은 제복(制伏)되면 용신(用神)이 되지만 제복(制伏)되지 않으면 기신(忌神)이 된다.

  만일 원명에서 제복(制伏)되면 칠살(七殺)이 강한 운으로 흘러야 하고, 그렇지 않으면 제복(制伏)시키는 운으로 흘러야 좋다. 만일 원명에서 제복(制伏)되었는데 또 제복(制伏)시키는 운으로 흐르면 흉하다. 즉 편관(偏官)을 너무 제복(制伏)시켜 기진맥진한데 월주(月柱)에서 상충(相沖)과 양인(羊刃)을 만나면 흉하기 때문이다. 만일 신약(身弱)한데 칠살(七殺)이 강하면 제복(制伏)시키기 어렵고, 신강(身强)한데 관살(官殺)이 약하면 권세가 있어도 거짓이다.

5. 칠살(七殺)

【원 문】

夫七殺者 亦名偏官 喜身旺合殺 喜制伏 喜羊刃 忌身弱 忌見財
부칠살자 역명편관 희신왕합살 희제복 희양인 기신약 기견재
生忌無制 身旺有氣爲 偏官 身弱無制爲七殺
생기무제 신왕유기위 편관 신약무제위칠살
凡有此殺不可便言凶 有正官不如有偏官 多有巨富大貴之人
범유차살불가변언흉 유정관불여유편관 다유거부대귀지인

惟其身旺合殺爲妙 如甲以庚爲七殺 喜丙丁制之 乙合之
유기신왕합살위묘 여갑이경위칠살 희병정제지 을합지

謂之貪合忘殺 七殺却宜制伏 亦不要制之太過 蓋物極則反爲禍矣
위지탐합망살 칠살각의제복 역불요제지태과 개물극즉반위화의

身旺又行身旺之運爲福 如身弱又行身弱之鄕 禍不旋踵
신왕우행신왕지운위복 여신약우행신약지향 화불여종

【해 설】

  칠살(七殺)은 편관(偏官)의 별칭인데 신왕(身旺)하며 합살(合殺)
되면 기뻐하고, 제복(制伏)되면 기뻐하고, 양인(羊刃)을 기뻐한다.
사주에 편관(偏官)이 있는데 신약(身弱)하면 꺼리고, 재성(財星)을
만나면 꺼리고, 제극(制剋)하지 못하면 꺼린다. 신왕(身旺)하여 유
기(有氣)하면 길복을 주는 편관(偏官)이 되지만, 신약(身弱)한데
제극(制剋)하지 못하면 재앙을 주는 칠살(七殺)이 된다.

  그러나 칠살(七殺)을 흉하다고만 볼 수는 없다. 정관(正官)이 편
관(偏官)보다 못한 경우가 있고, 대부격과 대귀격이 칠살(七殺)에
서 비롯되는 경우도 많기 때문이다. 칠살(七殺)은 반드시 합(合)되
어야 기묘함을 이룬다. 정관(正官)은 정도를 따라 권세를 잡는 별
이고, 편관(偏官)은 편법으로 권세를 잡는 별이기 때문에 크게 출
세하는 데는 정관(正官)보다 편관(偏官)이 더 유리한 경우도 있다.

  또 평화로운 시대에는 정관(正官)이 유리하나 어지러운 시대에는
편관(偏官)이 유리하다. 예를 들어 갑목(甲木) 일간(日干)이 경금
(庚金)이 칠살(七殺)인데 병정화(丙丁火)로 화극금(火剋金)하여 제

극(制剋)하면 기뻐하고, 또 을목(乙木)으로 경금(庚金)을 을경합(乙庚合)하면 칠살(七殺)이 탐합(貪合)하여 본성을 잊기 때문에 기뻐한다. 칠살(七殺)은 제복(制伏)시켜야 좋지만 너무 많이 제복(制伏)시키면 오히려 흉하다. 극(剋)에는 흉화가 따르기 때문이다. 만일 신왕(身旺)한데 또 신왕운(身旺運)으로 흐르면 길복이 따르나, 신약(身弱)한데 또 신약운(身弱運)으로 흐르면 흉화가 따른다. 그리고 신강(身强)한데 용신운(用神運)으로 흐르면 길복이 따르나, 신약(身弱)한데 기신운(忌神運)으로 흐르면 흉화가 따른다.

【원 문】

四柱中原有制伏 喜行七殺運 原無制伏 七殺出爲禍 如行生旺鄉
사주중원유제복 희행칠살운 원무제복 칠살출위화 여행생왕향

更有羊刃 貴不可言 但忌財旺 財能生殺故也 歲運臨之
갱유양인 귀불가언 단기재왕 재능생살고야 세운임지

身旺亦多災 身弱尤甚 甲申乙酉丁丑戊寅己卯辛未癸未此七日
신왕역다재 신약우심 갑신을유정축무인기묘신미계미차칠일

坐殺性急怜俐心巧聽明 如見殺多者主人凶夭貧薄 月見之重
좌살성급영리심교청명 여견살다자주인흉요빈박 월견지중

時見之輕 何也 日七殺只一位見之 如年時再見 殺多爲禍
시견지경 하야 일칠살지일위견지 여년시재견 살다위화

却要制伏之鄉 又要財旺有制伏爲權 最怕冲與羊刃大凶
각요제복지향 우요재왕유제복위권 최파충여양인대흉

【해 설】

사주 원국에서 칠살(七殺)을 제복(制伏)시키면 칠살운(七殺運)이 길하나 그렇지 못하면 칠살운(七殺運)에 재앙이 따른다. 만일 생왕운(生旺運)으로 가는데 관살(官殺)이 약하고 양인운(羊刃運)을 만나면 귀격을 이루기 어렵고, 칠살(七殺)을 제복(制伏)시키지 못하여 기신(忌神)에 해당하는데 재성(財星)이 왕성하면 흉하다. 재성(財星)이 칠살(七殺)을 재생관(財生官)하기 때문이다.

세운(歲運)에 재성(財星)이 임하면 비록 신왕(身旺)해도 재앙이 따르고, 신약(身弱)하면 재앙이 더 심하다. 갑신(甲申) · 을유(乙酉) · 정축(丁丑) · 무인(戊寅) · 기묘(己卯) · 신미(辛未) · 계미(癸未)일생은 일주(日柱)에 칠살(七殺)이 있어 총명하나 성격이 급하며 교묘하다. 사주에 관살(官殺)이 많으면 단명하거나 빈천하거나 박복하다.

칠살(七殺)이 월지(月支)에 있으면 재앙이 무겁고, 시지(時支)에 있으면 가볍다. 칠살(七殺)이 일지(日支)에 1개만 있으면 정관(正官)에 해당하여 길하나, 년주(年柱)와 시주(時柱)에도 있어 기신(忌神)에 해당하면 흉하기 때문이다. 이런 사주는 칠살(七殺)을 제복(制伏)시키는 운으로 흘러야 길하다. 만일 일주(日柱)에 칠살(七殺)이 들었는데 재성(財星)이 왕성하면 재생관(財生官)하여 관살(官殺)이 더 왕성해지니 제복(制伏)시켜야 한다. 그리고 상충(相沖)이나 양인(羊刃)을 만나면 매우 흉하다.

【원 문】

時七殺 只要一位 要本身旺 如年月日時三處 有制爲福

시칠살 지요일위 요본신왕 여년월일시삼처 유제위복

却要行殺旺運 運三合得地亦發 若無制伏則又行制伏爲福

각요행살왕운 운삼합득지역발 약무제복즉우행제복위복

行殺旺運 無制伏則禍作 時上七殺 却不怕羊刃 而亦不畏冲

행살왕운 무제복즉화작 시상칠살 각불파양인 이역불외충

如辛丑乙未乙卯丙子時 此命身旺 生於六月之中

여신축을미을묘병자시 차명신왕 생어육월지중

歲干透出辛丑爲七殺 喜得丙子合辛丑之殺 乃貴而亦有權

세간투출신축위칠살 희득병자합신축지살 내귀이역유권

【해 설】

　시주(時柱)에 칠살(七殺)이 있으면 반드시 본신(本身)이 강해야 한다. 만일 칠살(七殺)이 년월일(年月日) 3곳에 있으면 칠살(七殺)이 매우 강하므로 제복(制伏)시켜야 길복이 된다. 그리고 칠살(七殺)이 있으면 관왕운(官旺運)으로 흘러야 삼합(三合)할 때 발복할 수 있고, 원국에서 제복(制伏)시키지 못했는데 제복(制伏)시키는 운으로 흐르면 길복이 따르고, 칠살(七殺)이 용신(用神)인데 관왕운(官旺運)으로 흐르면 길복이 따르나, 제복(制伏)시키지 못하여 기신(忌神)에 해당하면 흉화가 따른다. 그러나 시상(時上)의 칠살(七殺)은 양인(羊刃)과 상충(相冲)을 두려워하지 않는다.

년	월	일	시									
辛	乙	乙	丙		甲	癸	壬	辛	庚	己	戊	丁
丑	未	卯	子		午	巳	辰	卯	寅	丑	子	亥

이 사주는 신왕(身旺)하다. 을목(乙木) 일간(日干)이 6월에 태어나고, 세간(歲干)에 신축(辛丑) 칠살(七殺)이 투출(透出)했는데 시주(時柱)에 병자(丙子)가 있어 신축(辛丑) 칠살(七殺)과 병신합(丙辛合)되었다. 귀격이며 권세도 있는 좋은 사주다.

【원 문】

又如甲午丙寅庚子丙子 此命身弱見火局 又見月令丙寅七殺
우여갑오병인경자병자 차명신약견화국 우견월령병인칠살
時又見丙子 火剋庚金金死於子 身弱殺旺又無制伏 宜乎帶病貧薄
시우견병자 화극경금금사어자 신약살왕우무제복 의호대병빈박

년	월	일	시									
甲	丙	庚	丙		丁	戊	己	庚	辛	壬	癸	甲
午	寅	子	子		卯	辰	巳	午	未	申	酉	戌

【해 설】

이 사주는 신약(身弱)하다. 인오술(寅午戌) 화국(火局)이 있는데 월령(月令)에 병인(丙寅) 칠살(七殺)이 있고, 시주(時柱)에 또 병자(丙子)가 있어 화극금(火剋金)하니 경금(庚金) 일간(日干)이 자

수(子水)에서 사(死)한다. 신약(身弱)한데 칠살(七殺)을 제복(制伏)시키지 못하여 질병이 따르고 빈천하며 박복한 팔자가 되었다.

【원 문】

如丁巳戊申壬子戊申 此命身旺 見二戊爲七殺 引歸於巳

여정사무신임자무신 차명신왕 견이무위칠살 인귀어사

丁如壬合 戊與癸合 金又長生二巳 戊祿在巳 乃壬戊二字

정녀임합 무여계합 금우장생이사 무록재사 내임무이자

俱旺所以貴也

구왕소이귀야

년	월	일	시
丁	戊	壬	戊	丁丙乙甲癸壬辛庚
巳	申	子	申	未午巳辰卯寅丑子

【해 설】

임(壬)일 신(申)월생이 일지(日支)에 자수(子水)와 시지(時支)에 신금(申金)이 들어 신강(身强)하고, 월시상(月時上)에 무토(戊土)가 들어 칠살(七殺)이 보인다. 사(巳)의 경금(庚金)을 인화(引火)시키고, 정임합목(丁壬合木) 무계합화(戊癸合火)하고, 금(金)은 2개 있는 사(巳)에서 장생(長生)이 되고, 사(巳)는 무토(戊土)에서 건록(建祿)이 되고, 임수(壬水)와 무토(戊土)가 있으니 왕성하다. 즉 신왕(身旺)한데 관왕재왕(官旺財旺)하여 대부대귀격이 되었다.

6. 인수(印綬)

【원 문】

所謂印 生我者 卽印綬也 經曰 有官無印 卽非眞官 有印無官

소위인 생아자 즉인수야 경왈 유관무인 즉비진관 유인무관

反成其福 何以言之 大抵人生得物 以相助相生相養

반성기복 하이언지 대저인생득물 이상조상생상양

使我得萬物之見成 豈不妙乎 故主人多智慮 兼豊厚 蓋印綬畏財

사아득만물지견성 기불묘호 고주인다지려 겸풍후 개인수외재

主人括囊 故四柱中及運行官貴 反成其福 蓋官鬼能生我

주인괄낭 고사주중급운행관귀 반성기복 개관귀능생아

只畏其財 而財能反傷我 此印綬之妙者 多是受 父母之蔭

지외기재 이재능반상아 차인수지묘자 다시수 부모지음

承父之資財 見成安亨之人 若人以兩三命相幷 當以印綬多者爲上

승부지자재 견성안형지인 약인이양삼명상병 당이인수다자위상

【해 설】

　인수(印綬)는 나를 생(生)하는 자이니 어머니다. 경(經)에 이르기를 "관성(官星)이 있는데 인성(印星)이 없으면 진관성(眞官星)이 아니고, 인성(印星)이 있는데 관성(官星)이 없으면 오히려 복을 이루니 어찌된 일인가. 인생이 만물을 얻고 만물과 상조하고 만물과 상생(相生)하고 만물과 상양(相養)하는 이치에서 내가 만물을 견성(見成)하는 것이니 그 어찌 기묘하지 않겠는가"라고 하였다.

사주에 인수(印綬)가 있으면 지혜가 많고 심성이 풍후하다. 대개 인수(印綬)는 재성(財星)을 두려워하는데 재성(財星)이 인수(印綬)를 극(剋)하기 때문이다. 따라서 행운에서 관성(官星)을 만나면 관인상생(官印相生)이 되어 오히려 귀격을 이룬다.

대개 관성(官星)은 관인상생(官印相生)으로 아신(我身)을 생(生)해주나, 재성(財星)은 아신(我身)의 부모인 인수(印綬)를 상해(傷害)하기 때문에 두려워한다. 사주에 인수(印綬)가 있으면 부모덕이 많아 유산을 물려받으니 인수(印綬)가 용신(用神)이면 만사가 형통하다. 만일 격이 비슷하여 우열을 논하기 어려울 때는 인수(印綬)가 많은 명조를 상격으로 본다.

【원 문】

又主一生少病 能飮食 或若財多乘旺 必多淹留 雖喜官鬼
우주일생소병 능음식 혹약재다승왕 필다엄류 수희관귀

而官鬼多或入格 又不可專以印綬言之 假如甲乙日得亥子月生
이관귀다혹입격 우불가전이인수언지 가여갑을일득해자월생

丙丁日得寅卯月生 戊己日得巳午月生 庚辛日得辰戌丑未月生
병정일득인묘월생 무기일득사오월생 경신일득진술축미월생

壬癸日得申酉月生者 是也其餘以類言之 最怕行印綬死絶之運
임계일득신유월생자 시야기여이유언지 최파행인수사절지운

或運臨死絶 復有物以竊之 則入黃泉 無可疑也 夫印綬者
혹운임사절 복유물이절지 즉입황천 무가의야 부인수자

生我之謂也 亦各生氣 以陽見陰 以陰見陽 謂之正印
생아지위야 역각생기 이양견음 이음견양 위지정인
陽見陽陰見陰 謂之偏印
양견양음견음 위지편인

【해 설】

사주에 인수(印綬)가 있으면 평생 질병이 적고 음식을 잘 먹지만, 재성(財星)이 많아 극(剋)되어 왕(旺)해지면 반드시 정체된다. 그리고 관귀(官鬼)를 기뻐하지만 많으면 격을 이루었어도 인수(印綬)만 보고 판단하면 안 된다. 예를 들어 갑을(甲乙)일 해자(亥子)월생, 병정(丙丁)일 인묘(寅卯)월생, 무기(戊己)일 사오(巳午)월생, 경신(庚辛)일 진술축미(辰戌丑未)월생, 임계(壬癸)일 신유(申酉)월생은 인수격(印授格)에 해당하는데 인수(印綬)가 사절(死絶)되는 운으로 흐르면 매우 흉하다. 여기다 재성운(財星運)까지 만나 재극인(財剋印)이 되면 황천객이 된다.

인성(印星)은 일간(日干)인 나를 생(生)해주는 것이니 편인(偏印)과 인수(印綬) 모두 일간(日干)을 생(生)하는 기운이 있다. 양일간(陽日干)이 음(陰)을 보거나 음일간(陰日干)이 양(陽)을 보는 것을 정인(正印)이라 하고, 양일간(陽日干)이 양(陽)을 보거나 음일간(陰日干)이 음(陰)을 보는 것을 편인(偏印)이라고 한다.

【원 문】

喜官星生印 忌財旺破印 如甲人 見亥子月中 水爲印 忌火傷官

희관성생인 기재왕파인 여갑인 견해자월중 수위인 기화상관

己土破印 要行生旺之鄕 怕行死絶 若行死絶之地 或有物以傷之

기토파인 요행생왕지향 파행사절 약행사절지지 혹유물이상지

則危矣 印綬之人 多智而一生少病 能飮食豊厚 亨見成財祿

즉위의 인수지인 다지이일생소병 능음식풍후 형견성재록

若兩三命相並 當以印綬多者取之 最忌財來乘旺 必生淹滯

약양삼명상병 당이인수다자취지 최기재래승왕 필생엄체

若官鬼多 或入別格 又不可專以印綬論

약관귀다 혹입별격 우불가전이인수론

【해 설】

　인성(印星)은 관인상생(官印相生)을 기뻐하나 재성(財星)이 강하
여 극(剋)하면 꺼린다. 예를 들어 갑목(甲木) 일간(日干)이 해자
(亥子)를 만나면 편인(偏印)이 되는데 수(水)가 인성(印星)이므로
화기(火氣)의 상관(傷官)과 기토(己土)를 꺼린다. 이런 사주는 생
왕운(生旺運)으로 흐르면 길하나 사절지(死絶地)로 흘러 재성운
(財星運)이나 상관운(傷官運)을 만나면 흉하다.

　인수격(印綬格) 사주는 지혜와 덕과 음식복이 많고 질병이 적으
며 재물을 모으니 형통하다. 만일 부귀영화가 비슷하여 우열을 논
하기 어려울 때는 인수(印綬)가 많은 사주를 가장 좋은 것으로 본
다. 다시 말해 정재격(正財格)·정관격(正官格)·인수격(印授格)이

부귀영화가 비슷하면 인수격(印授格)이 제일이라는 말이다. 인수격(印授格)이 가장 꺼리는 것은 왕성한 재성(財星)인데 해당하면 반드시 막히고 정체된다. 만일 관귀(官鬼)가 많고 별격이면 인수(印綬)만으로 부귀빈천을 논하기는 어렵다.

【원 문】

大凡月與時上見者爲妙 而月上最爲緊要 先論月氣之後有生氣
대범월여시상견자위묘 이월상최위긴요 선론월기지후유생기

月見下有生氣 必得父母之力 年下有生氣 必得祖宗之力
월견하유생기 필득부모지력 년하유생기 필득조종지력

於時上見之有生氣 必得子孫之力 壽元耐久 晚景優遊 如帶印綬
어시상견지유생기 필득자손지력 수원내구 만경우유 여대인수

須帶官星 謂之官印兩全 必爲貴命 若官星雖見成 得父母力
수대관성 위지관인양전 필위귀명 약관성수견성 득부모력

爲福亦厚也 須行官星運便發 或行印綬運亦發 若用官不顯
위복역후야 수행관성운편발 혹행인수운역발 약용관불현

用印綬爲妙 最怕四柱中歲運臨財鄉 以傷其印 若傷印
용인수위묘 최파사주중세운임재향 이상기인 약상인

主破家離祖 出贅
주파가이조 출췌

【해 설】

인수(印綬)는 월주(月柱)나 시주(時柱)에 있는 것이 좋은데 월주

(月柱)에 있는 것이 더 좋다. 따라서 먼저 월주(月柱)의 기운을 보고 생기(生氣)를 논해야 한다. 월주(月柱)에 생기(生氣)가 있으면 반드시 부모덕이 있고, 년주(年柱)에 생기(生氣)가 있으면 반드시 조상덕이 있고, 시주(時柱)에 생기(生氣)가 있으면 반드시 자손덕이 있고 수명이 길어 말년이 넉넉하다.

인수(印綬)가 있는데 관성(官星)이 있어 관인상생(官印相生)하면 귀격을 이루고, 인수(印綬)에 생기(生氣)가 있는데 관성(官星)을 만나면 반드시 부모덕이 많다. 이 때는 관성운(官星運)으로 흘러도 발복하고, 인수운(印綬運)으로 흘러도 발복한다. 그리고 관성(官星)이 없어도 기묘함은 있으나 재성운(財星運)을 만나 재극인(財剋印)되면 가정이 깨지고 고향을 떠난다.

【원 문】

又臨死絶之地 若非降官失職 必夭其壽 且如戊戌庚申癸酉庚申
우임사절지지 약비강관실직 필요기수 차여무술경신계유경신
此命癸日 生於七月之中氣之後 月時皆是庚申 自坐金庫
차명계일 생어칠월지중기지후 월시개시경신 자좌금고
所以印綬 歲干又透出戊官 謂之官印兩全 極爲貴命
소이인수 세간우투출무관 위지관인양전 극위귀명

【해 설】

또 사절지(死絶地)에 임하면 관직에서 떨어지거나 직장에서 실직하거나 요절한다.

년	월	일	시								
戊	庚	癸	庚		辛	壬	癸	甲	乙	丙	丁	戊
戌	申	酉	申		酉	戌	亥	子	丑	寅	卯	辰

　이 사주는 계(癸)일 신(申)월생이니 7월의 중기(中氣)이고, 월시 (月時)의 간지(干支)가 모두 인수(印綬)에 해당하고, 인성(印星)이 일주(日柱)에 있으니 왕성하다. 그러나 년주(年柱)에 무술(戊戌) 관성(官星)이 투출(透出)하여 관인상생(官印相生)이 되어 대귀한 명이 되었다. 관성(官星)인 무술(戊戌)이 인수(印綬)를 도와주어 인수운(印綬運)에 대귀격을 이룬 것이다.

【원 문】

且如癸亥癸亥甲寅甲子　此日用癸爲印　印却旺然無官星相助
차여계해계해갑인갑자　차일용계위인　인각왕연무관성상조
發福不厚也
발복불후야

년	월	일	시								
癸	癸	甲	甲		壬	辛	庚	己	戊	丁	丙	乙
亥	亥	寅	子		戌	酉	申	未	午	巳	辰	卯

【해 설】

　이 사주는 갑목(甲木) 일간(日干)이 계해수(癸亥水) 인수(印綬)는 왕성한데 관성(官星)이 없어 관인상생(官印相生)이 되지 않으니 발복하지 못하였다.

【원 문】

且如甲寅庚午戊戌壬子 此日戊用丁爲印綬 有寅午戌火局爲好
차여갑인경오무술임자 차일무용정위인수 유인오술화국위호

不合時上壬子 水旺財能冲印 所以失明 生氣是丙丁火屬木故也
불합시상임자 수왕재능충인 소이실명 생기시병정화속목고야

  년 월 일 시

  甲 庚 戊 壬   辛壬癸甲乙丙丁戊

  寅 午 戌 子   未申酉戌亥子丑寅

【해 설】

 이 사주는 정화(丁火)가 인수(印綬)인데 지지(地支)에 인오술(寅午戌) 화국(火局)이 있으니 좋은 것 같다. 그러나 시상(時上)에 임자(壬子)가 들어 합(合)되지 않아 수(水)가 왕성하니 수극화(水剋火)로 인수(印綬)를 충(沖)하였다. 이 사람은 생기(生氣)를 잃어 장님이 되었다. 병정화(丙丁火)가 눈에 속하기 때문이다.

【원 문】

且如己卯丁卯丙辰壬辰 此命用卯爲印 用癸爲官 年在卯日在辰
차여기묘정묘병진임진 차명용묘위인 용계위관 년재묘일재진

所以官印兩全 少年清要 至四十二三歲 癸亥運亦不妨 至庚申年
소이관인양전 소년청요 지사십이삼세 계해운역불방 지경신년

水七殺生於申 乃被庚申破印 故不吉也
수칠살생어신 내피경신파인 고불길야


```
녀  월  일  시
己  丁  丙  壬        丙乙甲癸壬辛庚己
卯  卯  辰  辰        寅丑子亥戌酉申未
```

【해 설】

이 사주는 묘목(卯木)이 인수(印綬)이고 계수(癸水)가 관성(官星)
인데, 년지(年支)와 월지(月支)에 묘목(卯木)이 들고 일지(日支)와
시지(時支)에 진토(辰土)가 들어 관인상생(官印相生)이 되었다. 따
라서 소년기에는 부귀영화를 누렸고, 42·43세인 계해(癸亥)년에도
방해가 없었다. 그러나 신금(申金)이 임계수(壬癸水) 칠살(七殺)을
돕고, 경신(庚申)이 인수(印綬)를 극(剋)하여 불길하였다.

7. 정재(正財)

【원 문】

何謂之正財 猶如正官之意 是陰見陽財 陽見陰財 大抵正財者
하위지정재 유여정관지의 시음견양재 양견음재 대저정재자

吾妻之財也 人之女賣財以事我 必精神强健 然後可以亨用之

오처지재야 인지여매재이사아 필정신강건 연후가이형용지

如吾身方且自萎懦而不振 雖妻財豊厚 但能目視 終不可一毫受用

여오신방차자위나이불진 수처재풍후 단능목시 종불가일호수용

故財要得時多 若財多則自家日本力 可以勝任 當化作官

고재요득시다 약재다즉자가일본력 가이승임 당화작관

天元一氣 嬴弱貧薄難治 是藥於身旺 不要行剋制之鄕

천원일기 이약빈박난치 시약어신왕 불요행극제지향

【해 설】

  정재(正財)는 음일간(陰日干)이 양재성(陽財星)을 만나거나 양일
간(陽日干)이 음재성(陰財星)을 만나는 것이다. 정재(正財)는 남명
에게는 아내와 재물에 해당하므로 아내와 잘 지내고 재물을 관리
하려면 정재(正財)가 강건해야 한다. 만일 아신(我身)이 나약하면
아내가 좋고 재물이 많아도 그림의 떡처럼 내 것이 되지 않는다.
따라서 재성(財星)이 많으면 일간(日干)이 강해야 감당하며 관성
(官星)도 주관할 수 있으나 일간(日干)이 약하면 재성(財星)을 다
스리기 어려우니 가난하다. 신약(身弱) 사주에서 약(藥)은 일간(日
干)이 신왕(身旺)한 것이고, 반드시 제극(制剋)시키는 재관운(財官
運)으로 가야 길하다.

【원 문】

剋制者 官鬼也 又怕所生之月令 正吾衰病之地 又四柱無

극제자 관귀야 우파소생지월령 정오쇠병지지 우사주무

父母以生之 反喜財又有見財 謂之財多 力不任財 禍患百出

부모이생지 반희재우유견재 위지재다 역불임재 화환백출

雖少年經休囚之位 故不如意 事多頻併 或中年或末年

수소년경휴수지위 고불여의 사다빈병 혹중년혹말년

復臨父母之鄕 或三合可以助我者 則勃然而興 不可禦也

복림부모지향 혹삼합가이조아자 즉발연이흥 불가어야

倘少年乘旺 老在脫局 不惟窮餘悽惶 兼見是非紛起

당소년승왕 노재탈국 불유궁여처황 겸견시비분기

蓋財者起爭之端也 若或四柱相生 別帶貴格 不値空亡

개재자기쟁지단야 약혹사주상생 별대귀격 불치공망

又行旺運 三合財生 是皆貴命

우행왕운 삼합재생 시개귀명

【해 설】

 나를 극(剋)하는 것은 관귀(官鬼)를 말한다. 생월(生月)이 쇠병지(衰病地)에 해당하면 흉하고, 부모인 인수(印綬)가 도와주지 않는데 재성(財星)을 만나면 신약(身弱)해져 오히려 불리하다. 이런 사주는 소년기에 휴수운(休囚運)에 들어가니 일만 많고 여의치 않다. 그러나 중년이나 말년에 인수운(印綬)으로 흐르고, 삼합(三合)이나 나를 돕는 자를 만나면 갑자기 발복하기도 한다. 만일 소년기에는 왕성하나 말년에 국(局)을 잃어버리면 궁박하며 처량하고 시비가 많다. 재성(財星)은 재물을 나타내기 때문에 분쟁과 겁탈의 원인이 되나 사주에 상생(相生)이 있거나, 별도로 귀격(貴格)을 이루거나, 공망(空亡)이 없거나, 신왕운(身旺運)으로 흐르거나, 삼합(三合)하여 다시 생(生)하면 귀격을 이룬다.

【원 문】

其餘福之淺深 皆隨入格輕重而言之 財多生官 要須身健
기여복지천심 개수입격경중이언지 재다생관 요수신건

財多盜氣 本自身柔 年運又或傷財 必生奇禍 或帶刑倂七殺
재다도기 본자신유 년운우혹상재 필생기화 혹대형병칠살

凶不可言也 又云 正財者 喜神旺印綬 忌官星 忌倒食 忌身弱
흉불가언야 우운 정재자 희신왕인수 기관성 기도식 기신약

比肩劫財 不可見官星 恐盜財之氣也 喜印綬者 能生我身弱故也
비견겁재 불가견관성 공도재지기야 희인수자 능생아신약고야

且甲日用己爲正財 如身弱 其禍立至
차갑일용기위정재 여신약 기화입지

【해 설】

길복을 알려면 사주의 심천을 분별하고, 격에 따라 경중을 살펴야 한다. 만일 재성(財星)이 많아 관성(官星)을 생(生)하면 신왕(身旺)해야 한다. 재성(財星)이 많으면 도기(盜氣)되므로 일간(日干)인 아신(我身)이 유약하기 때문이다. 이런 사주가 년운(年運)에서

재성(財星)을 또 만나 손상되면 반드시 기이한 흉화가 따른다. 여기다 형살(刑殺)과 칠살(七殺)까지 동반하면 말로 표현하기 어려울 정도로 흉하다.

　정재(正財)는 인수(印綬)가 왕성해야 길하다. 관성(官星)을 꺼리고, 식상(食傷)도 도식(倒食)이니 꺼리고, 비견(比肩)과 겁재(劫財)와 일간(日干)이 약한 것도 꺼린다. 관성(官星)을 꺼리는 것은 재성(財星)을 설기(泄氣)하기 때문이고, 인수(印綬)를 기뻐하는 것은 아신(我身)을 도와주기 때문이다. 만일 갑목(甲木) 일간(日干)이 기토(己土)가 정재(正財)인데 신약(身弱)하면 재성(財星)을 감당하지 못하기 때문에 흉하다.

【원 문】

凡人命 月下帶正財 須出富家 不螟蛉 卽庶出 或冲父母

범인명 월하대정재 수출부가 불명령 즉서출 혹충부모

身旺無劫財 無官星 爲妙 若命中 有官星 得地行方

신왕무겁재 무관성 위묘 약명중 유관성 득지행방

喜財星多生官 兼有財星 得地行方 忌見官星 恐剋其身 怕身弱也

희재성다생관 겸유재성 득지행방 기견관성 공극기신 파신약야

大抵財不論偏正 皆喜印綬 必能發福 如辛丑丁酉丁巳丁未

대저재불론편정 개희인수 필능발복 여신축정유정사정미

此命丁日 身坐財之地 又見巳酉丑金局故也 財旺蓋金得木庫

차명정일 신좌재지지 우견사유축금국고야 재왕개금득목고

居未能生丁火 故身旺能任其財 運行東南方 宜乎巨富
거미능생정화 고신왕능임기재 운행동남방 의호거부

【해 설】

　월지(月支)에 정재(正財)가 있으면 부잣집에서 태어난 사람이거나 양자이거나 서출이다. 만일 부모궁인 월주(月柱)를 상충(相沖)하고, 신왕(身旺)하고 겁재(劫財)가 없는데 관성(官星)이 1개도 없으면 매우 길하고, 명조에 관성(官星)이 있는데 신왕운(身旺運)으로 흐르면 재성(財星)이 많아 관성(官星)을 생(生)하니 길하다. 그러나 재성운(財星運)으로 흐르면 관성(官星)을 꺼린다. 관성(官星)이 일간(日干)을 심하게 극(剋)하여 신약(身弱)해지기 때문이다. 재성(財星)은 편재(偏財)나 정재(正財)를 불문하고 인수(印綬)를 만나면 반드시 발복한다.

```
년  월  일  시
辛  丁  丁  丁      丙乙甲癸壬辛庚己
丑  酉  巳  未      申未午巳辰卯寅丑
```

　본명은 정화(丁火) 일간(日干)인데 사(巳) 중의 경금(庚金)이 정재(正財)다. 8월 재왕절(財旺節)에 태어나고 사유축(巳酉丑) 금국(金局)이 있으니 재성(財星)이 매우 왕성하다. 또 일간(日干) 정화(丁火)가 미(未) 중의 정화(丁火)에 투출(透出)하고, 사(巳)에서 제왕지(帝旺地)에 임하고, 천간(天干)에 정(丁) 3개가 투출(透出)하

여 신왕(身旺)하다. 따라서 이 사람은 충분히 재성(財星)을 감당할
수 있는 사주가 되어 동남 목화운(木火運)에 큰 부자가 되었다.

【원 문】

丁用壬官 用庚金爲財 生壬官 生入旺鄕 必能發福 凡用財
정용임관 용경금위재 생임관 생입왕향 필능발복 범용재

不見官星 爲妙 又如庚申乙酉丙申丙申 此命丙일 見三申爲財
불견관성 위묘 우여경신을유병신병신 차명병일 견삼신위재

豈不美哉 丙用癸官 用辛爲財 三申一酉 其財固旺
개불미재 병용계관 용신위재 삼신일유 기재고왕

蓋因日主生弱火 疾病申死酉 乃爲無氣 運行西方金鄕 身弱太甚
개인일주생약화 질병신사유 내위무기 운행서방금향 신약태심

財旺生鬼 敗剋其身故 不能勝其財 所以貧也
재왕생귀 패극기신고 불능승기재 소이빈야

	년	월	일	시								
	庚	乙	丙	丙		丙	丁	戊	己	庚	辛	壬	癸
	申	酉	申	申		戌	亥	子	丑	寅	卯	辰	巳

【해 설】

정화(丁火)는 임수(壬水)가 정관(正官)인데 왕재(旺財)인 유(酉)
중 경금(庚金)이 재생관(財生官)한다. 정화(丁火) 일간(日干)이 동
남운으로 흐르니 발복하였다.

재성(財星)이 용신(用神)이면 관성(官星)을 만나지 않아야 기묘함을 이루는데, 지지(地支)에 신(申)이 3개 있으니 아름다운 명조인 것 같다. 그러나 계수(癸水)가 관성(官星)이고 신금(辛金)이 재성(財星)인데, 재성(財星)인 신금(申金) 3개와 유금(酉金) 1개가 지지(地支)에 모두 있다. 병화(丙火) 일간(日干)은 신(申)에서 병지(病地)에 임하고, 유(酉)에서 사지(死地)에 임하여 무기(無氣)하고, 재성(財星)이 왕성한데 또 금수운(金水運)으로 흐르니 일간(日干)이 더 약해져 재관(財官)을 감당할 수 없으니 가난한 명이 되었다.

【원 문】

又如乙卯癸未辛酉戊子 此命 辛日坐酉 乙生卯 身與財俱旺
우여을묘계미신유무자 차명 신일좌유 을생묘 신여재구왕
又得癸未食神 戊子印綬助之 宜乎巨富貴也
우득계미식신 무자인수조지 의호거부귀야

년	월	일	시							
乙	癸	辛	戊	壬	辛	庚	己	戊	丁	丙	乙
卯	未	酉	子	午	巳	辰	卯	寅	丑	子	亥

【해 설】

이 사주는 신금(辛金) 일간(日干)이 미(未)월에 태어나 득령(得令)하였고, 일지(日支)에 유금(酉金)이 들어 통근(通根)과 건록(建祿)이 되었고, 년주(年柱)에서 을(乙) 재성(財星)이 묘(卯)에 임하여 묘미(卯未) 목국(木局)을 이루어 일간(日干)과 재성(財星)이 모두 강하다. 또 계수(癸水) 식신(食神)이 수생목(水生木)으로 재성(財星)을 도와주니 길하다. 따라서 이 사람은 신왕재왕(身旺財旺)하여 대부대귀격을 이루었다.

【원 문】

又如戊子丁巳甲辰丙寅 此命甲일 生於四月下旬 並透財
우여무자정사갑진병인 차명갑일 생어사월하순 병투재

丙丁火生 其月中之戊土 時又歸祿於寅 財固旺矣 然 甲木身亦旺
병정화생 기월중지무토 시우귀록어인 재고왕의 연 갑목신역왕

早年 行方戊午己未運 迤邐 行辛酉運 乃見官星 則凶 壬戌運
조년 행방무오기미운 이리 행신유운 내견관성 즉흉 임술운

有壬剋丙 傷官食神之中 失官去財 死喪合家 值五十九歲
유임극병 상관식신지중 실관거재 사상합가 치오십구세

入癸亥身旺運 稍可安逸 六十五歲運壬辰年 死矣 初運 傷官財格
입계해신왕운 초가안일 육십오세운임진년 사의 초운 상관재격

取戊土爲財 所以 戊午己未二運 太旺生土故 財厚矣
취무토위재 소이 무오기미이운 태왕생토고 재후의

乃至庚申辛酉 西方見官 故凡事費力 雖癸亥甲木之印綬 然
내지경신신유 서방견관 고범사비력 수계해갑목지인수 연

亦忌水沖火 亥中又有元土 壬辰透出壬水 運中命中 元有之辰
역기수충화 해중우유원토 임진투출임수 운중명중 원유지진

死無矣 凡傷官見財格 忌見官星 若財格要見 大忌見壬水剋火

사무의 범상관견재격 기견관성 약재격요견 대기견임수극화

則木火能生甲木之土財也

즉목화능생갑목지토재야

년	월	일	시								
戊	丁	甲	丙		戊	己	庚	辛	壬	癸	甲	乙
子	巳	辰	寅		午	未	申	酉	戌	亥	子	丑

【해 설】

갑목(甲木) 일간(日干)이 4월 하순에 태어나고, 년상(年上)의 무토(戊土) 편재(偏財)는 병정화(丙丁火)가 화생토(火生土)하고, 월지(月支) 사화(巳火)에서 건록지(建祿地)에 임하고, 일지(日支)와 시지(時支)에서 득기(得氣)하여 재성(財星)이 매우 왕성하다. 여기다 일간(日干) 갑목(甲木)도 득록(得祿)하고, 진(辰) 중의 계수(癸水)와 년지(年支)의 자수(子水)에 통근(通根)하여 견고하니 역시 왕성하다.

대운(大運)의 흐름을 보면 무오(戊午)와 기미(己未) 대운(大運)은 재성(財星)이 넉넉하고, 경신(庚申)과 신유(辛酉) 대운(大運)은 관성(官星)이 아신(我身)을 극(剋)하고, 임술(壬戌) 대운(大運)은 임수(壬水)가 병화(丙火)를 충극(沖剋)한다. 따라서 상관(傷官)과 식신(食神)이 생재(生財)하니 재격(財格)이 좋은데 임수(壬水)가 충극(沖剋)하여 관직과 재산이 손상되었다. 계해(癸亥) 대운(大運)은 신왕운(身旺運)이므로 편안할 것 같았으나 수(水)가 화(火)를 충(沖)하고, 해(亥)에 무토(戊土)가 있고, 임진(壬辰)년에 임수(壬水)가 화(火)를 충(沖)하고, 진토(辰土)가 있어 강하니 사망하였다. 상관격(傷官格) 사주가 재성(財星)이 용신(用神)이면 관성(官星)을 꺼리고, 임수(壬水)가 화(火)를 극(剋)하면 매우 꺼린다. 화(火)가 갑목(甲木)의 토(土) 재성(財星)을 극(剋)하기 때문이다.

8. 편재(偏財)

【원문】

何謂之偏財 蓋陽見陽財 陰見陰財也 然而偏財者 衆人之財也
하위지편재 개양견양재 음견음재야 연이편재자 중인지재야

恐兄弟姉妹而奪之 則福不全 若有官星 禍患百出 故曰偏財
공형제자매이탈지 즉복불전 약유관성 화환백출 고왈편재

好出 亦不懼藏 唯怕有以分奪 反空亡耳 有一於此 官將不成
호출 역불구장 유파유이분탈 반공망이 유일어차 관장불성

財將不住 經曰背祿逐馬 守窮餘而悽惶也 財弱亦待歷旺鄕而榮
재장불주 경왈배록축마 수궁여이처황야 재약역대역왕향이영

財盛無鬼生而不妙 且恐身勢無力耳 偏財主人慷慨 不甚吝財
재성무귀생이불묘 차공신세무력이 편재주인강개 불심인재

惟是得地不止 財豊亦能官旺 何以言之 蓋財盛 自生官矣
유시득지불지 재풍역능관왕 하이언지 개재성 자생관의

【해 설】

편재(偏財)는 양일간(陽日干)이 양재성(陽財星)을 만나거나 음일간(陰日干)이 음재성(陰財星)을 만나는 것을 말한다. 편재(偏財)는 대중의 재물이므로 비겁(比劫)인 형제자매가 빼앗는 것을 두려워하는데 관성(官星)이 있으면 백 가지 흉화가 따른다. 이 때는 오히려 공망(空亡)되는 것이 좋다. 그리고 편재(偏財)는 천간(天干)에 투출(透出)하면 길하나 지지(地支)에 숨어 있어도 흉하지 않다.

마일 재성(財星)이 1개밖에 없으면 재물이 안정되지 않고, 관성(官星)을 생(生)할 수도 없다. 경(經)에 "배록축마(背祿逐馬)는 궁지에 떨어져 처량하며 두려움에 처한다"는 말이 있다. 재성(財星)이 쇠약하면 재왕운(財旺運)이 와야 부귀영화가 따르고, 재성(財星)이 있는데 관귀(官鬼)를 도와주지 못하면 기묘함이 없다는 말이다. 다시 말해 일간(日干)이 약하면 재성(財星)이나 관성(官星)이 모두 불리하다.

【원 문】

偏財主人慷慨 不甚吝財 惟是得地不止 財豊亦能官旺 何以言之
편재주인강개 불심인재 유시득지불지 재풍역능관왕 하이언지

蓋財盛 自生官矣 但爲人有情而多詐 蓋財能利己 亦能招謗
개재성 자생관의 단위인유정이다사 개재능이기 역능초방

運行旺相 福祿俱臻 但恐避官之剋 兄弟必多破壞 亦不美
운행왕상 복록구진 단공피관지극 형제필다파괴 역불미

財多須看財與我之日干强弱相等 行官鄕便可發祿 若財盛而身弱

재다수간재여아지일간강약상등 행관향편가발록 약재성이신약

運至官鄕 是旣被財之盜氣 復被官之剋身 非唯不發祿 亦防禍患

운지관향 시기피재지도기 복피관지극신 비유불발록 역방화환

如命四柱中 先帶官星 便作好命 看若四柱中 兄弟群出 如入官鄕

여명사주중 선대관성 편작호명 간약사주중 형제군출 여입관향

發祿必消矣 故 曰要在識其變通矣

발록필성의 고 왈요재식기변통의

【해 설】

사주에 편재(偏財)가 있으면 강개심이 있고 재물이 많으며 땅을 소유하려는 생각이 강하고 관운(官運)도 좋다. 그러나 편재(偏財)가 지나치게 강하면 사기성이 많고, 재성(財星)이 강하면 이기적이기 때문에 비난을 많이 받는다. 그리고 재성(財星)이 왕성하면 재생관(財生官)하므로 자연히 관성(官星)을 돕는다. 이 때 대운(大運)이 왕운(旺運)으로 흐르면 길복과 벼슬이 따르나, 신약(身弱)하면 관성(官星)이 극(剋)하므로 흉하다. 그리고 비겁(比劫)이 왕성하여 재성(財星)을 많이 극(剋)하면 아름답지 못한 명이 된다.

사주에 재성(財星)이 많으면 일간(日干)의 강약과 대조해서 보아야 한다. 즉 일간(日干)과 재성(財星)의 강약이 비슷해야 관성운(官星運)에 발복한다. 만일 재성(財星)은 왕성한데 일간(日干)이 약하면 관성운(官星運)에서 매우 흉하다. 원국에서 이미 재성(財星)이 왕성한데 다시 재관운(財官運)으로 흐르면 약한 일간(日干)

이 더 약해지므로 만사불통일 뿐 아니라 앞으로 닥칠 흉화를 대비해야 된다. 그러나 관성(官星)을 대동하면 길하고, 비겁(比劫)이 무리지어 투출(透出)하면 신강(身强)해지므로 관운(官運)으로 흐를 때 발복한다. 이처럼 사주의 묘리는 통변(通變)에 있다.

9. 식신(食神)

【원 문】

食神者 生我財神之謂也 如甲屬木 丙屬火 名盜氣 故 謂之食神
식신자 생아재신지위야 여갑속목 병속화 명도기 고 위지식신

何也 誰不知丙能生我戊土 甲食丙之戊財 故 以此名之也
하야 수불지병능생아무토 갑식병지무재 고 이차명지야

命中帶此者 主人財厚食豊 腹最寬洪 肌體肥大 優游自足 有子息
명중대차자 주인재후식풍 복최관홍 기체비대 우유자족 유자식

有壽考 恒不喜見官星 忌倒食 恐傷其食神 喜財神相食
유수고 항불희견관성 기도식 공상기식신 희재신상식

獨一位可也 此爲福人 然終亦不淸 却喜身旺 不喜印綬
독일위가야 차위복인 연종역불청 각희신왕 불희인수

亦恐傷其食故也 如運得地 方可發福 大槪與財神相似
역공상기식고야 여운득지 방가발복 대개여재신상사

如己未己巳丁未辛丑 丁見己食神 一丑一巳 合起金局
여기미기사정미신축 정견기식신 일축일사 합기금국

得之爲財 又喜身不弱 所以有官亦有壽也
득지위재 우희신불약 소이유관역유수야

【해 설】

식신(食神)은 나의 재성(財星)을 생(生)해주는 것이다. 갑(甲)은
목(木)에 속하고 병(丙)은 화(火)에 속하니 병화(丙火)는 갑목(甲
木)의 기운을 훔쳐가는데 어찌하여 병화(丙火)를 갑목(甲木)의 식
신(食神)이라 하는가. 병화(丙火)가 나의 재성(財星)인 무토(戊土)
를 생(生)하고, 갑목(甲木)이 병화(丙火)를 생(生)하는 무토(戊土)
재성(財星)을 취하기 때문이다. 그래서 재신(財神)을 생(生)해준다
는 뜻으로 식신(食神)이라고 하는 것이다.

사주에 식신(食神)이 있으면 재물이 많고 마음이 넓으며 신체가
비대하고 수명이 길며 자식복이 있으니 여유있는 생활을 한다. 식
신(食神)은 관성(官星)과 도식(倒食)이 있으면 손상되기 때문에 꺼
리나 식신(食神)이 1개만 있고 재성(財星)을 생(生)하면 복이 많
다. 그리고 식신(食神)이 있으면 신왕(身旺)해야 좋고, 인수(印綬)
와 상해(傷害)되면 흉하다. 그리고 대운(大運)이 신왕운(身旺運)으
로 흐르면 발복하는데 길흉은 재성(財星)과 비슷하다.

년	월	일	시								
己	己	丁	辛	戊	丁	丙	乙	甲	癸	壬	辛
未	巳	未	丑	辰	卯	寅	丑	子	亥	戌	酉

【해 설】

정화(丁火) 일간(日干)에게 기토(己土)는 식신(食神)인데 시지(時支)의 축(丑)과 월지(月支)의 사(巳)가 사축합(巳丑合)으로 금국(金局)을 이루어 재신(財神)이 되었고, 정화(丁火)가 화왕절(火旺節)에 태어나 년일지(年日支)의 미(未)에 통근(通根)되어 약하지 않다. 이 사람은 신왕재왕(身旺財旺)하여 관귀(官貴)도 이루고 장수하였다.

【원 문】

如乙巳乙酉癸酉乙卯 此命 見三乙爲食 見巳酉
여을사을유계유을묘 차명 견삼을위식 견사유

酉丑合金局爲印綬 干有三乙 化爲傷官 發用乙爲食
유축합금국위인수 간유삼을 화위상관 발용을위식

被金局來剋乙木 再被三乙木幷卯 旺剋我官 所以名利都無成也
피금국내극을목 재피삼을목병묘 왕극아관 소이명리도무성야

년	월	일	시								
乙	乙	癸	乙	甲	癸	壬	辛	庚	己	戊	丁
巳	酉	酉	卯	申	未	午	巳	辰	卯	寅	丑

【해 설】

본명은 계수(癸水) 일간(日干)이 유(酉)월에 태어났다. 천간(天干)에 투출(透出)한 을목(乙木) 3개가 식신(食神)인데 지지(地支)

에서 사유합(巳酉合)으로 금국(金局)을 이루었다. 식신(食神)은 2개 이상 있으면 상관(傷官)이 되는데 금국(金局)이 강한 목(木)을 극(剋)하고, 시주(時柱)의 왕성한 을묘목(乙卯木)이 관성(官星)을 극(剋)하여 금목상전(金木相戰)하니 명리를 이룰 수 없다.

10. 도식(倒食)

【원 문】

夫倒食者 冲財神之謂也 一名呑陷殺 用財神 大忌見之 用食神
부도식자 충재신지위야 일명탄함살 용재신 대기견지 용식신

亦忌見之 倒食者 如甲見壬之類 如甲見丙爲食神 能生土財 然
역기견지 도식자 여갑견임지유 여갑견병위식신 능생토재 연

壬剋丙火 丙火不能生甲木之土 所以 甲用食神 大忌見之 凡命中
임극병화 병화불능생갑목지토 소이 갑용식신 대기견지 범명중

帶此二者 又見庚爲七殺 得丙丁火制之 怕見水 反爲禍矣 凡命中
대차이자 우견경위칠살 득병정화제지 파견수 반위화의 범명중

犯此者 猶尊長之制我身 不得自由也 作事進退悔懶 有始無終
범차자 유존장지제아신 불득자유야 작사진퇴회나 유시무종

【해 설】

도식(倒食)은 재신(財神)을 충(沖)하는 것으로 탄함살(呑陷殺)이라고도 한다. 따라서 재신(財神)이 용신(用神)이면 매우 꺼리고, 식

신(食神)이 용신(用神)이어도 꺼린다. 예를 들어 갑목(甲木)이 임수(壬水)를 만나면 편인(偏印)이 도식(倒食)된다고 한다. 만일 갑목(甲木)이 병화(丙火)를 만나면 식신(食神)이 되는데, 병화(丙火)는 갑목(甲木)의 토재성(土財星)을 돕는다. 그러나 임수(壬水)가 있으면 수극화(水剋火)하여 병화(丙火)를 제극(制剋)하므로 식신(食神)이 손상되어 재성(財星)을 도울 수 없다. 따라서 갑목(甲木)이 식신(食神)이 있는데 임수(壬水)의 도식(倒食)을 만나면 매우 꺼린다. 명조에 도식(倒食)과 식신(食神)이 모두 있으면 길복이 작고 수명이 짧다.

만일 갑목(甲木) 일간(日干)이 경금(庚金)을 만나면 칠살(七殺)이 되는데 칠살(七殺)이 일간(日干)을 극(剋)하면 병정화(丙丁火)가 화극금(火剋金)하여 경금(庚金) 칠살(七殺)을 제극(制剋)하면 길하다. 그러나 수(水)가 화(火)를 만나 병정화(丙丁火)를 억제하면 칠살(七殺)을 제압할 수 없기 때문에 꺼리고, 이 때 도식(倒食)을 만나면 흉화가 따른다. 사주에 도식(倒食)이 있으면 우두머리의 제지를 받는 것과 같아 하는 일마다 문제가 있어 시작은 있으나 끝이 없다. 이것은 편인(偏印)이 기신(忌神) 작용을 하여 끼치는 해로움을 설명한 것이다.

【원 문】

財源屢成屢敗 容貌敧斜 身品矮小 膽怯心忙 有事無成也
재원누성누패 용모기사 신품왜소 담겁심망 유사무성야

且如丁未丁未己亥丁卯 此命己亥日 已臨亥上 身弱於亥
차여정미정미기해정묘 차명기해일 이임해상 신약어해

加以亥卯未木局剋身 年月時 透出三丁 食巳幼年 行方南方
가이해묘미목국극신 년월시 투출삼정 식사유년 행방남방

運賴火生土 纔交乙巳運 爲己之七殺 引出亥卯未木局 所以死矣
운뢰화생토 재교을사운 위기지칠살 인출해묘미목국 소이사의

년 월 일 시

丁 丁 己 丁　　　丙乙甲癸壬辛庚己

未 未 亥 卯　　　午巳辰卯寅丑子亥

【해 설】

사주에 도식(倒食)이 있으면 재원(財源)이 여러 번 이루어져도 실패한다. 그리고 용모도 균형이 없고, 신체도 왜소하고, 담력도 약하여 겁이 많고, 공연히 분주하여 일은 많으나 이루는 것이 없다.

본명은 기토(己土) 일간(日干)이 일지(日支)에 해(亥)가 있어 허약한데, 지지(地支)의 해묘미(亥卯未)가 목국(木局)을 이루어 목극토(木剋土)로 일간(日干)을 극(剋)한다. 그러나 년월시(年月時)에 정(丁)이 3개나 있어 도식(倒食)이 되었는데 남방운에서 화생토(火生土)하니 일간(日干)이 오히려 강해졌다. 그러나 을사(乙巳) 대운(大運)은 칠살(七殺)이 되어 해묘미(亥卯未) 목국(木局)을 이끄니 기신(忌神)이 매우 왕성한 계해(癸亥)년에 사망하였다.

【원문】

此命 非但倒食七殺之禍 而癸亥年 與壬殺壞印之說同義也

차명 비단도식칠살지화 이계해년 여임살괴인지설동의야

甲戌丙寅甲戌壬申 此命甲戌日 甲見丙食神 生于正月 甲木旺

갑술병인갑술임신 차명갑술일 갑견병식신 생우정월 갑목왕

身與食神俱旺 本是貴命 不合時上壬申 壬水傷其丙火

신여식신구왕 본시귀명 불합시상임신 임수상기병화

申金冲其寅木 又申中有庚金七殺 所以名利不成 生己巳運

신금충기인목 우신중유경금칠살 소이명리불성 생기사운

金生之地 見庚子年 庚金爲七殺 又見子時 水死於非命

금생지지 견경자년 경금위칠살 우견자시 수사어비명


```
년  월  일  시
甲  丙  甲  壬        丁戊己庚辛壬癸甲
戌  寅  戌  申        卯辰巳午未申酉戌
```

【해설】

본명은 갑목(甲木) 일간(日干)이 인(寅)월에 태어나 일간(日干)과
식신(食神)이 모두 왕성하므로 부귀를 모두 갖춘 명인 것 같다. 그
러나 시상(時上)에 임수(壬水)가 들어 강한 일간(日干)이 더 강해
지고, 수극화(水剋火)로 병화(丙火)를 상해하고, 시지(時支)의 신금
(申金)이 인목(寅木)을 충파(沖破)하고, 신(申) 중의 경금(庚金) 칠
살(七殺)이 갑경상충(甲庚相沖)으로 일간(日干)을 상해하여 흉한

명이 되었다. 이 사람은 경자(庚子)년 수왕절(水旺節) 자(子)시에
비명횡사하였다.

11. 상관(傷官)

【원문】

傷官者 其驗如神 傷官務要傷盡 傷之不盡 官來乘旺

상관자 기험여신 상관무요상진 상지불진 관래승왕

其禍不可勝言 傷官見官 爲禍百端 倘月令傷官之位

기화불가승언 상관견관 위화백단 당월령상관지위

及四柱配合作事 皆在傷官之處 又行身旺鄕 眞貴人也

급사주배합작사 개재상관지처 우행신왕향 진귀인야

傷官主人多才藝 傲物氣高 當以天下之人不如己 貴人亦憚之

상관주인다재예 오물기고 당이천하지인불여기 귀인역탄지

衆人亦惡之 運一逢官 禍不可言 或有吉人 可解 必主惡疾

중인역악지 운일봉관 화불가언 혹유길인 가해 필주악질

以殘其軀 不然 運遭官事 如運行剝官 財神不旺 皆是安亨之人

이잔기구 불연 운조관사 여운행박관 재신불왕 개시안형지인

仔細推詳 萬無一失矣

자세추상 만무일실의

【해 설】

 그동안의 경험으로 볼 때 상관(傷官)도 다른 육신(六神)처럼 상진

(傷盡)되는 것이 좋다. 상진(傷盡)이란 상관(傷官)과 관살(官殺)이
상극(相剋)하여 둘 중 하나가 완전히 사라지는 것을 말한다. 만일
상관(傷官)이 상진(傷盡)되었는데 대운(大運)에서 관왕운(官旺運)
을 만나면 말로 형용하기 어려운 흉화가 따른다. 상관(傷官)과 관
성(官星)이 만나 충돌하면 백 가지 화액이 나타나기 때문이다.

 만일 월령(月令)에 상관(傷官)이 있고 사주가 합(合)하여 모두 상
관(傷官)이 되었는데 신왕운(身旺運)으로 흐르면 진귀(眞貴)를 이
룬다. 사주가 상관격(傷官格)이면 재능이 많으나 오만하여 귀인과
대중이 싫어하고, 이 때 관성운(官星)으로만 흐르면 재앙이 매우
심하다. 이런 사주는 길한 것이 구해주어도 반드시 악질에 걸려 겨
우 신체를 유지하거나 관형(官刑)을 만난다.

【원 문】

又云傷官者 我生被之謂也 以陽見陰 陰見陽 亦名盜氣
우운상관자 아생피지위야 이양견음 음견양 역명도기
印綬若傷盡 不留一點 身弱忌官星 不怕七殺 如甲用辛官
인수약상진 불류일점 신약기관성 불파칠살 여갑용신관
如丁火旺 能生土財 最忌見官星 亦要身旺 如傷官不盡
여정화왕 능생토재 최기견관성 역요신왕 여상관불진
四柱有官星露 歲運若見官星 其禍不可勝言 若傷官傷盡
사주유관성로 세운약견관성 기화불가승언 약상관상진
四柱不留一點 又行旺運 及印綬運 却爲貴也 如四柱中
사주불류일점 우행왕운 급인수운 각위귀야 여사주중

雖傷盡官星 身雖旺 若無一點財氣 只爲貧薄

수상진관성 신수왕 약무일점재기 지위빈박

【해 설】

　상관(傷官)은 나를 설기(泄氣)하는 것으로 양기(陽氣)가 음일간(陰日干)을 만나거나 음기(陰氣)가 양일간(陽日干)을 만나는 것이다. 따라서 상관(傷官)은 일간(日干)이 강해야 쓸모가 있다.

　만일 인수(印綬)가 상관(傷官)을 제극(制剋)하는데 인수(印綬)가 1개도 없어 신약(身弱)하면 관성(官星)을 꺼리나 칠살(七殺)은 꺼리지 않는다. 칠살(七殺)은 인수(印綬)를 생(生)하고, 상관(傷官)에게 극(剋)되지 않기 때문이다. 예를 들어 갑목(甲木)에게 신금(辛金)은 관성(官星)이며 용신(用神)인데 상관(傷官)인 정화(丁火)가 강하면 재성(財星)인 토(土)를 능히 생(生)하므로 관성(官星)을 가장 꺼린다. 상관(傷官)이 용신(用神)이면 신왕(身旺)해야 길하다.

　또 상관(傷官)과 관성(官星)이 제극(制剋)되지 않고 투출(透出)했는데 년상(年上)이나 월상(月上)에 관성(官星)이 또 있으면 형용하기 어려울 정도로 재앙이 많다. 만일 상관(傷官)이 상진(傷盡)되어 사주에 머무르는 것이 1개도 없거나 대운(大運)이 신왕운(身旺運)이나 인수운(印綬運)으로 흐르면 부귀영화를 쫓아버리는 격이 되고, 관성(官星)이 상진(傷盡)되고 일간(日干)이 강해도 재성(財星)이 1개도 없으면 가난하며 박복하다.

如遇傷官者 須見其財爲妙 是財能生官也 如用傷官格者

여우상관자 수견기재위묘 시재능생관야 여용상관격자

干支歲運 都要不見官星 如見官星 謂之傷官見官爲禍百端

간지세운 도요불견관성 여견관성 위지상관견관위화백단

用傷官格局 見財方可用 傷官之殺 甚如傷身七殺 其驗如神

용상관격국 견재방가용 상관지살 심여상신칠살 기험여신

年帶傷官 父母不全 月帶傷官 兄弟不完 時帶傷官 子息不全

년대상관 부모불전 월대상관 형제불완 시대상관 자식불전

日帶傷官 妻妾不完 其餘傷官 務要盡則吉 見財方可

일대상관 처첩불완 기여상관 무요진즉길 견재방가

輕則遠竄之災 重則刑辟之難 傷官有戰 其命難存

경즉원찬지재 중즉형벽지난 상관유전 기명난존

【해 설】

 사주에 상관(傷官)이 있을 때는 재성(財星)을 만나야 기묘함을 이
룬다. 재성(財星)이 관성(官星)을 돕기 때문이다. 만일 상관(傷官)
이 용신(用神)이면 천간(天干)과 지지(地支)에 관성(官星)이 없어
야 한다. 만일 관성(官星)이 있으면 백 가지 재앙이 따른다.

 상관격(傷官格) 사주는 재성(財星)을 만나야 길하다. 만일 상관
(傷官)이 흉작용을 하여 일간(日干)을 손상시키면 칠살(七殺)처럼
흉하다. 상관(傷官)이 년주(年柱)에 있으면 부모가 완전하지 못하
고, 월주(月柱)에 있으면 형제가 완전하지 못하고, 시주(時柱)에 있

으면 자식이 완전하지 못하고, 일지(日支)에 있으면 처첩이 완전하
지 못하다. 그리고 다른 상관(傷官)은 상진(傷盡)되어야 길하고, 재
성(財星)을 만나면 길하다. 상관(傷官)의 흉화가 가벼우면 좌천되
거나 귀양을 가고, 무거우면 감옥에 들어가거나 사형을 당하고, 상
관(傷官)이 서로 싸우면 수명을 보존하기 어렵다.

【원 문】

若月令在傷官之位 及四柱相合 皆在傷官之處 如行身旺鄕
약월령재상관지위 급사주상합 개재상관지처 여행신왕향
貴命也 傷官之人 多恃才傲物 常以他人不如己 君子惡之
귀명야 상관지인 다시재오물 상이타인불여기 군자악지
小人畏之 逢傷官 無財救 必主大禍 不然 主暗昧惡疾 以殘其身
소인외지 봉상관 무재구 필주대화 불연 주암매악질 이잔기신
或遭官刑矣 如四柱 雖傷盡官星 逢財地發福 是爲傷官見財
혹조관형의 여사주 수상진관성 봉재지발복 시위상관견재
仔細推詳 萬無一失 又云四柱有官 而被禍重 四柱無官
자세추상 만무일실 우운사주유관 이피화중 사주무관
而被禍則淺 大凡四柱見官者 或見傷官而取其財 財行得地則發
이피화즉천 대범사주견관자 혹견상관이취기재 재행득지즉발

【해 설】

월령(月令)에 상관(傷官)이 있고 사주가 상합(相合)하여 모두 상
관(傷官)이 되었는데 신왕운(身旺運)으로 흐르면 귀격을 이룬다.

상관격(傷官格)은 사람됨됨이가 바르지 못하여 자신의 재주만 믿고 다른 사람을 무시한다. 상관(傷官)이 관운(官運)을 만났는데 재성(財星)이 구해주지 않으면 반드시 큰 재앙을 당하거나, 악질에 걸려 겨우 목숨을 유지하거나, 관형(官刑)을 만난다. 그러나 관성(官星)이 상진(傷盡)되면 재성운(財星運)으로 흐를 때 발복한다. 다시 말해 상관격(傷官格) 사주가 관성(官星)이 있으면 매우 흉하나 재성(財星)을 만나면 발복할 수 있다. 식상(食傷)이 재성(財星)을 도와주고, 재성(財星)이 관성(官星)을 도와주기 때문이다.

【원 문】

行敗財之地 必死 如運支內 無財運 干虛露亦不可也 如乙亥己丑
행패재지지 필사 여운지내 무재운 간허로역불가야 여을해기축
丁亥庚戌 丁以壬爲官 丑戌本爲傷官 只是丑爲金庫
정해경술 정이임위관 축술본위상관 지시축위금고
又時上有庚金作財 此人 行申酉限如意 入金脫氣 遂死矣
우시상유경금작재 차인 행신유한여의 입금탈기 수사의
大抵傷了官星 行官運則災 運太歲亦然
대저상료관성 행관운즉재 운태세역연

【해 설】

상관격(傷官格) 사주는 재왕운(財旺運)으로 흐르면 발복하나 패사지(敗死地)로 흐르면 반드시 죽는다. 만일 대운(大運)에 재성(財星)이 없는데 대운(大運)의 천간(天干)에만 재성(財星)이 투출(透

出)해도 역시 흉하다. 년운(年運)은 천간(天干)을 중시하고 지지 (地支)를 경시하나 대운(大運)은 지지(地支)를 중시하고 천간(天 干)을 경시하기 때문이다. 그러나 필자는 년운(年運)도 대운(大運) 과 마찬가지로 지지(地支)가 많이 작용하는 것을 경험하였다.

```
년  월  일  시
乙  己  丁  庚        戊丁丙乙甲癸壬辛
亥  丑  亥  戌        子亥戌酉申未午巳
```

정화(丁火) 일간(日干)이 임수(壬水)가 관성(官星)인데 축술(丑 戌)이 상관(傷官)이 되어 관성(官星)을 상해한다. 축(丑)은 금고 (金庫)에 해당하고 시상(時上) 경금(庚金)은 재성(財星)에 해당하 여 신유(申酉) 재지(財地)에 발복하였다. 그러나 금(金)의 재성(財 星)이 탈기(脫氣)되는 해자운(亥子運)에 사망하였다. 관성(官星)이 손상되면 관운(官運)으로 흐를 때 재앙을 만나기 때문이다. 년운 (年運)도 마찬가지다.

12. 겁재(劫財)

【원 문】

如乙見甲爲劫財 乙以庚爲夫 見丙剋庚故 剋夫 男命則剋妻
여을견갑위겁재 을이경위부 견병극경고 극부 남명즉극처

五陽見五陰 爲敗財 主剋妻害子 五陰見五陽 爲敗財 主被耗
오양견오음 위패재 주극처해자 오음견오양 위패재 주피모

防少人 不剋妻 乙以戊己爲財 甲見奪己壞戊 丁以庚辛爲財
방소인 불극처 을이무기위재 갑견탈기괴무 정이경신위재

丙能奪辛壞庚 類如此也 兄見弟 弟能敗之財 奪兄之妻 弟見兄
병능탈신괴경 유여차야 형견제 제능패지재 탈형지처 제견형

兄能劫弟之財 而不敢取弟之妻 財者 人之所欲 方令弟兄見之
형능겁제지재 이불감취제지처 재자 인지소욕 방령제형견지

多有爭競 如夷齊能機人 男命見劫財 多剋妻 女命見傷官
다유쟁경 여이제능기인 남명견겁재 다극처 여명견상관

多剋夫 此極論也
다극부 차극논야

【해 설】

 을목(乙木) 일간(日干)에게 갑목(甲木)이 있으면 겁재(劫財)가 된
다. 이러한 여자 사주가 경금(庚金)을 만나면 남편이 되는데 병화
(丙火)가 있으면 경금(庚金)을 극(剋)하므로 남편을 극(剋)하는 명
이 된다. 남자 사주는 오양(五陽)이 오음(五陰)을 만나면 패재(敗
財)이니 아내를 극(剋)하고 자식을 해(害)한다. 오양(五陽)이 오음
(五陰)을 만나면 패재(敗財)이니 손해를 입는데 소인배는 극처(剋
妻)는 하지 않는다. 을목(乙木) 일간(日干)이 무기토(戊己土)를 만
나면 재성(財星)이 되고, 갑목(甲木) 일간(日干)은 기토(己土)를
만나면 갑기합토(甲己合土)하여 빼앗으니 겁재(劫財)가 된다.

만일 정화(丁火) 일간(日干)이 경신금(庚辛金)이 있으면 재성(財星)이 되는데, 병(丙)은 신(辛)을 만나면 병신합수(丙辛合水)하여 능히 빼앗아 괴멸하기 때문이다. 재물은 누구나 갖고 싶어 하는 것이므로 형과 아우가 만나면 당연히 다투고 빼앗는다. 백이(伯夷)와 숙제(叔齊)처럼 우애가 좋은 형제가 많지 않기 때문이다. 남명이 겁재(劫財)가 있으면 극처(剋妻)가 많고, 여명이 상관(傷官)이 있으면 극부(剋夫)가 많은데 지극히 당연한 원리다.

제3장. 격국론(格局論)

1. 양인격(羊刃格)

【원문】

夫羊刃者 乃天上之凶星 作人間之惡殺 以祿前一位 是也

부양인자 내천상지흉성 작인간지악살 이록전일위 시야

喜偏官七殺 喜印綬 忌反伏吟 忌魁罡 忌三合 何謂羊刃

희편관칠살 희인수 기반복음 기괴강 기삼합 하위양인

甲丙戊庚壬五陽 有刃 乙丁己辛癸五陰 無刃 故名陽刃

갑병무경임오양 유인 을정기신계오음 무인 고명양인

如命中有刃 不可便言凶 大率與七殺相似 凡有刃者 多有富貴人

여명중유인 불가편언흉 대솔여칠살상사 범유인자 다유부귀인

却喜偏財七殺 然殺無刃 不顯 刃無殺 不威 刃殺俱全 非常有之

각희편재칠살 연살무인 불현 인무살 불위 인살구전 비상유지

大要身旺運行身旺之鄕 不要見傷官 刃旺運 若命中原有殺刃

대요신왕운행신왕지향 불요견상관 인왕운 약명중원유살인

歲運又逢之 其禍非常

세운우봉지 기화비상

【해 설】

　양인(羊刃)은 하늘의 흉성이 내려온 것인데 건록(建祿) 바로 앞 글자를 말한다. 을정기신계(乙丁己辛癸)의 오음(五陰)에는 없고 갑병무경임(甲丙戊庚壬)의 오양(五陽)에만 있기 때문에 양인(陽刃)이라 하는 것이다. 양인(羊刃)은 칠살(七殺)과 작용이 비슷하나 모두 흉한 것만은 아니다. 사주에 양인(羊刃)이 있는데 부귀영화를 누린 경우가 많다.

　양인(羊刃)은 편관(偏官) 칠살(七殺)과 인수(印綬)가 있으면 길하나 복음(伏吟)과 괴강(魁罡)과 삼합(三合)이 있으면 흉하다. 만일 칠살(七殺)만 있고 양인(羊刃)이 없으면 발전하지 못하고, 양인(羊刃)만 있고 관살(官殺)이 없으면 위엄이 없다. 만일 양인(羊刃)과 관살(官殺)이 모두 있으면 능력이 비상하다. 이 때는 반드시 신왕(身旺)하거나 신왕운(身旺運)으로 흘러야 길하고, 상관(傷官)이나 양인(羊刃)의 왕운(旺運)을 만나지 않아야 길하다. 그렇지 않고 행운에서 칠살(七殺)과 양인(羊刃)을 또 만나면 매우 심한 재앙이 따른다.

【원 문】

若命有刃無殺 歲運逢殺旺之鄕 乃轉生而反成厚福 如傷官了旺

약명유인무살 세운봉살왕지향 내전생이반성후복 여상관요왕

身弱殺旺 最可忌也 如庚申己卯甲寅 此命 甲日見卯爲刃

신약살왕 최가기야 여경신기묘갑인 차명 갑일견묘위인

庚爲七殺 其殺本傷身 却籍卯中乙木 以配合其殺 有情

경위칠살 기살본상신 각적묘중을목 이배합기살 유정

則殺不能傷身 正是甲以乙妹妻庚之義 其身旺 南方運 所以爲貴

즉살불능상신 정시갑이을매처경지의 기신왕 남방운 소이위귀

년	월	일	시								
庚	己	甲	戊		庚	辛	壬	癸	甲	乙	丙	丁
申	卯	寅	辰		辰	巳	午	未	申	酉	戌	亥

【해 설】

 명조에 양인(羊刃)이 있고 관살(官殺)이 없는데 대운(大運)이나 년운(年運)에서 관왕운(官旺運)을 만나면 운세가 호전되어 길복이 두텁다. 그러나 상관(傷官)이 상진(傷盡)되고 관살(官殺)이 강하면 매우 흉하다.

 본명은 일간(日干)이 갑목(甲木)인데 월지(月支)의 묘(卯)는 양인(羊刃)이 되고 경금(庚金)은 칠살(七殺)이 되어 일간(日干)을 상해한다. 그러나 묘(卯) 중의 을목(乙木)이 경금(庚金)과 을경합금(乙庚合金)하여 유정하므로 관살(官殺)이 손상되지 않는다. 을목(乙木)인 매제로 경금(庚金) 관살(官殺)인 아내와 의리를 약속했기 때문이다. 이 사주는 신왕(身旺)한데 남방운으로 흘러 부귀격을 이루었다.

又如戊午戊午戊午甲寅 此命 刃殺全 而又以午火爲用 所以

우여무오무오무오갑인 차명 인살전 이우이오화위용 소이

爲貴 故 喜忌篇云 戊日午月 勿作刃看 歲時火多 却爲印綬

위귀 고 희기편운 무일오월 물작인간 세시화다 각위인수

년	월	일	시								
戊	戊	戊	甲		己	庚	辛	壬	癸	甲	乙	丙
午	午	午	寅		未	申	酉	戌	亥	子	丑	寅

【해 설】

  본명은 양인(羊刃)과 관살(官殺)이 모두 왕성하다. 따라서 정격
(正格)이 아니라 외격(外格)인 종격(從格)인데 오화(午火)가 용신
(用神)이니 종강격(從强格)이 되어 귀격이다. 희기편(喜忌篇)에서
는 "무토(戊土) 일간(日干)이 오(午)월생이면 양인(羊刃)으로 보면
안 된다. 세군(歲君)에서 화(火)를 많이 만나면 인수(印綬)가 된
다"고 하였다.

  다시 말해 본명은 인수(印綬)인 오화(午火)가 용신(用神)이라 화
토운(火土運)이 길한데, 기미(己未) 대운(大運)에 왕화(旺火)를 순
조롭게 설기(泄氣)하여 대길하였다. 그러나 계해(癸亥) 대운(大運)
에는 수(水)가 강하여 용신(用神)인 왕화(旺火)를 수극화(水剋火)
하니 사망하였다.

【원 문】

又如辛酉甲午戊午甲寅 此命 殺刃全 而有印綬 不合年干
우여신유갑오무오갑인 차명 살인전 이유인수 불합년간

傷官透出 運行辛卯 犯傷官 元有之辰 壬爲財 是壬辰歲
상관투출 운행신묘 범상관 원유지진 임위재 시임진세

因事投水而死 壬水剋火 印日坐甲之七殺 謂之生殺壞印
인사투수이사 임수극화 인일좌갑지칠살 위지생살괴인

則此命 見辛爲傷官 運行辛卯 忌見官 午中丁火爲印綬
즉차명 견신위상관 운행신묘 기견관 오중정화위인수

最忌傷官與財相見 緣水生木剋身也
최기상관여재상견 연수생목극신야


```
년  월  일  시
辛  甲  戊  甲        壬癸辛庚己戊丁丙
酉  午  午  寅        巳辰卯寅丑子亥戌
```

【해 설】

본명은 관살(官殺)과 양인(羊刃)이 모두 왕성하다. 월간(月干)과
시간(時干)에 갑목(甲木)이 2개 투출(透出)하고, 시지(時支)가 인
(寅)이니 관살(官殺)이 왕성하고, 월지(月支)와 일지(日支)에 있는
오화(午火) 2개가 양인(羊刃)이니 역시 왕성하다. 또 오(午) 중 정
화(丁火)는 인수(印綬)이고, 년주(年柱)에 상관(傷官)이 투출(透
出)하였다.

신묘(辛卯) 대운(大運)에 관성(官星)인 묘목(卯木)이 상관(傷官)인 유금(酉金)을 묘유상충(卯酉相沖)하자 화근이 되어 임진(壬辰)년에 물에 뛰어들어 죽었다. 양인격(羊刃格) 사주에 칠살(七殺)과 상관(傷官)이 있는데 형충(刑沖)이 모이면 대개 비명횡사한다. 묘목(卯木) 관성(官星)이 상관(傷官) 유금(酉金)을 상충(相沖)하기 때문이다. 또 오(午) 중 정화(丁火)는 무토(戊土)의 인수(印綬)이므로 상관(傷官)과 재성(財星)을 매우 꺼린다. 임수(壬水)가 오화(午火)를 상충(相沖)하면서 칠살(七殺)을 도와주므로 왕성한 관살(官殺)이 일간(日干)을 극(剋)하여 사망한 것이다.

【원문】

又如癸未乙卯甲子己巳 此命卯刃癸印 不合時上 己巳破印
우여계미을묘갑자기사 차명묘인계인 불합시상 기사파인

運行辛亥 亥卯未合起羊刃 辛酉年 辛金又旺於酉 冲起卯刃
운행신해 해묘미합기양인 신유년 신금우왕어유 충기묘인

二辛則太過 金多見甲辛雖貴 亦遭刑也 然 雖見辛爲貴
이신즉태과 금다견갑신수귀 역조형야 연 수견신위귀

所忌羊刃 不可一合一冲也
소기양인 불가일합일충야

년	월	일	시							
癸	乙	甲	己	甲	癸	壬	辛	庚	己	戊	丁
未	卯	子	巳	寅	丑	子	亥	戌	酉	申	未

【해 설】

본명은 월지(月支)의 묘목(卯木)은 양인(羊刃)이고 계수(癸水)는 인수(印綬)인데 시상(時上)에서 합(合)하지 못하여 기사(己巳)가 인수(印綬)를 극(剋)하였다. 신해(辛亥) 대운(大運)에는 해묘미(亥卯未)가 목국(木局)을 이루어 양인(羊刃)이 왕성하게 일어났는데 신유(辛酉) 대운(大運)에 신금(辛金)이 더 왕성해져 양인(羊刃) 묘목(卯木)을 상충(相沖)하자 화근이 되었다. 신(辛) 2개가 태과(太過)하여 금(金)이 많으니 갑목(甲木) 일간(日干)이 귀격을 이루었어도 형액을 받은 것이다. 일간(日干)이 정관(正官)인 신금(辛金)을 보는 것은 길하나 양인(羊刃)의 상충(相沖)은 꺼린다. 한 번은 합(合)하고 한 번은 상충(相沖)한 것 또한 화의 징조가 되었다.

2. 형합격(刑合格)

【원 문】

刑合者 刑中有帶合 是也 如人命 犯之 多因酒色 喪家成病
형합자 형중유대합 시야 여인명 범지 다인주색 상가성병

至於眈迷不省 乃神迷之也 有十八格者 有合祿合格者 何謂也
지어탐미불성 내신미지야 유십팔격자 유합록합격자 하위야

是乃癸用戊官 戊祿在巳 不見巳字 但見寅刑 且巳酉丑合
시내계용무관 무록재사 불견사자 단견인형 차사유축합

此乃見不見之刑 所以貴也 如此者 皆見於前 所以凶也
차내견불견지형 소이귀야 여차자 개견어전 소이흉야

且如丙子辛卯丙子辛卯 此命 年月日時 俱帶刑合 爲子水沖丙火
차여병자신묘병자신묘 차명 년월일시 구대형합 위자수충병화

兼身又弱 二十六交甲午 三十歲交丙申年 太歲倂在羊刃之上
겸신우약 이십육교갑오 삼십세교병신년 태세병재양인지상

有二字冲午 其刃刑俱合 所以因酒淫佚而亡也
유이자충오 기인형구합 소이인주음일이망야

【해 설】

형합(刑合)이란 형(刑) 중에 합(合)이 있는 것을 말한다. 사주에
형합(刑合)이 있으면 죄를 범한 것과 같고 주색으로 망하며 질병
에 걸리고 정신이 미혹되어 패가망신해도 반성할 줄 모른다. 18격
중에는 합록(合祿)과 합격(合格)이 있는데 어떤 것을 말하는가? 예
를 들어 계수(癸水)가 무토(戊土)를 정관(正官)으로 삼는데 무토
(戊土)의 건록(建祿)은 사화(巳火)에 있고 사화(巳火)는 없고 인목
(寅木)만 들어 형합(刑合)하는 것을 말한다. 그리고 사유축(巳酉
丑)이 합(合)하면 형합(刑合)이 아니니 귀격을 이루나 인사(寅巳)
형합(刑合)을 만나면 흉하다.

년 월 일 시
丙 辛 丙 辛   壬癸甲乙丙丁戊己
子 卯 子 卯   辰巳午未申酉戌亥

본명은 년월일시(年月日時)에 모두 형합(刑合)이 있고, 자수(子

水) 2개가 병화(二丙火) 2개를 상충(相沖)하고, 일간(日干)이 약하다. 26세 갑오(甲午) 대운(大運)과 30세 병신(丙申) 대운(大運)에 양인(羊刃)이 있고, 원명에서 자오(子午)가 2번이나 상충(相沖)하니, 양인(羊刃)과 형살(刑殺)이 모두 합(合)을 하여 주색으로 방탕하다 죽었다.

【원 문】

又如己巳己巳甲寅己巳 此命 身弱財旺 身入長生 故爲入格
우여기사기사갑인기사 차명 신약재왕 신입장생 고위입격

不合帶刑 合太重 交癸亥冲巳 而飮酒貪色 遂患痼疾 而死
불합대형 합태중 교계해충사 이음주탐색 수환고질 이사

```
년  월  일  시
己  己  甲  己        戊丁丙乙甲癸壬辛
巳  巳  寅  巳        辰卯寅丑子亥戌酉
```

【해 설】

본명은 신약(身弱)한데 재성(財星)이 왕성하다. 일간(日干)이 장생지(長生地)에 임하여 약하지 않고 대운(大運)이 생왕지(生旺地)로 흐르는 것이 길하다. 형(刑)이 합(合)을 대동한 것은 아니지만 천간(天干)의 합(合)이 무겁고, 계해(癸亥) 대운(大運)에 사해상충(巳亥相沖)이 되어 왕신(旺神)을 충거(沖去)하니, 주색으로 떨어져 고질병을 얻어 고생하다 사망하였다.

【원 문】

又如乙卯癸未戊戌癸丑 此命 女人 戊戌일 生於六月中旬

우여을묘계미무술계축 차명 여인 무술일 생어육월중순

歲干透出乙字 日見之爲官 地支亥卯未木局 戌中之火

세간투출을자 일견지위관 지지해묘미목국 술중지화

爲戊之印綬 官印兩全 只不合癸丑時 癸水冲戌中之火

위무지인수 관인양전 지불합계축시 계수충술중지화

丑中之金 傷合兼刑 合重 爲戊日乙官 在歲干 旺矣

축중지금 상합겸형 합중 위무일을관 재세간 왕의

년	월	일	시							
乙	癸	戊	癸	甲	乙	丙	丁	戊	己	庚 辛
卯	未	戌	丑	申	酉	戌	亥	子	丑	寅 卯

【해 설】

　이 사주는 여명인데 무술(戊戌) 일주(日柱)가 6월 중순인 미(未)월에 태어났다. 세간(歲干)에 투출(透出)한 을(乙)이 정관(正官)이며, 지지(地支)에는 해묘미(亥卯未)가 목국(木局)을 이루었다. 술(戌) 중 정화(丁火)는 인수(印綬)이니 관성(官星)과 인수(印綬)가 모두 건전하다. 그러나 계축(癸丑)에 해당하여 무계(戊癸)가 합(合)을 하지 못하고, 계수(癸水)는 술(戌) 중 정화(丁火)를 상충(相沖)하고, 축(丑) 중 신금(辛金)은 상해(傷害)와 형합(刑合)을 하였다. 합(合)은 많은데 을목(乙木) 관성(官星)은 세간(歲干)에 있으니 강하여 흉명이 되었다.

3. 복덕수기격(福德秀氣格)

【원 문】

福德秀氣 專用其主 且如乙巳乙酉乙丑 是也 乙用庚官
복덕수기 전용기주 차여을사을유을축 시야 을용경관

露出殺 喜制喜印綬 不喜生於八月之中 恐露其殺
노출살 희제희인수 불희생어팔월지중 공노기살

却喜行印綬官旺運 便能發福 苟四柱中 露出辛殺 須制伏
각희행인수관왕운 편능발복 구사주중 노출신살 수제복


```
년  월  일  시
庚  乙  乙  辛      丙丁戊己庚辛壬癸
子  酉  巳  巳      戌亥子丑寅卯辰巳
```

【해 설】

 복덕수기격(福德秀氣格)은 육음(六陰)인 을정기신계(乙丁己辛癸)
의 일간(日干)이 일지(日支)에 사유축(巳酉丑)이 있으면 성립된다.
일간(日干)과 사주의 흐름을 보아 취해야 하므로 일주(日柱)를 위
주로 본다. 예를 들어 을사(乙巳)·을유(乙酉)·을축(乙丑) 3일은
음목(陰木)의 복덕격(福德格)이니 경금(庚金)이 관성(官星)인데 칠
살(七殺)이 투출(透出)하면 제복(制伏)시켜야 좋고, 인수(印綬)를

만나면 길하다. 만일 8월에 태어나 관살(官殺)이 강하면 불길하고, 특히 관살(官殺)이 천간(天干)에 투출(透出)하면 매우 흉하나 인수(印綬)와 관왕운(官旺運)을 만나면 발복하고, 사주에 신금(辛金) 관살(官殺)이 투출(透出)했을 때는 제복(制伏)시키면 길하다.

본명은 을사(乙巳)일생으로 음목(陰木)의 복덕격(福德格)이 되었는데, 유(酉)월 살왕절(殺旺節)에 태어나 경금(庚金) 관살(官殺)이 투출(透出)하고, 지지(地支)에 사유축(巳酉丑) 금국(金局)이 있으니 칠살(七殺)이 매우 강하다. 따라서 임자(壬子) 인수(印綬)를 좋아하며 북방 신왕운(身旺運)에 발복하였다.

【원 문】

如丁巳丁酉丁丑 是壬爲官 喜金旺生水 亦不喜生於八月故

여정사정유정축 시임위관 희금왕생수 역불희생어팔월고

火死在酉 便可發福 亦不要露雜其官 爲壽而不耐久

화사재유 변가발복 역불요노잡기관 위수이불내구

己巳己酉己丑 是用甲木爲官 巳酉丑金局 皆傷其官 亦名盡氣

기사기유기축 시용갑목위관 사유축금국 개상기관 역명진기

何以爲吉 然喜得金局 能生水財 亦不要四柱 見火恐傷金局

하이위길 연희득금국 능생수재 역불요사주 견화공상금국

却喜行財運便發 癸巳癸酉癸丑 是用金神爲印 見巳酉丑金局

각희행재운편발 계사계유계축 시용금신위인 견사유축금국

不喜生於四月 水絶於巳 雖然 金生在巳 以金生爲水 亦不能絶

불희생어사월 수절어사 수연 금생재사 이금생위수 역불능절

得官印運 便能發福 最不喜火財 恐傷今夜 大低與印綬相似

득관인운 변능발복 최불희화재 공상금야 대저여인수상사

各有例於後

각유례어후

【해 설】

정사(丁巳)·정유(丁酉)·정축(丁丑)일생은 음화복덕격(陰火福德格)이 된다. 임수(壬水)가 관살(官殺)인데 금왕지(金旺地)를 얻어 수(水)를 생(生)하니 좋다. 그러나 유금절(酉金節)에는 죽음에 이르기 때문에 8월생은 기뻐하지 않는다. 역시 관성운(官星運)을 만나면 발복하나 관살(官殺)이 투출(透出)하면 장수하지 못한다.

기사(己巳)·기유(己酉)·기축(己丑)일생은 음토복덕격(陰土福德格)이 된다. 갑목(甲木)이 관성(官星)인데 사유축(巳酉丑) 금국(金局)이 있으면 관성(官星)을 모두 상해하는 격이 되고, 일간(日干)의 기운을 설기(洩氣)하니 길명이 아니다. 그러나 금국(金局)이 있으면 수(水)의 재신(財神)을 금생수(金生水)하기 때문에 좋다. 그러나 이 때 사주에 화(火)가 있으면 화극금(火剋金)하여 금국(金局)을 상해하기 때문에 좋지 않다.

계사(癸巳)·계유(癸酉)·계축(癸丑)일생은 음수복덕격(陰水福德格)이 된다. 금(金)이 인수(印綬)인데 사유축(巳酉丑) 금국(金局)을 이루면 능히 계수(癸水)를 금생수(金生水)하여 길하나 수(水)는 사(巳)에서 절(絶)되기 때문에 사(巳)월생은 좋지 않다. 그러나 금(金)이 장생(長生)하는 곳은 사(巳)이므로 금생수(金生水)하니 역시 절지(絶地)라고만 볼 수는 없다. 음수복덕격(陰水福德格)은 관성운(官星運)과 인성운(印星運)을 만나면 발복하나 화(火)의 재운(財運)을 만나면 화극금(火剋金)하여 금기(金氣)를 손상시키기 때문에 흉하다. 인수(印綬)도 비슷한데 항상 예외는 있다.

4. 일귀격(日貴格)

【원 문】

日貴者 何卽甲戊庚牛羊之類 止有四일 丁酉丁亥癸巳癸卯耳

일귀자 하즉갑무경우양지류 지유사일 정유정해계사계묘이

最怕刑冲破害 經曰 崇爲寶也 所以貴人怕三刑六害也

최파형충파해 경왈 숭위보야 소이귀인파삼형육해야

貴神要聚於日 運行怕空亡 及運行太歲 加會不要魁罡 主人純粹

귀신요취어일 운행파공망 급운행태세 가회불요괴강 주인순수

有仁德 有姿色 不傲物 惑犯前刑則貪窮 刑冲太甚 貴人生怒

유인덕 유자색 불오물 혹범전형즉빈궁 형충태심 귀인생노

反成其禍 不可不察 日貴有時 法類同 須分晝夜 貴日要일

반성기화 불가불찰 일귀유시 법유동 수분주야 귀일요일

貴夜要夜貴

귀야요야귀

【해 설】

일귀(日貴)는 갑(甲)·무(戊)·경(庚)일은 우양(牛羊), 즉 축미(丑

未)를 만나는 것이니 천을귀인(天乙貴人)을 말한다. 그러나 일(日)에 해당하는 일귀(日貴)는 정유(丁酉)·정해(丁亥)·계사(癸巳)·계묘(癸卯)일 4일에 해당하는데 가장 꺼리는 것은 형충파해(刑沖破害)다. 경(經)에서는 "숭배하는데 보배가 있으면 명조에서는 귀인(貴人)이 되므로 삼형(三刑)과 육해(六害)를 두려워한다"고 하였다. 귀인(貴人)은 일주(日柱)에 있는 것이 가장 좋고, 운에서는 공망(空亡)을 두려워하고, 태세(太歲)에서 괴강(魁罡)을 두려워한다.

일귀격(日貴格)은 순수하고 인덕과 자색이 있으며 오만하지 않다. 그러나 형(刑)을 범하면 가난하고, 형충(刑沖)이 매우 심하면 화근이 되니 잘 살펴야 한다. 일귀격(日貴格)은 시(時)를 살펴야 하는데 귀성(貴星)과 같아야 하고 주야를 구분해야 한다. 귀가 낮에 해당하면 낮에 태어나고, 밤에 해당하면 밤에 태어나야 귀격이 된다.

5. 일덕격(日德格)

【원 문】

日德有五 甲寅戊辰丙辰壬戌일 是也 其福多 而忌刑沖破害
일덕유오 갑인무진병진임술일 시야 기복다 이기형충파해

惡官星憎財旺 加臨會合俱空亡而見魁罡 此數者 乃格之大忌也
악관성증재왕 가임회합구공망이견괴강 차수자 내격지대기야

大抵日德主人 性格慈善 日德俱多 福必豊厚 運行身旺 大是奇絶
대저일덕주인 성격자선 일덕구다 복필풍후 운행신왕 대시기절

若有財官加臨 別尋他格 正能免罪橫之禍 若旺氣己衰 運至魁罡

약유재관가임 별심타격 정능면죄횡지화 약왕기기쇠 운지괴강

其死必矣 或未發福 運至魁罡 體格卽好 防生禍患 一脫於此

기사필의 혹미발복 운지괴강 체격즉호 방생화환 일탈어차

必能再發 終力微矣 不可不知也

필능재발 종력미의 불가불지야

【해 설】

일덕격(日德格)은 갑인(甲寅)·무진(戊辰)·병진(丙辰)·임술(壬戌)일에 태어나면 해당한다. 형충파해(刑沖破害)와 관성(官星)과 재왕(財旺)을 꺼리고, 공망(空亡)과 괴강(魁罡)을 매우 꺼린다. 일덕격(日德格)은 복이 많고 자선하는 마음이 있는데 신왕운(身旺運)으로 흐르면 크게 발복한다. 만일 재관(財官)이 임하면 다른 격인데 횡액의 재앙을 면하고, 왕기(旺氣)가 쇠약해지는데 행운에서 괴강(魁罡)을 만나면 반드시 죽거나 발복하지 못하고, 체격이 좋아도 질병을 예방해야 한다. 괴강운(魁罡運)을 벗어나면 다시 발복할 수 있으나 결국 힘이 약해진다. 이런 원리를 알지 못하면 안 된다.

6. 일인격(日刃格)

【원 문】

日刃與羊刃同 日刃 或戊午丙午壬子也 與羊刃 同法

일인여양인동 일인 혹무오병오임자야 여양인 동법

不喜刑冲破害 不喜會合 兼愛七殺 要行官鄉 便爲貴命

불희형충파해 불희회합 겸애칠살 요행관향 변위귀명

若四柱中 一來會合 必主奇禍 其人 眼大髮長 性剛果毅

약사주중 일래회합 필주기화 기인 안대발장 성강과의

無測隱慈惠之心 有刻薄不恤之意 三刑自刑 魁罡全 發跡疆場

무측은자혜지심 유각부불휼지의 삼형자형 괴강전 발적강장

如或無情 或財旺 則主其凶 或有救神 要先審察 如刑害俱全

여혹무정 혹재왕 즉주기흉 혹유구신 요선심찰 여형해구전

類皆得地 貴不可言也 安得不擧獨羊刃 以時言之 四柱中

유개득지 귀불가언야 안득불거독양인 이시언지 사주중

不要入財鄉 怕冲羊刃 且如戊일 刃在午 忌行子正財運 壬刃

불요입재향 파충양인 차여무일 인재오 기행자정재운 임인

忌行午財運 庚刃 在酉 忌行卯正財運 甲日巳午並辰戌丑未財運

기행오재운 경인 재유 기행묘정재운 갑일사오병진술축미재운

不妨 忌酉運 丙日刃在午 行申酉庚辛丑 不妨 忌子運

불방 기유운 병일인재오 행신유경신축 불방 기자운

大抵羊刃 要身旺 喜有物 以去之 經曰 人有鬼人 物有鬼物

대저양인 요신왕 희유물 이거지 경왈 인유귀인 물유귀물

逢之不安 去之爲福 且如葛參政命 壬申壬子戊午乙卯

봉지불안 거지위복 차여갈참정명 임신임자무오을묘

戊日喜得乙卯時 去壬 所以爲福

무일희득을묘시 거임 소이위복

【해 설】

일인(日刃)은 양인(羊刃)과 작용이 비슷한데 무오(戊午)·병오(丙午)·임자(壬子)일생을 말한다. 형충파해(刑沖破害)와 회합(會合)을 싫어하고, 칠살(七殺)과 관성운(官星運)을 좋아한다. 만일 사주에 양인(羊刃)만 있어 회합(會合)하면 반드시 기이한 화를 입는다.

일인격(日刃格)은 눈이 크며 수염이 길고, 성격이 강직하며 과감하나 각박하고 무정하며 인정이 없다. 만일 삼형(三刑)이나 자형(自刑)이 있거나 괴강(魁罡)이 모두 있으면 입신양명한다. 이 때 재성(財星)이 강하면 흉하나 구신(救神)이 있으면 그렇지 않으니 잘 살펴야 한다.

일인격(日刃格)이 형해(刑害)와 괴강(魁罡)이 있는데 신왕(身旺)하고 칠살(七殺)이 있으면 귀를 말할 수 없는데 어찌 양인(羊刃)만 그렇지 않겠는가. 시주(時柱)에 양인(羊刃)이 있으면 재성지(財星地)로 가는 것을 꺼리고, 상충(相沖)과 양인(羊刃)을 두려워한다. 무토(戊土)의 양인(羊刃)은 오(午)이니 상충(相沖)하는 자수(子水) 정재운(正財運)을 매우 꺼리고, 임수(壬水)의 양인(羊刃)은 자수(子水)이니 오화(午火) 재운(財運)을 꺼리고, 경금(庚金)의 양인(羊刃)은 유(酉)이니 묘목(卯木) 정재운(正財運)을 꺼린다. 갑목(甲木)은 사오(巳午)와 진술축미(辰戌丑未) 재운(財運)은 무방하나 유운(酉運)을 꺼리고, 병화(丙火)의 양인(羊刃)은 오(午)이니 신유경신축운(申酉庚辛丑運)은 무방하나 자운(子運)은 꺼린다.

년 월 일 시

壬 壬 戊 乙　　　　癸甲乙丙丁戊己庚

申 子 午 卯　　　　丑寅卯辰巳午未申

【해 설】

이 사주는 갈참정(葛參政)의 명조인데 무토(戊土) 일간(日干)이
을묘(乙卯)시에 태어나 길하고, 임수(壬水)를 제거하여 발복하였다.
양인격(羊刃格)은 신왕(身旺)하고 꺼리는 것을 제거하면 길하다.
경(經)에 이르기를 "사람에게는 귀인(鬼人)이 있고 물체에는 귀물
(鬼物)이 있는데 만나면 흉하나 제거하면 복이 된다"고 하였다.

7. 괴강격(魁罡格)

【원 문】

夫魁罡者 有四 壬辰庚辰戊戌庚戌 是也 如日加臨者衆
부괴강자 유사 임진경진무술경술 시야 여일가임자중

必是福 運行身旺 發福百端 一見財官 其禍立至 主人 性格聰明
필시복 운행신왕 발복백단 일견재관 기화입지 주인 성격총명

文章摧發 來臨事有斷 唯是好殺 若四柱 有財及官 或帶刑殺
문장철발 내림사유단 유시호살 약사주 유재급관 혹대형살

禍不可測 倘日獨處冲者 太衆 必是小人 刑責不已 窮必徹骨
화불가측 당일독처충자 태중 필시소인 형책불기 궁필철골

運臨財官旺處 亦防奇禍

운임재관왕처 역방기화

【해 설】

　괴강(魁罡)은 간지(干支)가 임진(壬辰)·경진(庚辰)·무술(戊戌)·경술(庚戌)이면 해당한다. 만일 일주(日柱)에 들었는데 사주에도 많으면 반드시 복이 있다. 이 때 신왕운(身旺運)으로 흐르면 백 가지로 발복하나 재관(財官)이 1개 있으면 흉화가 따른다. 괴강격(魁罡格)은 총명하고 문장이 출중하며 일을 잘 처리하나 살생을 좋아한다. 만일 재관(財官)이 있는데 형살(刑殺)을 대동하면 흉화를 예측하기 어렵고, 일주(日柱)가 많이 충파(沖波)되면 소인배가 되고 관재(官災)가 많으며 매우 가난하다. 여기다 행운까지 재관운(財官運)으로 흐르면 기이한 재앙을 당하니 대책을 세워야 한다.

8. 금신격(金神格)

【원 문】

夫金神者 有三時 癸酉己巳乙丑 金神乃破財之神 要制伏

부금신자 유삼시 계유기사을축 금신내파재지신 요제복

入火鄕當勝 如四柱中 更帶七殺羊刃 眞貴人 大抵威猛者

입화향당승 여사주중 갱대칠살양인 진귀인 대저위맹자

以入暴爲能威 苟不專人得以悔 禽獸卽攝 威德行矣 然太剛必折

이입폭위능위 구블전인득이회 금수즉섭 위덕행의 연태강필절

不有以制之 則寬猛不濟 何以上履中和之道 故曰 有剛者

블유이제지 즉관맹블제 하이상이중화지도 고왈 유강자

在馴伏 調致其和 福祿踪至 雖然其人 必剛斷明敏之才

재순복 조치기화 복록종지 수연기인 필강단명민지재

屈强不可馴伏之志 運行火鄕 四柱有火局 便爲貴命

굴강블가순복지지 운행화향 사주유화국 변위귀명

懼水鄕則非福矣

구수향즉비복의

【해 설】

금신격(金神格)은 계유(癸酉) · 기사(己巳) 을축(乙丑)시생이면 해
당한다. 금신(金神)은 파재(破財)하는 육신(六神)이므로 제복(制
伏)시켜야 하고, 화운(火運)으로 흘러야 길하다. 만일 금신(金神)이
있는데 칠살(七殺)과 양인(羊刃)도 있으면 진귀(眞貴)를 이룬다.

금신(金神)은 용맹하며 위엄이 있으나 인격을 갖추지 못하면 후
회하는 행동을 많이 한다. 그리고 매우 강하면 반드시 꺾이니 금신
(金神)을 제복(制伏)시키지 못하면 관대함이나 용맹함이 조화를
이루지 못한다. 금신(金神)은 강단이 있고 명민하나 순복하지 않으
면 불가하니 화운(火運)으로 가거나 사주에 화국(火局)이 있으면
귀격을 이루나 수왕운(水旺運)으로 흐르면 복을 기대할 수 없다.

9. 시묘격(時墓格)

【원 문】

夫時墓之論 謂財官之墓時 論之也 要刑冲破害 以開局鑰

부시묘지론 위재관지묘시 논지야 요형충파해 이개국륜

其人 必難發於少年 經曰 少年不發 庫中人是也 怕有物以壓之

기인 필난발어소년 경왈 소년불발 고중인시야 파유물이압지

如丁以辰爲庫官 別有戊辰之類 制之 則丁不能官矣

여정이진위고관 별유무진지류 제지 즉정불능관의

如此難作好命 必乃有物 以破其戊 雖得之發福也 淺 經曰

여차난작호명 필내유물 이파기무 수득지발복야 천 경왈

鬼入庫中 危矣者甚 若獨類而長才亦如之 此是秘言

귀입고중 위의자심 약독유이장재역여지 차시비언

而不輕泄之也

이불경설지야

【해 설】

시묘(時墓)는 재관(財官)이 묘(墓)에 해당하는 것을 말하는데 형충파해(刑沖破害)로 개국(開局)시켜야 한다. 사주에 시묘(時墓)가 있으면 절대로 소년기에 발복하지 못한다. 경(經)에 이르기를 "소년기에 발복하지 못하는 것은 고(庫)에 재관(財官)이 있기 때문이니 기신(忌神)을 제압할 수 없다"고 하였다. 예를 들어 정(丁)은 진(辰)이 고관(庫官)인데 무진(戊辰)이 있어 무토(戊土)가 계수(癸

水)를 억제하면 정(丁)의 관(官)은 힘이 없어 관성(官星)의 역할을 하지 못한다. 이런 사주는 좋은 명을 이루기 어려우나 무토(戊土)를 극(剋)하면 발복할 수 있다. 서(書)에 이르기를 "귀(鬼)가 고(庫)에 있으면 매우 위험한데 이 때는 신왕(身旺)해야 한다. 이것은 비법이니 경솔하게 생각하지 말라"고 하였다.

10. 정관격(正官格)

【원 문】

官星宜露 豈可藏之 似乎爲官者 顯揚威德 則用之國家者
관성의로 개가장지 사호위관자 현양위덕 즉용지국가자
方爲大丈夫 豈受人之壓伏者 則爲臣下之臣 豈非小人 正氣官星
방위대장부 개수인지압복자 즉위신하지신 개비소인 정기관성
切忌刑沖 多則論殺 一位名眞 官藏殺淺 露殺非眞 倘其破
절기형충 다즉논살 일위명진 관장살천 노살비진 당기파
事恐不成
사공불성

【해 설】

관성(官星)이 천간(天干)에 투출(透出)하여 유기(有氣)하면 덕이 있고 국가의 동량이 되나 관성(官星)이 심하게 제복(制伏)되면 신하의 신하 격이니 소인의 명조가 된다. 정기(正氣) 관성(官星)이 형충(刑沖)되면 끊어지고, 관성(官星)이 매우 많으면 칠살(七殺)이

라 한다. 정관(正官)은 1개만 있어야 진격(眞格)이 된다는 말이다. 정관(正官)이 지지(地支)에 암장(暗藏)되면 칠살(七殺)은 가벼워야 하는데 이 때 칠살(七殺)이 투출(透出)하면 진격(眞格)이 아니다. 그리고 정관(正官)이 충파(沖波)되면 무슨 일을 해도 실패한다.


```
년 월 일 시
乙 乙 甲 丙        甲癸壬辛庚己戊丁
未 酉 子 寅        申未午巳辰卯寅丑
```


이 사주는 왕지부(王知府)의 명조다. 갑목(甲木) 일간(日干)이 유(酉)월에 태어나 정관격(正官格)을 이루었고, 신왕관왕(身旺官旺)하니 부귀영화를 누릴 명조다. 시상(時上)의 병화(丙火)가 용신(用神)이라 미오사(未午巳) 대운(大運)에 혁혁한 공을 세웠다. 이 사람은 오행(五行)이 비교적 중화되어 용신운(用神運)에 크게 발복하였고, 기신운(忌神運)에도 그리 흉하지 않았다.


```
년 월 일 시
乙 戊 丙 庚        丁丙乙甲癸壬辛庚
卯 子 子 寅        亥戌酉申未午巳辰
```


이 사주는 진승상(陳丞相)의 명조인데 병화(丙火) 일간(日干)이 자(子)월에 태어나 정관격(正官格)이 되었다. 비록 수기(水氣)가 왕성하나 년주(年柱)에 을묘(乙卯)가 있고, 시지(時支)에 인(寅)이 있어 수생목(水生木) 목생화(木生火)로 관인상생(官印相生)을 잘 시켜 길명이 되었다. 게다가 병화(丙火)는 일간(日干)이면서 용신(用神)이니 강하다. 초년운과 청년운에는 서북 해술유신운(亥戌酉申運)을 만나 고전했으나 그 후 남동 미오사진운(未午巳辰運)을 만나 크게 발복하였다.

년	월	일	시								
癸	乙	戊	壬	甲	癸	壬	辛	庚	己	戊	丁
未	卯	寅	子	寅	丑	子	亥	戌	酉	申	未

이 사주는 진시랑(陳侍郎)의 명조인데 무토(戊土) 일간(日干)이 묘(卯)월에 태어났는데 월상(月上)에 을목(乙木)이 투출(透出)하여 정관격(正官格)이 되었다. 목기(木氣)가 왕성하나 년지(年支)에 미토(未土)가 들어 신약(身弱)하지 않다. 화토금운(火土金運)이 길하고, 목운(木運)은 기신(忌神)이고, 수운(水運)은 구신(仇神)이다. 이 사주를 종관살격(從官殺格)으로 보면 안 되니 잘 살펴야 한다.

년	월	일	시	葉丞相造							
壬	壬	己	壬	癸	甲	乙	丙	丁	戊	己	庚
寅	寅	卯	申	卯	辰	巳	午	未	申	酉	戌

이 사주는 영수(領袖)를 지낸 사람의 명조인데 정관격(正官格)이다. 목기(木氣)가 왕성하나 인(寅) 중의 병화(丙火)가 목생화(木生

火) 화생토(火生土)로 관인상생(官印相生)을 잘 시켜 태약(太弱)을 면하고 신약(身弱) 사주가 되었다. 만일 묘(卯)월에 태어났으면 종격(從格)이 되었을 것이나 인(寅)월에 태어나 인(寅)에 병화(丙火)가 암장(暗藏)되어 종격(從格) 사주를 면하였다. 화토운(火土運)이 좋은데 진사오미운(辰巳午未運)으로 흘러 영수(領袖)에 올랐다.

년	월	일	시									
乙	辛	辛	戊	庚	己	戊	丁	丙	乙	甲	癸	
酉	巳	未	子	辰	卯	寅	丑	子	亥	戌	酉	

이 사주는 진사승(陳寺丞)의 명조인데 정관격(正官格)이다. 신금(辛金) 일간(日干)이 사(巳)월에 태어나 실령(失令)했는데 년지(年支)에 유금(酉金)이 들고 일주(日柱)에 미토(未土)가 들어 신약(身弱)하지 않다. 시지(時支)의 자수(子水)가 용신(用神), 금(金)은 희신(喜神), 화(火)는 기신(忌神), 목(木)은 구신(仇神), 토(土)는 한신(閑神)이다. 중년부터 용신운(用神運)인 축자해(丑子亥)로 흘러 승상(丞相)까지 오른 것이다.

년	월	일	시									
甲	壬	乙	戊	癸	甲	乙	丙	丁	戊	己	庚	
子	申	巳	寅	酉	戌	亥	子	丑	寅	卯	辰	

이 사주는 설상공(薛相公)의 명조인데 정관격(正官格)이다. 수운

(水運)과 목운(木運)이 강하니 일지(日支) 사화(巳火)가 용신(用神)이다. 따라서 사오미운(巳午未運)이 가장 길하고, 해자축운(亥子丑運)이 가장 흉하다. 용신(用神)이 일지(日支)에 들어 처복은 많으나 용신(用神)이 투출(透出)하지 못하여 상격은 아니다. 시상(時上)에 무토(戊土)가 투출(透出)하여 왕수(旺水)를 제극(制剋)하니 길하고, 인(寅) 중에 병화(丙火)가 암장(暗藏)된 것도 길하다. 대운(大運)도 병정무기(丙丁戊己)의 천간(天干)은 길하나 해자축(亥子丑)의 지지(地支)가 흉하여 기복이 심하였다.

```
년  월  일  시
丁  壬  己  丙        辛庚己戊丁丙乙甲
丑  寅  巳  寅        丑子亥戌酉申未午
```

이 사주는 범태전(范太傳)의 명조인데 정관격(正官格)이다. 목기(木氣)와 화기(火氣)가 왕성하니 목기(木氣)를 제압하려면 경신금(庚辛金)이 있어야 하고, 화기(火氣)를 제압하려면 임계수(壬癸水)가 있어야 한다. 따라서 월상(月上)의 임수(壬水)가 용신(用神)이고, 금(金)은 희신(喜神)이고, 목화운(木火運)은 흉하다. 초년은 용신운(用神運)인 축자해(丑子亥)로 흘러 대길하였고, 중년은 희신운(喜神運)인 술유신(戌酉申)으로 흘러 부귀영화를 누렸다.

```
년  월  일  시
丁  丙  壬  甲        乙甲癸壬辛庚己戊
酉  午  寅  辰        巳辰卯寅丑子亥戌
```

이 사주는 이지부(李知府)의 명조인데 오(午) 중에 기토(己土)가 들어 정관격(正官格)이 되었다. 임수(壬水) 일간(日干)이 오(午)월에 태어나 실령(失令)하여 신약(身弱)하나 년지(年支)의 유금(酉金)이 금생수(金生水)하여 태약(太弱)하지는 않다. 화기(火氣)가 왕성하니 일간(日干) 임수(壬水)가 용신(用神)이고, 금(金)은 희신(喜神)이다. 즉 금수운(金水運)은 길하나 목화운(木火運)은 흉하다. 화기(火氣)가 왕성하여 중하격에 속하는 명조이나 중년부터 금수운(金水運)으로 흘러 발복하였다. 대운(大運)이 살려준 것이다.

년	월	일	시								
己	癸	甲	丙		壬	辛	庚	己	戊	丁	丙	乙
卯	酉	辰	寅		申	未	午	巳	辰	卯	寅	丑

이 사주는 주랑(周郎)의 명조인데 진(辰) 중에 무토(戊土)가 들어 정관격(正官格)이 되었다. 갑목(甲木) 일간(日干)이 유(酉)월에 태어나 실령(失令)했으나 지지(地支)에서 인묘진(寅卯辰)이 방합(方合)을 이루어 신강(身强) 사주가 되었다. 월지(月支)의 유금(酉金)이 용신(用神)이고, 토(土)는 희신(喜神), 목(木)은 기신(忌神), 수(水)는 구신(仇神)이다. 사주의 경중을 볼 때는 월지(月支)를 중요시한다. 용신(用神)이 강하면 길복이 많은데 본명은 용신(用神)이 월지(月支)에 있으니 강하여 알 수 있다. 그러나 대운(大運)이 목화운(木火運)으로 흘러 그릇의 크기만큼 뜻을 이루지는 못하였다. 정묘(丁卯) 대운(大運)에 사망한 것을 보아도 목화운(木火運)이 기

신(忌神)이라는 것을 알 수 있다.

```
  년  월  일  시
  戊  辛  甲  戊        壬癸甲乙丙丁戊己
  寅  酉  辰  辰        戌亥子丑寅卯辰巳
```

이 사주는 시동지(施同知)의 명조인데 정관격(正官格)이다. 갑목
(甲木) 일간(日干)이 유(酉)월에 태어나 실령(失令)하였다. 일간
(日干)의 갑목(甲木)이 용신(用神)인데 년지(年支)에 인목(寅木)이
들고, 일지(日支)와 시지(時支)에 진토(辰土)가 통근(通根)하여 강
하다. 이렇게 용신(用神)이 강하면 큰 인물이 되어 부귀영화를 누
린다. 다시 말해 용신(用神)의 강약으로 빈부귀천을 알 수 있는데
용신(用神)이 강하면 부귀영화를 누리나 약하면 빈천한 명이 된다.
일지(日支)의 진토(辰土)가 희신(喜神)에 해당하여 처복이 많았고,
재성(財星)인 토기(土氣)도 왕성하여 재물복도 많았다. 초년운은
한신(閑神)에 해당하여 평범했으나 병인(丙寅) 대운(大運)부터 용
신운(用神運)으로 들어가 출세하였다.

11. 잡기재관격(雜氣財官格) · 1

【원문】

雜氣者 皆謂辰戌丑未之位也 辰中有乙癸戊字 戌中有辛丁戊字
잡기자 개위진술축미지위야 진중유을계무자 술중유신정무자

丑中有癸辛己字　未中有丁乙己字　此四字　天地不正之氣也

축중유계신기자　미중유정을기자　차사자　천지부정지기야

且如甲則鎭於寅位陽木之垣　乙專鎭於卯　皆司春　而專東方之氣

차여갑즉진어인위양목지원　을전진어묘　개사춘　이전동방지기

辰爲東南之隅　及春夏交接之氣也　受氣不純　稟命不一

진위동남지우　급춘하교접지기야　수기불순　품명불일

故名雜氣也　丑未戌　亦然　雖看六甲何如以論之　假日干是甲

고명잡기야　축미술　역연　수간육갑하여이론지　가일간시갑

而得丑月　辛則爲正官　癸爲之印綬　己則爲正財　不知用何者爲福

이득축월　신즉위정관　계위지인수　기즉위정재　불지용하자위복

要在四柱中看透出是何字　隨其所出　而言其吉凶

요재사주중간투출시하자　수기소출　이언기길흉

【해 설】

잡기(雜氣)란 진술축미(辰戌丑未) 4가지를 말한다. 진토(辰土)에
는 을계무(乙癸戊)가 있고, 술(戌)에는 신정무(辛丁戊)가 있고, 축
(丑)에는 계신기(癸辛己)가 있고, 미(未)에는 정을기(丁乙己)가 있
기 때문이다.

갑목(甲木)은 인목(寅木)에 뿌리를 두고 진압(鎭壓) 의지하여 양
목(陽木)의 담장이 되고, 을목(乙木)은 묘목(卯木)에 뿌리를 두고
진압 (鎭壓) 의지하여 음목(陰木)의 담장이 된다. 따라서 갑을(甲
乙)과 인묘(寅卯)는 모두 봄철의 동방을 장악하고, 진토(辰土)는
동남의 모퉁이인데 봄철과 여름철을 교접하는 기운이다. 그러므로

받아들이는 기운이 불순하다고 하여 잡기(雜氣)라고 하는 것이다. 나머지 축미술(丑未戌)도 마찬가지다.

육갑(六甲)을 어떻게 간명할 것인가. 예를 들어 갑목(甲木) 일간(日干)이 축(丑)월에 태어났으면 축(丑)의 암장(暗藏)에 계신기(癸辛己)가 있다. 신금(辛金)은 정관(正官)이고, 계수(癸水)는 인수(印綬)이고, 기토(己土)는 정재(正財)이니 어떤 것을 용신(用神)으로 삼아야 길복이 따르는지 알 수 없다. 이 때는 사주에 투출(透出)한 것을 보고 길흉을 판단한다.

【원문】

有如前說法 但庫中物皆閉藏 須待有以開其扃鑰 方言發福
유여전설법 단고중물개폐장 수대유이개기경륜 방언발복

所以開扃鑰者 何物也 乃刑沖破害耳 且如四柱中原有刑沖破害
소이개경륜자 하물야 내형충파해이 차여사주중원유형충파해

復行此等運氣 則刑沖破害多 反傷其福 大抵雜氣要財多
복행차등운기 즉형충파해다 반상기복 대저잡기요재다

便是貴命 若年時別入他格 當以他格例斷之 蓋此乃天地之雜氣
변시귀명 약년시별입타격 당이타격례단지 개차내천지지잡기

不能純一 故少力耳 別格專於時年 乃重事 看命須審輕重
불능순일 고소력이 별격전어시년 내중사 간명수심경중

以取禍福 先論重者 次言輕者 百發百中矣 其他當以言類之
이취화복 선론중자 차언경자 백발백중의 기타당이언류지

【해 설】

앞에서 설명한 것처럼 진술축미(辰戌丑未)는 고(庫)에 있기 때문에 모두 암장(暗藏)에 갇혀 있다. 고(庫)에 있으면 문이 열려 개국(開局)되어야 발복한다. 개국(開局)이란 암장(暗藏)된 것이 형충파해(刑沖破害)되는 것을 말하는데 원명에서 이미 형충파해(刑沖破害)가 있으면 이미 개국(開局)된 것이다. 이처럼 원명에서 이미 개국(開局)되었으면 행운에서 기다릴 필요가 없다. 만일 원명에서 개국(開局)되었는데 행운에서 또 형충파해(刑沖破害)되면 오히려 길복이 손상된다.

만일 진술축미(辰戌丑未)월에 태어나 잡기재관격(雜氣財官格)이 되었으면 재성(財星)이 많아야 귀격이 된다. 그리고 년주(年柱)나 시주(時柱)에서 다른 격을 이루었으면 마땅히 그 격으로 본다. 잡기격(雜氣格)은 천지의 기운이 순수하지 않으니 경중을 살펴 길흉을 판단해야 하는데 먼저 중한 것을 논한 다음 약한 것을 논하면 백발백중이다. 다른 것도 마찬가지로 유형에 따라 간명하면 된다.

12. 잡기재관격(雜氣財官格) · 2

【원 문】

經曰 財官印綬全備 藏畜於四季之中 辰戌丑未是也

경왈 재관인수전비 장축어사계지중 진술축미시야

如官露印露財露 則不妨也 如辰宮則有乙木癸水戊土

여관로인로재로 즉불방야 여진궁즉유을목계수무토

戌宮則有辛金丁火戊土　丑宮則有癸水辛金己土

술궁즉유신금정화무토　축궁즉유계수신금기토

未宮則有丁火乙木己土也

미궁즉유정화을목기토야

【해 설】

경(經)에 "재성(財星)과 관성(官星)과 인수(印綬)를 모두 장축(藏畜)하면 사계지중(四季之中)인데 진술축미(辰戌丑未)가 그것이다"라는 말이 있다. 잡기재관격(雜氣財官格)은 관성(官星)이 투출(透出)하거나 인성(印星)이 투출(透出)하거나 재성(財星)이 투출(透出)해도 방해를 받지 않는다. 즉 진궁(辰宮)에는 을목(乙木)·계수(癸水)·무토(戊土)가 있고, 술궁(戌宮)에는 신금(辛金)·정화(丁火)·무토(戊土)가 있고, 축궁(丑宮)에는 계수(癸水)·신금(辛金)·기토(己土)가 있고, 미궁(未宮)에는 정화(丁火)·을목(乙木)·기토(己土)가 있기 때문이다.

년	월	일	시							
戊	乙	丁	辛	丙	丁	戊	己	庚	辛	壬	癸
子	丑	未	亥	寅	卯	辰	巳	午	未	申	酉

이 사주는 이유제(李柳帝)의 명조인데 잡기재관격(雜氣財官格)이다. 정화(丁火) 일간(日干)이 축(丑)월에 태어나 한냉하니 조후(調候)나 억부(抑扶)하려면 불이 필요한데 일간(日干)에 있는 정화(丁

火)밖에 없다. 용신(用神)은 사주 안에서 찾아야 하므로 일간(日干)의 정화(丁火)가 용신(用神)인데 일지(日支) 미(未) 중의 정화(丁火)에 통근(通根)하였고, 월상(月上)에 을목(乙木)이 투출(透出)하여 목생화(木生火)하니 길하다. 여기다 월상(月上)의 을목(乙木)이 해자축(亥子丑)의 왕성한 수기(水氣)를 수생목(水生木) 목생화(木生火)로 관인상생(官印相生)을 시켜 길하다. 대운(大運)도 초년 인묘진(寅卯辰)은 희신운(喜神運)이라 길하고, 중년 사오미(巳午未)는 용신운(用神運)이라 길하여 발복하였다.

```
년 월 일 시
壬 甲 己 壬        乙丙丁戊己庚辛壬
子 辰 卯 申        巳午未申酉戌亥子
```

이 사주는 황장원(黃壯元)의 명조인데 잡기재관격(雜氣財官格)이다. 수기(水氣)와 목기(木氣)가 왕성하니 화운(火運)과 토운(土運)이 길하고, 목기(木氣)가 강하니 금운(金運)도 길하고, 비겁(比劫)과 재성(財星)이 왕성하니 재물복도 많으나 관성(官星)이 흉작용을 하므로 고관의 명조는 아니다. 대운(大運)은 초년 사오미(巳午未)가 용신운(用神運)이라 일찍 발복하였고, 중년은 신유술운(申酉戌運)이 금극목(金剋木)하니 희신운(喜神運)이라 역시 길하였다. 그러나 말년 해자축(亥子丑) 대운(大運)은 기신운(忌神運)이라 흉하여 손재수가 따랐다.

```
년  월  일  시
壬  丁  庚  壬         戊己庚辛壬癸甲乙
子  未  戌  午         申酉戌亥子丑寅卯
```

이 사주는 양화왕(陽和王)의 명조다. 경금(庚金) 일간(日干)이 미
(未)월에 태어나 화기(火氣)가 왕성하니 년상(年上)에 투출(透出)
한 임수(壬水)가 용신(用神)이다. 식신(食神)이 용신(用神)이니 풍
류를 좋아하며 명예운이 좋고, 신왕(身旺) 관왕(官旺) 식제(食制)
하니 부귀영화가 따를 명조다. 임계수(壬癸水)는 용신(用神), 갑을
목(甲乙木)은 희신(喜神), 병정무기(丙丁戊己)는 기신(忌神)이다.
대운(大運)도 수목운(水木運)으로 흘러 평생 편안하게 살았다.

```
년  월  일  시
戊  壬  乙  丁         癸甲乙丙丁戊己庚
子  戌  卯  丑         亥子丑寅卯辰巳午
```

본명은 을목(乙木) 일간(日干)이 술(戌)월에 태어나 잡기재관격
(雜氣財官格)이 되었다. 토기(土氣)가 많으니 중화시키려면 을목
(乙木)이 용신(用神)인데 일지(日支)의 묘목(卯木)에 통근(通根)하
여 강하고, 시상(時上)에 정화(丁火)가 투출(透出)하여 조후(調候)
한다. 물론 병화(丙火)가 투출(透出)했으면 더 좋은 명조가 되었을
것이다. 목화운(木火運)은 길하나 토금운(土金運)과 수운(水運)은
흉하다. 초년에는 해자축(亥子丑) 대운(大運)이라 발복하지 못했으

나 중년부터는 인묘진(寅卯辰) 대운(大運)이니 용신운(用神運)으로 들어가 발복하였고, 말년에는 사오(巳午) 대운(大運)인데 희신운(喜神運)이라 노복도 많았다.

년	월	일	시								
丁	癸	己	戊		壬	辛	庚	己	戊	丁	丙	乙
丑	丑	酉	辰		子	亥	戌	酉	申	未	午	巳

이 사주는 임시랑(林侍郎)의 명조인데 기토(己土) 일간(日干)이 축(丑)월에 태어나 잡기재관격(雜氣財官格)이 되었다. 사주가 한습하니 화기(火氣)가 필요하다. 병화(丙火)가 투출(透出)하는 것이 가장 좋은데 없으니 년상(年上)에 투출(透出)한 정화(丁火)가 용신(用神)이고, 왕성한 토기(土氣)를 설기(泄氣)해야 하니 일지(日支)의 유금(酉金)이 희신(喜神)이고, 수운(水運)과 목운(木運)은 기신(忌神)이다. 그런데 정화(丁火) 용신(用神)이 정계상충(丁癸相沖)하여 용신(用神)의 사명을 할 수 없으니 일지(日支)의 유금(酉金)이 유력하다. 초년 자해(子亥) 대운(大運)은 기신운(忌神運)이라 발복하지 못했으나 중년 술유신(戌酉申) 대운(大運)에 발복하였고, 말년 미오사(未午巳) 대운(大運)도 역시 길하여 노복이 많았다.

년	월	일	시								
丙	戊	辛	戊		己	庚	辛	壬	癸	甲	乙	丙
寅	戌	酉	子		亥	子	丑	寅	卯	辰	巳	午

이 사주는 장참정인(張參政印)의 명조인데 잡기재관격(雜氣財官格)이다. 신금(辛金) 일간(日干)이 술(戌)월에 태어나 득령(得令)하여 신강(身强)하고, 년상(年上)에 투출(透出)한 병화(丙火)가 용신(用神)인데 화극금(火剋金)하여 길하다. 병화(丙火) 용신(用神)은 년지(年支)에 인목(寅木)이 통근(通根)하여 강하고, 목(木)은 희신(喜神) 역할을 하니 길하다. 그러나 토금(土金)은 기신(忌神)이니 흉하고, 수운(水運)도 구신(仇神)이라 흉하다. 이 사주에서 굳이 한신(閑神)을 찾는다면 기축(己丑)과 기미(己未)다. 이 사람은 정관(正官)이 용신(用神)인데 투출(透出)하고 강하여 참정(參政)이라는 높은 벼슬을 지냈으나, 일지(日支)의 유금(酉金)이 기신(忌神)이라 처복은 없었다.

```
년  월  일  시
壬  甲  丁  庚        乙丙丁戊己庚辛壬
寅  辰  酉  子        巳午未申酉戌亥子
```

이 사주는 왕태위(王太尉)의 명조인데 잡기재관격(雜氣財官格)이다. 정화(丁火) 일간(日干)이 진(辰)월에 태어나 절반은 득령(得令)한 셈이니 강하다. 월상(月上)에 갑목(甲木)이 투출(透出)하고, 년지(年支)에 인목(寅木)이 있으니 목생화(木生火)하여 신강(身强)하나 왕목(旺木)을 억제시켜야 중화된다. 따라서 시상(時上)의 경금(庚金)이 용신(用神)이고, 토(土)는 희신(喜神)이니 토금운(土金運)이 길하다. 경금(庚金) 용신(用神)은 시상(時上)에 투출(透出)

하고, 월지(月支)의 진토(辰土)와 일지(日支)의 유금(酉金)이 통근(通根)하여 강하다. 이처럼 용신(用神)이 강해야 큰 인물이 되고 부귀영화가 따르며 기신운(忌神運)이 와도 별 고통없이 보낸다. 큰 부자는 흉년을 만나도 생활에 큰 문제가 없는 것과 같은 이치다.

```
년  월  일  시
己  辛  壬  辛        庚己戊丁丙乙甲癸
卯  未  寅  亥        午巳辰卯寅丑子亥
```

이 사주는 선참정(宣參政)의 명조인데 잡기재관격(雜氣財官格)이다. 임수(壬水) 일간(日干)이 미(未)월에 태어나 신약(身弱)하니 인성(印星)과 비겁(比劫)이 길작용을 한다. 금수운(金水運)은 길하나 목화토운(木火土運)은 흉하다. 본명에서 좋은 것은 해묘미(亥卯未)가 목국(木局)을 이루어 목(木)이 왕성한데, 월시간(月時干)의 신금(辛金) 인수(印綬)가 금극목(金剋木)으로 억제하는 것이다. 이 사람은 인수운(印綬運)에 발복하여 부재상(副宰相)까지 올랐다.

```
년  월  일  시
己  丁  丙  庚        丙乙甲癸壬辛庚己
卯  丑  寅  寅        子亥戌酉申未午巳
```

이 사주는 태용강(泰龍岡)의 명조다. 병화(丙火) 일간(日干)이 축(丑)월에 태어나 사주가 한습한데 년지(年支)에 묘목(卯木)이 들고, 일지(日支)와 시지(時支)에 인목(寅木)이 들어 목기(木氣)가 왕성하다. 따라서 왕목(旺木)을 억제하려면 시상(時上)의 경금(庚金)이 용신(用神)이고, 조후(調候)하려면 병정화(丙丁火)가 희신(喜神)이다. 경금(庚金) 용신(用神)은 년상(年上) 기토(己土)와 월지(月支) 축토(丑土)에 통근(通根)하고 도와주어 강하다. 용신(用神)이 강하면 능력이 많고 길복이 많이 따르는데, 이 사람은 신유(申酉) 대운(大運)에 재상이 되어 혁혁한 공을 세웠다.

```
년  월  일  시
癸  丙  丙  癸        乙甲癸壬辛庚己戊
巳  辰  午  巳        卯寅丑子亥戌酉申
```

이 사주는 정지부(鄭知府)의 명조인데 병화(丙火) 일간(日干)이 진(辰)월에 태어나 절반만 득령(得令)한 셈이다. 그러나 년지(年支)에 사화(巳火)가 있고, 일지(日支)에 오화(午火)가 있고, 시지(時支)에 사화(巳火)가 있으니 신강(身强)하다. 화기(火氣)가 많아 신강(身强)해지면 불길을 억제해서 중화시켜야 좋은 사주가 된다. 따라서 년시상(年時上)에 투출(透出)한 계수(癸水)가 용신(用神)인데 년시지(年時支)의 사(巳) 중 경금(庚金)에 통근(通根)했으나 약하다. 그러나 다행히 계축(癸丑) 임자(壬子) 신해(辛亥) 대운(大運)이 모두 용신운(用神運)이라 지부(知府)까지 올랐다. 이 사람은 사주는 별로 자랑할 것이 없지만 대운(大運)이 좋아 출세한 것이다. 이처럼 대운(大運)은 매우 중요하므로 소홀히 다루면 안 된다.

년	월	일	시
庚	己	乙	壬
午	丑	卯	午

庚辛壬癸甲乙丙丁
寅卯辰巳午未申酉

이 사주는 진태사(秦太師)의 명조인데 을목(乙木) 일간(日干)이 축(丑)월에 태어나 사주가 한습하니 화기(火氣)로 조후(調候)시켜야 한다. 그런데 년지(年支)에 오화(午火)가 있는데 시지(時支)에도 오화(午火)가 있으니 설기(泄氣)가 너무 심하여 신약(身弱) 사주가 되었다. 따라서 시상(時上)에 투출(透出)한 임수(壬水)가 용신(用神)인데 월지(月支)의 축(丑) 중 계수(癸水)와 신금(辛金)에 통근(通根)하여 강하다. 상관(傷官)이 용신(用神)이면 두뇌가 총명한데 이 사람도 국왕을 가르치는 태사(太師)를 지냈다.

년	월	일	시
甲	戊	乙	丙
子	辰	卯	子

己庚辛壬癸甲乙丙
巳午未申酉戌亥子

이 사주는 풍전사(馮殿師)의 명조다. 을목(乙木) 일간(日干)이 진(辰)월에 태어나 득령(得令)하였고, 년지(年支)와 시지(時支)의 자수(子水)가 도와주어 신강(身强) 사주가 되었다. 우선 왕목(旺木)을 억제하려면 금(金)이 필요하고, 왕수(旺水)를 막으려면 토(土)가 필요하다. 그러나 금기(金氣)가 없으니 월상(月上)의 무토(戊土)가 용신(用神)인데 월지(月支)의 진토(辰土)에 통근(通根)하여 강하다. 즉 정재(正財)가 용신(用神)이니 사업가로 성공할 팔자다. 초년 사오미(巳午未) 대운(大運)은 희신운(喜神運)이라 일찍 출세하였고, 신유술(申酉戌) 대운(大運)도 역시 길하여 중년에는 부귀영화를 누렸다.

년	월	일	시
乙	癸	壬	辛
卯	未	子	丑

壬辛庚己戊丁丙乙
午巳辰卯寅丑子亥

이 사주는 명필 왕희지(王羲之)의 명조다. 임수(壬水) 일간(日干)이 미(未)월에 태어나 실령(失令)했으나 월상(月上)에 계수(癸水)와 시상(時上)에 신금(辛金)이 투출(透出)하고, 일지(日支)에 자수(子水)가 들고, 시지(時支)에 축토(丑土)가 들어 임(壬)을 도와주니 신강(身强) 사주가 되었다. 수기(水氣)가 많아 신강(身强)해졌으니 미(未) 중의 정화(丁火)가 용신(用神)이고, 기토(己土)는 희신(喜神)이다. 신왕(身旺)한데 을목(乙木)이 투출(透出)하고, 묘미(卯未)가 합(合)하여 식상(食傷)이 강하고, 미토(未土)가 월지(月支)에 있으니 재관(財官)이 모두 강하다. 그야말로 대격사주다. 게다가 초년에는 오사운(午巳運)이고, 중년에는 진묘인운(辰卯寅運)이니 모두 용신운(用神運)과 희신운(喜神運)이라 재능을 십분 발휘하여 이름을 남긴 것이다. 이 사주는 오행(五行)이 중화되어 기신(忌神)이 없다.

13. 월상편관격(月上偏官格)

【원 문】

喜身旺怕冲多 爲人性重 剛執不屈 時偏官多者亦然

희신왕파충다 위인성중 강집불굴 시편관다자역연

喜見羊刃殺 月上偏官 用地支 只要一位 要行偏官運

희견양인살 월상편관 용지지 지요일위 요행편관운

若有申子年時上支有之 却要行偏官旺運 不要行官鄉 歲君亦然

약유신자년시상지유지 각요행편관왕운 불요행관향 세군역연

爲太過 反成其禍 須要行制伏得地之運 方發 與時偏官相似

위태과 반성기화 수요행제복득지지운 방발 여시편관상사

【해 설】

 사주가 신왕(身旺)한데 상충(相沖)이 많으면 중후하고 강직하며 불굴의 기상이 있다. 시주(時柱)에 편관(偏官)이 많아도 마찬가지다. 이런 사주는 양인(羊刃)을 만나면 길하고, 편관(偏官)은 월지(月支)에 1개만 있는 것이 길하고, 행운에서는 편관운(偏官運)을 만나면 길하다. 만일 년지(年支)나 시지(時支)에 신자(申子)가 있으면 편관(偏官)이 왕한 운으로 흐르면 길하고 관운(官運)으로 흐르면 흉한데 세군(歲君)에서도 마찬가지다. 편관(偏官)이 많으면 화근이 되는데 이 때는 편관(偏官)을 제복(制伏)시키는 운으로 흘러야 한다. 시상편관격(時上偏官格)의 이치도 이와 비슷하다.

```
년  월  일  시
丙  甲  辛  辛        乙丙丁戊己庚辛壬
子  午  亥  卯        未申酉戌亥子丑寅
```

　이 사주는 심낭중(沈郎中)의 명조인데 월지(月支)의 오(午) 중 정
화(丁火)가 편관(偏官)이니 월상편관격(月上偏官格)이 되었다. 신
금(辛金) 일간(日干)이 오(午)월에 태어나 조후(調候)가 시급하므
로 년지(年支)의 자수(子水)가 용신(用神)이다. 그리고 신약(身弱)
하니 경신금(庚辛金)은 희신(喜神), 병정화(丙丁火)는 기신(忌神),
갑을목(甲乙木)은 구신(仇神)이다. 초년 미신유(未申酉) 대운(大
運)은 희신운(喜神運)이라 등과하였고, 중년 해자축(亥子丑) 대운
(大運)은 용신운(用神運)이라 황궁에서 요직을 맡았다. 이 사주는
신약(身弱)해도 식상(食傷)이 용신(用神)이 될 수 있다는 것을 보
여준다. 물론 억부법(抑扶法)으로 보면 토금(土金)이 길하나 조후
(調候)로 보면 금수(金水)가 더 길작용을 많이 하기 때문이다.


```
년  월  일  시
丙  庚  戊  庚        辛壬癸甲乙丙丁戊
寅  寅  辰  申        卯辰巳午未申酉戌
```

　이 사주는 마장사(馬將仕)의 명조다. 년상(年上)에 병화(丙火)가
투출(透出)하고, 일지(日支)에 진토(辰土)가 통근(通根)하여 신강
(身强)하다. 그리고 년지(年支)와 월지(月支)에 인목(寅木)이 들고,

일지(日支)에 진토(辰土)가 들어 목기(木氣)도 왕성하다. 따라서 시상(時上)의 경금(庚金)은 용신(用神)이고, 병정화(丙丁火)는 희신(喜神)이고, 갑을목(甲乙木)은 기신(忌神)이고, 임계수(壬癸水)는 구신(仇神)이다.

초년에는 묘진(卯辰) 대운(大運)이니 기신운(忌神運)이라 발복하지 못했으나 사오미(巳午未) 대운(大運)은 희신운(喜神運)이라 발복하였고, 신유술(申酉戌) 대운(大運)은 용신운(用神運)이라 크게 발복하였다. 이 사람은 경금(庚金)이 용신(用神)이기 때문에 대장군이 되어 혁혁한 공명을 세운 것이다.

년	월	일	시								
丙	戊	壬	辛	己	庚	辛	壬	癸	甲	乙	丙
寅	戌	戌	丑	亥	子	丑	寅	卯	辰	巳	午

이 사주는 하참정(何參政)의 명조다. 임수(壬水) 일간(日干)이 술(戌)월에 태어났으나 시상(時上)에 신금(辛金)이 투출(透出)하고, 시지(時支) 축토(丑土)에 통근(通根)하고, 술(戌) 중에 신금(辛金)이 암장(暗藏)되어 신약(身弱)하지 않다. 따라서 년상(年上)의 병화(丙火)가 용신(用神), 년지(年支)의 인목(寅木)은 희신(喜神), 술토(戌土)는 기신(忌神), 신금(辛金)은 구신(仇神), 축토(丑土)는 한신(閑神)이다.

초년은 해자축(亥子丑) 대운(大運)이라 발복하지 못했으나 중년은 인묘진(寅卯辰) 대운(大運)이니 발복하였고, 말년은 사오(巳午)

대운(大運)이 용신운(用神運)이라 부귀를 모두 이루었다. 이 사람은 관운(官運)이 없는데도 참정(參政)을 지낸 것은 재운(財運)이 좋아 돈으로 벼슬을 샀기 때문이다.

```
년  월  일  시
癸  丁  壬  甲          丙乙甲癸壬辛庚己
卯  巳  寅  辰          辰卯寅丑子亥戌酉
```

이 사주는 악총제(岳總制)의 명조인데 임수(壬水) 일간(日干)이 사(巳)월에 태어나 실령(失令)하였다. 년상(年上)의 계수(癸水)와 사(巳) 중의 경금(庚金)이 도와주나 태약(太弱)하다. 화기(火氣)가 왕성하니 수(水)가 용신(用神)이고, 목기(木氣)가 왕성하니 금(金)이 희신(喜神)이다. 즉 금수운(金水運)은 길하나 목화운(木火運)은 흉하다. 중하격 사주지만 대운(大運)이 중년부터 축자해(丑子亥) 용신운(用神運)으로 들어가 다행이었다. 그러나 그릇이 작아 크게 일어날 수는 없었다. 사주의 원국은 이처럼 중요한 것이다.

```
년  월  일  시
癸  乙  己  乙          甲癸壬辛庚己戊丁
卯  卯  巳  丑          寅丑子亥戌酉申未
```

이 사주는 장상원(蔣狀元)의 명조인데 기토(己土) 일간(日干)이 묘(卯)월에 태어나 실령(失令)하였다. 그러나 일지(日支) 사화(巳

火)가 목생화(木生火) 화생토(火生土)로 관인상생(官印相生)을 잘 시켜 신약(身弱)하지는 않다. 따라서 사(巳) 중의 경금(庚金)과 축(丑) 중의 신금(辛金)이 용신(用神)이다. 용신(用神)이 암장(暗藏)되어 불리하나 행운에서 경신금(庚辛金)을 만나면 크게 발복할 수 있는데 중년부터 신경(辛庚) 신유(申酉) 대운(大運)으로 흘러 크게 발복하였다. 대개 신강(身强)하면 재관(財官)을 용신(用神)으로 보고, 신약(身弱)하면 인비(印比)를 용신(用神)으로 본다. 그러나 이 사주처럼 신약(身弱)해도 식상(食傷)을 취하는 경우가 있다.

```
년 월 일 시
戊 癸 丙 戊        甲乙丙丁戊己庚辛
寅 亥 申 子        子丑寅卯辰巳午未
```

이 사주는 왕진무(王鎭撫)의 명조인데 병화(丙火) 일간(日干)이 해(亥)월에 태어나 실령(失令)하여 사주가 한습하다. 조후(調候)하려면 일간(日干)의 병화(丙火)가 필요하고, 넘치는 수기(水氣)를 막으려면 년시상(年時上)의 무토(戊土)도 필요하다. 따라서 병정화(丙丁火)와 무토(戊土)는 용신(用神), 기토(己土)와 을목(乙木)은 희신(喜神), 갑목(甲木)은 한신(閑神), 임계(壬癸)와 해자(亥子)는 기신(忌神), 신유금(辛酉金)과 축토(丑土)는 구신(仇神)이다. 이 사람은 관살(官殺)이 기신(忌神)이라 평생 관재구설이 많았고, 대운(大運)이 후반기에 들어와 선빈후부(先貧後富) 선고후락(先苦後樂)의 명조가 되었다.

```
년  월  일  시

丙  癸  壬  壬        甲乙丙丁戊己庚辛
辰  巳  戌  寅        午未申酉戌亥子丑
```

　이 사주는 복왕(濮王)의 명조인데 임수(壬水) 일간(日干)이 사
(巳)월에 태어났고, 오행(五行)이 균형을 이룬 최상격의 명조가 되
었다. 목기(木氣)는 시지(時支)에 인목(寅木)과 년지(年支)에 진토
(辰土)가 들어 왕성하고, 화기(火氣)는 년상(年上)에 병화(丙火)가
투출(透出)했는데 월지(月支)에 사화(巳火)와 인(寅) 중에 병화(丙
火)가 들어 약간 왕성하고, 토기(土氣)는 년지(年支)에 진토(辰土)
와 일지(日支)에 술토(戌土)가 들어 왕성하고, 금기(金氣)는 사
(巳) 중에 경금(庚金)과 술(戌) 중에 신금(辛金)이 암장(暗藏)되어
중화되었고, 수기(水氣)는 월상(月上)에 계수(癸水)와 일시간(日時
干)에 임수(壬水)가 투출(透出)하여 왕성하다.

　이렇게 오행(五行)이 모두 왕성하니 평생 부귀영화를 누리며 별
어려움이 없었던 것이다. 이 사주에서 용신(用神)은 임계수(壬癸
水)이고, 희신(喜神)은 술(戌) 중의 신금(辛金)이고, 한신(閑神)은
사(巳) 중의 경금(庚金)과 시지(時支) 인목(寅木)이고, 기신(忌神)
은 진토(辰土)와 사화(巳火)다.

```
년  월  일  시

丙  丙  甲  丁        丁戊己庚辛壬癸甲
午  申  寅  卯        酉戌亥子丑寅卯辰
```

이 사주는 조시랑(趙侍郎)의 명조인데 갑목(甲木) 일간(日干)이 신(申)월에 태어나 신약(身弱)하다. 년월(年月)에 병화(丙火)와 시상(時上)에 정화(丁火)가 투출(透出)하고, 년지(年支)에 오화(午火)가 들어 화기(火氣)가 왕성하니 설기(泄氣)가 심하다. 따라서 신(申) 중의 임수(壬水)가 용신(用神)이고, 인목(寅木)은 희신(喜神)이고, 묘목(卯木)은 한신(閑神)이고, 화기(火氣)는 기신(忌神)이다. 그리고 신금(申金)은 구신(仇神)인데 인신상충(寅申相沖)하여 흉하다. 이 사람은 사주의 격은 이렇게 불안하지만 대운(大運)이 해자축(亥子丑) 용신운(用神運)으로 흘러 시랑(侍郎)을 지냈다.

```
년  월  일  시
丁  辛  丙  庚        庚己戊丁丙乙甲癸
亥  亥  申  寅        戌酉申未午巳辰卯
```

이 사주는 황시랑(黃侍郎)의 명조다. 병화(丙火) 일간(日干)이 해(亥)월에 태어나 신약(身弱)한 것 같으나 시지(時支)에 인목(寅木)과 인(寅) 중에 병화(丙火)와 해(亥) 중에 갑목(甲木)이 있으니 신약(身弱)하지 않다. 따라서 병정화(丙丁火)가 용신(用神)이고, 해(亥) 중 갑목(甲木)과 시지(時支) 인목(寅木)이 희신(喜神)이다. 년월지(年月支)의 해수(亥水)는 기신(忌神)이나 해(亥) 중에 갑목(甲木)이 들어 수생목(水生木) 목생화(木生火)로 관인상생(官印相生)을 잘 시켜 시랑(侍郎)이라는 높은 벼슬을 지낸 것이다. 그리고 중년부터 미오사진묘(未午巳辰卯)의 용신운(用神運)으로 흘러 대기

만성으로 발복하였다.

    년 월 일 시
    戊 辛 丙 庚   壬癸甲乙丙丁戊己
    申 酉 申 寅   戌亥子丑寅卯辰巳

　이 사주는 첩목승상(帖木丞相)의 명조다. 병화(丙火) 일간(日干)이 유(酉)월에 태어나 실령(失令)했으니 종재격(從財格)으로 보이나 신약(身弱)한 정격(正格) 사주다. 병화(丙火) 일간(日干)이 시지(時支) 인목(寅木)에 통근(通根)하여 명맥을 잇고 있으나, 유일하게 생명력이 있는 시지(時支)의 인목(寅木)이 인신상충(寅申相沖)이 되어 뿌리가 상했으니 문제가 많은 사주임을 알 수 있다. 그런데 중년부터 병인(丙寅) 정묘(丁卯)의 용신운(用神運)으로 들어가 승상(丞相)이라는 높은 벼슬을 지냈다. 그러나 원국이 불리하여 재임기간에 여난과 재난이 많았다.

    년 월 일 시
    戊 辛 乙 丁   壬癸甲乙丙丁戊己
    辰 酉 巳 丑   戌亥子丑寅卯辰巳

　이 사주는 번사명(樊使命)의 명조인데 을목(乙木) 일간(日干)이 유(酉)월에 태어났으니 실령(失令)하여 신약(身弱) 사주가 되었다. 게다가 사유축(巳酉丑) 삼합(三合)이 있으니 관살(官殺)이 왕성하

고, 을목(乙木) 일간(日干)이 통근(通根)하지 못하였다. 비록 시지
(時支)의 축(丑) 중에 계수(癸水)가 있고, 년지(年支)의 진(辰) 중
에 계수(癸水)가 있지만 을목(乙木)은 음목(陰木)이므로 종관살격
(從官殺格)이 되었다. 관살(官殺)이 용신(用神)인데 시상(時上)의
정화(丁火)와 일지(日支)의 사화(巳火)가 기신(忌神) 작용을 한다.
따라서 화기(火氣)를 억제하는 수운(水運)이 길하여 금수운(金水
運)에 발복한 것이다. 대운(大運)은 해자축(亥子丑)이 희신운(喜神
運)이니 부모덕에 호의호식하며 잘 자랐으나 중년에 인묘진(寅卯
辰) 기신운(忌神運)으로 들어가 패가망신하였다.

14. 시상편재격(時上偏財格)

년	월	일	시								
庚	乙	甲	戊	丙	丁	戊	己	庚	辛	壬	癸
寅	酉	子	辰	戌	亥	子	丑	寅	卯	辰	巳

이 사주는 이참정(李參政)의 명조인데 시상(時上)에 무토(戊土)가
투출(透出)했으니 시상편재격(時上偏財格)이다. 년지(年支)에 인목
(寅木)이 들고, 일지(日支)에 자수(子水)가 들고, 시지(時支)에 진
토(辰土)가 들어 신강(身强)하다. 그리고 년상(年上)에 경금(庚金)
이 투출(透出)하고, 월지(月支)에 유금(酉金)이 통근(通根)하고, 시
주(時柱)에 무진토(戊辰土)가 들어 관살(官殺)도 왕성하다. 즉 신
왕관왕(身旺官旺)하니 대귀격 사주다.

용신(用神)은 갑을목(甲乙木)이고, 희신(喜神)은 진토(辰土)와 인(寅) 중의 병화(丙火)이고, 한신(閑神)은 자(子)이고, 기신(忌神)은 경유금(庚酉金)이다. 초년은 해자축(亥子丑) 대운(大運)이니 한신운(閑神)이라 평범하게 성장했으나, 중년부터는 인묘(寅卯) 대운(大運)이니 용신운(用神運)으로 들어가 참정(參政)이라는 높은 자리에 올랐다.

```
년  월  일  시
癸  乙  乙  壬          甲癸壬辛庚己戊丁
亥  卯  未  午          寅丑子亥戌酉申未
```

이 사주는 오상공(吳相公)의 명조인데 을목(乙木) 일간(日干)이 묘(卯)월에 태어나 득령(得令)하였고, 해묘미(亥卯未)가 삼합(三合)하여 목기(木氣)가 태과(太過)하니 종격(從格)처럼 보인다. 그러나 일지(日支)의 미토(未土)와 시지(時支)의 오화(午火)가 목기(木氣)를 설기(泄氣)하니 정격(正格)이며 신강(身强) 사주다. 경신금(庚辛金)으로 용신(用神)을 삼으면 좋은데 없으니 미토(未土)와 오화(午火)가 희신(喜神)이다. 을목(乙木)과 묘목(卯木)은 기신(忌神)이고, 임계수(壬癸水)는 목생화(木生火)로 기신(忌神)을 도와주니 구신(仇神)이다. 관운(官運)이 없는데 상공(相公)을 지낸 것은 재성운(財星運)이 좋아 돈으로 벼슬을 샀기 때문이다.

년 월 일 시
乙 甲 丙 庚　　　壬癸辛庚己戊丁丙
未 申 申 寅　　　未午巳辰卯寅丑子

　이 사주는 조참정(曹參政)의 명조인데 병화(丙火) 일간(日干)이
신(申)월에 태어났다. 월상(月上)의 갑목(甲木)이 용신(用神)인데
신(申) 중에 임수(壬水)와 시지(時支)에 인목(寅木)이 있어 강하
다. 이 사람은 오행(五行)이 중화되어 인자하며 예의범절이 바르고
지혜로우며 신의가 있었으나 금기(金氣)가 많아 난폭한 면도 있었
다. 초년에는 미오사(未午巳) 대운(大運)이 한신운(閑神運)이라 평
범하게 성장했으나, 중년부터 진묘인축자(辰卯寅丑子) 대운(大運)
이 용신운(用神運)이라 한 나라의 부재상(副宰相)에 올라 혁혁한
공명을 세웠다.

년 월 일 시
癸 戊 丁 辛　　　丁丙乙甲癸壬辛庚
卯 午 丑 丑　　　巳辰卯寅丑子亥戌

　이 사주는 진상서(陳上書)의 명조인데 정화(丁火) 일간(日干)이
오(午)월에 태어나 득령(得令)하였다. 화기(火氣)가 많아 신강(身
强) 사주가 되었으니 년상(年上)의 계수(癸水)가 용신(用神)인데
일지(日支)와 시지(時支)에 축토(丑土)가 들고, 축(丑) 중의 계수
(癸水)와 신금(辛金)에 통근(通根)하여 강하다. 게다가 편관(偏官)

이 용신(用神)이니 관운(官運)도 좋다.

　대운(大運)은 계축(癸丑)부터 용신운(用神運)이라 발복하였고, 임자(壬子) 대운(大運)에는 상서(上書)라는 높은 벼슬에 올랐다. 그리고 용신(用神)이 일지(日支)의 축토(丑土)에 통근(通根)되어 처복이 많았고, 시지(時支)의 축토(丑土)에도 용신(用神)이 통근(通根)되어 자식복도 많았다. 본명은 관운(官運)과 재운(財運)이 모두 좋아 평생 부귀영화를 누린 것이다.

　　년　월　일　시
　　戊　辛　戊　壬　　　　壬癸甲乙丙丁戊己
　　子　酉　申　子　　　　戌亥子丑寅卯辰巳

　이 사주는 회지부(會知府)의 명조인데 무토(戊土) 일간(日干) 유(酉)월에 태어나 실령(失令)했으니 신약(身弱)하다. 그리고 사주 대부분이 식상(食傷)과 재성(財星)으로 구성되어 종아격(從兒格)이 되었다. 종아격(從兒格)은 식상운(食傷運)과 재성운(財星運)으로 흘러야 길복이 따른다. 식상(食傷)이 용신(用神)이고 재성(財星)은 희신(喜神)이니 재물은 넘칠 정도로 많았으나 처복과 자식복은 없었다. 임계해자(壬癸亥子) 대운(大運)에는 발복하여 지부(知府)까지 올랐으나 중년운인 병인(丙寅) 정묘(丁卯) 대운(大運)은 기신운(忌神運)이라 실직하였다. 선부후빈(先富後貧) 사주다.

```
년 월 일 시
甲 丁 己 癸        戊己庚辛壬癸甲乙
午 丑 未 酉        寅卯辰巳午未申酉
```

이 사주는 형사령(刑司令)의 명조인데 기토(己土) 일간(日干)이
축(丑)월에 태어나 득령(得令)했으나 한기가 많다. 조후(調候)하려
면 월상(月上)의 정화(丁火)가 용신(用神)인데 년지(年支)의 오화
(午火)와 일지(日支)의 미토(未土)에 통근(通根)하여 강하니 재물
복과 처복이 많다. 이 사주는 화기(火氣)와 수기(水氣)가 비슷하여
구분하기 어렵지만 조후(調候)로 보면 쉽게 판단할 수 있다. 이처
럼 용신(用神)을 찾기 어려울 정도로 애매한 사주는 우선 조후(調
候)로 찾으면 대개 정답이 나온다. 중년 사오미(巳午未) 대운(大
運)이 용신운(用神運)이라 사령(司令)이라는 벼슬에 올랐다.

```
년 월 일 시
壬 壬 庚 甲        癸甲乙丙丁戊己庚
午 寅 子 申        卯辰巳午未申酉戌
```

본명은 고시랑(高侍郞)의 사주인데 경금(庚金) 일간(日干)이 인
(寅)월에 태어났다. 년월(年月)에 임수(壬水)가 투출(透出)하고, 일
지(日支)에 자수(子水)가 들고, 시지(時支)에서 신금(申金)이 금생
수(金生水)하니 수기(水氣)가 넘친다. 따라서 오(午) 중의 기토(己
土)와 인(寅) 중의 무토(戊土)와 신(申) 중의 무토(戊土)로 용신

(用神)을 삼아 막아야 한다. 그리고 조후(調候)로 보면 년지(年支) 오화(午火)도 용신(用神) 역할을 하니 길하다. 즉 화토운(火土運) 은 길하나 수목운(水木運)은 흉하고, 신약(身弱)하니 경신금(庚申 金)은 희신(喜神)에 해당한다. 년지(年支) 오화(午火)는 정관(正 官)이며 용신(用神)이니 시랑(侍郎)이라는 높은 벼슬에 오른 것이 고, 대운(大運)도 사오미(巳午未) 용신운(用神運)으로 들어가 출세 한 것이다.

```
년 월 일 시
乙 己 辛 辛        戊丁丙乙甲癸壬辛
酉 卯 卯 卯        寅丑子亥戌酉申未
```

본명은 후지부(侯知府)의 명조인데 목기(木氣)와 금기(金氣)로만 구성되어 신약(身弱)하다. 따라서 일간(日干)과 시간(時干)의 신금 (辛金)이 용신(用神)인데 년지(年支)의 유금(酉金)이 통근(通根)하 여 강하다. 그러나 화기(火氣)와 수기(水氣)가 전혀 없으니 기복이 심한 사주가 되었다. 즉 용신운(用神運)에는 발복하나 기신운(忌神 運)에는 매우 흉하다. 이 사람은 여난과 재난을 많이 당하며 평생 불안하게 살았다.

```
년 월 일 시
丁 戊 壬 丙        丁丙乙甲癸壬辛庚
亥 申 申 午        未午巳辰卯寅丑子
```

본명은 유중서(劉中書)의 명조다. 임수(壬水) 일간(日干)이 신 (申)월에 태어나 득령(得令)했으니 신강(身强)하고, 금기(金氣)와 수기(水氣)가 왕성하니 목운(木運)과 화운(火運)이 길하다. 시상 (時上)에 병화(丙火)가 투출(透出)하고 시지(時支)에 오화(午火)가 들어 재성(財星)도 왕성하니, 신왕재왕격(身旺財旺格)이 되어 큰 부자가 될 명이다. 대운(大運)도 목화운(木火運)이 용신(用神)과 희신(喜神)이라 발복하였다.

초년은 미오사(未午巳) 대운(大運)이 용신운(用神運)이라 부모덕 으로 호의호식하며 성장했고, 중년부터는 진묘인(辰卯寅) 대운(大 運)이니 역시 길하여 부귀영화를 누렸다. 이 사람은 정화(丁火)와 무토(戊土)가 투출(透出)하여 한 나라의 재상이 되어 공명을 누린 것이다.

년	월	일	시								
庚	戊	癸	丁	己	庚	辛	壬	癸	甲	乙	丙
午	子	卯	巳	丑	寅	卯	辰	巳	午	未	申

본명은 왕보사(王步師)의 명조인데 계수(癸水) 일간(日干)이 자 (子)월에 태어나 득령(得令)하였다. 시상(時上)의 정화(丁火)가 용 신(用神)인데 일지(日支)에 묘목(卯木)이 들고, 년지(年支)에 오화 (午火)가 들고, 시지(時支)에 사화(巳火)가 들어 강하다. 비록 정계 (丁癸)가 상충(相沖)하고, 자오(子午)가 상충(相沖)하여 기복이 있 으나 부귀격이다. 대운(大運)도 진사오미(辰巳午未)의 용신운(用神

運)으로 흐르니 차관(次官)까지 올랐다. 성격은 목기(木氣)가 중화되어 인자하나 화기(火氣)가 넘치니 약간 무례하고, 토기(土氣)가 미약하니 신의가 부족하고, 금기(金氣)도 약간 부족하니 의리가 약하고, 수기(水氣)가 넘치니 사악한 지혜가 많았다.

15. 시상일위귀격(時上一位貴格)

【원 문】

夫一位貴格 唯只時上 但見一位 方爲貴 或年月日 又有
부일위귀격 유지시상 단견일위 방위귀 혹년월일 우유

反爲辛苦勞役之人也 如時上一位七殺 要身自旺 而三處
반위신고노역지인야 여시상일위칠살 요신자왕 이삼처

有制伏多則行七殺旺運 或三合得地 可發 若無制伏
유제복다즉행칠살왕운 혹삼합득지 가발 약무제복

則要行制伏之運 可發 或遇殺旺 而無以制之 則禍生矣
즉요행제복지운 가발 혹우살왕 이무이제지 즉화생의

月上偏官 却怕冲 與羊刃同 時上偏官 不怕鳴
월상편관 각파충 여양인동 시상편관 불파명

與羊刃亦同又要本身生日自旺 如甲乙日在正二月生時也
여양인역동우요본신생일자왕 여갑을일재정이월생시야

時偏官爲人 性重剛直不屈 月偏官多者亦然 偏官 妙喜食神
시편관위인 성중강직불굴 월편관다자역연 편관 묘희식신

逢印綬 身强 福祿豐 若見正官並梟用 却逢死絶禍重重 偏官有印

봉인수 신강 복록풍 약견정관병효용 각봉사절화중중 편관유인

化爲權 運助身强 福祿全 切忌身弱並刑害 一生病禍連綿

화위권 운조신강 복록전 절기신약병형해 일생병화연면

【해 설】

　시상일위귀격(時上一位貴格)이란 귀(貴)가 시상(時上)에 1개만 있는 것을 말하는데, 년월일주(年月日주)에 또 있으면 신고와 노역이 따른다. 시상(時上)에 칠살(七殺)이 1개 있으면 일간(日干)이 왕성한데, 년월일(年月日) 3곳에서 제복(制伏)시키면 칠살(七殺)의 왕운(旺運)으로 가거나 삼합지(三合地)로 가야 발복하고, 제복(制伏)시키지 못하면 제복(制伏)시키는 운으로 가야 발복한다. 만일 관살(官殺)이 왕성한데 제복(制伏)시키지 못하면 흉화가 따른다. 월상(月上)의 편관(偏官)은 파충(怕沖)를 꺼리고, 시상(時上)의 편관(偏官)은 형충(刑沖)을 꺼리지 않는 것이 양인(羊刃)과 같다.

　그리고 시상일위귀격(時上一位貴格)은 생일(生日)이 왕성해야 한다. 만일 갑을목(甲乙木) 일간(日干)이 2월에 태어났는데 시주(時柱)에 편관(偏官)이 있으면 성정이 중후하고 강직하며 불굴의 기상이 있다. 월주(月柱)에 편관(偏官)이 많아도 마찬가지다. 편관(偏官)은 식신(食神)을 기뻐하므로 인수(印綬)를 만나 신강(身强)해지면 복록이 많고, 정관(正官)과 효신(梟神)을 모두 만났는데 사절지(死絶地)에 임하면 흉화가 많다. 편관(偏官)은 인수(印綬)를 만나면 관인상생(官印相生)하여 권세로 변하는데 일간(日干)이 강해야

복록을 모두 갖춘다. 만일 편관(偏官)이 왕성한데 신약(身弱)하거나 형충파해(刑沖破害)되면 평생 흉화가 많다.

```
년  월  일  시
壬  庚  甲  庚        辛壬癸甲乙丙丁戊
午  戌  午  午        亥子丑寅卯辰巳午
```

이 사주는 첨승상(詹丞相)의 명조인데 용신(用神)을 정하기가 애매하다. 지지(地支)에는 인오술(寅午戌) 화국(火局)이 있어 화기(火氣)가 왕성하고, 월상(月上)과 시상(時上)에는 경금(庚金)이 투출(透出)하여 금기(金氣)가 왕성하다. 마치 종격(從格)처럼 보이나 신약(身弱) 사주다. 갑(甲)일은 양목(陽木)이니 좀처럼 종(從)하지 않기 때문이다. 년상(年上)의 임수(壬水)가 용신(用神)이고, 목(木)은 희신(喜神)이다.

초년 대운(大運)은 신해(辛亥) 임자(壬子) 계축(癸丑)인데 수(水) 대운(大運)에 크게 발복하여 승상(丞相)까지 오른 것을 보아도 임수(壬水)가 용신(用神)임을 알 수 있다. 년지(年支)와 일지(日支)와 시지(時支)에 오화(午火)가 3개나 들어 화기(火氣)가 왕성한 것 같지만 술(戌)월의 화기(火氣)는 그렇게 강하지 않다. 그리고 술(戌)월 갑목(甲木)은 년상(年上)의 임수(壬水) 1개로도 충분히 자립할 수 있기 때문에 승상(丞相)이라는 높은 자리에 오른 것이다.

년	월	일	시									
甲	丙	乙	辛	丁	戊	己	庚	辛	壬	癸	甲	
申	寅	卯	巳	卯	辰	巳	午	未	申	酉	戌	

이 사주는 사위왕(史魏王)의 명조인데 을목(乙木) 일간(日干)이 인(寅)월에 태어나 득령(得令)했으니 신강(身强)하다. 년상(年上)에 갑목(甲木)이 투출(透出)하고, 일지(日支)에 묘목(卯木)이 있으니 목기(木氣)가 왕성하다. 따라서 용신(用神)은 시상(時上)의 신금(辛金)인데 년지(年支)의 신금(申金)에 통근(通根)하고, 사(巳) 중의 경금(庚金)에 통근(通根)하여 약하지 않다. 그러나 인신상충(寅申相沖)으로 용신(用神)의 뿌리에 문제가 생겨 길복이 많이 줄어들었다. 경신금(庚辛金)은 용신(用神), 병사화(丙巳火)는 한신(閑神), 갑을목(甲乙木)은 기신(忌神)이다.

무진(戊辰) 기사(己巳) 경오(庚午) 대운(大運)은 화토운(火土運)이니 한신운(閑神運)과 희신운(喜神運)에 해당하여 평범했으나, 신미(辛未) 임신(壬申) 대운(大運)이 용신운(用神運)이라 부귀영화를 누렸다. 본명은 관성(官星)은 길작용하여 관직에 올랐으나 재성(財星)이 없어 재물이 많지 않았다.

년	월	일	시									
己	丁	丙	壬	丙	乙	甲	癸	壬	辛	庚	己	
巳	卯	午	辰	寅	丑	子	亥	戌	酉	申	未	

이 사주는 이승상(李丞相)의 명조다. 병화(丙火) 일간(日干)이 묘(卯)월에 태어나 득령(得令)하였고, 화기(火氣)가 많아 목화(木火)가 왕성하다. 시상(時上)의 임수(壬水) 용신(用神)이 진(辰) 중 계수(癸水)와 년지(年支)의 사(巳) 중 경금(庚金)에 통근(通根)했으나 약하다. 다행히 진토(辰土)가 왕화(旺火)를 설기(泄氣)하여 흉화가 다소 줄어들었다.

본명은 원국으로 보면 중하격에 속하는데 승상(丞相)을 지낸 것이 이해하기 어려울 것이다. 그러나 대운(大運)에서 금수(金水)가 용신(用神)과 희신(喜神)에 해당하는데 초년 축자해(丑子亥)가 용신운(用神運)이라 발복한 것이고, 중년은 술유신(戌酉申) 대운(大運)이니 역시 길하여 출세한 것이다. 사주의 격국(格局)은 별로 볼 것이 없지만 대운(大運)이 워낙 좋아 출세한 사주라고 할 수 있다.

```
년  월  일  시
庚  壬  戊  甲        癸甲乙丙丁戊己庚
寅  午  寅  寅        未申酉戌亥子丑寅
```

이 사주는 정상서(鄭上書)의 명조인데 무토(戊土) 일간(日干)이 오(午)월에 태어나 득령(得令)하였다. 그러나 년일시지(年日時支)에 인목(寅木)이 3개나 있으니 목기(木氣)와 화기(火氣)가 너무 많다. 따라서 월상(月上)의 임수(壬水)가 용신(用神)이고 년상(年上)의 경금(庚金)이 희신(喜神)이지만 용신(用神)과 희신(喜神)이 모두 약하다. 이런 사주로 상서(上書)를 지낸 것은 대운(大運)이 금수운(金水運)으로 흘렀기 때문이다. 초년 신유술(申酉戌)이 희신운(喜神運)이라 등과한 것이고, 중년 해자축(亥子丑)이 용신운(用神運)이라 상서(上書)에 오른 것이다. 그러나 용신(用神)이 매우 약하여 부하들이 잘 따르지 않았다. 사주의 격에 맞지 않게 높은 지위에 오르면 부하들이 잘 따르지 않고 일도 잘 하지 못한다.

```
년  월  일  시
庚  丙  戊  甲        丁戊己庚辛壬癸甲
辰  戌  戌  寅        亥子丑寅卯辰巳午
```

이 사주는 주상서(朱上書)의 명조인데 무토(戊土) 일간(日干)이 술(戌)월에 태어나 득령(得令)하여 신강(身强)하다. 제토(制土)하려면 시상(時上)의 갑목(甲木)이 필요하고, 조후(調候)하려면 병화(丙火)가 필요하다. 즉 목화운(木火運)은 길하나 토금수운(土金水運)은 흉하다. 그러나 조후(調候)가 우선이므로 월상(月上)의 병화(丙火)가 용신(用神)이고, 시상(時上)의 갑목(甲木)이 희신(喜神)이다. 그리고 편관(偏官)이 길작용을 하니 관운(官運)이 좋다. 대운(大運)은 초년이 해자축(亥子丑) 기신(忌神)이라 발복하지 못했으나, 중년 인묘진(寅卯辰)이 희신(喜神)이라 상서(上書)에 올랐다.

```
년  월  일  시
辛  辛  己  乙    壬癸甲乙丙丁戊己
巳  丑  卯  亥    寅卯辰巳午未申酉
```

이 사주는 장상서(莊上書)의 명조인데 기토(己土) 일간(日干)이 축(丑)월에 태어나 득령(得令)했으나 사주가 너무 한습하다. 따라서 조후(調候)로 용신(用神)을 찾아야 하니 년지(年支)의 사화(巳火)가 용신(用神)이다. 년상(年上)과 월상(月上)에 신금(辛金) 식신(食神)이 투출(透出)하여 명예와 인기가 있었고, 신왕(身旺)하고 재성(財星)도 강하니 재물복도 넘쳤다. 그러나 시상(時上)에 을목(乙木)이 투출(透出)하고 시지(時支)의 해수(亥水)가 구신(仇神)이라 자식 때문에 관재구설을 당할 명조다. 초년은 인묘진(寅卯辰)이 기신운(忌神運)이라 발복하지 못했으나, 중년부터 사오미(巳午未)가 용신운(用神運)이라 상서(上書)에 올랐고, 말년은 신유(申酉)가 희신운(喜神運)이라 편안무사하였다.

년	월	일	시								
壬	癸	己	乙		甲	乙	丙	丁	戊	己	庚	辛
寅	丑	丑	亥		寅	卯	辰	巳	午	未	申	酉

이 사주는 유시랑(兪侍郞)의 명조다. 기토(己土) 일간(日干)이 축(丑)월에 태어나 득령(得令)했으나 사주가 너무 한습하니 조후(調候)로 용신(用神)을 찾아야 한다. 그렇다면 병화(丙火)나 정화(丁火)인데 투출(透出)한 것이 없고 년지(年支)의 인(寅)에 병화(丙火)가 있을 뿐이다. 용신(用神)이 암장(暗藏)되어 상격 사주는 될 수 없다. 그러나 재물복이 대단하여 재물을 많이 모았고, 그 재물로 관직을 사서 시랑(侍郞)에까지 올랐다. 대운(大運)은 병정사오(丙

丁巳午)의 화운(火運)이 좋은데 중년부터 병진(丙辰) 정사(丁巳) 무오(戊午)로 이어져 시랑(侍郎)까지 오를 수 있었던 것이다. 벼슬을 사는 것도 재물복이 있어야 가능하니 매관도 무시할 수 없다.

년	월	일	시							
辛	乙	乙	辛	甲	癸	壬	辛	庚	己	戊	丁
亥	未	巳	巳	午	巳	辰	卯	寅	丑	子	亥

이 사주는 유도통(劉都統)의 명조인데 을목(乙木) 일간(日干)이 미(未)월에 태어나 실령(失令)하였다. 역시 조후(調候)로 용신(用神)을 찾아야 하는데 화기(火氣)가 왕성하니 수기(水氣)가 필요하다. 따라서 년지(年支)의 해수(亥水)가 용신(用神)인데 시상(時上)에서 신금(辛金)이 도와주고, 사(巳) 중의 경금(庚金)이 금생수(金生水)하니 약하지 않고, 또 해(亥) 중에 갑목(甲木)이 들어 약하지 않다. 월지(月支)에 미토(未土)가 있으니 재물복이 많고, 시상(時上)에 신금(辛金)이 투출(透出)하여 희신(喜神) 역할을 하니 길하다. 초년은 신유술(申酉戌) 대운(大運)이 희신운(喜神運)이라 서서히 발복하였고, 중년은 해자축(亥子丑) 대운(大運)이 용신운(用神運)이라 도통(都統)이라는 높은 벼슬에 올랐다.

이 사주에서 목(木)은 어떤 역할을 할까. 갑목(甲木)은 한신(閑神) 역할을 하지만 을목(乙木)은 구신(仇神) 역할을 한다. 갑목(甲木)은 신약(身弱)한 일간(日干)을 지키려는 의지가 있어 한신(閑神) 역할이라도 하지만 을목(乙木)은 기신(忌神)인 사화(巳火)를 돕는데 급급하여 구신(仇神) 역할을 하는 것이다. 이처럼 같은 목(木)이라도 갑목(甲木)과 을목(乙木)의 역할은 다르다.

```
년  월  일  시
丁  壬  癸  己        辛庚己戊丁丙乙甲
巳  子  卯  未        亥戌酉申未午巳辰
```

이 사주는 누참정(婁參政)의 명조인데 계수(癸水) 일간(日干)이 자(子)월에 태어나 득령(得令)하였다. 홍수를 막으려면 토극수(土剋水)가 필요한데 시상(時上)에 투출(透出)한 기토(己土)가 길작용을 하고, 자(子)월은 한습한 기운이 넘치니 조후(調候)하려면 병정화(丙丁火)가 필요한데 년주(年柱)에 정사화(丁巳火)가 있다. 즉 화토운(火土運)이 좋은 명조다. 편관(偏官)이 투출(透出)하여 강한데 용신(用神)에 해당하니 부귀영화가 많은 명조임을 알 수 있다.

길복이 많은 명조가 되려면 첫째는 원국이 좋아야 하고, 둘째는 대운(大運)이 잘 따라주어야 한다. 초년은 신해(辛亥) 경술(庚戌) 대운(大運)이 기신운(忌神運)이라 발복하지 못했으나, 기유(己酉) 무신(戊申) 대운(大運)부터 발복하기 시작하였고, 정미(丁未) 병오(丙午) 을사(乙巳) 대운(大運)은 용신운(用神運)이라 참정(參政)이라는 높은 자리에 올랐다.

```
년  월  일  시
庚  丁  癸  己        戊己庚辛壬癸甲乙
辰  亥  亥  未        子丑寅卯辰巳午未
```

이 사주는 하판국(何判局)의 명조인데 계수(癸水) 일간(日干)이 해(亥)월에 태어나 득령(得令)하였다. 일주(日支)에 해수(亥水)가 들어 수기(水氣)가 왕성한데 년상(年上)에 경금(庚金)이 들어 금생수(金生水)하니 홍수가 난 것 같다. 그러나 시주(時柱)의 기미(己未)가 토극수(土剋水)하여 막아주고, 월상(月上)의 정화(丁火)가 조후(調候)하여 화토운(火土運)에 발복하였다.

초년 자축(子丑) 대운(大運)에는 발복하지 못했으나 인묘(寅卯) 대운(大運)은 목운(木運)이니 많은 수(水)를 설기(泄氣)하여 길하였고, 진(辰) 대운(大運)부터는 용신운(用神運)이라 발복하였고, 계속 사오미(巳午未) 대운(大運)으로 흘러 판국(判局)까지 올랐다. 월상(月上)에 정화(丁火)가 투출(透出)하고, 미(未) 중에 정화(丁火)가 들어 길작용을 하니 재물복도 많았다. 이 사람은 외첩들과는 정이 넘쳤지만 일주(日支)의 해수(亥水)가 기신(忌神) 작용을 하여 아내와는 많이 다투며 살았다.

16. 비천녹마격(飛天祿馬格) · 1

【원 문】

此格以庚壬二日用子字多 冲午中丁己爲官星
차격이경임이일용자자다 충오중정기위관성
要四柱中有寅字 幷未字或戌字 得丁字可合爲妙 如六庚日六壬日
요사주중유인자 병미자혹술자 득정자가합위묘 여육경일육임일

以子字沖午中丁火 爲官星若四柱中 有丁字幷午字 則減分數
이자자충오중정화 위관성약사주중 유정자병오자 즉감분수

歲君亦忌 如六壬日 以子沖午中己土爲官星
세군역기 여육임일 이자충오중기토위관성

若四柱中有巳中午字 則減分數 歲君大運亦須忌之
약사주중유사중오자 즉감분수 세군대운역수기지

【해 설】

비천녹마격(飛天祿馬格)이란 경금(庚金) 일간(日干)이나 임수(壬水) 일간(日干)이 자수(子水)가 많은데 허공의 오화(午火)를 상충(相沖)하면 오(午) 중의 정기(丁己)가 관성(官星)이 되는 것을 말한다. 만일 인목(寅木)이 있는데 미토(未土)와 술토(戌土)가 있으면 정화(丁火)와 정임합(丁壬合)하니 기묘한 명을 이룬다.

예를 들어 육경(六庚)일생이 자수(子水)가 많은데 오화(午火)를 상충(相沖)하면 오(午) 중 정화(丁火)가 관성(官星)이다. 이 때 정화(丁火)가 오화(午火)와 함께 있으면 복이 절반으로 줄어든다. 그리고 육임(六壬)일생도 자수(子水)가 상충(相沖)하여 오(午) 중의 기토(己土)가 관성(官星)인데 사화(巳火)와 오화(午火)가 함께 있으면 복이 절반으로 줄어든다. 세운(歲運)이나 대운(大運)에서 만나도 마찬가지다.

년	월	일	시							
丙	丁	庚	丙	戊	己	庚	辛	壬	癸	甲	乙
子	酉	午	子	戌	亥	子	丑	寅	卯	辰	巳

이 사주는 교승상(喬丞相)의 명조다. 경금(庚金) 일간(日干)이 년지(年支)와 시지(時支)에 자수(子水)가 있는데 일지(日支)의 오화(午火)와 자오상충(子午相沖)하니 오(午) 중의 정화(丁火)가 관성(官星)이 되므로 비천녹마격(飛天祿馬格)이 되었다. 본명은 경금(庚金) 일간(日干)이 유(酉)월에 태어나 득령(得令)했으니 신강(身强)하고, 월상(月上)에 정화(丁火)가 들었는데 일지(日支)에도 오화(午火)가 들었으니 병화(丙火)가 강하고, 년지(年支)와 시지(時支)에 자수(子水)가 들어 수기(水氣)도 강하다. 따라서 년상(年上)의 병화(丙火)가 용신(用神)이고, 목(木)은 희신(喜神)이다.

```
년 월 일 시
己 丙 庚 丙        丁戊己庚辛壬癸甲
未 子 子 子        丑寅卯辰巳午未申
```

이 사주는 채귀비(蔡貴妃)의 명조다. 경금(庚金) 일간(日干)이 자수(子水)가 많아 미(未) 중의 정화(丁火)가 관성(官星)이 되니 비천녹마격(飛天祿馬格)이 되었다. 월상(月上)과 시상(時上)에 병화(丙火)가 투출(透出)하여 편관(偏官)이 용신(用神)이니 황제의 귀비(貴妃)가 되었다. 그러나 일지(日支)의 자수(子水)가 기신(忌神)이라 침실궁합은 적막하였다.

```
년 월 일 시
壬 壬 壬 壬        癸甲乙丙丁戊己庚
子 子 子 寅        丑寅卯辰巳午未申
```

이 사주는 정사(正使)의 명조다. 임수(壬水) 일간(日干)이 자수(子水)가 많은데 행운에서 오화(午火)를 만나 비천녹마격(飛天祿馬格)이 되었다. 사주가 수기(水氣)로 가득한데 시지(時支)에 인목(寅木)이 들어 설기(泄氣)시키니 목화운(木火運)은 길하나 금수운(金水運)은 흉하다. 그러나 대운(大運)이 목화운(木火運)으로 흘러 어명을 받드는 옥대(玉帶)라는 고관이 되었다. 사주의 격은 별로 자랑할 것이 없지만 대운(大運)이 좋아 부귀영화가 따른 것이다.

년 월 일 시
壬 壬 壬 壬　　　癸甲乙丙丁戊己庚
子 子 子 寅　　　丑寅卯辰巳午未申

이 사주는 증상서(曾上書)의 명조다. 앞의 정사(正使)의 명조와 같은 비천녹마격(飛天祿馬格)이 되어 부귀영화를 누렸다. 상서(上書)는 오늘날의 장관에 해당하는 높은 벼슬이다. 그러나 지금은 이런 명조를 타고났어도 장관에 오르기는 어렵다. 과거에는 친인척의 청탁으로 벼슬이 좌우되기 쉬웠기 때문이다.

년 월 일 시
壬 壬 壬 丙　　　癸甲乙丙丁戊己庚
子 子 子 午　　　丑寅卯辰巳午未申

이 사주는 어느 걸인의 명조다. 년월일(年月日)에 모두 임자(壬

子)가 있어 수기(水氣)가 왕성한데 시주(時柱)의 병오(丙午)는 약하다. 다시 말해 왕성한 임자(壬子) 비겁(比劫)이 허약한 병오(丙午) 재성(財星)을 군비쟁재(群比爭財)하여 걸인이 된 것이다. 더구나 직접 수극화(水剋火)한 것이 대흉의 원인이 된 것이다. 만일 사주에 목(木)이 1개라도 있어 수생목(水生木) 목생화(木生火)하여 군비쟁재(群比爭財)를 면했다면 큰 부자가 되었을 것이다. 이처럼 사주는 글자 하나가 하늘과 땅 차이를 만든다.

17. 비천녹마격(飛天祿馬格)·2

【원문】
以辛癸日 用亥字沖巳中丙戊爲財官
이신계일 용해자충사중병무위재관
要四柱中有申字幷酉字或丑字 得一字可合爲妙 假令六癸日
요사주중유신자병유자혹축자 득일자가합위묘 가령육계일
以亥沖巳 若四柱中有戊字 則亥不能去沖矣 歲君大運亦忌
이해충사 약사주중유무자 즉해불능거충의 세군대운역기
如辛일 以亥沖巳中丙字爲官星 若四柱中有丙字幷巳字
여신일 이해충사중병자위관성 약사주중유병자병사자
則減分數 歲君大運亦忌之 運連太歲輕再見巳字 則有禍矣
즉감분수 세군대운역기지 운연태세경재견사자 즉유화의

【해 설】

신금(辛金)이나 계수(癸水) 일간(日干)이 해수(亥水)가 있으면 사해상충(巳亥相沖)하므로 사(巳) 중의 병무(丙戊)로 재관(財官)을 삼아야 한다. 만일 신(申)이 있는데 유(酉)나 축(丑)이 있어 합(合)을 하면 기묘한 명이 된다. 가령 계수(癸水) 일간(日干)이 사해상충(巳亥相沖)하는데 무(戊)가 있으면 해수(亥水)는 충(沖)하지 못한다. 세운(歲運)이나 대운(大運)도 마찬가지다. 만일 신금(辛金) 일간(日干)에게 사해상충(巳亥相沖)이 있으면 사(巳) 중의 병화(丙火)로 관성(官星)을 삼아야 하는데 사주에 병(丙)과 사(巳)가 모두 있으면 복이 반감된다. 세운(歲運)이나 대운(大運)에서도 마찬가지다. 태세(太歲)가 계속 약한데 사(巳)를 만나면 흉화가 따른다.

```
년  월  일  시
丁  癸  癸  癸        壬辛庚己戊丁丙乙
未  卯  亥  丑        寅丑子亥戌酉申未
```

이 사주는 양승상(梁丞相)의 명조다. 월일시(月日時)에 계수(癸水)와 시지(時支)의 축(丑)이 자수(子水)를 공협(拱挾)하여 사주가 좋아졌다. 게다가 지지(地支)에서 해묘미(亥卯未)가 삼합(三合)을 이루어 목기(木氣)가 강하고, 년주(年柱)에 정미(丁未)가 들어 재운(財運)과 관운(官運)도 좋다.

본명은 계수(癸水)가 용신(用神)인데 일지(日支)의 해수(亥水)와 시지(時支)의 축토(丑土)가 통근(通根)하여 강하다. 용신(用神)이 강하면 큰 인물이 될 수 있으므로 일인지하 만인지상이라는 승상 (丞相)에 오른 것이다. 대운(大運)도 일찍 들어와 소년부터 발복하여 천재소리를 들었고, 중년에는 이름을 떨쳤다. 이 사람은 사주가 기묘하고 대운(大運)도 잘 따라주어 평생 부귀영화를 누린 것이다. 사주팔자에 있는 복은 아무도 빼앗지 못하는 법이다.

년	월	일	시
壬	辛	癸	壬
申	亥	亥	子

壬癸甲乙丙丁戊己
子丑寅卯辰巳午未

이 사주는 조낭중(曹郎中)의 명조인데 온통 물판이다. 그런데 갑인(甲寅) 을묘(乙卯) 대운(大運)에 낭중(郎中)에 오른 것을 보면 목운(木運)이 좋은 명이다. 그러나 병화(丙火) 대운(大運)에 군비쟁재(群比爭財)를 당하여 사망하였다. 원래 화운(火運)이 좋은데 원국에 화(火)가 전혀 없으니 군비쟁재(群比爭財)를 당한 것이다. 군비쟁재(群比爭財)를 당하지 않으려면 비겁(比劫)이 왕성할 때 설기(泄氣)시키는 식상(食傷)이 있어야 한다. 그러나 해(亥) 중에 갑목(甲木)이 암장(暗藏)되었을 뿐 식상(食傷)이 없으니 병화(丙火) 대운(大運)에 왕성한 비겁(比劫)이 재성(財星)을 극(剋)하자 사망한 것이다.

18. 도충격(倒沖格) · 1

【원 문】

凡四柱中元無官星 方用此格 以丙日爲主 用午字沖子癸水
범사주중원무관성 방용차격 이병일위주 용오자충자계수

丙日得官星不論合 若四柱中有未字 午不能去沖矣
병일득관성불론합 약사주중유미자 오불능거충의

大忌癸字幷子字 則減分數 歲君大運亦然 丙日須逢午字沖
대기계자병자자 즉감분수 세군대운역연 병일수봉오자충

午能沖子吉相逢 不須論合干嫌水 子癸相逢再見凶
오능충자길상봉 불수논합간혐수 자계상봉재견흉

午沖子癸是官星 功名榮達顯神京 最忌未宮相伴合
오충자계시관성 공명영달현신경 최기미궁상반합

平生虛利又虛名
평생허리우허명

【해 설】

도충격(倒沖格)이란 사주 원국에 관성(官星)이 없는 것을 말한다. 병화(丙火) 일간(日干)이 오화(午火)가 많아 자오상충(子午相沖)하면 자수(子水)와 계수(癸水)는 관성(官星)이 된다. 그러나 관성(官星)이 있으면 합(合)으로 논하지 않는다.

만일 사주에 미토(未土)가 있으면 오화(午火)는 충거(沖去)할 수 없고, 계수(癸水)와 자수(子水)가 함께 있으면 매우 흉하여 복이 반감된다. 년운(年運)과 대운(大運)에서도 마찬가지다. 병화(丙火) 일간(日干)은 오화(午火)를 만나 자수(子水)와 상충(相冲)해야 길하다. 간합(干合)에서 수(水)를 싫어하는 것은 아니나 자수(子水)와 계수(癸水)가 만나면 흉하다. 오화(午火)는 자수(子水)와 계수(癸水)를 만나 상충(相冲)하면 관성(官星)이 되니 귀격이 된다. 이때 미토(未土)를 만나 합(合)하면 평생 이익과 명예가 허망하다.

년	월	일	시								
庚	壬	丙	戌	癸	甲	乙	丙	丁	戊	己	庚
寅	午	戌	戌	未	申	酉	戌	亥	子	丑	寅

이 사주는 유제학(喩提學)의 명조인데 도충격(倒冲格)이다. 지지(地支)에 인오술(寅午戌) 화국(火局)이 있으니 염상격(炎上格)처럼 보인다. 그러나 월상(月上)에 임수(壬水)가 투출(透出)하고, 년상(年上)에 경금(庚金)이 투출(透出)하여 정격(正格)이며 신강(身强)하다. 월상(月上)의 임수(壬水)가 용신(用神)이니 금수운(金水運)은 길하나 목화운(木火運)은 흉하다. 해자축(亥子丑) 대운(大運)에 크게 발복하여 제학(提學)이라는 높은 벼슬을 지냈다.

년	월	일	시								
丙	庚	丙	癸	辛	壬	癸	甲	乙	丙	丁	戊
午	寅	午	巳	卯	辰	巳	午	未	申	酉	戌

이 사주는 조지부(趙知府)의 명조인데 년지(年支)와 일지(日支)에 오화(午火)가 들어 인오술(寅午戌) 화국(火局)을 이루니 도충격(倒沖格)이 되었다. 그러나 시상(時上)에 계수(癸水)가 투출(透出)하여 방해하니 복록이 반감되었다. 사오미(巳午未) 대운(大運)에 발복하여 지부(知府)를 지낸 것으로 보면 목화운(木火運)이 좋은 종격(從格)이 틀림없다.

19. 도충격(倒沖格) · 2

【원 문】

此以丁日爲主 用巳冲亥宮壬水爲丁之官星 不論合

차이정일위주 용사충해궁임수위정지관성 불론합

若四柱中有辰字 則巳不能冲矣 大忌四柱中有壬字幷亥字

약사주중유진자 즉사불능충의 대기사주중유임자병해자

則減分數 歲君大運亦同 運重歲君輕 再見亥辛則禍作矣

즉감분수 세군대운역동 운중세군경 재견해신즉화작의

丁日多逢巳字通 局中無水貴和同 傷官此格宜傷盡

정일다봉사자통 국중무수귀화동 상관차격의상진

見亥刑冲數必空

견해형충수필공

【해 설】

도충격(倒沖格)은 또 정화(丁火) 일간(日干)이 사(巳)가 많아 해

(亥)를 충(沖)하면 해(亥) 중 임수(壬水)로 관성(官星)을 삼는 것을 말한다. 도충격(倒沖格)은 합(合)의 여부는 논하지 않는다. 만일 사주에 진(辰)이 있으면 사(巳)는 상충(相沖)할 수 없다. 또 사주에 임(壬)과 해(亥)가 함께 있으면 복록이 줄어 가장 꺼리는데 세운(歲運)이나 대운(大運)에서 만나도 마찬가지다. 다시 말해 도충격(倒沖格)이란 정화(丁火) 일간(日干)이 지지(地支)에서 사화(巳火)를 많이 만나 통하는 것이고, 국(局)에 수기(水氣)가 없는 것을 영귀하게 여긴다. 그리고 상관(傷官)은 반드시 상진(傷盡)되면 길하나 해수(亥水)를 만나 형충(刑沖)되면 반드시 파멸한다.

년	월	일	시								
辛	癸	丁	乙	壬	辛	庚	己	戊	丁	丙	乙
酉	巳	巳	巳	辰	卯	寅	丑	子	亥	戌	酉

이 사주는 시판원(施判院)의 명조인데 정화(丁火) 일간(日干)이 지지(地支)에 사화(巳火)가 많아 도충격(倒沖格)이 되었다. 사주에 화기(火氣)가 많으니 월상(月上)의 계수(癸水)가 용신(用神)이고, 금(金)은 희신(喜神)이다. 즉 금수운(金水運)은 길하나 목화운(木火運)은 흉하다. 이 사람은 축자해(丑子亥) 대운(大運)이 길하여 판원(判院)이라는 벼슬에 올랐다. 만일 임수(壬水)가 들어 정임합목(丁壬合木)했으면 사주의 격이 많이 떨어졌을 것이다. 다시 말해 같은 수(水)라도 임수(壬水)는 흉하나 계수(癸水)는 길하다.

```
년  월  일  시
辛  甲  丁  乙        壬癸辛庚己戊丁丙
巳  午  未  巳        巳辰卯寅丑子亥戌
```

　이 사주는 악총관(岳總管)의 명조인데 정화(丁火) 일간(日干)이
사화(巳火)가 많아 도충격(倒沖格)이 되었다. 사주에 화기(火氣)가
많은데 수기(水氣)는 전혀 없고 금기(金氣)는 약하니 종격(從格)으
로 보아야 한다. 종격(從格)은 정격(正格)과는 간명하는 방법이 다
르므로 목화운(木火運)은 길하나 금수운(金水運)은 흉하다. 초년
대운(大運)은 목화운(木火運)이라 일찍 대권을 잡았지만 중년은
수운(水運)이라 실권하였다.

```
년  월  일  시
癸  丁  丁  乙        丙乙甲癸壬辛庚己
卯  巳  巳  巳        辰卯寅丑子亥戌酉
```

　이 사주는 교편수(巧編修)의 명조인데 정화(丁火) 일간(日干)이
지지(地支)에 사화(巳火)가 많아 도충격(倒沖格)이 되었다. 년상
(年上)에 계수(癸水)가 투출(透出)하고, 사(巳) 중에 경금(庚金)이
암장(暗藏)되었으니 종격(從格)이 아니라 정격(正格)이다. 즉 금수
운(金水運)은 길하나 목화운(木火運)은 흉하다.
　초년 대운(大運)은 목화운(木火運)이라 발복하지 못했으나 중년
부터 금수운(金水運)으로 들어가 편수(編修)에 올랐다. 본명은 종

격(從格)처럼 보이지만 사(巳) 중에 경금(庚金)이 암장(暗藏)되었
으니 정격(正格)이다. 만일 지지(地支)에 사화(巳火)가 아니라 오
화(午火)가 있었으면 암장(暗藏)된 금기(金氣)가 없으니 종격(從
格)이 되었을 것이다.

20. 을사서귀격(乙巳鼠貴格)

【원 문】

此格如月內有官星 則不用之 大怕午字冲之 丙子時丙子爲妙
차격여월내유관성 즉불용지 대파오자충지 병자시병자위묘
謂之最貴也 或曰柱中有庚字辛字 幷申字酉字丑字 內有庚辛金
위지최귀야 혹왈주중유경자신자 병신자유자축자 내유경신금
則減分數 歲君大運亦然 又曰四柱中原無官星 方用此格
즉감분수 세군대운역연 우왈사주중원무관성 방용차격

【해 설】

  을사서귀격(乙巳鼠貴格)이란 사주 원국에 관성(官星)이 없는 것
을 말한다. 월주(月柱)에 관성(官星)이 있거나 오화(午火)가 상충
(相冲)하는 것을 매우 꺼린다. 만일 시주(時柱)에 병자(丙子)가 있
는데 또 병자(丙子)를 만나면 최귀격을 이룬다. 그러나 경신(庚辛)
이 있는데 신유축(申酉丑)을 만나면 복이 줄어든다. 세군(歲君)이
나 대운(大運)에서도 마찬가지다.

```
년  월  일  시
甲  戊  乙  丙          己庚辛壬癸甲乙丙
寅  辰  亥  子          巳午未申酉戌亥子
```

이 사주는 원판원(袁判院)의 명조인데 을목(乙木) 일간(日干)이
병자(丙子)시에 태어나 을사서귀격(乙巳鼠貴格)이 되었다. 수목(水
木)이 강하니 신강(身强)하고, 월상(月上)의 무토(戊土)가 용신(用
神)인데 월지(月支)의 진토(辰土)에 통근(通根)하여 강하니 재물복
이 많았다. 미신유술(未申酉戌) 대운(大運)이 길하여 판원(判院)에
올랐다.


```
년  월  일  시
戊  癸  乙  丙          甲乙丙丁戊己庚辛
子  亥  未  子          子丑寅卯辰巳午未
```

이 사주는 소어대(蘇御帶)의 명조인데 을목(乙木) 일간(日干)이
병자(丙子)시에 태어나 을사서귀격(乙巳鼠貴格)이 되었다. 수기(水
氣)가 많으니 막아야 하므로 년상(年上)의 무토(戊土)가 용신(用
神)인데 일지(日支)의 미토(未土)에 통근(通根)하여 강하니 처복이
많았다. 게다가 시상(時上)에 병화(丙火)가 투출(透出)하여 조후
(調候)를 해주어 더 좋은 사주가 되었다. 대운(大運)도 화토운(火
土運)으로 들어가 승승장구하다 황제의 어명을 전달하는 어사대부
(御使大夫)가 되었다.

제4장. 별격론(別格論)

1. 육을서귀격(六乙鼠貴格)

【원 문】

此格以子暗合巳 巳動合申 庚祿居申 則用庚官 得引出庚金用事
차격이자암합사 사동합신 경록거신 즉용경관 득인출경금용사

喜子亥卯時爲妙 忌巳生寅 無冲害傷破子乙二字 及無財星
희자해묘시위묘 기사생인 무충해상파자을이자 급무재성

卽六乙日子時 元有官星論 忌寅午戌冲 見庚辛申酉丑字
즉육을일자시 원유관성론 기인오술충 견경신신유축자

有一位則減分數 歲君同 亦忌月通財官 六格不用 大運亦然
유일위즉감분수 세군동 역기월통재관 육격불용 대운역연

【해 설】

육을서귀격(六乙鼠貴格)은 자(子)가 사(巳)와 암합(暗合)하고, 사(巳)가 다시 동(動)하여 신(申)과 합(合)하니 경(庚)의 녹(祿)이

신(申)에 거하므로 경금(庚金) 관성(官星)을 용신(用神)으로 삼으면 자(子)·해(亥)·묘(卯)시를 기뻐하며 기묘함을 이룬다. 그러나 사(巳)에서 인목(寅木)이 생(生)하고, 자(子)와 을(乙)이 충해(沖害)나 상파(傷破)되면 흉하다. 재성(財星)이 없는 육을(六乙)일 자(子)시생은 관성(官星)이 있는 것으로 논한다. 그러나 인오술(寅午戌)의 상충(相沖)과 경신신유축(庚辛申酉丑)이 1개라도 있으면 복이 줄어든다. 세군(歲君)에서 만나도 마찬가지다. 그리고 월주(月柱)에 재관(財官)이 통하면 흉하다. 이런 사주는 육을서귀격(六乙鼠貴格)으로 보지 않는데 대운(大運)에서 만나도 마찬가지다.

2 합록격(合祿格)·1

【원 문】

此格以六戊日爲主 以庚申時合卯中乙木爲戊官

차격이육무일위주 이경신시합묘중을목위무관

四柱中有甲乙字丙字巳字刑壞 了申丙傷庚字 則減分數

사주중유갑을자병자사자형괴 요신병상경자 즉감분수

歲君大運亦然 戊日庚申時上逢 如無官印貴秋冬

세군대운역연 무일경신시상봉 여무관인귀추동

甲丙卯寅無忌害 因營歲破怕同宮

갑병묘인무기해 인영세파파동궁

【해 설】

합록격(合祿格)이란 육무(六戊)일 경신(庚申)시에 태어난 것을 말하는데 시상(時上)의 경금(庚金)이 묘(卯) 중 을목(乙木)과 암합(暗合)하면 관성(官星)이 된다. 그런데 사주에 갑을(甲乙)과 병사(丙巳)가 있어 갑경상충(甲庚相沖) 인신상충(寅申相沖) 병경상충(丙庚相沖)하면 격이 깨진다. 이런 사주는 복록이 줄어드는데 세군(歲君)과 대운(大運)에서 만나도 마찬가지다. 만일 무토(戊土) 일간(日干)이 경신(庚申)시에 태어났는데 관성(官星)과 인성(印星)이 없고 가을이나 겨울철생이면 귀격을 이룬다. 이 때 갑병묘인(甲丙卯寅)이 있으면 해로움이 없는데 세운(歲運)이나 대운(大運)에서 만나도 마찬가지다.

년 월 일 시

壬 己 戊 庚　　　庚辛壬癸甲乙丙丁

午 酉 午 申　　　戌亥子丑寅卯辰巳

이 사주는 황제방(黃提坊)의 명조인데 무토(戊土) 일간(日干)이 경신(庚申)시에 태어나 합록격(合祿格)이 되었다. 본명은 유(酉)월에 태어나 금기(金氣)가 강하므로 일지(日支)의 오화(午火)가 용신(用神)이다. 이 사람은 목기(木氣)가 1개도 없으니 관운(官運)이 없어 변방을 지키는 제방(提坊)이라는 말직에 머물렀다. 그러나 재물복은 많았고 부부사이도 좋았다.

년 월 일 시

己 丙 戊 庚   乙甲癸壬辛庚己戊

未 子 戌 申   亥戌酉申未午巳辰

이 사주는 황시랑(黃侍郎)의 명조인데 무토(戊土) 일간(日干)이 경신(庚申)시에 태어나 합록격(合祿格)이 되었다. 사주에 수기(水氣)와 금기(金氣)가 강하니 월상(月上)의 병화(丙火)가 용신(用神)인데 년지(年支)의 미토(未土)에 통근(通根)하여 길하다. 초년은 금수(金水)의 기신운(忌神運)이라 미관말직에 머물렀으나 미(未) 대운(大運)부터 용신운(用神運)이라 발복하기 시작하였고, 오(午) 대운(大運)에는 시랑(侍郎)이라는 고관에 올랐다.

년 월 일 시

壬 辛 戊 庚   壬癸甲乙丙丁戊己

申 亥 寅 申   子丑寅卯辰巳午未

이 사주는 정지부(鄭知府)의 명조인데 무토(戊土) 일간(日干)이 경신(庚申)시에 태어나 합록격(合祿格)이 되었다. 사면초가에 처하여 불리한데 다행히 일지(日支)의 인(寅) 중에 병화(丙火)가 있으니 용신(用神)으로 삼는다. 따라서 목화운(木火運)과 토운(土運)은 길하나 금수운(金水運)은 불리하다. 이 사람은 갑인(甲寅) 대운(大運)부터 발복하여 승진하였고, 병진(丙辰) 대운(大運)은 용신운(用神運)이라 길하였고, 말년의 사오미(巳午未) 대운(大運)에는 부귀영화를 누렸다. 만일 병화(丙火)가 투출(透出)했다면 더 높은 벼슬을 할 수 있었을 것이다. 본명은 사주의 격은 별로 좋지 않지만 대운(大運)이 좋아 출세한 것이다.

```
년 월 일 시
庚 己 戊 庚        庚辛壬癸甲乙丙丁
午 丑 午 申        寅卯辰巳午未申酉
```

이 사주는 감태위(甘太尉)의 명조인데 무토(戊土) 일간(日干)이 경신(庚申)시에 태어나 합록격(合祿格)이 되었다. 추운 계절인 축(丑)월에 태어났으니 조후(調候)하려면 일지(日支)의 오화(午火)가 용신(用神)이고, 목(木)은 희신(喜神)이나 사주에 목기(木氣)가 1개도 없는 것이 문제다. 이 사람은 관성(官星)이 없는 명조이니 관운(官運)이 불리하여 태위(太尉)에 머물렀다. 태위(太尉)는 진대(秦代)와 한대(漢代)에는 높은 자리였으나 명대(明代)에 폐지된 관직이므로 중·하관직에 불과한 벼슬을 지낸 것이다.

```
년 월 일 시
丙 庚 戊 庚        辛壬癸甲乙丙丁戊
申 子 申 申        丑寅卯辰巳午未申
```

이 사주는 이무익(李武翼)의 명조인데 무토(戊土) 일간(日干)이 경신(庚申)시에 태어나 합록격(合祿格)이 되었다. 자(子)월생이 금기(金氣)가 많으니 종재격(從財格)과 종아격(從兒格)에 해당하는 종격(從格)이다. 따라서 금수운(金水運)은 길하나 목화운(木火運)은 흉하다. 초년운인 신임계(辛壬癸) 대운(大運)에는 수기(水氣)가 들어 등과했으나, 을사(乙巳) 대운(大運)에는 사(巳) 중 병화(丙火)가 투출(透出)하고 사신형(巳申刑)을 이루어 파직되었고, 그 후 계속 화운(火運)으로 흘러 다시는 재기하지 못하였다.

3. 합록격(合祿格)·2

【원 문】

六癸日爲主 喜逢庚申時 用申時合巳中戊土癸日得官星
육계일위주 희봉경신시 용신시합사중무토계일득관성
若四柱中有戊字幷巳字 刑壞了申時 或丙字及傷庚申時
약사주중유무자병사자 형괴료신시 혹병자급상경신시
則減分數 歲君大運亦然 日干癸水時庚申 生在秋冬富貴人
즉감분수 세군대운역연 일간계수시경신 생재추동부귀인
大忌寅來傷秀氣 若生春夏惹災迍
대기인내상수기 약생춘하야재둔

【해 설】

　합록격(合祿格)은 육계(六癸)일이 경신(庚申)시에 태어나도 해당한다. 신(申)이 사(巳)와 암합(暗合)하면 사(巳) 중 무토(戊土)는 일간(日干) 계수(癸水)에서 관성(官星)을 얻는다. 만일 무토(戊土)와 사화(巳火)가 같이 있어 시지(時支)의 신(申)을 형괴(刑壞)하거나, 병화(丙火)가 들어 시주(時柱)의 경신(庚申)을 상해(傷害)하면 복이 반감되는데 세군(歲君)과 대운(大運)에서 만나도 마찬가지다. 계수(癸水) 일간(日干)이 경신(庚申)시에 태어났는데 가을이나 겨울철생이면 부귀격을 이룬다. 그러나 인목(寅木)이 수기(秀氣)를 상해하면 매우 흉한데 봄이나 여름철생은 재앙을 당한다.

년 월 일 시

癸 乙 癸 庚　　　　甲癸壬辛庚己戊丁

酉 丑 丑 申　　　　子亥戌酉申未午巳

이 사주는 정동지(程同知)의 명조인데 계수(癸水) 일간(日干)이 축(丑)월 경신(庚申)시에 태어나 합록격(合祿格)이 되었다. 시상(時上)의 경금(庚金)이 용신(用神)인데 병정화(丙丁火)를 만나면 조후(調候)가 되어 길하다. 경금(庚金) 용신(用神)은 년지(年支)의 유금(酉金)과 시지(時支)의 신금(申金)에 통근(通根)하여 강하다. 어떤 사주든 용신(用神)이 강하면 안전하고 큰 인물이 되는데 이 사람도 동지(同知)라는 높은 벼슬을 지냈다. 동지(同知)는 전시에는 주로 군량미를 감독하고, 평안할 때는 국가의 재정을 담당하는 직책이었다.

```
년  월  일  시
癸  乙  癸  庚          甲癸壬辛庚己戊丁
酉  卯  酉  申          寅丑子亥戌酉申未
```

이 사주는 서전원(徐殿院)의 명조인데 계수(癸水) 일간(日干)이 경신(庚申)시에 태어나 합록격(合祿格)이 되었다. 묘(卯)월에 태어나 실령(失令)했으나 사주에 금기(金氣)가 많아 금생수(金生水)하니 신강(身强)해졌다. 따라서 월상(月上)의 을목(乙木)이 용신(用神)인데 월지(月支)의 묘목(卯木)에 통근(通根)하여 강하다. 이 사람은 오늘날의 감찰원장에 해당하는 전원(殿院)이라는 높은 벼슬을 지냈다. 상관(傷官)이 용신(用神)에 해당하여 명예운은 좋았으나 재성(財星)이 1개도 없어 재물은 많지 않았다. 이런 사주가 재물을 탐하면 흉화가 따른다.

```
년  월  일  시
乙  癸  癸  庚          壬辛庚己戊丁丙乙
酉  未  未  申          午巳辰卯寅丑子亥
```

이 사주는 조승상(趙丞相)의 명조인데 계수(癸水) 일간(日干)이 경신(庚申)시에 태어나 합록격(合祿格)이 되었다. 미(未)월의 열기를 식히려면 계수(癸水)가 필요하고, 왕성한 미토(未土)를 제(制)하려면 년상(年上)의 을목(乙木)이 필요하다. 즉 수목운(水木運)은 길하나 화토금운(火土金運)은 흉하다. 용신(用神)은 년상(年上)의 을목(乙木)과 월상(月上)의 계수(癸水)인데 왕성한 미토(未土)가 토생금(土生金)하고, 경신유금(庚申酉金)이 금생수(金生水)하고, 계수(癸水)가 수생목(水生木)하여 을목(乙木)까지 상생(相生)하니 길복이 많은 사주가 되었다. 묘(卯) 대운(大運)부터 용신운(用神運)이라 계속 승진하였고, 인(寅) 대운(大運)에서는 승상(丞相)에 올랐다. 승상(丞相)은 오늘날의 총리에 해당하는 자리다. 사주가 이 정도는 되어야 승상(丞相)에 올라도 위태롭지 않다.

년	월	일	시									
壬	庚	癸	庚		辛	壬	癸	甲	乙	丙	丁	戊
午	戌	丑	申		亥	子	丑	寅	卯	辰	巳	午

이 사주는 양안무(楊安撫)의 명조인데 계수(癸水) 일간(日干)이 술(戌)월에 태어났다. 사주에 금기(金氣)와 수기(水氣)가 강하니 년지(年支) 오화(午火)가 용신(用神)인데, 투출(透出)하지 못하여 큰 인물이 될 명조는 아니나 재성(財星)이 용신(用神)에 해당하여 재물복이 많았다. 목운(木運)이 희신(喜神)에 해당하니 목화운(木火運)은 길하나 금수운(金水運)은 흉하다.

초년에는 해자축(亥子丑)의 기신운(忌神運)이라 발복하지 못했으나 갑인(甲寅) 대운(大運)부터 희신운(喜神運)이라 승진하였고, 을묘(乙卯) 대운(大運)은 용신운(用神運)이라 안무(安撫)에 올랐다. 안무(安撫)는 백성이 편안하게 살아가도록 보살피는 벼슬이며 안무사(按撫使)의 약칭이다. 이 사주는 중격 정도에 불과하나 갑인

(甲寅) 대운(大運)부터 계속 좋아 부귀영화를 누린 것이다.

4. 자요사격(子遙巳格)

【원 문】

此格以二甲子 子中癸水 遙合巳中戊土 戊來合丙

차격이이갑자 자중계수 요합사중무토 무내합병

內來合酉中辛金 甲子日得官星 則巳酉丑三合官祿 要行官旺鄕運

병내합유중신금 갑자일득관성 즉사유축삼합관록 요행관왕향운

忌四柱中有庚字七殺 辛金官星 幷申酉丑字絆住 則子不能去遙矣

기사주중유경자칠살 신금관성 병신유축자반주 즉자불능거요의

若有午字冲子 則減分數 歲君大運亦然 甲子生逢甲子時

약유오자충자 즉감분수 세군대운역연 갑자생봉갑자시

子來遙合巳中之 戊能動丙丙合酉 甲得辛官貴可知

자래요합사중지 무능동병병합유 갑득신관귀가지

不喜庚辛申酉出 丑來相絆亦非宜 更無午字相冲害

불희경신신유출 축래상반역비의 갱무오자상충해

運入官鄕運必奇

운입관향운필기

【해 설】

자요사격(子遙巳格)이란 갑자(甲子)일 갑자(甲子)시에 태어난 것을 말한다. 자(子) 중의 계수(癸水)가 요합(遙合)을 하고, 사(巳)

중의 무토(戊土)는 무계합(戊癸合)하여 병화(丙火)를 이루고, 병(丙)이 내합(來合)하여 유(酉) 중의 신금(辛金)이 나오니 갑자(甲子)일생이 신금(辛金)을 얻어 관성(官星)을 삼는 것을 말한다. 즉 사유축(巳酉丑)이 삼합(三合)하여 관록(官祿)이 되었는데 관왕운(官旺運)으로 흐르면 길하나, 사주에 경(庚) 칠살(七殺)이 있는데 신(申)과 유축(酉丑)이 기반(羈絆)하면 자(子)는 거요(去遙)가 불능하다. 그리고 자오상충(子午相沖)하면 복이 줄어드는데 세운(歲運)이나 대운(大運)에서 만나도 마찬가지다.

예를 들어 갑자(甲子)일 갑자(甲子)시생이면 자(子) 중의 계수(癸水)와 사(巳) 중의 무토(戊土)가 무계요합(戊癸遙合)을 한다. 이 때 무(戊)가 능히 병(丙)을 동(動)하므로 병(丙)은 유(酉) 중의 신(辛)과 병신합(丙辛合)하니 갑목(甲木) 일간(日干)은 신(辛) 관성(官星)을 얻어 귀격을 이룬다. 이 때는 천간(天干)에 경신(庚辛)이 투출(透出)하거나 지지(地支)에 신유(申酉)가 있으면 꺼리고, 축(丑)이 임하여 기반(羈絆)되면 꺼린다. 그러나 다시 오화(午火)가 충(沖)하거나 관운(官運)으로 들어가면 반드시 기이함을 이룬다.

년	월	일	시								
己	乙	甲	甲	甲	癸	壬	辛	庚	己	戊	丁
巳	亥	子	子	戌	酉	申	未	午	巳	辰	卯

이 사주는 전승상(錢丞相)의 명조인데 갑자(甲子)일 갑자(甲子)시에 태어나 자요사격(子遙巳格)이 되었다. 해(亥)월생이니 년지(年

支) 사화(巳火)가 용신(用神)인데 갑을목(甲乙木)이 도와주니 강하여 승상(丞相)에 올랐다. 년상(年上)의 기토(己土)는 수기(水氣)를 막는데 큰 도움이 되고, 천간(天干)이 모두 길한 오행(五行)으로 구성되어 승진운이 좋았던 것이다.

```
년 월 일 시
丙 壬 甲 甲        癸甲乙丙丁戊己庚
寅 辰 子 子        巳午未申酉戌亥子
```

이 사주는 조지부(趙知府)의 명조인데 갑자(甲子)일 갑자(甲子)시에 태어나 자요사격(子遙巳格)이 되었다. 진(辰)월에 태어나 자진(子辰)이 합(合)하고, 년지(年支)에 인목(寅木)이 있다. 따라서 년상(年上)의 병화(丙火)가 용신(用神)인데 갑목(甲木)과 인목(寅木)에 통근(通根)하여 강하다. 다만 월상(月上)에 임수(壬水)가 투출(透出)하여 병임(丙壬)이 상충(相沖)하니 용신(用神)이 다소 약해졌으나 관운(官運)이 좋아 지부(知府)라는 지방장관이 되었다. 게다가 월지(月支)에 진토(辰土)가 들어 재물복도 많아 부귀영화를 누렸다. 그러나 말년은 해자(亥子) 대운(大運)이라 불행하였다.

```
년 월 일 시
己 甲 甲 甲        壬癸辛庚己戊丁丙
丑 戌 子 子        申酉未午巳辰卯寅
```

본명은 갑자(甲子)일 갑자(甲子)시에 태어나 자요사격(子遙巳格)이 되었다. 역시 수기(水氣)가 많으니 술(戌) 중의 정화(丁火)가 용신(用神)인데 암장(暗藏)되어 있으니 능력을 발휘하기 어렵다. 어떤 사주든 용신(用神)이 암장(暗藏)되면 큰 인물이 되지 못한다. 게다가 기토(己土)가 투출(透出)했으나 병정화(丙丁火)가 투출하지 못하여 하격이 되었다. 이 사람은 재물복은 좀 있었으나 명예운과 관운(官運)은 없었다. 다시 말해 대운(大運)의 흐름은 좋으나 용신(用神)이 워낙 약하여 성공하지 못한 것이다.

5. 축요사격(丑遙巳格)

【원 문】

此格只有辛丑癸丑二日字多

차격지유신축계축이일자다

遙巳中丙戌辛癸日得官星丑字多爲妙

요사중병무신계일득관성축자다위묘

若四柱中有子字絆住 則丑不能去遙矣

약사주중유자자반주 즉축불능거요의

要四柱中有申字幷酉字得一字爲妙

요사주중유신자병유자득일자위묘

如辛丑日若四柱中有丙丁字幷巳字午字

여신축일약사주중유병정자병사자오자

則減分數 歲君大運同
즉감분수 세군대운동
癸丑日亦不要見戊字己字巳字丁字
계축일역불요견무자기자사자정자

【해 설】

　축요사격(丑遙巳格)은 신축(辛丑)일과 계축(癸丑)일생에게 해당
한다. 신금(辛金) 일간(日干)과 계수(癸水) 일간(日干)은 사(巳) 중
의 병무(丙戊)가 멀고 축(丑)이 많으면 기묘한 명을 이룬다. 만일
자(子)가 기반(羈絆)되어 축(丑)이 거요(去遙)할 수 없으면 신(申)
과 동병(同幷)하여 유(酉)를 얻어야 기묘함을 이룬다. 이처럼 신축
(辛丑)일생이 병정(丙丁)이 동병(同幷)하여 사(巳)와 오화(午火)가
있으면 복이 줄어드는데 세군(歲君)이나 대운(大運)에서 만나도
마찬가지다. 계축(癸丑)일생도 무(戊)·기(己)·사(巳)·정(丁)을
만나면 좋지 않다.

　　　년　월　일　시
　　　辛　辛　辛　庚　　　　　庚己戊丁丙乙甲癸
　　　丑　丑　丑　寅　　　　　子亥戌酉申未午巳

　이 사주는 장통제(章統制)의 명조인데 신축(辛丑)일생이 지지(地
支)에 축(丑)이 많아 축요사격(丑遙巳格)이 되었다. 신금(辛金) 일
간(日干)이 축(丑)월에 태어났으니 시상(時上)의 경금(庚金)이 용

신(用神)인데 년월일간(年月日干)에 신금(辛金)이 3개 있으니 매우 강하다. 경금(庚金)이 용신(用神)이고 신금(辛金)은 모두 희신(喜神)에 해당하니 대귀격이 되어 통제(統制)라는 중책을 충분히 감당할 수 있었다. 용신(用神)이 쇠약하면 중책을 감당하지 못한다.

```
년  월  일  시
癸  乙  辛  戊        甲癸壬辛庚己戊丁
丑  丑  丑  子        子亥戌酉申未午巳
```

이 사주는 정추밀(鄭樞密)의 명조인데 신축(辛丑)일생이 지지(地支)에 축(丑)이 많아 축요사격(丑遙巳格)이 되었다. 그러나 시지(時支)에 자수(子水)가 들어 자축합(子丑合)하니 격이 많이 떨어졌다. 용신(用神)은 일주(日干)의 신금(辛金)인데 무토(戊土)의 도움을 받아 건재하지만 사주의 격이 그리 좋지 않아 상격은 아니다. 그러나 대운(大運)이 좋아 추밀(樞密)에 오를 수 있었다. 추밀(樞密)은 정치나 군사기밀을 관리하는 요직이다.

```
년  월  일  시
乙  己  癸  乙        戊丁丙乙甲癸壬辛
丑  丑  丑  卯        子亥戌酉申未午巳
```

이 사주는 엽시랑(葉侍郞)의 명조인데 계축(癸丑)일생이 지지(地支)에 축(丑)이 많아 축요사격(丑遙巳格)이 되었다. 용신(用神)은 월상(月上)의 기토(己土)인데 약하고 희신(喜神)도 약하니 좋은 명은 아니다. 그러나 대운(大運)이 좋아 시랑(侍郎)에 올랐다. 기토(己土)·정화(丁火)·경금(庚金)은 용신(用神), 병화(丙火)·신금(辛金)은 희신(喜神), 무토(戊土)는 한신(閑神), 나머지는 모두 기신(忌神)과 구신(仇神)에 해당한다. 이 사람은 명조에 없는 높은 벼슬에 올랐으나 주변의 시기를 많이 받으며 항상 불안하였다. 이처럼 팔자에 없는 복을 누리면 불안하기 마련이다.

6. 임기용배격(壬騎龍背格)

【원 문】

此格以辰多者貴 寅多者富 壬日坐辰土 以丁爲財 以己爲官
차격이진다자귀 인다자부 임일좌진토 이정위재 이기위관

壬日以辰冲戌中丁戊 壬辰日得財官而寅午戌三合 或壬日至寅
임일이진충술중정무 임진일득재관이인오술삼합 혹임일지인

却要年月時上多聚辰字 方可用 若壬辰日有年月時上
각요년월시상다취진자 방가용 약임진일유년월시상

皆在寅字只爲富命 以有午戌爲財得地 若年月時上辰字多
개재인자지위부명 이유오술위재득지 약년월시상진자다

則冲出財來 所以貴也 壬騎龍背喜非常 寅字辰多轉發陽
즉충출재래 소이귀야 임기용배희비상 인자진다전발양

大忌官星來破格 刑冲須見壽元傷 壬騎龍背怕官居
대기관성내파격 형충수견수원상 임기용배파관거

重疊逢辰貴有餘 假若寅多辰字少 須應高富比陶朱
중첩봉진귀유여 가약인다진자소 수응고부비도주

【해 설】

임기용배격(壬騎龍背格)은 진토(辰土)가 많으면 귀격이 되고, 인
목(寅木)이 많으면 부격이 된다. 만일 임수(壬水) 일간(日干)이 진
토(辰土)에 임하면 정화(丁火)가 재성(財星)이고, 기토(己土)가 관
성(官星)인데 진(辰) 중의 을계(乙癸)가 술(戌) 중의 정무(丁戊)를
충(沖)하므로 인오술(寅午戌)이 삼합(三合)하여 재관(財官)을 얻는
다. 임수(壬水) 일간(日干)이 인목(寅木)에 이르러도 마찬가지다.

년월시(年月時)에 진(辰)이 많으면 용신(用神)이 되는데 년월시
(年月時)에 모두 인(寅)이 있으면 부격만 이룬다. 그러나 오술(午
戌)이 있으면 재성(財星)을 얻은 것이고, 년월시(年月時)에 진(辰)
이 많으면 상충(相冲)하여 재성(財星)이 되니 귀격을 이룬다.

임기용배격(壬騎龍背格)은 비상한 기쁨이 있는데 인(寅)과 진(辰)
이 많으면 발복하고, 관성(官星)이 임하여 격이 깨지면 흉하고, 형
충(刑冲)을 만나면 수명이 손상된다. 그리고 관성(官星)을 두려워
하나 진(辰)이 중첩하면 귀격을 이루고, 인목(寅木)이 많은데 진토
(辰土)가 약하면 도주공(陶朱公)처럼 부자로 산다. 도주공(陶朱公)
은 범려(范蠡)의 다른 이름인데 큰 부자였다.

```
년  월  일  시
壬  甲  壬  壬        乙丙丁戊己庚辛壬
辰  辰  辰  寅        巳午未申酉戌亥子
```

이 사주는 왕추밀(王樞密)의 명조인데 임진(壬辰)일생이 지지(地支)에 진토(辰土)가 많아 임기용배격(壬騎龍背格)이 되었다. 진(辰)월에 태어나 신약(身弱)하니 년일시(年日時)의 임수(壬水)가 용신(用神)인데, 3개나 투출(透出)하여 강하나 지지(地支)에 통근(通根)하지 못하여 길복이 오래 가지는 못한다. 진토(辰土)에 계수(癸水)가 암장(暗藏)되어 있지만 미약하다. 따라서 임계수(壬癸水)가 가장 길하고, 그 다음은 경신금(庚辛金)이 길하다. 이 사람은 신(申) 대운(大運)부터 발복하여 추밀(樞密)이라는 국가의 기밀을 담당하는 고위직에 올랐다.

```
년  월  일  시
戊  庚  壬  甲        辛壬癸甲乙丙丁戊
寅  申  辰  辰        酉戌亥子丑寅卯辰
```

이 사주는 제갈판원(諸葛判院)의 명조인데 임진(壬辰)일생이 시지(時支)에 진토(辰土)가 있어 임기용배격(壬騎龍背格)이 되었다. 진(辰)월에 태어나 득령(得令)했으나 토기(土氣)와 목기(木氣)가 많아 오히려 금수운(金水運)이 더 좋다. 즉 임수(壬水)가 용신(用神)인데 월주(月柱)의 경신금(庚辛金)이 도와주니 매우 강하다. 따라서 그릇이 크고 능력이 많아 판원(判院)이라는 높은 벼슬에 올랐다. 이 사주는 오행(五行)이 중화되어 특별히 흉한 신(神)이 없다. 큰 인물들의 사주를 보면 용신(用神)과 희신(喜神)만 있고 기신(忌神)과 구신(仇神)은 없는 경우가 많다.

년	월	일	시									
壬	壬	壬	壬	癸	甲	乙	丙	丁	戊	己	庚	
寅	寅	辰	寅	卯	辰	巳	午	未	申	酉	戌	

　이 사주는 왕거부(王巨富)의 명조인데 임진(壬辰)일생이 지지(地支)에 인목(寅木)이 3개나 있으니 대부격이 되었다. 또 천간(天干)에 임수(壬水)가 4개나 투출(透出)하여 천원일기격(天元一氣格)도 겸하여 길하다. 금수운(金水運)이 좋은데 임수(壬水)가 4개나 있으니 그릇이 크고, 인(寅) 중에 병화(丙火)가 암장(暗藏)되어 있으니 재성(財星)도 강하다. 이 사람은 신유(申酉) 대운(大運)에 큰 부자가 되었다.

7. 정란차격(井欄叉格)

【원문】

此格庚申庚子庚辰三處 須要四柱中申子辰三位全
차격경신경자경진삼처 수요사주중신자진삼위전

不必要三個庚字 若有三庚尤妙 只要庚日生

불필요삼개경자 약유삼경우묘 지요경일생

年月時或戊子戊辰不妨 但得支是申子辰全也 若時遇丙子

년월시혹무자무진불방 단득지시신자진전야 약시우병자

則是偏官 若時是申時 則是歸祿格 而非井欄義矣

즉시편관 약시시신시 즉시귀록격 이비정란의의

此格四柱中見寅午戌三字 則冲壤矣 庚用丁爲官

차격사주중견인오술삼자 즉충괴의 경용정위관

以申子辰三合 冲寅午戌火局 庚日得官星 行運如正氣

이신자진삼합 충인오술화국 경일득관성 행운여정기

若行東方財地 或南方皆好 若四柱中有巳字丙丁字 則減分數

약행동방재지 혹남방개호 약사주중유사자병정자 즉감분수

歲君大運亦然 庚日全逢申子辰 井欄叉格制官星 局中無火方爲貴

세군대운역연 경일전봉신자진 정란차격제관성 국중무화방위귀

冲破衝動提綱亦禍臨 庚日喜逢金潤下 貴神名目井欄叉

충파충동제강역화임 경일희봉금윤하 귀신명목정란차

丙丁巳午休相遇 申子辰全冲出官

병정사오휴상우 신자진전충출관

【해 설】

정란차격(井欄叉格)은 경신(庚申)·경자(庚子)·경진(庚辰)처럼 3곳에 신자진(申子辰)이 모두 있는 것을 말한다. 천간(天干)에 경(庚)이 3개 있어야 격이 이루어지는 것은 아니나 경(庚)이 3개 있

으면 사주가 더 기묘해진다.

경금(庚金) 일간(日干)은 년월시(年月時)에 무자(戊子)나 무진(戊辰)이 있어도 무방하나 지지(地支)에는 신자진(申子辰)이 모두 있어야 한다. 만일 시주(時柱)에 병자(丙子)가 있으면 편관(偏官)이 되고, 신(申)이 있으면 정란차격(井欄叉格)이 아니라 귀록격(歸祿格)이 된다. 이 때 사주에 인오술(寅午戌) 삼합(三合)이 있으면 상충(相沖)되어 파괴된다. 경금(庚金) 일간(日干)은 정화(丁火)가 관성(官星)인데 신자진(申子辰) 삼합(三合)이 인오술(寅午戌) 화국(火局)과 상충(相沖)하면 격이 깨지기 때문이다. 경금(庚金) 일간(日干)은 관성(官星)이 있고 관성운(官星運)으로 흘러야 좋으므로 동방의 재지(財地)나 남방이 모두 좋다. 만일 지지(地支)에 사(巳)가 있거나 천간(天干)에 병정(丙丁)이 있으면 복이 줄어드는데 세군(歲君)이나 대운(大運)에서 만나도 마찬가지다.

경금(庚金) 일간(日干)이 신자진(申子辰)이 모두 있으면 정란차격(井欄叉格)이 관성(官星)을 얻는 것인데 원국에 화(火)가 없어야 귀격을 이룬다. 이 때 제강(提綱)인 월주(月柱)를 충파(沖破)하거나 충동(衝動)하면 흉화가 따른다. 그리고 경금(庚金) 일간(日干)이 금(金)의 윤하(潤下)인 신자진(申子辰)을 만나면 정란차격(井欄叉格)이 되므로 길하다. 그러나 병정(丙丁)이나 사오(巳午)는 만나지 않아야 한다. 신자진(申子辰)과 인오술(寅午戌)이 만나면 모두 관성(官星)을 충파(沖破)하기 때문이다.

년	월	일	시	
戊	庚	庚	庚	辛壬癸甲乙丙丁戊
申	申	申	辰	酉戌亥子丑寅卯辰

이 사주는 곽통제(郭統制)의 명조인데 경신(庚申)일생이 지지(地支)에 신금(申金)과 진토(辰土)가 많아 정란차격(井欄叉格)이 되었다. 신(申) 중의 임수(壬水)가 용신(用神)이니 수목운(水木運)은 길하나 화토운(火土運)은 흉하다. 임수(壬水) 용신(用神)은 3개의 신(申)에 암장(暗藏)되었으니 안전하며 강하고, 경신금(庚申金)의 보호를 받아 충분히 능력을 발휘할 수 있다. 대운(大運)도 수목운(水木運)으로 흘러 통제(統制)라는 높은 벼슬을 지냈다.

년	월	일	시	
癸	庚	庚	庚	己戊丁丙乙甲癸壬
巳	申	子	辰	未午巳辰卯寅丑子

이 사주는 대조(待詔)를 지낸 사람의 명인데 경자(庚子)일생이 지지(地支)에 신자진(申子辰) 수국(水局)을 이루어 정란차격(井欄叉格)이 되었다. 그러나 년지(年支)에 사화(巳火)가 들어 수화(水火)가 상극(相剋)하니 복록이 줄었다. 초년에는 남방 화운(火運)으로 흘러 고전했으나 진(辰) 대운(大運)부터 목운(木運)이라 발복하였고, 말년 계축(癸丑) 임자(壬子) 대운(大運)에는 입신양명하여 대조(待詔)까지 올랐다. 대조(待詔)는 시랑(侍郎)과 비슷한 관직이다.

년	월	일	시							
庚	庚	庚	壬	辛	壬	癸	甲	乙	丙	丁	戊
子	辰	申	午	巳	午	未	申	酉	戌	亥	子

이 사주는 송대부(宋大夫)의 명조인데 경신(庚申)일생이 지지(地支)에 수국(水局)을 이루어 정란차격(井欄叉格)이 되었다. 그러나 시지(時支)에 오화(午火)가 들어 자오상충(子午相沖)하니 격이 깨져 복록이 많이 줄었다. 원국에 오화(午火)가 있는데 오(午) 대운(大運)에 자오상충(子午相沖)을 만나 아내를 잃고 실직하였다. 다시 말해 화토운(火土運)이 불길한 명조다. 용신(用神)은 시상(時上)의 임수(壬水)인데 오(午) 중의 병화(丙火)와 상충(相沖)하여 불리한 사주가 된 것이다.

8. 귀록격(歸祿格)

【원문】

此格假令六甲生人 得寅時 謂之歸祿 蓋甲祿在寅
차격가령육갑생인 득인시 위지귀록 개갑록재인
餘皆倣此 要四柱 全不見官殺 見之則難歸祿矣 喜行身旺運
여개방차 요사주 전불견관살 견지즉난귀록의 희행신왕운
兼行食神傷官財運 亦可發福 怕沖破
겸행식신상관재운 역가발복 파충파

【해 설】

귀록격(歸祿格)은 육갑(六甲)일이 인(寅)시에 태어나면 해당한다. 갑(甲)의 녹(祿)이 인목(寅木)에 있기 때문이다. 그러나 사주에 관살(官殺)이 있으면 귀록격(歸祿格)이 아니다. 귀록격(歸祿格)은 신왕운(身旺運)으로 흘러야 길하고, 식신(食神)·상관(傷官)·재운(財運)이 길하나 충파(沖破)되면 흉하다.

```
년  월  일  시
丙  癸  甲  丙        甲乙丙丁戊己庚辛
午  巳  子  寅        午未申酉戌亥子丑
```

이 사주는 참정(參政)을 지낸 사람의 명조인데 갑자(甲子)일 병인(丙寅)시에 태어나 귀록격(歸祿格)이 되었다. 갑목(甲木) 일간(日干)이 사(巳)월에 태어나 설기(泄氣)가 심하니 월상(月上) 계수(癸水)가 용신(用神)인데 일지(日支) 자수(子水)에 통근(通根)하여 강하다. 따라서 수목운(水木運)은 길하나 화토운(火土運)은 흉하다. 초년에는 갑오(甲午) 을미(乙未) 대운(大運)이니 기신운(忌神運)이라 발복하지 못했으나, 병신(丙申) 정유(丁酉) 대운(大運)은 한신운(閑神運)이라 어렵게 등과하였고, 기해(己亥) 대운(大運)은 용신운(用神運)이라 계속 승진하여 참정(參政)에까지 올랐다.

년	월	일	시		
戊	甲	乙	己		乙丙丁戊己庚辛壬
子	寅	亥	卯		卯辰巳午未申酉戌

이 사주는 추밀(樞密)을 지낸 사람의 명조인데 귀록격(歸祿格)이다. 정사(丁巳) 대운(大運)은 식상운(食傷運)이며 희신운(喜神運)이라 발복하였고, 경신(庚申) 대운(大運)은 관살운(官殺運)이라 대권을 장악하였다. 이 사람은 사주의 격보다 대운(大運)이 좋아 출세 승진하였다. 기미토(己未土)와 경신(庚辛)과 신유금(申酉金)은 용신(用神)이고, 무술토(戊戌土)와 정화(丁火)와 오화(午火)는 희신(喜神)이고, 병화(丙火)와 사화(巳火)와 임수(壬水)와 해수(亥水)는 한신(閑神)이고, 계수(癸水)와 자수(子水)와 무진토(戊辰土)는 구신(仇神)이고, 기축토(己丑土)와 갑인목(甲寅木)과 을묘목(乙卯木)은 기신(忌神)이다.

년	월	일	시		
甲	甲	丁	丙		乙丙丁戊己庚辛壬
午	戌	未	午		亥子丑寅卯辰巳午

이 사주는 상시(常侍)를 지낸 사람의 명조인데 귀록격(歸祿格)이다. 사주에 화기(火氣)가 넘치니 수기(水氣)가 길작용을 한다. 따라서 임자계해수(壬子癸亥水)와 기축토(己丑土)가 용신(用神), 갑인목(甲寅木)과 무술토(戊戌土)는 희신(喜神), 을묘목(乙卯木)과 신

유금(辛酉金)은 한신(閑神), 무진토(戊辰土)와 경신금(庚申金)은 구신(仇神), 병오정사화(丙午丁巳火)와 기미토(己未土)는 구신(仇神)이다. 초년에는 해자축(亥子丑) 대운(大運)이니 등과하였고, 인묘진(寅卯辰) 대운(大運)은 희신운(喜神運)이라 상시(常侍)에 올랐으나, 말년 사(巳) 대운(大運)은 기신운(忌神運)이라 파직되었다. 본명은 월지(月支)의 술(戌)이 화(火)의 열기를 설기(泄氣)시켜 좋은 사주가 된 것이다.

9. 육음조양격(六陰朝陽格)

【원 문】

此格以六辛日主 用丙火爲正官 喜逢戊土 戊來動丙

차격이육신일주 용병화위정관 희봉무토 무내동병

辛日得官星 子字則要一位 多則不中 若四柱中有丙字丁字午字

신일득관성 자자즉요일위 다즉불중 약사주중유병자정자오자

則冲了子 減分數 歲君大運亦同

즉충요자 감분수 세군대운역동

【해 설】

육음조양격(六陰朝陽格)은 육신(六辛)일에 해당한다. 병화(丙火)가 정관(正官)이면 무토(戊土)를 만나거나 관성(官星)을 얻어야 길하고, 자수(子水)는 많으면 좋지 않고 1개만 있는 것이 좋다. 그리고 병정오화(丙丁午火)가 있어 자수(子水)와 상충(相沖)하면 복이 반감되는데 세군(歲君)이나 대운(大運)에서 만나도 마찬가지다.

```
년 월 일 시
戊 辛 辛 戊        壬癸甲乙丙丁戊己
辰 酉 酉 子        戌亥子丑寅卯辰巳
```

본명은 장지원(張知院)의 명조인데 신금(辛金) 일간(日干)이 무토(戊土)를 만나 육음조양격(六陰朝陽格)이 되었다. 진(辰) 중의 을목(乙木)이 용신(用神)이니 목화운(木火運)은 길하나 금운(金運)은 흉하다. 이 사람은 인묘진(寅卯辰) 목운(木運)에 발복하여 지원(知院)에 올랐다. 갑을인묘진(甲乙寅卯辰)의 목운(木運)과 병정(丙丁)의 화운(火運)에 발복한 것을 보면 목화운(木火運)이 길하다는 것을 알 수 있다.

```
년 월 일 시
戊 辛 辛 戊        壬癸甲乙丙丁戊己
辰 酉 丑 子        戌亥子丑寅卯辰巳
```

이 사주는 대위(大尉)를 지낸 사람의 명조인데 신금(辛金) 일간(日干)이 무토(戊土)를 만나 육음조양격(六陰朝陽格)이 되었다. 년지(年支)의 진(辰) 중 을목(乙木)이 용신(用神)인데 일지(日支)에 축토(丑土)와 시지(時支)에 자수(子水)가 들어 격이 많이 떨어졌다. 따라서 대운(大運)의 흐름은 좋으나 높이 승진하지 못하고 중격에 해당하는 대위(大尉)에 그친 것이다.

10. 형합격(刑合格)

【원 문】

此格以此六癸日生人爲主 用戊土爲正氣官星 喜逢甲寅時

차격이차육계일생인위주 용무토위정기관성 희봉갑인시

甲寅刑巳中戊土 癸日得官星 如庚寅則刑不成 唯甲寅時是

갑인형사중무토 계일득관성 여경인즉형불성 유갑인시시

行運與飛天祿馬同 若四柱中有戊字巳字 則減分數

행운여비천녹마동 약사주중유무자사자 즉감분수

又怕庚寅傷甲字 刑申字 忌申字 則減分數 歲君大運亦然

우파경인상갑자 형신자 기신자 즉감분수 세군대운역연

陰水寅時格正淸 又愁庚剋不能刑 運行若不逢蛇地

음수인시격정청 우수경극불능형 운행약불봉사지

方得淸高有利名

방득청고유이명

【해 설】

　형합격(刑合格)은 육계(六癸)일생에게 해당한다. 무토(戊土)가 정기(正氣) 관성(官星)인데 갑인(甲寅)시를 만나야 길하고, 갑인(甲

寅)시가 인형사합(寅刑巳合)하여 사(巳) 중 무토(戊土)를 이끌어 관성(官星)을 얻으면 귀격을 이룬다. 만일 경인(庚寅)시이면 형(刑)이 이루어지지 않고, 행운은 비천녹마격(飛天祿馬格)과 같다.

형합격(刑合格)이 사주에 무사(戊巳)가 있으면 복록이 반감되고, 경인(庚寅)시생은 갑경상충(甲庚相沖)하여 갑(甲)을 상해하고 신(申)을 인신상충(寅申相沖)하니 신(申)을 꺼린다. 세운(歲運)이나 대운(大運)에서 만나도 마찬가지다. 음수(陰水)인 계수(癸水)가 인(寅)시에 태어나면 정격(正格)이나, 경금(庚金)이 갑경상충(甲庚相沖)하면 두려워한다. 형합(刑合)이 불가능하기 때문이다. 형합격(刑合格)은 행운에서 사화(巳火)를 만나지 않으면 청고한 명이 된다.

년 월 일 시

乙 癸 癸 甲　　　　壬辛庚己戊丁丙乙

未 未 亥 寅　　　　午巳辰卯寅丑子亥

이 사주는 절도사(節度使)를 지낸 사람의 명조인데 계수(癸水) 일간(日干)이 인(寅)시에 태어나고, 경신금(庚申金)과 무기(戊己) 관성(官星)이 없으니 형합격(刑合格)이 되었다. 미(未)월생이라 화토(火土)가 강하니 시상(時上)의 갑목(甲木)이 용신(用神)이고, 수(水)는 희신(喜神)이다. 갑목(甲木) 용신(用神)은 월일(月日)의 계수(癸水)와 일지(日支)의 해수(亥水)에 통근(通根)하여 매우 강하니 수목운(水木運)이 길하다. 이 사람은 진(辰) 대운(大運)에 관직에 올랐고, 묘(卯) 대운(大運)에는 승진하였고, 인(寅) 대운(大運)

에는 거듭 승진하여 절도사(節度使)가 되었다. 최상격의 명조다.

```
년  월  일  시
甲  甲  癸  甲        乙 丙 丁 戊 己 庚 辛 壬
戊  戊  酉  寅        亥 子 丑 寅 卯 辰 巳 午
```

이 사주는 진시랑(陳侍郎)의 명조인데 계수(癸水) 일간(日干)이 인(寅)시에 태어나 형합격(刑合格)이 되었다. 천간(天干)에 투출(透出)한 갑목(甲木)이 용신(用神)인데 시지(時支) 인목(寅木)에 통근(通根)하여 강하다. 용신(用神)이 3개나 투출(透出)했으니 대단하다. 목운(木運)과 화운(火運)은 길하나 금운(金運)과 수운(水運)은 흉하다. 초년에는 해자축(亥子丑) 대운(大運)이라 고전하다가, 인(寅) 대운(大運)부터 용신운(用神運)에 들어 발복하였고, 묘(卯) 대운(大運)에 더 승진하여 시랑(侍郎)에까지 올랐고, 말년도 사오(巳午) 대운(大運)이니 복을 누렸다.

```
년  월  일  시
丁  癸  癸  甲        壬 辛 庚 己 戊 丁 丙 乙
亥  卯  卯  寅        寅 丑 子 亥 戌 酉 申 未
```

이 사주는 심노분(沈路分)의 명조인데 계수(癸水) 일간(日干)이 인(寅)시에 태어나 형합격(刑合格)이 되었고, 사주에 목기(木氣)가 강하니 종아격(從兒格)도 겸한다. 수목운(水木運)은 길하나 화토운

(火土運)과 금운(金運)은 흉하다. 종아격(從兒格)이라 영민하며 지혜가 출중했으나 무술(戊戌) 대운(大運)부터 기신운(忌神運)에 해당하여 더 이상 발복하지 않았다.

년	월	일	시								
庚	甲	癸	甲	乙	丙	丁	戊	己	庚	辛	壬
午	申	卯	寅	酉	戌	亥	子	丑	寅	卯	辰

이 사주는 방간변(方幹辨)의 명조인데 계수(癸水) 일간(日干)이 인(寅)시에 태어나 형합격(刑合格)이 되었다. 그러나 갑경상충(甲庚相沖)하고 인신상충(寅申相沖)하여 격이 깨졌다. 용신(用神)은 년상(年上)에 투출(透出)한 경금(庚金)이고, 희신(喜神)은 토(土)다. 경금(庚金) 용신(用神)이 월지(月支) 신금(申金)에 통근(通根)하여 강하니 관직에 오를 수 있었다. 그러나 애석하게도 대운(大運)이 수목운(水木運)으로 흘러 승진하지 못하고 미관말직에 머무르다 파직되었다. 대운(大運)은 이처럼 중요한 것이다.

11. 공록격(拱祿格)

【원 문】

此格只有五日 忌塡實 最怕冲了日時拱位 又怕四柱中有傷
차격지유오일 기전실 최파충료일시공위 우파사주중유상

日干遇殺 皆拱不住 則減分數 歲君大運同 經云 拱祿拱貴

일간우살 개공불주 즉감분수 세군대운동 경운 공록공귀

塡實則凶 此格有五日 丁巳日見丁未 己未日見己巳

전실즉흉 차격유오일 정사일견정미 기미일견기사

戊辰日見戊午 癸丑日見癸亥 癸亥日見癸丑

무진일견무오 계축일견계해 계해일견계축

【해 설】

공록격(拱祿格)은 정사(丁巳)일생이 정미(丁未)를 만나거나, 기미(己未)일생이 기사(己巳)를 만나거나, 무진(戊辰)일생이 무오(戊午)를 만나거나, 계축(癸丑)일생이 계해(癸亥)를 만나거나, 계해(癸亥)일생이 계축(癸丑)을 만나면 성립한다. 그리고 건록(建祿)이 나타나 전실(塡實)되는 것을 꺼리고, 일시(日時)가 공위(拱位)를 상충(相沖)하는 것을 꺼리고, 일간(日干)이 관살(官殺)을 또 만나 상해되는 것을 꺼린다. 이 때 칠살(七殺)을 만나면 모두 공록격(拱祿格)이 되지 않으므로 복이 반감된다. 세군(歲君)이나 대운(大運)에서 만나도 마찬가지다. 경(經)에 이르기를 "공록(拱祿)과 공귀(拱貴)가 전실(塡實)되면 흉하다"고 하였다.

년	월	일	시								
癸	癸	戊	戊		壬	辛	庚	己	戊	丁	丙	乙
卯	亥	辰	午		戌	酉	申	未	午	巳	辰	卯

이 사주는 유지부(劉知府)의 명조인데 무진(戊辰)일 무오(戊午)시에 태어나 공록격(拱祿格)이 되었다. 시지(時支) 오화(午火)가 용신(用神)이며 무진토(戊辰土)도 길하다. 즉 화토운(火土運)은 길하나 수운(水運)은 흉하다. 년지(年支) 묘목(卯木)은 정관(正官)인데 희신(喜神) 작용을 하니 관운(官運)이 좋고, 신왕재왕(身旺財旺)하여 재물복도 많았다. 이 사람은 기미(己未) 대운(大運)부터 계속 용신운(用神運)으로 들어가 지부(知府)에까지 올라 부귀를 누렸다.

년	월	일	시							
壬	丁	丁	丁	戊	己	庚	辛	壬	癸	甲 乙
子	未	巳	未	申	酉	戌	亥	子	丑	寅 卯

이 사주는 백의인(白衣人)의 명조인데 정사(丁巳)일 정미(丁未)시에 태어나 공록격(拱祿格)이 되었다. 년상(年上)의 임수(壬水)가 용신(用神)인데 자수(子水)에 통근(通根)하여 강하다. 정관(正官)이 용신(用神)이니 관운(官運)은 따르나 재성(財星)이 약하여 재물복은 없었다. 초년에는 부모덕으로 호의호식하며 자랐으나 등과한 후 승진하지 못하고 말직에 머물렀다. 사주에 정(丁) 3개와 임(壬) 1개가 정임합(丁壬合)하여 목(木)으로 변하여 자연히 벼슬길을 포기하는 형상이 되었기 때문이다. 더구나 처복이 없어 가정생활이 불행하였다. 가정원화만사개성(家庭圓和萬事皆成)이라는 말이 있듯이 가정이 불행하여 꿈을 펼치지 못한 것이다.

12. 공귀격(拱貴格)

【원 문】

貴人 大忌塡實貴人 怕刑冲了日時拱位 又怕四柱有官

귀인 대기전실귀인 파형충료일시공위 우파사주유관

冲身 及七殺之類 皆拱不住則減分數 歲運大運亦然 此格六日

충신 급칠살지류 개공불주즉감분수 세운대운역연 차격육일

甲寅日見甲子時 壬子日見壬寅時 甲申日見甲戌時

갑인일견갑자시 임자일견임인시 갑신일견갑술시

戊申日見戊午時 乙未日見乙酉時 辛丑日見辛卯時

무신일견무오시 을미일견을유시 신축일견신묘시

【해 설】

공귀격(拱貴格)은 갑인(甲寅)일 갑자(甲子)시에 태어나거나, 임자(壬子)일 임인(壬寅)시에 태어나거나, 갑신(甲申)일 갑술(甲戌)시에 태어나거나, 무신(戊申)일 무오(戊午)시에 태어나거나, 을미(乙未)일 을유(乙酉)시에 태어나거나, 신축(辛丑)일 신묘(辛卯)시에 태어나면 해당한다.

공귀격(拱貴格)은 귀인(貴人)이 전실(塡實)되면 매우 흉하고, 일시(日時)와 공위(拱位)를 형충(刑沖)해도 흉하고, 관성(官星)이 일간(日干)과 상충(相沖)하면 칠살(七殺)에 해당하여 흉한데 모두 공(拱)을 불주(不住)하여 복이 반감된다. 세운(歲運)이나 대운(大運)에서 만나도 마찬가지다.

년 월 일 시
丁 丙 甲 甲　　　乙甲癸壬辛庚己戊
巳 午 寅 子　　　巳辰卯寅丑子亥戌

본명은 웅낭중(熊郞中)의 명조인데 갑인(甲寅)일 갑자(甲子)시에 태어나 공귀격(拱貴格)이 되었다. 사주에 화기(火氣)가 넘치니 시지(時支)의 자수(子水)가 용신(用神)이고 목(木)은 희신(喜神)이다. 즉 수목운(水木運)은 길하나 화토운(火土運)은 흉하다. 이 사람은 대운(大運)이 수목운(水木運)으로 흘러 큰 문제없이 낭중(郞中)에까지 올랐다.

년 월 일 시
辛 辛 甲 甲　　　庚己戊丁丙乙甲癸
丑 丑 寅 子　　　子亥戌酉申未午巳

이 사주는 범도사(范都事)의 명조인데 갑인(甲寅)일 갑자(甲子)시에 태어나 공귀격(拱貴格)이 되었다. 축(丑)월생이라 한기가 많으니 일지(日支)의 인(寅) 중 병화(丙火)가 용신(用神)이고 토기(土氣)도 길하다. 년월(年月)의 신금(辛金)도 희신(喜神) 작용을 한다. 그리고 년월(年月)에 신금(辛金)이 투출(透出)하여 관운(官運)이 있다. 초년에는 자해(子亥) 대운(大運)이 기신운(忌神運)이라 발복하지 못했으나, 무술(戊戌) 대운(大運)은 한신운(閑神運)이라 서서히 발복하기 시작하였고, 정유(丁酉) 병신(丙申) 대운(大運)은 희신운(喜神運)이라 발복하였고, 을미(乙未) 갑오(甲午) 대운(大運)은 용신운(用神運)이라 도사(都事)에 올랐다.

13. 인수격(印綬格)

【원 문】

此格大要生旺忌死絶 要四柱中有官星爲妙 月上印綬最緊
차격대요생왕기사절 요사주중유관성위묘 월상인수최긴

行官印運便發 見財運 破印 反爲貪財壞印 不利也歲運亦然
행관인운편발 견재운 파인 반위탐재괴인 불리야세운역연

【해 설】

인수격(印綬格) 사주에서 가장 필요한 것은 생왕(生旺)이고, 가장 꺼리는 것은 사절(死絶)이다. 그리고 관성(官星)이 있으면 기묘한 명을 이룬다. 월상(月上)에 인수(印綬)가 있으면 가장 좋고, 관인운(官印運)으로 흐르면 편안하게 발복하고, 재운(財運)을 만나면 인수(印綬)를 파(破)하니 탐재괴인(貪財壞印)이 되어 불리하다. 세운(歲運)에서 만나도 마찬가지다.

```
년 월 일 시
乙 戊 甲 甲      丁丙乙甲癸壬辛庚
亥 子 寅 子      亥戌酉申未午巳辰
```

이 사주는 지부(知府)를 지낸 사람의 명조인데 갑목(甲木) 일간(日干)이 자(子)월에 태어났고, 년지(年支)에 해수(亥水)와 시지(時支)에 자수(子水)가 들어 인수(印綬)가 왕성하니 인수격(印綬格)이다. 월상(月上)에 무토(戊土)가 투출(透出)했으나 홍수를 막기는 어려우니 종왕격(從旺格)에 해당하는 종격(從格)이 되었다. 따라서 왕신(旺神)을 따라야 하므로 수목운(水木運)은 길하나 화토운(火土運)은 흉하다. 대운(大運)이 초년부터 금수운(金水運)으로 흘러 일찍 등과하였고, 계(癸) 대운(大運)에는 대길하여 승진하였고, 임(壬) 대운(大運)에는 지부(知府)에 올랐다. 그러나 오(午) 대운(大運)에 자오상충(子午相沖)하자 사망하였다.

```
년  월  일  시
辛  丙  壬  辛        乙甲癸壬辛庚己戊
酉  申  寅  亥        未午巳辰卯寅丑子
```

이 사주는 시랑(侍郎)을 지낸 사람의 명조다. 임수(壬水) 일간(日干)이 신(申)월에 태어났고, 년주(年柱)에 신유(辛酉)가 들고, 시상(時上)에 신금(辛金)이 투출(透出)하여 인수(印綬)가 왕성하니 인수격(印綬格)이 되었다. 금기(金氣)가 많으니 일지(日支)의 인목(寅木)이 용신(用神)이고, 월상(月上)의 병화(丙火)가 희신(喜神)이다. 즉 목화운(木火運)은 길하나 금수운(金水運)은 흉하다. 인목(寅木) 용신(用神)은 인신(寅申)이 상충(相沖)하여 흉하나 다행히 인해(寅亥)가 합목(合木)하여 상충(相沖)을 막아 안전하다.

이 사주는 대운(大運)이 아주 좋다. 초년에는 미오사(未午巳) 대운(大運)이 희신운(喜神運)이라 일찍 등과하였고, 진묘인(辰卯寅) 대운(大運)은 용신운(用神運)이라 발복하여 시랑(侍郎)에까지 올랐다. 본명에서는 인해합목(寅亥合木)이 백미다. 만일 인해합목(寅亥合木)이 없었다면 중하격 사주가 되었을 것이다.

년	월	일	시							
庚	乙	癸	丙	丙	丁	戊	己	庚	辛	壬	癸
寅	酉	亥	辰	戌	亥	子	丑	寅	卯	辰	巳

이 사주는 감부(監簿)를 지낸 사람의 명조인데 계수(癸水) 일간(日干)이 유(酉)월에 태어나 신강(身强)하다. 유(酉) 중 경금(庚金)이 년상(年上)에 투출(透出)하여 인수격(印綬格)이 되었다. 월상(月上)의 을목(乙木)이 용신(用神)이고, 시상(時上)의 병화(丙火)는 희신(喜神)이니 목화운(木火運)이 길하다. 을목(乙木) 용신(用神)은 을경합(乙庚合)하여 약간 불리한 것 같으나 년지(年支)에 인목(寅木)과 일지(日支)에 해수(亥水)가 들어 강하다.

해자축(亥子丑) 대운(大運)은 한신운(閑神運)이라 별일 없이 자라 관직에 진출하였고, 인(寅) 대운(大運)은 용신운(用神運)이니 승진하였고, 묘(卯) 대운(大運)은 가장 길한 용신운(用神運)이니 감부(監簿)에 올랐다. 본명은 대운(大運)의 천간(天干)은 조금 불리하나 지지(地支)가 좋아 무난하게 승진한 것이다. 간지(干支)의 역량을 볼 때 지지(地支)가 천간(天干)보다 3배 이상 강하다.

14. 잡기인수격(雜氣印綬格)

【원 문】

雜氣印綬格 月辰戌丑未也 月印綬 亦忌財 要行官運

잡기인수격 월진술축미야 월인수 역기재 요행관운

【해 설】

잡기인수격(雜氣印綬格)이란 월지(月支)에 있는 진술축미(辰戌丑未)가 인수(印綬)에 해당하는 것이다. 재성(財星)을 가장 꺼리고, 관운(官運)으로 흐르면 길하다.


```
년  월  일  시
辛  壬  甲  乙        辛庚己戊丁丙乙甲
未  辰  辰  亥        卯寅丑子亥戌酉申
```


이 사주는 심상서(沈上書)의 명조다. 월지(月支)에 진토(辰土)의 잡기가 들었는데 진(辰) 중의 계수(癸水)가 인수(印綬)이니 잡기인수격(雜氣印綬格)이 되었다. 용신(用神)은 월상(月上)의 임수(壬水)인데 년상(年上)의 신금(辛金)이 도와주고, 시지(時支)의 해수(亥水)에 통근(通根)하여 강하다. 즉 금수운(金水運)은 길하나 화토운(火土運)은 흉하다.

이 사람은 축(丑) 대운(大運)부터 발복하다가, 희신운(喜神運)인 자(子) 대운(大運)에 승진하였고, 해(亥) 대운(大運)은 용신운(用

神運)이라 상서(上書)에 올랐다. 신강(身强)한데 재성(財星)도 왕성하니 재물복도 많았다. 그러나 토기(土氣)가 많아 행동은 둔한 편이었다.

년	월	일	시								
壬	庚	庚	戊	辛	壬	癸	甲	乙	丙	丁	戊
申	戌	戌	寅	亥	子	丑	寅	卯	辰	巳	午

본명은 황운사(黃運使)의 명조인데 경금(庚金) 일간(日干)이 술(戌)월에 태어났고 인성(印星)에 해당하니 잡기인수격(雜氣印綬格)이 되었다. 토기(土氣)와 금기(金氣)가 왕성하니 인(寅) 중의 병화(丙火)가 용신(用神)이고, 목(木)은 희신(喜神)이다. 즉 목화운(木火運)은 길하나 토금수운(土金水運)은 흉하다.

초년에는 해자축(亥子丑) 수운(水運)이 기신운(忌神運)이라 발복하지 못했으나, 인(寅) 대운(大運)부터 희신운(喜神運)으로 들어가 관직에 올랐고, 병(丙) 대운(大運)에는 운사(運使)가 되었다. 그러나 용신(用神)이 시지(時支)에 들어 강하지 않으니 중격 정도에 해당하는 사주다.

년	월	일	시								
丁	癸	辛	戊	壬	辛	庚	己	戊	丁	丙	乙
丑	丑	卯	子	子	亥	戌	酉	申	未	午	巳

이 사주는 정지부(鄭知府)의 명조인데 신금(辛金) 일간(日干)이 축(丑)월에 태어났고, 축토(丑土)는 인수(印綬)에 해당하니 잡기인수격(雜氣印綬格)이 되었다. 축(丑)월은 한기가 많으니 년상(年上)의 정화(丁火)가 용신(用神)인데 정계(丁癸)가 상충(相沖)하여 격이 깨져 중격의 명조가 되었다. 정화(丁火) 용신(用神)은 일지(日支) 묘목(卯木)에 통근(通根)하여 명맥을 유지한다.

본명은 원국으로 보면 불리함이 많으나 대운(大運)이 좋다. 유(酉) 대운(大運)부터 희신운(喜神運)으로 들어가 발복하였고, 중년과 말년에는 지부(知府)까지 지냈다. 그러나 그릇이 작은 사람이 높은 벼슬에 올라 항상 불안하였다.

년	월	일	시								
庚	己	壬	辛	庚	辛	壬	癸	甲	乙	丙	丁
午	丑	寅	丑	寅	卯	辰	巳	午	未	申	酉

이 사주는 주종부(周宗簿)의 명조인데 임수(壬水) 일간(日干)이 축(丑)월에 태어났고, 축(丑) 중의 신금(辛金)이 인수(印綬)이니 잡기인수격(雜氣印綬格)이 되었다. 용신(用神)은 년지(年支)의 오화(午火)인데 일지(日支)의 인목(寅木)에 통근(通根)하여 강하다. 그러나 사주가 한습하니 균형을 잃어 중격 사주가 되었다. 본명 역시 원국은 별로 자랑할 것이 없으나 대운(大運)이 좋아 종부(宗簿)의 벼슬을 지낸 것이다.

년	월	일	시							
丙	辛	癸	癸		壬	癸	甲	乙	丙	丁	戊	己
寅	丑	巳	亥		寅	卯	辰	巳	午	未	申	酉

이 사주는 여승상(呂丞相)의 명조인데 월지(月支)가 축토(丑土)이고, 축(丑) 중의 신금(辛金)이 인수(印綬)이니 잡기인수격(雜氣印綬格)이 되었다. 용신(用神)은 년상(年上)의 병화(丙火)인데 년지(年支)의 인목(寅木)과 일지(日支)의 사화(巳火)에 통근(通根)하여 강하다. 그러나 병신(丙辛)이 합수(合水)하여 용신(用神)이 기신(忌神)으로 변하고, 사해(巳亥)가 상충(相沖)하여 용신(用神)이 약해졌다. 그러나 평생 대운(大運)이 좋아 승상(丞相)에 올랐다. 본명은 재성운(財星運)이 길하니 관직보다는 사업을 했다면 구설수도 따르지 않고 재물을 많이 모았을 것이다.

년	월	일	시							
庚	丙	戊	癸		丁	戊	己	庚	辛	壬	癸	甲
寅	戌	子	丑		亥	子	丑	寅	卯	辰	巳	午

이 사주는 갈대조(葛待詔)의 명조인데 월지(月支)가 술토(戌土)이고, 술(戌) 중의 정화(丁火)가 인수(印綬)이니 잡기인수격(雜氣印綬格)이 되었다. 용신(用神)은 월상(月上)의 병화(丙火)이고, 목(木)은 희신(喜神)이다. 즉 목화운(木火運)은 길하나 금수운(金水運)은 흉하다. 편인(偏印)이 용신(用神)이고 편관(偏官)이 희신(喜

神)이니 관운(官運)도 있다. 초년에는 해자(亥子) 대운(大運)이 기신운(忌神運)이라 발복하지 못했으나, 인묘(寅卯) 대운(大運)은 희신운(喜神運)이니 발복하여 대조(待詔)라는 벼슬에 올랐다. 그러나 임(壬) 대운(大運)은 불리하여 경자(庚子)년에 사망하였다.

15. 육임추간격(六壬趨艮格)

【원 문】

且如壬水日主多見寅字 則用寅中甲木 暗邀己土 爲壬之官星
차여임수일주다견인자 즉용인중갑목 암요기토 위임지관성

丙火邀辛金 爲壬之印綬 怕午申二字冲之 忌財官塡實 喜身旺地
병화요신금 위임지인수 파오신이자충지 기재관전실 희신왕지

歲運同 寅爲艮土之方 故 曰趨艮 謂壬祿在亥 寅與亥合
세운동 인위간토지방 고 왈추간 위임록재해 인여해합

又謂之合祿 亦忌破害運行申則壞寅字不吉
우위지합록 역기파해운행신즉괴인자불길

【해 설】

육임추간격(六壬趨艮格)은 임수(壬水) 일간(日干)이 인(寅)이 많은 것을 말한다. 인(寅) 중의 갑목(甲木)이 용신(用神)이면 암장(暗藏)된 기토(己土)는 관성(官星)이 되고, 인(寅) 중의 병화(丙火)가 신금(辛金)을 요합(邀合)하여 인수(印綬)가 된다. 가장 꺼리는

것은 오화(午火)와 신(申)이 와서 자오상충(子午相沖)이나 인신상충(寅申相沖)하거나 재관(財官)이 전실(塡實)되는 것이고, 가장 기뻐하는 것은 일간(日干)이 신왕운(身旺運)으로 가는 것인데 세운(歲運)이나 대운(大運)에서 만나도 마찬가지다.

인(寅)은 간토방(艮土方)이라 추간(趨艮)이라 하는 것이고, 임(壬)의 녹(祿)은 해(亥)에 있으니 인해(寅亥)가 합(合)하면 합(合)의 녹(祿)이 된다. 이 때 꺼리는 것은 파해지(破害地)로 가는 것이고, 신금(申金)이 인(寅)을 만나 인신상충(寅申相沖)하여 인목(寅木)을 파괴하는 것이다.

```
년  월  일  시
壬  壬  壬  壬        癸甲乙丙丁戊己庚
寅  寅  寅  寅        卯辰巳午未申酉戌
```

본명은 임수(壬水) 일간(日干)이 지지(地支)에 인목(寅木)이 많아 육임추간격(六壬趨艮格)이 되었다. 지지(地支)가 모두 인목(寅木)이라 설기(泄氣)가 매우 심하니 경신금(庚辛金)이 용신(用神)이고, 임계수(壬癸水)는 희신(喜神)이다. 그리고 한기를 제거하려면 병정화(丙丁火)도 길하다. 가장 흉한 것은 갑을목(甲乙木)이다. 본명은 종격(從格)이 아니라 신약(身弱) 사주로 보아야 한다. 예전에는 이런 사주를 종아격(從兒格)으로 보았으나 잘못 해석한 것이다. 큰 바다의 물인 임수(壬水)가 천간(天干)에 4개나 있어 종(從)하지 않기 때문이다.

16. 육갑추건격(六甲趨乾格)

【원 문】

且如六甲日生 柱中要亥字多 乃爲天門之位 北極之垣

차여육갑일생 주중요해자다 내위천문지위 북극지원

甲木賴之以長 如人以甲日生亥字多者 自然富貴矣

갑목뢰지이장 여인이갑일생해자다자 자연부귀의

忌巳字冲之 此論 甲祿在寅 亥與寅合 謂之合祿 忌見財星

기사자충지 차론 갑록재인 해여인합 위지합록 기견재성

乃寅巳二字 歲運亦同

내인사이자 세운역동

【해 설】

  육갑추건격(六甲趨乾格)이란 육갑(六甲)일생의 사주에 해(亥)가 있는 것을 말하는데 부귀격을 이룬다. 해(亥)는 천문(天門)의 자리이며 북극의 원장(垣牆)이니 갑목(甲木)이 의뢰하면 길복이 많다. 그러나 사(巳)가 와서 사해상충(巳亥相冲)하면 꺼린다. 갑(甲)의 건록(建祿)이 인목(寅木)에 있고, 해(亥)와 인(寅)이 합(合)하니 합록(合祿)이라고도 한다. 꺼리는 것은 재성(財星)을 만나는 것인데 인(寅)과 사(巳)를 말한다. 세운(歲運)이나 대운(大運)에서 만나도 마찬가지다.

년	월	일	시								
戊	癸	甲	乙		甲	乙	丙	丁	戊	己	庚	辛
辰	亥	子	丑		子	丑	寅	卯	辰	巳	午	未

이 사주는 신안백(新安伯)의 명조인데 갑목(甲木) 일간(日干)이 월지(月支)에 해(亥)가 있으니 육갑추건격(六甲趨乾格)이 되었다. 년상(年上)의 무토(戊土)가 용신(用神)인데 년지(年支)의 진토(辰土)에 통근(通根)히여 강하다. 즉 신강(身强)한데 재성(財星)도 강하니 재물복이 많은 사주가 되어 재성운(財星運)인 무진(戊辰) 대운(大運)에 발복하여 거부가 되었다. 그러나 일지(日支)의 자수(子水)가 기신(忌神)에 해당하여 아내와는 무정하였고, 무토(戊土)가 편재(偏財)이며 용신(用神)에 해당하여 외첩과는 애정이 넘쳤다.

17. 구진득위격(句陳得位格)

【원 문】

此格以戊己日爲主 句陳遇亥卯未木局爲官
차격이무기일위주 구진우해묘미목국위관
申子辰水局爲財地是也 正是戊寅戊子戊申己卯己亥己未日是也
신자진수국위재지시야 정시무인무자무신기묘기해기미일시야
忌刑冲殺旺 則反生災矣 歲君大運亦然
기형충살왕 즉반생재의 세군대운역연

【해 설】

　구진득위격(句陳得位格)은 무인(戊寅)·무자(戊子)·무신(戊申)·기묘(己卯)·기해(己亥)·기미(己未)일생이 해묘미(亥卯未) 목국(木局)의 관성(官星)을 만나거나, 신자진(申子辰) 수국(水局)의 재성(財星)을 만나는 것을 말한다. 구진득위격(句陳得位格)은 형충(刑沖)되거나 칠살(七殺)이 강하면 재앙이 따르는데 세운(歲運)이나 대운(大運)에서 만나도 마찬가지다.


```
년  월  일  시
乙  丁  己  戊      丙乙甲癸壬辛庚己
亥  亥  卯  辰      戌酉申未午巳辰卯
```


　이 사주는 정도독(丁都督)의 명조인데 기묘(己卯)일생이 지지(地支)에 해묘미(亥卯未) 목국(木局)을 이루어 관성(官星)이 되니 구진득위격(句陳得位格)이 되었다. 기토(己土) 일간(日干)이 해(亥)월에 태어났으니 월상(月上)의 정화(丁火)가 용신(用神)이고, 일간(日干)의 기토(己土)와 시간(時干)의 무토(戊土)와 시지(時支)의 진토(辰土)는 희신(喜神)이다. 정화(丁火) 용신(用神)은 일지(日支)의 묘목(卯木)에 통근(通根)하여 강하고, 시상(時上)의 무토(戊土)는 정화(丁火)가 도와주는데 진토(辰土)에 통근(通根)하여 희신(喜神)도 강하다. 즉 용신(用神)과 희신(喜神)이 모두 강하니 오복을 갖춘 최상격 사주다.

　대운(大運)도 화토운(火土運)이 길하다. 초년에는 병술(丙戌) 대운(大運)이니 부모덕이 좋았고, 갑신(甲申) 대운(大運)에는 한신운(閑神運)이니 무난하게 출사하였고, 미(未) 대운(大運)에는 희신운(喜神運)이니 승진하였고, 오(午) 대운(大運)에는 용신운(用神運)이니 최고로 발복하여 도독(都督)에 올랐다. 사주는 이처럼 용신(用神)과 희신(喜神)이 강해야 높은 자리에 앉아도 안전하다. 유운득복(有運得福)이라는 말이 있다. 운이 있으면 반드시 복을 받는다는 말이다.

18. 현무당권격(玄武當權格)

【원 문】

且如壬癸二日生　値寅午戌火局爲財　辰戌丑未爲官是也
차여임계이일생　치인오술화국위재　진술축미위관시야

正是壬寅壬午壬戌癸巳癸未癸丑是也　忌冲破身弱則不吉
정시임인임오임술계사계미계축시야　기충파신약즉불길

壬癸屬水　故爲玄武　但得火局　故曰當權　無非水火旣濟之功
임계속수　고위현무　단득화국　고왈당권　무비수화기제지공

理而已矣　夫何異哉　得斯道者　主人性格溫和　有智慧　有禮貌
이이이의　부하이재　득사도자　주인성격온화　유지혜　유예모

面帶赤黑　威而不猛　倘遇刑冲　歲運値之　則不利矣
면대적흑　위이불맹　당우형충　세운치지　즉불리의

【해 설】

현무당권격(玄武當權格)은 임인(壬寅)·임오(壬午)·임술(壬戌)·계사(癸巳)·계미(癸未)·계축(癸丑)일생이 인오술(寅午戌) 화국(火局)을 이루어 재성(財星)이 되거나, 진술축미(辰戌丑未)의 관성(官星)이 되는 것을 말한다. 그러나 충파(沖破)되어 일간(日干)이 신약(身弱)해지면 불길하다. 임계(壬癸)는 수기(水氣)이므로 현무(玄武)라 하고, 인오술(寅午戌) 화국(火局)을 이루면 당권(當權)이라 한다. 수화기제(水火旣濟)의 공이 있기 때문이다. 현무당권격(玄武當權格)은 성격이 온화하며 지혜와 예의가 있고, 용맹하지는 않으나 위엄이 있다. 그러나 형충(刑沖)되면 불리한데 세운(歲運)이나 대운(大運)에서 만나도 마찬가지다.

```
년  월  일  시
庚  壬  壬  辛        癸甲乙丙丁戊己庚
午  午  寅  亥        未申酉戌亥子丑寅
```

이 사주는 이도독(李都督)의 명조인데 임인(壬寅)일생이 인오술(寅午戌) 화국(火局)을 이루어 현무당권격(玄武當權格)이 되었다. 용신(用神)은 월상(月上)과 일간(日干)의 임수(壬水)이고, 희신(喜神)은 경신금(庚辛金)이다. 임수(壬水) 용신(用神)은 경신금(庚辛金)이 도와주고, 시지(時支) 해수(亥水)에 통근(通根)하여 강하니 상격 사주다. 상격의 여부는 용신(用神)의 강약으로 살핀다. 즉 용신(用神)이나 희신(喜神)이 강하면 상격으로 보고, 미약하면 빈천한 사주로 보면 틀림없다. 그리고 대운(大運)의 길흉을 살펴야 한다. 이 사람은 금수운(金水運)으로 흘러 순탄하게 출사하여 승진하다가, 가장 길한 용신운(用神運)인 해자(亥子) 대운(大運)에 도독(都督)에 올랐다.

제5장. 특격론(特格論)

1. 염상격(炎上格)

【원 문】

且如丙丁二日寅午戌全 或巳午未全亦是 忌水鄉金地

차여병정이일인오술전 혹사오미전역시 기수향금지

喜行東方運 怕沖 要身旺歲運同 炎上者火之勢急 又得火局

희행동방운 파충 요신왕세운동 염상자화지세급 우득화국

渾然成勢 火爲文明之象 値之者 當爲朱紫之貴 蓋非尋常之命也

혼연성세 화위문명지상 치지자 당위주자지귀 개비심상지명야

【해 설】

  염상격(炎上格)은 병화(丙火)나 정화(丁火) 일간(日干)이 지지(地支)에 인오술(寅午戌)이 모두 있거나 사오미(巳午未)가 모두 있는 것을 말한다. 신왕(身旺)하고 인묘진(寅卯辰) 동방운으로 흐르면 길하나, 충파(沖破)되거나 해자축(亥子丑) 수운(水運)이나 신유술

(申酉戌) 금운(金運)으로 흐르면 흉하다. 다시 말해 염상격(炎上格)은 화기(火氣)의 세력이 급하거나 화국(火局)을 이룬 것을 말한다. 화(火)는 문명의 형상이므로 염상격(炎上格) 사주는 반드시 주자색 관복을 입는 고귀한 명조가 된다.

```
년  월  일  시
乙  辛  丙  甲        庚己戊丁丙乙甲癸
未  巳  午  午        辰卯寅丑子亥戌酉
```

이 사주는 장태보(張太保)의 명조인데 병화(丙火) 일간(日干)이 지지(地支)에 사오미(巳午未) 화국(火局)을 이루어 염상격(炎上格)이 되었다. 염상격(炎上格)도 종격(從格)의 일종인데 병정화(丙丁火) 일간(日干)이 사주 대부분이 화(火)로 구성되고 수(水)가 1개도 없으면 진격(眞格)이 된다.

본명은 월상(月上)에 신금(辛金)이 투출(透出)하여 병신합수(丙辛合水)한 것이 옥의 티다. 용신(用神)은 일간(日干)의 병화(丙火)이고, 목(木)은 희신(喜神)이다. 즉 목화운(木火運)은 길하나 금수운(金水運)은 흉하다. 특히 수운(水運)은 자오(子午)가 상충(相沖)하거나 사해(巳亥)가 상충(相沖)하므로 매우 흉하다.

이 사람은 초년에는 진묘인(辰卯寅) 대운(大運)이니 부모덕에 출사하여 태보(太保)에 올랐으나, 축(丑) 대운(大運)은 기신운(忌神運)이라 고전하였고, 자(子) 대운(大運)에 자오(子午)가 상충(相沖)하자 사망하였다. 종격(從格)은 기복이 심한 것이 특징이다.

2. 윤하격(潤下格)

【원 문】

且如壬癸日要申子辰全 或亥子丑全是也 忌辰戌丑未官鄉

차여임계일요신자진전 혹해자축전시야 기진술축미관향

喜西方運 不宜東南 怕沖剋 歲運同 此命得申子辰全

희서방운 불의동남 파충극 세운동 차명득신자진전

亥子丑水鄉渾然 庚辛又生 湛然福星 福量廣闊 眞富貴之人也

해자축수향혼연 경신우생 담연복성 복량광활 진부귀지인야

潤下者 天下地支渾是水 如湖海汪洋 翫以無際 主人淸秀量洪

윤하자 천하지지혼시수 여호해왕양 완이무제 주인청수양홍

倘遇土運 必主淹滯 若生於冬月 又爲奇特者也

당우토운 필주엄체 약생어동월 우위기특자야

【해 설】

윤하격(潤下格)은 임수(壬水)나 계수(癸水) 일간(日干)이 지지(地支)에 신자진(申子辰)이나 해자축(亥子丑)이 모두 있는 것을 말하는데 인품이 청수하며 도량이 넓다. 가장 기뻐하는 것은 서방 신유운(申酉運)을 만나 금생수(金生水)하는 것이고, 가장 꺼리는 것은 진술축미(辰戌丑未)의 관성지(官星地)를 만나 토극수(土剋水)되는 것이다. 인묘진(寅卯辰) 동방운과 사오미(巳午未) 남방운도 좋지 않다. 그리고 충극(沖剋)을 당하면 흉한데 세운(歲運)이나 대운(大運)에서 만나도 마찬가지다. 윤하격(潤下格)이 경신금(庚辛金)이

있어 금생수(金生水)하면 복록을 즐기는 형상이니 부귀격을 이루
나, 진술축미운(辰戌丑未運)을 만나면 반드시 장해가 따르는데 겨
울철생이면 기이하며 특별한 명조가 된다.

	년	월	일	시								
	庚	庚	壬	辛	辛	壬	癸	甲	乙	丙	丁	戊
	子	辰	申	亥	巳	午	未	申	酉	戌	亥	子

이 사주는 만종인(萬宗人)의 명조인데 임수(壬水) 일간(日干)이
지지(地支)에 신자진(申子辰) 수국(水局)을 이루어 윤하격(潤下格)
이 되었다. 금수운(金水運)은 길하나 목화운(木火運)과 토운(土運)
은 흉하다. 윤하격(潤下格)은 겨울철생이 가장 좋은데 본명은 진
(辰)월에 태어났으니 길복이 약한 윤하격(潤下格)이다. 토기(土氣)
가 왕성하여 토극수(土剋水)의 장해가 많기 때문이다.

이 사람은 초년에는 사오미(巳午未) 대운(大運)이 기신운(忌神運)
이라 발복하지 못하였고, 신유운(申酉運)은 희신운(喜神運)이라 발
복했으나 길게 가지 못하였고, 화토운(火土運)인 병술(丙戌) 대운
(大運)에 병화(丙火)가 왕수(旺水)를 상충(相沖)하자 사망하였다.

3. 종혁격(從革格)

【원 문】

此格以庚辛日 見巳酉丑金局全 或申酉戌全者是也 忌南方火運

차격이경신일 견사유축금국전 혹신유술전자시야 기남방화운

喜庚辛旺運 見亥卯未者 爲之金水間革也 忌刑冲庫破運 歲運同

희경신왕운 견해묘미자 위지금수간혁야 기형충고파운 세운동

此命得申酉戌全 月令戌土生金 得從其類 主任權衡之職

차명득신유술전 월령술토생금 득종기류 주임권형지직

【해 설】

종혁격(從革格)은 경금(庚金)이나 신금(辛金) 일간(日干)이 지지
(地支)에 사유축(巳酉丑)이나 신유술(申酉戌)이 모두 있는 것을 말
한다. 경신금(庚辛金)이 용신(用神)이니 사오미(巳午未) 화운(火
運)이 화극금(火剋金)하는 것과 인묘진(寅卯辰) 목운(木運)이 금극
목(金剋木)하는 것을 가장 꺼린다. 가장 기뻐하는 것은 신유술(申
酉戌)을 만나 강해지는 것이고, 해묘미(亥卯未)를 만나 왕성한 금
(金)을 설기(泄氣)시키는 것이다.

그리고 형충(刑沖)되거나 진술축미(辰戌丑未)의 고(庫)를 극(剋)
하면 흉한데 세운(歲運)이나 대운(大運)에서 만나도 마찬가지다.
만일 지지(地支)에 신유술(申酉戌)이 모두 있는데 월령(月令)이 술
토(戌土)이면 생금(生金)하여 종혁(從革)의 기운을 얻는다. 종혁격
(從革格)은 금기(金氣)가 왕성하니 권세를 잡는 것이 천직이다.

년	월	일	시	
辛	戊	庚	辛	丁丙乙甲癸壬辛庚
酉	戌	申	巳	申酉未午巳辰卯寅

본명은 경금(庚金) 일간(日干)이 지지(地支)에 신유술(申酉戌) 금
국(金局)을 이루어 종혁격(從革格)이 되었다. 따라서 경신금(庚辛
金)이 용신(用神)이고, 진술축미토(辰戌丑未土)는 희신(喜神)이고,
해자축(亥子丑)도 왕금(旺金)을 설기(泄氣)하니 길작용을 한다. 그
리고 병정화(丙丁火)는 기신(忌神)이고, 갑을목(甲乙木)은 구신(仇
神)이니 흉하다. 이 사람은 용감하며 정의가 있어 일찍 무관(武官)
에 올라 장래가 유망해 보였으나 대운(大運)이 불리하여 미관말직
에 머물렀다. 종혁격(從革格)이라 장군의 기질이 있었으나 대운(大
運)이 따라주지 않은 것이다.

4. 가색격(稼穡格)

【원문】

以戊己日生 値辰戌丑未全者是也 忌東方運及北方財運
이무기일생 치진술축미전자시야 기동방운급북방재운
此命辰戌丑未俱全 得水爲財 又無木剋 是以爲福 此格喜行西南
차명진술축미구전 득수위재 우무목극 시이위복 차격희행서남
惟忌東北 所謂稼穡者 俱從於土支干 重見則爲土之一類
유기동북 소위가색자 구종어토지간 중견즉위토지일류

深有培養之功 主人多信 人品厚豊肥 生財有道 斯爲富貴人矣
심유배양지공 주인다신 인품후풍비 생재유도 사위부귀인의

【해 설】

가색격(稼穡格)은 무토(戊土)나 기토(己土) 일간(日干)이 지지(地
支)에 진술축미(辰戌丑未)가 모두 있는 것을 말한다. 인묘(寅卯)
동방운과 해자(亥子) 북방운의 재운(財運)을 꺼리나 해자축(亥子
丑) 수재성(水財星)이 있거나 목극토(木剋土)의 상극(相剋)이 없으
면 길복이 따른다. 가색격(稼穡格)이 가장 기뻐하는 것은 사오미
(巳午未) 남방운과 신유술(申酉戌) 서방운이다. 가색격(稼穡格)은
신의가 많고 인품이 후덕하며 신체가 풍비하다. 그리고 재성(財星)
을 생(生)하는 이치가 있으니 부귀영화를 누리는 명조가 된다.

년	월	일	시								
戊	己	戊	癸	庚	辛	壬	癸	甲	乙	丙	丁
戌	未	辰	丑	申	酉	戌	亥	子	丑	寅	卯

이 사주는 장진인(張眞人)의 명조인데 무토(戊土) 일간(日干)이
지지(地支)에 진술축미(辰戌丑未)가 모두 있어 가색격(稼穡格)이
되었다. 시상(時上)에 계수(癸水)가 투출(透出)하여 격이 깨졌으나
무계(戊癸)가 합화(合火)하여 흉을 제거하였다. 이 사람은 초년에
는 신유술(申酉戌) 대운(大運)이라 일찍 출사하여 입신양명했으나,
계해(癸亥) 대운(大運)부터는 수운(水運)으로 흘러 패가망신하였

다. 그러나 속세를 벗어나 수도에 전념하여 전화위복이 되었다. 그리고 사주에 토기(土氣)가 많아 신앙심이 강하며 진리연구에 몰두하여 후세에 이름을 남겼다.

5. 곡직격(曲直格)

【원 문】

此格以甲乙日干 取地支寅卯辰 或亥卯未木局 要不見庚辛之氣
차격이갑을일간 취지지인묘진 혹해묘미목국 요불견경신지기

見庚辛則官殺 非此格也 只要行木運 故曰曲直 運喜東北
견경신즉관살 비차격야 지요행목운 고왈곡직 운희동북

北方有水 木賴水生 故從其類 主人多仁 忌西方運
북방유수 목뢰수생 고종기류 주인다인 기서방운

【해 설】

곡직격(曲直格)은 갑목(甲木)이나 을목(乙木) 일간(日干)이 지지(地支)에 인묘진(寅卯辰) 방합(方合)이나 해묘미(亥卯未) 목국(木局)이 있는 것을 말한다. 그러나 경신금(庚辛金)이 있으면 불리하다. 경신금(庚辛金)은 관살(官殺)이니 금극목(金剋木)으로 격을 깨트리기 때문이다. 행운은 인묘진(寅卯辰) 목운(木運)이 길하고, 해자축(亥子丑) 수운(水運)도 길하다. 수운(水運)은 목(木)이 수생목(水生木)하기 때문이다. 이런 사주는 종격(從格)에 해당하는 곡직격(曲直格)인데 자비심이 많다. 그러나 신유술(申酉戌) 금운(金運)

으로 흐르면 흥하다.

년	월	일	시							
甲	丁	乙	丙	戊	己	庚	辛	壬	癸	甲乙
寅	卯	未	子	辰	巳	午	未	申	酉	戌亥

 이 사주는 이총병(李總兵)의 명조인데 을목(乙木) 일간(日干)이
지지(地支)에 인묘진(寅卯辰) 방합(方合)과 해묘미(亥卯未) 목국
(木局)이 있어 곡직격(曲直格)이 되었다. 목운(木運)이 가장 길하
고, 수운(水運)도 수생목(水生木)하니 길하다. 금운(金運)은 금극목
(金剋木)하니 매우 흉하고, 토운(土運)도 목극토(木剋土)하니 흉하
다. 이 사람은 총병(總兵)에까지 올랐으나 경신(庚辛) 대운(大運)
과 신유(申酉) 대운(大運)이 기신운(忌神運)이라 큰 화를 입었다.
특히 유(酉) 대운(大運)이 매우 흉하여 전장에서 전사하였다. 부귀
영화를 누릴 수 있는 명조였으나 대운(大運)이 고르지 못하여 파
란이 많았던 것이다.

6. 일덕수기격(日德秀氣格)

【원문】

要天干三個乙字 地支巳酉丑全 更有丙子壬子辛酉丁酉일
요천간삼개을자 지지사유축전 갱유병자임자신유정유일

亦是秀氣 怕冲剋運同

역시수기 파충극운동

【해 설】

　일덕수기격(日德秀氣格)은 병자(丙子)·임자(壬子)·신유(辛酉)·정유(丁酉)일생이 천간(天干)에 을(乙)이 3개 있고 지지(地支)에 사유축(巳酉丑)이 모두 있는 것을 말한다. 상충(相冲)이나 상극(相剋)되면 흉한데 세운(歲運)이나 대운(大運)에서 만나도 마찬가지다.

7. 복덕격(福德格)

【원 문】

此格只要己丑日主 地支巳酉丑全者是 忌火鄉官鄉 忌冲破

차격지요기축일주 지지사유축전자시 기화향관향 기충파

【해 설】

　복덕격(福德格)은 기사(己巳)·기유(己酉)·기축(己丑)·정사(丁巳)·정유(丁酉)·정축(丁丑)·계사(癸巳)·계유(癸酉)·계축(癸丑)·신사(辛巳)·신유(辛酉)·신미(辛未)·을사(乙巳)·을유(乙酉)·을축(乙丑)일생이 지지(地支)에 사유축(巳酉丑)이 모두 있는 것을 말한다. 사오미(巳午未) 화운(火運)이나 인묘진(寅卯辰) 관운(官運)으로 가거나 상충(相冲)이나 상파(相破)되면 흉하다.

8. 기명종재격(棄命從財格)

【원 문】

假如乙日見辰戌丑未 財神極旺 乙木四柱無依 則捨而從之
가여을일견진술축미 재신극왕 을목사주무의 즉사이종지

主其人平生懼內 爲塡房贅繼之人 財者妻也 身無所托 倚妻成立
주기인평생구내 위전방췌계지인 재자처야 신무소탁 의처성립

故矣此論
고의차론

【해 설】

　기명종재격(棄命從財格)이란 을목(乙木) 일간(日干)이 진술축미 (辰戌丑未)를 만나 재신(財神)이 극왕(極旺)한 것을 말한다. 이런 사주는 의지할 곳이 없어 자신의 명(命)을 버리고 종(從)한다. 종 재격(從財格) 사주는 평생 아내를 두려워하고 데릴사위가 되거나 처가에 의지하여 살아간다. 재성(財星)은 아내를 뜻하기도 하는데 재성(財星)만 왕성할뿐 일간(日干)을 도와주는 인성(印星)이나 비 겁(比劫)이 전혀 없으니 재성(財星)에게 의지하여 살아갈 수밖에 없기 때문이다.

9. 상관생재격(傷官生財格)

【원 문】

且如乙日生 地支見寅午戌全局 則自以戊己爲財
차여을일생 지지견인오술전국 즉자이무기위재

要行火鄕財運 身旺運 怕官鄕 忌刑冲倒 則不吉
요행화향재운 신왕운 파관향 기형충도 즉불길

【해 설】

상관생재격(傷官生財格)이란 을목(乙木) 일간(日干)이 지지(地支)에 인오술(寅午戌) 화국(火局)이 있는 것을 말하는데 무기토(戊己土)는 재성(財星)이 된다. 따라서 사오미(巳午未) 화운(火)으로 흘러 다시 진술축미(辰戌丑未)의 재운(財運)을 생(生)하면 길하나, 신유술(申酉戌) 관운(官運)으로 흘러 금극목(金剋木) 화극금(火剋金)하거나 형충(刑沖)되는 운으로 들어가면 불길하다.

10. 기명종살격(棄命從殺格)

【원 문】

且如乙日干 見巳酉丑金局大盛 又無制殺 身主無氣
차여을일간 견사유축금국대성 우무제살 신주무기

只得拾身而從之 要行殺旺及財鄕 忌日主有根 及比肩之地
지득습신이종지 요행살왕급재향 기일주유근 급비견지지

【해 설】

　기명종살격(棄命從殺格)이란 을목(乙木) 일간(日干)이 지지(地支)에 사유축(巳酉丑) 금국(金局)이 있는 것을 말한다. 이런 사주는 일간(日干)이 기운이 전혀 없고, 관살(官殺)을 제극(制剋)하지 않고, 관왕운(官旺運)이나 재왕운(財旺運)으로 흐르면 길하다. 만일 일간(日干)이 뿌리가 있고 비견운(比肩運)이나 겁재운(劫財運)으로 흐르면 흉하다. 종격(從格) 사주는 일간(日干)이 완전히 소멸되는 것이 좋기 때문이다.

11. 상관대살격(傷官帶殺格)

【원 문】

且如甲乙日生 寅午戌地支全 若干頭庚辛 則籍庚辛爲權

차여갑을일생 인오술지지전 약간두경신 즉적경신위권

火制之爲福最要行旺運 忌見財 得中和爲貴

화제지위복최요행왕운 기견재 득중화위귀

【해 설】

　상관대살격(傷官帶殺格)이란 갑목(甲木)이나 을목(乙木) 일간(日干)이 지지(地支)에 인오술(寅午戌)이 모두 있는 것을 말한다. 만일 천간(天干)에 경신금(庚辛金)이 투출(透出)하면 권세가 있고, 화기(火氣)를 제극(制剋)하면 길복이 되고, 화왕운(火旺運)으로 가면 길하다. 그러나 진술축미(辰戌丑未)의 재성(財星)을 만나면 흉하나 중화되면 귀격을 이룬다.

12. 세덕부살격(歲德扶殺格)

【원 문】

且如甲日 見庚年是柱 正如年爲君位 日爲臣位 臣得君權
차여갑일 견경년시주 정여년위군위 일위신위 신득군권

然又以年爲祖 日爲己身 七殺有制 則祖上曾有要職也
연우이년위조 일위기신 칠살유제 즉조상증유요직야

【해 설】

 세덕부살격(歲德扶殺格)이란 갑목(甲木) 일간(日干)이 년간(年干)
에 경금(庚金)이 있는 것을 말한다. 년주(年柱)는 임금의 자리이고
일간(日干)은 신하의 자리인데 이런 사주는 신하가 임금의 권세를
얻는 격이 되어 길하다. 그리고 칠살(七殺)을 제극(制剋)하면 조상
중에 요직에 올라 부귀영화를 누린 사람이 있는 것으로 본다.

13. 세덕부재격(歲德扶財格)

【원 문】

且如甲日見戊己年是也 若財命有氣 則主其人得祖上物業
차여갑일견무기년시야 약재명유기 즉주기인득조상물업

身弱者雖有祖業　當耗散而無承也

신약자수유조업　당모산이무승야

【해 설】

　세덕부재격(歲德扶財格)이란 갑목(甲木) 일간(日干)이 년간(年干)에 무기토(戊己土)가 있는 것을 말한다. 재성(財星)이 유기(有氣)하면 조상의 업을 물려받으나, 신약(身弱)하면 유산을 받아도 지키지 못한다. 일간(日干)이 강해야 재물을 감당할 수 있기 때문이다.

14. 내구격(來丘格)

【원 문】

此格用日支與時支拱其財　且如甲寅日甲子時

차격용일지여시지공기재　차여갑인일갑자시

虛拱丑宮己土爲財庫　又如乙卯日丁巳時　甲午日壬申時

허공축궁기토위재고　우여을묘일정사시　갑오일임신시

癸酉日癸亥時是也　要虛拱不要塡實　及酉若絆　則拱不得

계유일계해시시야　요허공불요전실　급유약반　즉공불득

更要日主自旺　或財旺運皆吉　歌曰來丘之格少人知

갱요일주자왕　혹재왕운개길　가왈내구지격소인지

拱來休塡墓庫中　不犯柱中官祿位　日生淸貧顯當時

공내휴전묘고중　불범주중관록위　일생청빈현당시

【해 설】

내구격(來丘格)이란 일지(日支)와 시지(時支) 사이에 재성(財星)이 있는 것을 말하는데 공재격(拱財格)이라고도 한다. 예를 들어 갑인(甲寅)일 갑자(甲子)시생이면 인(寅)과 자(子) 사이에 축(丑)이 있으니 축(丑) 중의 기토(己土)가 재성(財星)의 고(庫)가 된다. 을묘(乙卯)일 정사(丁巳)시생, 갑오(甲午)일 임신(壬申)시생, 계유(癸酉)일 계해(癸亥)시생도 이런 이치로 보면 된다.

내구격(來丘格)은 재성(財星)이 공재(拱財)되기만 하면 안 되고, 유(酉)가 있어 기반합(羈絆合)되면 불길하다. 그러나 일간(日干)이 왕성하면 길하고, 재왕운(財旺運)을 만나면 길하고, 묘고(墓庫)에 있는 재성(財星)이 전실(塡實)되지 않았는데 사주에 관살(官殺)이 전혀 없으면 청빈한 지도자가 된다. 시가(詩歌)에 이르기를 "내구격(來丘格)을 아는 사람은 많지 않다"고 하였다.

년	월	일	시							
庚	戊	癸	癸	己	庚	辛	壬	癸	甲	乙	丙
戌	子	酉	亥	丑	寅	卯	辰	巳	午	未	申

이 사주는 김승상(金丞相)의 명조인데 일시지(日時支)의 유(酉)와 해(亥) 사이에 술(戌)이 있고, 술(戌) 중에 정화(丁火)가 있으니 내구격(來丘格)이 되었다. 병정화운(丙丁火運)이 가장 길하고, 월상(月上)의 무토(戊土)는 토극수(土剋水)로 넘치는 수(水)를 막으니 역시 길하다. 이 사람은 남방 화운(火運)이 좋은데 중년부터 사오

미(巳午未) 대운(大運)으로 흘러 승상(丞相)에까지 오른 것이다.

년 월 일 시
丙 辛 癸 癸　　　壬癸甲乙丙丁戊己
辰 卯 酉 亥　　　辰巳午未申酉戌亥

이 사주는 장상서(張上書)의 명조인데 일시지(日時支)의 유(酉)와 해(亥) 사이에 술(戌)이 있으니 내구격(來丘格)이 되었다. 용신(用神)은 월상(月上)의 신금(辛金)인데 일지(日支)의 유금(酉金)과 진토(辰土)에 통근(通根)하여 강하다. 그러나 신금(辛金) 용신(用神)이 병신(丙辛)과 합(合)하여 수(水)로 변한 것이 흠이다. 이처럼 용신(用神)이 합(合)하여 기신(忌神)으로 변하면 사주의 격이 떨어진다. 용신(用神)은 투출(透出)하고 안정되어야 길복이 많기 때문이다. 이 사람은 미토(未土) 대운(大運)부터 희신운(喜神運)으로 들어가 발복하였고, 유(酉) 대운(大運)에는 상서(上書)에 올랐다.

년 월 일 시
甲 癸 癸 癸　　　乙丙丁戊己庚辛壬
子 酉 酉 亥　　　戌亥子丑寅卯辰巳

이 사주는 유총관(柳總官)의 명조인데 일시지(日時支)의 유(酉)와 해(亥) 사이에 술(戌)이 있으니 내구격(來丘格)이 되었다. 그리고 사주 대부분이 금수(金水)로 구성되어 종격(從格)도 된다. 즉 종왕격(從旺格)에 해당하므로 금수운(金水運)은 길하나 화토운(火土運)은 흉하다.

이 사람은 해자축운(亥子丑運)에 발복하여 총관(總官)에 올랐으나 무기(戊己) 대운(大運)이 토운(土運)이라 관재구설이 많았고, 진(辰) 대운(大運)에 토극수(土剋水)가 심하자 사망하였다. 종격(從格) 사주는 항상 불안하다. 대운(大運)이 보통 20년으로 끝나기 때문이다. 좋은 사주가 되려면 정격(正格)이어야 하고, 오행(五行)이 골고루 있어야 하고, 용신(用神)이 강하고, 대운(大運)이 용신운(用神運)으로 흘러야 한다.

15. 양간불잡격(兩干不雜格)

【원 문】

此格乃謂年月日時 連占兩干 純一而不雜也 取兩字不亂之類是也
차격내위년월일시 연점양간 순일이불잡야 취양자불난지류시야
又謂之兩干連珠格 經云 兩干不雜利名齊 其斯之謂與
우위지양간연주격 경운 양간불잡이명제 기사지위여

【해 설】

양간불잡격(兩干不雜格)이란 천간(天干)이 두 글자씩 연달아 있는 것을 말한다. 양쪽의 글자가 난잡하지 않으니 귀격으로 볼 수 있으나 반드시 그렇지만은 않다. 경(經)에서는 양간불잡격(兩干不

雜格)을 "양간(兩干)이 불잡(不雜)하니 이익과 명예가 함께 한다"
고 하였다.

```
년  월  일  시
甲  乙  甲  乙        丙丁戊己庚辛壬癸
子  亥  戌  丑        子丑寅卯辰巳午未
```

이 사주는 왕시랑(王侍郎)의 명조인데 년월간(年月干)에 갑을(甲
乙)이 있는데 일시간(日時干)에도 갑을(甲乙)이 있으니 양간불잡
격(兩干不雜格)이 되었다. 일지(日支)의 술(戌) 중 정화(丁火)와
무토(戊土)가 용신(用神)이다. 즉 화토운(火土運)은 길하나 금수운
(金水運)과 목운(木運)은 흉하다. 그러나 용신(用神)이 투출(透出)
하지 않았고, 술(戌)에 암장(暗藏)된 정화(丁火)가 용신(用神)이니
상격은 아니다. 이처럼 중하격 사주로 시랑(侍郎)에 오른 것은 대
운(大運)이 병정무기(丙丁戊己)와 진사오미(辰巳午未)로 잘 흘렀
기 때문이다. 이처럼 대운(大運)은 매우 중요하다.

```
년  월  일  시
丙  丁  丙  丁        戊己庚辛壬癸甲乙
寅  酉  辰  酉        戌亥子丑寅卯辰巳
```

이 사주는 년월간(年月干)에 병정(丙丁)이 있는데 일시간(日時干)
에도 병정(丙丁)이 있으니 양간불잡격(兩干不雜格)이 되었다. 사주

에 목기(木氣)와 화기(火氣)가 많으니 월지(月支)의 유금(酉金)이 용신(用神)이다. 따라서 경신(庚申) 신유(辛酉) 무술(戊戌) 운이 가장 길하고, 그 다음은 기미(己未)와 임해(壬亥) 운이 길하다. 갑인(甲寅)과 을묘(乙卯) 운이 가장 흉하고, 그 다음은 기축(己丑)과 병사(丙巳) 운이 흉하다. 이 사람은 인(寅) 대운(大運)에는 고전하였고, 묘(卯) 대운(大運)에는 묘유상충(卯酉相沖)으로 용신(用神)을 상충(相沖)하자 사망하였다. 양간불잡격(兩干不雜格)을 이루었으나 대운(大運)의 흐름이 좋지 않아 발복하지 못한 것이다.

16. 오행구족격(五行俱足格)

【원 문】

此格取年月日時胎 帶金木水火土全者是也 此二格 亦不論官殺
차격취년월일시태 대금목수화토전자시야 차이격 역불론관살
只取五行爲全 自有生生不絶之義 化化無窮之理 是亦罕有矣
지취오행위전 자유생생불절지의 화화무궁지리 시역한유의

【해 설】

오행구족격(五行俱足格)이란 년월일시(年月日時)에 태(胎)가 들고, 목화토금수(木火土金水)가 모두 있는 것을 말한다. 아래의 두 명조는 생생불절(生生不絶)하며 변화를 거듭하여 걸림이 없으니 관살(官殺)을 논할 필요없이 귀격으로 본다.

```
년  월  일  시  胎
甲  戊  丁  丁  己   己庚辛壬癸甲乙丙
子  辰  巳  未  未   巳午未申酉戌亥子
```

본명은 년주(年柱)의 갑자을축(甲子乙丑)은 해중금(海中金)이고, 월주(月柱)의 무진기사(戊辰己巳)는 대림목(大林木)이고, 일주(日柱)의 병진정사(丙辰丁巳)는 사중토(砂中土)이고, 시주(時柱)의 병오정미(丙午丁未)는 천하수(天河水)이고, 태월(胎月)의 무오기미(戊午己未)는 천상화(天上火)이니 오행(五行)을 모두 갖추었다. 용신(用神)은 년지(年支)의 자수(子水)이고, 금(金)은 희신(喜神)이다. 따라서 금수운(金水運)은 길하나 목화운(木火運)과 토운(土運)은 흉하다. 이 사람은 대운(大運)이 비교적 금수운(金水運)으로 흘러 부귀영화를 누렸다.

```
년  월  일  시  胎
乙  壬  辛  丙  癸   壬癸辛庚己戊丁丙
酉  午  未  申  酉   巳辰卯寅丑子亥戌
```

본명은 년주(年柱)의 갑신을유(甲申乙酉)는 천중수(泉中水)이고, 월주(月柱)의 임오계미(壬午癸未)는 양유목(楊柳木)이고, 일주(日柱)의 경오신미(庚午辛未)는 노방토(路傍土)이고, 시주(時柱)의 병신정유(丙申丁酉)는 산하화(山下火)이고, 태월(胎月)의 임신계유(壬申癸酉)는 검봉금(劍鋒金)이니 목화토금수(木火土金水)를 모두 갖추어 귀격이 되었다. 용신(用神)은 월상(月上)의 임수(壬水)이고, 금(金)은 희신(喜神)이다. 즉 금수운(金水運)은 길하나 목화운(木火運)과 토운(土運)은 흉하다. 이 사람 역시 대운(大運)이 금수운(金水運)으로 흘러 길복이 많았다.

17. 지진일기(支辰一氣) · 천원일기(天元一氣) · 간지동체(干支同體)

지진일기(支辰一氣)는 지지(地支)가 모두 같은 것을 말하고, 천원일기(天元一氣)는 천간(天干)이 모두 같은 것을 말하고, 간지동체(干支同體)는 사주의 네 기둥이 모두 같은 것을 말한다.

년	월	일	시								
甲	丙	庚	戊	丁	戊	己	庚	辛	壬	癸	甲
寅	寅	寅	寅	卯	辰	巳	午	未	申	酉	戌

본명은 지지(地支)가 모두 인목(寅木)이니 지진일기격(支辰一氣格)이다. 용신(用神)은 경금(庚金) 일간(日干)이고, 토(土)는 희신(喜神)이고, 월상(月上)의 병화(丙火)도 왕목(旺木)을 설기(泄氣)하니 길작용을 한다. 갑을목(甲乙木)은 기신(忌神)이고, 임계수(壬癸水)는 구신(仇神)이다. 이 사람은 신약(身弱)한데 재성(財星)이 많아 여난과 재난이 많았고, 일지(日支)에 인목(寅木)이 있으니 처첩복도 없었다. 다행히 대운(大運)이 화운(火運)과 금운(金運)으로

흘러 발복했으나 워낙 그릇이 작아 부귀영화를 감당하지 못하였다. 이처럼 아무리 좋은 운이 와도 팔자에 없으면 누리지 못한다.

```
년  월  일  시
乙  乙  乙  乙        甲癸壬辛庚己戊丁
丑  酉  亥  酉        申未午巳辰卯寅丑
```

본명은 천간(天干)이 모두 을목(乙木)이니 천원일기격(天元一氣格)이다. 월지(月支)에 유금(酉金)이 있는데 시지(時支)에 또 유금(酉金)이 있으니 신약(身弱)하다. 따라서 을목(乙木)은 용신(用神), 병화(丙火)는 희신(喜神), 유금(酉金)은 기신(忌神), 술토(戌土)는 구신(仇神)이다. 년지(年支)에 축토(丑土)가 들어 재물복이 많았고, 천간(天干)이 모두 용신(用神)에 해당하여 길복이 많았고, 대운(大運)이 목화운(木火運)으로 흘러 발복하였다.

```
년  월  일  시
甲  甲  甲  甲        乙丙丁戊己庚辛壬
子  戌  寅  子        亥子丑寅卯辰巳午
```

본명은 천간(天干)이 모두 갑목(甲木)이니 천원일기격(天元一氣格)이 되었다. 술(戌) 중의 신금(辛金)이 용신(用神)이고, 토(土)는 희신(喜神)이다. 즉 토금운(土金運)은 길하나 수목운(水木運)은 흉하다. 천간(天干)이 모두 갑목(甲木)이고, 지지(年支)에 자수(子水)

와 일주(日柱)에 인목(寅木)이 들어 신강(身强)하다. 그리고 월지
(月支)의 술토(戌土)는 재성(財星)인데 왕성하니 재물복이 많은 명
조가 되었다. 이 사람은 무기(戊己) 대운(大運)과 경진(庚辰) 대운
(大運)에 수만 석의 거부가 되었다. 용신(用神)은 암장(暗藏)되어
미약하나 월지(月支)에 술토(戌土)가 들어 희신(喜神)이 강한 사주
가 되었기 때문이다.

```
넌  월  일  시
戊  戊  戊  戊        己庚辛壬癸甲乙丙
午  午  午  午        未申酉戌亥子丑寅
```

이 사주는 천간(天干)과 지지(地支)가 모두 같아 간지동체격(干支
同體格)이 되었고, 사주가 모두 화(火)와 토(土)로 구성되어 화토
운(火土運)이 좋은 종왕격(從旺格)이다. 따라서 화(火)는 용신(用
神), 토(土)는 희신(喜神), 수(水)는 기신(忌神), 목(木)은 구신(仇
神)이다. 이 사람은 초년에는 기미(己未) 대운(大運)과 경신(庚申)
대운(大運)이라 부모덕에 호의호식하며 잘 자랐으나, 계해(癸亥)
대운(大運)은 기신운(忌神運)이라 가업이 망하였고, 자(子) 대운
(大運)에 자오(子午)가 상충(相冲)하자 사망하였다.

명리각론편(命理各論篇)

제1장. 육친론(六親論)

1. 육친총론

【원 문】

夫六親者 父母兄弟妻財子孫是也 用日干爲主 正印正母

부육친자 부모형제처재자손시야 용일간위주 정인정모

偏印偏母及祖父也 偏財是父 乃母之夫星也 亦爲偏妻 正財爲妻

편인편모급조부야 편재시부 내모지부성야 역위편처 정재위처

偏財爲妾爲父是也 比肩爲兄弟姉妹也 七殺是男 正官爲女

편재위첩위부시야 비견위형제자매야 칠살시남 정관위녀

食神是男孫 傷官是女孫及祖母也 婦人命取六親 與男命不同

식신시남손 상관시여손급조모야 부인명취육친 여남명부동

取官星爲夫星 七殺是偏夫 食神是男 傷官是女

취관성위부성 칠살시편부 식신시남 상관시녀

經云男取剋干爲嗣 女取干生爲子息及奴婢也

경운남취극간위사 여취간생위자식급노비야

【해 설】

　육친(六親)이란 혈연관계를 말하는데 일간(日干)을 위주로 본다. 정인(正印)은 친어머니, 편인(偏印)은 계모·서모·조부, 편재(偏財)는 아버지·외첩, 정재(正財)는 아내, 비견(比肩)은 형제·자매, 편관(偏官)은 아들, 정관(正官)은 딸, 식신(食神)은 손자, 상관(傷官)은 손녀·조모에 해당한다.

　여명은 남명과 다르게 본다. 정관(正官)은 남편, 편관(偏官)은 외부, 식신(食神)은 아들, 상관(傷官)은 딸에 해당한다. 경(經)에서는 "남자는 일간(日干)을 극(剋)하는 관성(官星)이 자식이고, 여자는 일간(日干)이 생(生)하는 식상(食傷)이 자식이나 노비"라고 했다.

【원 문】

年爲祖上 月爲父母伯叔兄弟門戶 日爲妻妾己身

년위조상 월위부모백숙형제문호 일위처첩기신

且如六親受剋何如 印綬見財 剋母及祖母也 見比劫羊刃

차여육친수극하여 인수견재 극모급조모야 견비겁양인

剋妻妾及父也 官殺多者 難爲兄弟 傷官食神多 難爲子息

극처첩급부야 관살다자 난위형제 상관식신다 난위자식

梟印傷孫 剋祖母也 譬如正印作合母不正 財作合妻不正

효인상손 극조모야 비여정인작합모부정 재작합처부정

官作合女不正 偏財作合妾不正 比肩作合姉妹也

관작합여부정 편재작합첩부정 비견작합자매야

傷官作合祖母不正 食神作合孫女不正
상관작합조모부정 식신작합손녀부정

【해 설】

년주(年柱)는 조상의 자리이고, 월주(月柱)는 부모·백숙·형제의 자리이고, 일주(日柱)에서 일간(日干)은 본인이니 사주의 중심이고, 일지(日支)는 처첩의 자리다. 그리고 육친(六親)의 극(剋) 여하에 따라 다르게 나타나기도 한다.

만일 인수(印綬)가 재성(財星)을 만나면 어머니와 조모를 극(剋)하고, 비겁(比劫)과 양인(羊刃)이 재성(財星)을 만나면 처첩과 아버지를 극(剋)하고, 관살(官殺)이 많으면 관극비(官剋比)하여 형제에게 환난이 따르고, 식신(食神)과 상관(傷官)이 많으면 자식을 양육하기 어렵고, 효인살(梟印殺)이 있으면 자손을 상해하거나 조모를 극(剋)한다.

예를 들면 정인(正印)이 합(合)하면 어머니가 부정하고, 재성(財星)이 합(合)하면 아내가 부정하고, 관살(官殺)이 합(合)하면 딸이 부정하고, 편재(偏財)가 합(合)하면 외첩이 부정하고, 비견(比肩)이 합(合)하면 자매가 부정하고, 상관(傷官)이 합(合)하면 조모가 부정하고, 식신(食神)이 합(合)하면 손녀가 부정하다.

【원 문】

假如甲日爲主 見癸爲母 見戊辰戌爲父及妾
가여갑일위주 견계위모 견무진술위부급첩

見己丑未字則與戊字 相爭奪 又傷癸水 剋母之義明矣

견기축미자즉여무자 상쟁탈 우상계수 극모지의명의

見甲寅字 剋父及妻妾 見庚申字 主剋兄姐也 見乙卯字 剋弟妹

견갑인자 극부급처첩 견경신자 주극형저야 견을묘자 극제매

見丙巳字剋子女也 餘皆倣此 此必以歲運見何字 則剋何人

견병사자극자녀야 여개방차 차필이세운견하자 즉극하인

更將冲剋衰旺向背 將來者進 功成者退 兼有孤辰寡宿

갱장충극쇠왕향배 장래자진 공성자퇴 겸유고진과숙

旬中空亡者 忌二三吉 金空則鳴 火空則發 水空則流 木空則朽

순중공망자 기이삼길 금공즉명 화공즉발 수공즉유 목공즉후

土空則崩 二者主凶 當以本生起 剋害無疑

토공즉붕 이자주흉 당이본생기 극해무의

【해 설】

만일 갑목(甲木) 일간(日干)이 계수(癸水)를 만나면 음수(陰水)가 양목(陽木)을 수생목(水生木)하여 인수(印綬)가 되니 어머니가 되고, 무진(戊辰)이나 무술(戊戌)을 만나면 편재(偏財)인데 무계(戊癸)가 합(合)하여 어머니와 결혼하는 자이니 아버지가 되고, 정재(正財)는 아내이고 편재(偏財)는 외첩이 된다.

만일 기축미(己丑未)가 있으면 음토(陰土)가 음수(陰水)를 만나는 것이니 토극수(土剋水)하여 어머니를 극(剋)하고 무(戊)와 서로 쟁탈한다. 갑인(甲寅)이 있으면 비견(比肩)이니 목극토(木剋土)하여 아버지와 처첩을 극(剋)하고, 경신(庚申)이 있으면 편관(偏官)이니

금극목(金剋木)하여 형제자매를 극(剋)하고, 을묘(乙卯)가 있으면 겁재(劫財)이니 아우와 누이를 극(剋)하고, 병사(丙巳)가 있으면 화극금(火剋金)하여 관살(官殺)을 극(剋)하니 자녀를 극(剋)한다. 다른 일간(日干)도 이와 같은 원리로 보면 된다.

육친(六親)을 볼 때는 세운(歲運)에서 어떤 오행(五行)이 어느 육친(六親)을 극(剋)하는가를 보고, 충극왕쇠(沖剋旺衰)하는 운을 보아야 한다. 그리고 고진(孤辰)이나 과숙(寡宿)이나 공망(空亡)이 있으넌 불길하다. 공망(空亡)에는 3길과 2흉이 있다. 금(金)이 공망(空亡)되면 울리고, 화(火)가 공망(空亡)되면 올라가고, 수(水)가 공망(空亡)되면 흐르고, 목(木)이 공망(空亡)되면 썩고, 토(土)가 공망(空亡)되면 무너진다.

2. 육친제요가(六親提要歌)

【원문】

分祿須傷主饋人 比肩重疊損嚴親 正財剋母偏財父
분록수상주궤인 비견중첩손엄친 정재극모편재부

夫婦相刑値退神 食神有壽妻多子 偏官多少女麒麟
부부상형치퇴신 식신유수처다자 편관다소녀기린

乘在旺傷官嗣必絶 中和印綬自榮身
승재왕상관사필절 중화인수자영신

【해 설】

　재록(財祿)을 빼앗기면 식복이 손상되고, 비겁(比劫)이 많으면 아버지가 손상되고, 정재(正財)는 어머니를 극(剋)하고, 부부궁이 형(刑)되면 흉하고, 식신(食神)이 있으면 장수하며 아내와 자식복이 많고, 편관(偏官)이 많으면 자식이 출세하고, 상관(傷官)이 왕성하면 후사가 끊어지고, 인수(印綬)가 중화되면 저절로 영화가 따른다.

3. 아버지

【원 문】

偏財是父 乃印綬之官星也 如甲日以戊爲父 再見甲寅字

편재시부 내인수지관성야 여갑일이무위부 재견갑인자

或木局全 或臨死絶冲刑之地 主剋父也 不然主 離異不睦

혹목국전 혹임사절충형지지 주극부야 불연주 이이불목

或疾病殘傷 若得庚字申字救 庶無大害 如甲旺戊衰

혹질병잔상 약득경자신자구 서무대해 여갑왕무쇠

亦主有疾少靠 如戊臨生旺貴人天月德地 亦主有貴 更得丙丁生助

역주유질소고 여무임생왕귀인천월덕지 역주유귀 갱득병정생조

享父之福無窮 如臨殺地 父死他鄉 居衰敗受制之處 墓絶之地

향부지복무궁 여임살지 부사타향 거쇠패수제지처 묘절지지

主父平常 不得父力也

주부평상 불득부력야

【해 설】

편재(偏財)는 어머니인 인수(印綬)의 관성(官星)이니 아버지다. 예를 들어 갑목(甲木) 일간(日干)의 무토(戊土)는 편재(偏財)이니 아버지인데, 다시 갑인(甲寅)을 만나거나, 해묘미(亥卯未) 목국(木局)이 있거나, 편재(偏財)가 형충(刑沖)되거나 사절지(死絶地)에 임하면 아버지를 극(剋)하므로 아버지와 일찍 사별하거나 생이별한다. 그렇지 않으면 아버지와 따로 살거나 불목하거나 질병으로 고생한다. 이 때 경(庚)이나 신(申)이 갑경상충(甲庚相沖)이나 인신상충(寅申相沖)을 하면 구제되어 큰 해는 없다.

만일 갑목(甲木) 일간(日干)이 강한데 무토(戊土)가 약하면 역시 병이 있거나 의지할 곳이 없으나, 무토(戊土)가 생왕지(生旺地)에 임하거나 천덕귀인(天德貴人)이나 월덕귀인(月德貴人)이 있으면 귀격을 이룬다. 이 때 병정(丙丁)이 도와주면 아버지덕이 있으나, 편재(偏財)가 칠살(七殺)에 임하면 아버지가 타향에서 죽고, 편재(偏財)가 의지할 곳이 없거나 제극(制剋)되거나 묘절지(墓絶地)에 임하면 아버지가 평범한 사람이며 아버지덕이 없다.

4. 어머니

【원 문】

正印者 乃生我之身也 如甲日以癸爲母 遇己丑未主剋母

정인자 내생아지신야 여갑일이계위모 우기축미주극모

見多主母嫁二夫 一戊失地 或被剋 主母傷前夫 戊字受生

견다주모가이부 일무실지 혹피극 주모상전부 무자수생

或印臨桃花沐浴 母親有外情 如印長生 主母慈淑壽長

혹인임도화목욕 모친유외정 여인장생 주모자숙수장

益和子母 如臨羊刃殺地 或值絶墓孤寡 主母不賢

익화자모 여임양인살지 혹치절묘고과 주모불현

或有殘疾不睦 須以理推 無不驗矣

혹유잔질불목 수이리추 무불험의

【해 설】

　정인(正印)은 일간(日干)인 나를 생(生)하고 음양(陰陽)이 다른
것을 말한다. 예를 들어 갑목(甲木) 일간(日干)은 계수(癸水)가 어
머니인데 기축(己丑)이나 기미(己未)를 만나면 토극수(土剋水)로
극(剋)하니 어머니가 해롭고, 기축(己丑)이나 기미(己未)가 많으면
어머니가 재가하고, 무토(戊土)가 사절지(死絶地)에 임했는데 도와
주는 것이 없어 극해(剋害)되면 어머니가 전 남편을 상해하고, 무
토(戊土)가 생(生)하나 인수(印綬)가 도화(桃花)나 목욕지(沐浴地)
에 임하면 어머니에게 외정이 있고, 인수(印綬)가 장생지(長生地)
에 임하면 어머니가 자비롭고 정숙하며 장수하니 모자가 화목하고,
인수(印綬)가 양인(羊刃)에 임하거나 절묘(絶墓)나 고과(孤寡)와
동주(同柱)하면 어머니가 현명하지 않거나 잔병이 있으니 모자가
화목하기 어렵다. 이 원리는 적중하지 않는 경우가 거의 없으니 잘
익히는 것이 좋다.

5. 처 첩

【원문】

正財爲正妻 偏財妾也 甲木見己土爲正財 戊土爲偏財

정재위정처 편재첩야 갑목견기토위정재 무토위편재

又見乙木局 亥卯未傷妻 甲寅剋妻也 更主妻不正 財衰敗墓絶

우견을목국 해묘미상처 갑인극처야 갱주처부정 재쇠패묘절

主妻有疾不賢 否則年高再嫁 見癸字則妾不正 見 己土丑未字

주처유질불현 부즉년고재가 견계자즉첩부정 견 기토축미자

則主自安 比肩分奪 來臨沐浴桃花 主妻私通 日下月下坐財官

즉주자안 비견분탈 내림목욕도화 주처사통 일하월하좌재관

主妻多內助 財偏財得位 外妾勝於妻 主財自旺 妻不容妾

주처다내조 재편재득위 외첩승어처 주재자왕 처불용첩

官殺重見 妻招幹蠱可畏 財官並美 爲人怕妻 見殺尤忌 財多身弱

관살중견 처초간고가외 재관병미 위인파처 견살우기 재다신약

妻反勝夫 財命有氣 妻妾和順 是得妻力 日坐空亡 難爲妻妾

처반승부 재명유기 처첩화순 시득처력 일좌공망 난위처첩

又看孤鸞之日 陰錯陽錯 主剋妻或因親致眷寒房取女人贅塡房

우간고란지일 음착양착 주극처혹인친치권한방취여인췌전방

女人犯此 主父母家沒替 或致訟事 餘皆倣此

여인범차 주부모가몰체 혹치송사 여개방차

【해 설】

정재(正財)는 아내이고 편재(偏財)는 외첩이다. 예를 들어 갑목(甲木) 일간(日干)의 기토(己土)는 정재(正財)이니 아내이고, 무토(戊土)는 편재(偏財)이니 외첩이다. 만일 을목(乙木)이나 해묘미(亥卯未) 목국(木局)이 있으면 아내를 잃고, 갑인(甲寅)이 있으면 아내를 극(剋)하니 아내가 부정하고, 재성(財星)이 쇠패지(衰敗地)나 묘절지(墓絶地)에 임하면 아내가 병이 있거나 현명하지 못하다. 그렇지 않으면 나이 들어 재가한다.

만일 계수(癸水)가 있으면 무계합(戊癸合)하니 외첩이 부정하나 기토(己土)나 축미(丑未)를 만나면 평안하고, 비견(比肩)과 재성(財星)을 빼앗기고 재성(財星)이 목욕(沐浴)이나 도화(桃花)에 임하면 아내가 바람둥이고, 일지(日支)나 월지(月支)에 재관(財官)이 있으면 아내가 내조를 잘 한다. 그러나 재성(財星)이 있어도 편재(偏財)가 강하고 정재(正財)가 약하면 외첩이 아내의 자리를 빼앗는다.

만일 정재(正財)가 강한데 편재(偏財)가 약하면 아내가 외첩이 들어오는 것을 용납하지 않고, 재성(財星)이 강한데 관살(官殺)을 만나면 아내의 권세가 당당하고, 신약(身弱)한데 재성(財星)이 많으면 아내가 남편을 이기나 재명(財命)이 유기(有氣)하면 아내의 내조를 받는다. 만일 일주(日柱)가 공망(空亡)되면 처첩으로 인하여 어려움을 당하고, 일주(日柱)에 고란살(孤鸞殺)·음착살(陰錯殺)·양착살(陽錯殺) 있으면 별거하거나 처가살이를 한다. 만일 여명이 이러하면 친정이 몰락하거나 송사로 인하여 손해를 본다. 다른 것도 이와 같은 원리로 보면 된다.

6. 형제 · 자매

【원 문】

比肩者兄弟也 且如甲見甲爲兄 乙爲弟妹 寅卯亦然 見庚則剋兄

비견자형제야 차여갑견갑위형 을위제매 인묘역연 견경즉극형

見辛則傷弟 甲木旺相 兄姐爭財 甲乙寅卯旣多 兄弟姉妹

견신즉상제 갑목왕상 형저쟁재 갑을인묘기다 형제자매

奪財不和 爭鬪是非 見己合甲 兄姐不正 見庚弟妹不正 如見殺多

탈재불화 쟁투시비 견기합갑 형저부정 견경제매부정 여견살다

乙木得局 是殺會合 乙木而傷甲 此兄不若弟之福

을목득국 시살회합 을목이상갑 차형불약제지복

借弟之力而加特 甲木寅月 乙木受制 主兄旺弟衰 其餘和順不睦

차제지력이가특 갑목인월 을목수제 주형왕제쇠 기여화순불목

但以八字休旺死絶之推 無不應驗矣

단이팔자휴왕사절지추 무불응험의

【해 설】

비견(比肩)은 형제자매를 말한다. 예를 들어 갑(甲)이 갑(甲)을
만나면 비겁(比劫)이니 형이 되고, 을(乙)을 만나면 아우나 누이동
생이 된다. 인묘(寅卯)도 마찬가지다. 그러나 갑(甲)이 경(庚)을 만
나면 갑경상충(甲庚相沖)하니 형을 극(剋)하고, 신(辛)을 만나면
을신상충(乙辛相沖)하니 아우를 극(剋)한다. 만일 갑목(甲木)이 왕
성하면 형과 누이가 다투고, 갑을(甲乙)과 인묘(寅卯)가 많으면 형

제와 자매가 다툰다.

만일 기(己)가 갑목(甲木)과 합(合)하면 형이나 누이가 부정하고, 경(庚)이 있으면 아우나 누이동생이 부정하다. 만일 칠살(七殺)이 많은데 을목(乙木)이 목국(木局)을 이루면 칠살(七殺)이 회합(會合)을 하니, 을목(乙木)이 경금(庚金)과 합(合)하여 갑목(甲木)을 상해하므로 형이 아우보다 복록이 약해져 아우에게 의지하여 살아간다. 그러나 갑목(甲木)이 인(寅)월에 태어났는데 을목(乙木)이 제극(制剋)을 받으면 형은 왕성하여 부자가 되나 아우는 쇠약하여 가난해진다. 이처럼 비겁(比劫)의 길흉으로 형제자매를 본다. 그리고 휴왕사절(休旺死絶)의 원리로 추리하면 대개 적중한다.

7. 자 식

【원 문】

七殺者子也 如甲見庚申是子 辛酉是女 若見丙火午寅
칠살자자야 여갑견경신시자 신유시녀 약견병화오인

或殺臨羊刃殺宮 主剋子 不然疾病不肖 遇戊己土得令
혹살임양인살궁 주극자 불연질병불초 우무기토득령

則得力和順 見丙巳字 女不正 若臨沐浴桃花 更兼暗合
즉득력화순 견병사자 여부정 약임목욕도화 갱겸암합

食神多者 其女私通 若殺臨長生月德天德 所臨之地
식신다자 기여사통 약살임장생월덕천덕 소임지지

貴人祿馬食神財鄉 言有强父貴子 要禀中和 陽日陽時男見重

귀인녹마식신재향 언유강부귀자 요품중화 양일양시남견중

陽日陰時 先男後女 陰日陰時女見重 陰日陽時 先女後男

양일음시 선남후녀 음일음시여견중 음일양시 선녀후남

傷官見官 子孫兇頑 時上傷官及空亡難爲子息 女命取傷官

상관견관 자손흉완 시상상관급공망난위자식 여명취상관

是子 若見印綬梟神 難得子也

시자 약견인수효신 난득자야

【해 설】

칠살(七殺)은 자식에 해당한다. 예를 들어 갑목(甲木) 일간(日干)에게 경신금(庚申金)은 아들이고, 신유금(辛酉金)은 딸이다. 만일 병화(丙火)를 만나거나 인오술(寅午戌)을 만나거나 칠살(七殺)에 양인(羊刃)이 임하면 자식을 극(剋)한다. 그렇지 않으면 자식이 병으로 불초하나 무기토(戊己土)가 득령(得令)하면 토생금(土生金)하니 살성(殺星)이 왕성해져 편안하다.

만일 병사(丙巳)를 만나면 화극금(火剋金)하니 딸이 부정하고, 자식궁에 목욕(沐浴)이나 도화(桃花)가 임했는데 암합(暗合)되거나 식신(食神)이 많으면 딸이 사통하고, 칠살(七殺)에 장생(長生)이나 월덕귀인(月德貴人)이나 천덕귀인(天德貴人)이 임하면 아들이 영귀하고, 자식궁에 귀인(貴人)이나 녹마(祿馬)나 식신(食神)이 들었는데 재성지(財星地)로 흐르면 아버지는 강하고 자식은 영귀하다.

만일 양일간(陽日干)이 양시(陽時)를 만나면 아들을 많이 두고,

음시(陰時)를 만나면 먼저 아들을 낳은 뒤 딸을 낳는다. 만일 음일
간(陰日干)이 음시(陰時)를 만나면 딸을 많이 두고, 양시(陽時)를
만나면 먼저 딸을 낳은 뒤 아들을 낳는다. 그리고 상관(傷官)이 관
성(官星)을 만나면 자손이 흉악하며 완고하고, 시상(時上)에 상관
(傷官)이 들었는데 공망(空亡)되면 자식을 두기 어렵다. 여명은 식
신(食神)과 상관(傷官)이 자식인데 인수(印綬)가 효신(梟神)을 만
나면 자식을 두기 어렵다.

【원 문】

男命官殺得地 而禀中和者 言其有子 將生成之數斷之
남명관살득지 이픔중화자 언기유자 장생성지수단지

生旺倍加 死絶減半 太過不及 不以此斷 太過有子而多尅夭
생왕배가 사절감반 태과불급 불이차단 태과유자이다극요

或兇頑 不及則少生養 官殺得地而有扶助 吉曜多者
혹흉완 불급즉소생양 관살득지이유부조 길요다자

其子忠孝賢明 居休囚死絶破敗衰病勾絞元凶空虛之地
기자충효현명 거휴수사절파패쇠병구교원흉공허지지

則子當不肖 貧賤疾病之子 更兼孤神寡宿 主孤苦伶仃
즉자당불초 빈천질병지자 갱겸고신과숙 주고고령정

【해 설】

  남명은 관살(官殺)이 득지(得地)하고 품성이 중화되어야 자식이
길하다. 자식의 수는 자식궁이 생왕지(生旺地)에 임하면 배로 보고,

사절지(死絶地)에 임하면 절반으로 본다. 그러나 지나치거나 부족하면 이렇게 단정하지 않는다. 즉 자식궁이 많으면 자식은 많으나 극(剋)하니 자식이 요절하거나 흉악하거나 완고하고, 자식궁이 적으면 자식을 낳아도 요절할 명이니 키우기 어렵다.

　만일 관살(官殺)이 득지(得地)하고 도와주면 자식이 충효하고 현명하며 출세하는 경우가 많으나, 관살(官殺)이 충파(沖破)되거나 공망(空亡)되거나 휴수사절지(休囚死絶地)에 임하거나 쇠병지(衰病地)에 임하면 자식이 가난하거나 병에 시달린다. 여기다 자식궁에 고신(孤神)이나 과숙(寡宿)이 들면 고독하며 곤고한 운이 되어 자식을 두기 어렵다.

【원 문】

且如甲子之日 甲子之時 庚死於子

차여갑자지일 갑자지시 경사어자

死中至老沒兒郎入墓之時難保雙 受氣絶中一個子

사중지노몰아랑입묘지시난보쌍 수기절중일개자

胎中頭女有孤娘 養中三子只留二 長生之位 旬中半合

태중두녀유고낭 양중삼자지류이 장생지위 순중반합

主七個兒子也 沐浴一雙保吉康 冠帶臨官三子位 旺中五子自成行

주칠개아자야 목욕일쌍보길강 관대임관삼자위 왕중오자자성행

衰中二子病中一 自巳數至亥病中一 依此推之

쇠중이자병중일 자사수지해병중일 의차추지

【해 설】

 만일 갑자(甲子)일 갑자(甲子)시생이 자식인 경금(庚金)이 자(子)에서 사(死)하면 늙도록 자식이 없고, 시지(時支)가 경금(庚金)의 묘지(墓地)이면 쌍둥이를 낳지만 키우기 어렵다. 자식궁인 시지(時支)가 절지(絶地)에 임하면 자식이 1명이고, 태지(胎地)에 임하면 딸만 2명이고, 양지(養地)에 임하면 3명을 두나 2명만 키울 수 있고, 장생지(長生地)에 임하면 순(旬)에서 반합(半合)하니 7명이고, 목욕지(沐浴地)에 임하면 1남 1녀를 건강하게 잘 키우고, 관대지(冠帶地)에 임하면 3명을 두고, 왕지(旺地)에 임하면 5명이 자연히 성공하고, 쇠지(衰地)에 임하면 2명을 두고, 병지(病地)에 임하면 1명을 둔다. 경금(庚金)이 자연히 생(生)하는 사(巳)부터 병(病)이 되는 해(亥)까지 모두 이렇게 추리하면 자식의 수를 알 수 있다.

【원 문】

且如八字中若無子星 時上又不生旺 運行官殺旺鄉 主有子

차여팔자중약무자성 시상우불생왕 운행관살왕향 주유자

運過却無 如柱中有官殺 而行傷食休衰絶弱之運 傷損其子

운과각무 여주중유관살 이행상식휴쇠절약지운 상손기자

運過方存 八字有一殺一子 無殺無子 如柱中神殺兩停

운과방존 팔자유일살일자 무살무자 여주중신살양정

而殺逢旺鄉 就作多子斷之 亦看財神何如 逐時增減 多寡推之

이살봉왕향 취작다자단지 역간재신하여 축시증감 다과추지

無不驗矣

무불험의

【해 설】

사주에 자식인 관살(官殺)이 없는데 시(時)가 생왕(生旺)해주지 않고 대운(大運)이 왕성한 칠살운(七殺運)으로 흐르면 자식이 있으나, 칠살운(七殺運)이 이미 지나갔으면 자식이 없다. 만일 사주에 관살(官殺)이 있으나 식신(食神)이나 상관(傷官)의 휴쇠절약운(休衰絶弱運)으로 흐르면 자식이 죽거나 손상되나, 대운(大運)이 이미 초년을 넘겼으면 무방하다.

사주에 관살(官殺)이 1개 있으면 자식을 1명 두고, 관살(官殺)이 2개 있으면 2명 두고, 일간(日干)과 칠살(七殺)이 모두 강한데 왕운(旺運)으로 흐르면 많이 둔다. 그리고 자식인 칠살(七殺)을 돕는 재성(財星)의 여부를 살펴야 한다. 생월(生月)의 절후와 팔자의 구조를 살펴 자식의 수를 보면 틀림없다.

제2장. 부인명·소아명

1. 부인명

【원 문】

推婦人之命 與男命大不同 草堂丁進士先生作元神趣八法

추부인지명 여남명대부동 초당정진사선생작원신취팔법

照返鬼伏屬類從化 女命八法 純和淸貴 濁亂娼淫取官爲夫爲福星

조반귀복속유종화 여명팔법 순화청귀 탁난창음취관위부위복성

財旺生官 則夫納福 印綬食神爲名貴 有稱呼 生氣印綬

재왕생관 즉부납복 인수식신위명귀 유칭호 생기인수

難爲子息 印綬財官 必生於富貴之家 才貌賢淑

난위자식 인수재관 필생어부귀지가 재모현숙

【해 설】

여명은 추리하는 방법이 남명과 다르다. 초당정(草堂丁) 진사(進士)가 신취팔법(神趣八法)을 지었는데 조반귀복(照返鬼伏)과 속유

종화(屬類從化)의 8가지 원리로 순수·화순·청아·고귀·혼탁·난잡·창기·음녀를 본다. 여명에서는 관성(官星)을 남편 또는 부귀영화와 길복으로도 본다. 따라서 재성(財星)이 왕성하여 관성(官星)을 도와주면 남편복이 많고, 인수(印綬)와 식신(食神)이 있으면 명예와 귀를 이루지만 인수(印綬)가 생왕(生旺)하면 식신(食神)이 쇠약해지므로 자식을 두기 어렵다. 그러나 사주에 인수(印綬)와 재성(財星)과 관성(官星)이 모두 있으면 반드시 부귀영화를 누릴 집에 태어나고 재모가 뛰어나며 현숙한 귀부인이 된다.

【원문】

甲日見辛酉是正夫 丁午字傷正夫 庚申是偏夫 如庚申辛酉重見
갑일견신유시정부 정오자상정부 경신시편부 여경신신유중견

乃傷夫再嫁 若財太多 官殺太旺 乃明暗夫集多 淫而且濫
내상부재가 약재태다 관살태왕 내명암부집다 음이차람

財多而淫 故女人要財薄 旺夫益子 如官得地 七殺受傷
재다이음 고여인요재박 왕부익자 여관득지 칠살수상

食神干旺 印綬天月二德 夫榮子貴 封贈之命
식신간왕 인수천월이덕 부영자귀 봉증지명

【해설】

갑목(甲木) 일간(日干)에게 신유(辛酉)는 정부(正夫)인데 정오(丁午)가 화극금(火剋金)하니 남편을 상해하고, 경신(庚申)은 편부(偏夫)인데 경신(庚申)과 신유(辛酉)를 거듭 만나면 관살(官殺)이 혼잡해지니 남편을 잃고 재가한다. 이처럼 관살(官殺)이 혼잡한데 재성(財星)이 많으면 재생관(財生官)하여 관살(官殺)이 더 왕성해지므로 매우 흉하다. 이것을 명암부집(明暗夫集)이라 하는데 음란하고, 재성(財星)이 많아도 음란하다.

여명은 재성(財星)이 박해야 남편이 강하고 자식에게 이롭다. 만일 관성(官星)이 득지(得地)했는데 칠살(七殺)이 손상되면 식신(食神)과 일간(日干)이 강해진다. 이 때 인수(印綬)가 천월이덕(天月二德)이 되면 남편에게 영화가 따르고, 자식에게는 영귀가 따라 부자가 국록을 먹는다.

【원 문】

婦人八字 傷官官殺混雜 食神財旺身衰 爲人妬害 好色貪婪
부인팔자 상관관살혼잡 식신재왕신쇠 위인투해 호색탐람

兇頑可畏 傷官見官 剋夫再嫁 身心勞役 雖不傷夫 亦有病患
흉완가외 상관견관 극부재가 신심노역 수불상부 역유병환

平生欠福 多主不安 大忌年上傷官 主産厄帶疾 否則傷壽
평생흠복 다주불안 대기년상상관 주산액대질 부즉상수

傷官主人聰明 美貌秀氣 傷官見官殺者富 無財者貧 劫財敗財
상관주인총명 미모수기 상관견관살자부 무재자빈 겁재패재

傷官身旺 貧賤下格
상관신왕 빈천하격

【해 설】

여명이 일간(日干)이 약한데 상관(傷官)과 관살(官殺)이 혼잡하거나 식신(食神)이 왕성하면 질투·호색·탐욕·흉악·완고함이 따른다. 만일 상관(傷官)이 관성(官星)을 만나면 남편을 극(剋)하니 재가하고, 비록 남편을 상해하지 않아도 평생 불안하며 질병이 많다. 이 때 년상(年上)에 상관(傷官)이 있으면 산고와 병이 따르며 오래 살지 못한다. 그러나 상관(傷官)이 유기(有氣)하면 총명하고 외모가 수려하다. 상관(傷官)이 관성(官星)을 만나면 부유하고, 재성(財星)이 없으면 빈천하고, 겁재(劫財)를 만나면 재물복이 없고, 상관격(傷官格)인데 신왕(身旺)하면 빈천하다.

【원 문】

以上十五格 皆是冲官逢合 俱有傷官之忌 雖是富貴
이상십오격 개시충관봉합 구유상관지기 수시부귀

不免淫濫之風 七殺正官 只要一位者良 殺多則夫多 官殺被合
불면음남지풍 칠살정관 지요일위자양 살다즉부다 관살피합

乃婢妾姉妹爭權 且如甲用辛官 丙合是也 乙用庚官 見丁是也
내비첩자매쟁권 차여갑용신관 병합시야 을용경관 견정시야

戊用乙官 見辛是也 此是被合取之 餘倣此
무용을관 견신시야 차시피합취지 여방차

【해 설】

이상의 15가지 격은 모두 관성(官星)을 충(沖)하거나 합(合)한 경

우다. 오직 상관(傷官)의 기흉(忌凶)에 근거한 것이니 비록 부귀해
도 음란하며 방탕하다.

　사주에는 칠살(七殺)과 정관(正官)이 1개만 있는 것이 좋다. 칠살
(七殺)이 많으면 남편이 많다는 뜻이니 음란하고, 관살(官殺)이 합
(合)되면 남편이 노비나 외첩이나 자매와 불륜을 저지르므로 본처
자리를 두고 싸우는 명조가 된다. 예를 들어 갑목(甲木) 일간(日
干)이 신금(辛金)이 정관(正官)인데 병화(丙火)가 있어 병신합(丙
辛合)하거나, 을목(乙木) 일간(日干)이 경금(庚金)이 정관(正官)인
데 정화(丁火)를 만나거나, 무토(戊土) 일간(日干)이 을목(乙木)이
정관(正官)인데 신금(辛金)이 있어 을신상충(乙辛相沖)하면 정관
(正官)이 손상된다. 다른 경우도 이와 같이 보면 된다.

【원 문】

主婦人招嫁不定 八字中傷官 及官星死絕 孤神寡宿 日時空亡
주부인초가부정 팔자중상관 급관성사절 고신과숙 일시공망

乃孤剋之命 如天干透出官殺 地支無官殺 更臨休囚死絕
내고극지명 여천간투출관살 지지무관살 갱임휴수사절

退氣之地 乃女絕其夫之氣 當作偏房婢妾推之 命若有天月德
퇴기지지 내여절기부지기 당작편방비첩추지 명약유천월덕

無産厄血光之患 亦無淫濫之氣 女命只要身弱 主性純粹而溫柔
무산액혈광지환 역무음남지기 여명지요신약 주성순수이온유

能奉公姑 助益夫主 身强欺夫 不孝公姑 是非生事 性多急躁
능봉공고 조익부주 신강기부 불효공고 시비생사 성다급조

【해 설】

여명에서 상관(傷官)이 관성(官星)을 극(剋)하거나, 관성(官星)이 사절지(死絕地)에 임하거나, 고신(孤神)이나 과숙(寡宿)이 있거나, 일지(日支)나 시지(時支)가 공망(空亡)되면 재혼 삼혼을 해도 안정되지 않아 고독하다.

여명이 천간(天干)에 관살(官殺)이 투출(透出)하고 관성(官星)이 휴수사절지(休囚死絕地)에 임하면 남편의 기(氣)가 끊어진 것이니 외첩이나 음란한 노비가 되거나 창기의 명조가 된다. 그러나 이 때 천월이덕(天月二德)이 있으면 산고나 혈광병이 따르지 않고 음란하지 않다.

여명이 신약(身弱)하면 성품이 순수하고 온유하여 시부모를 잘 모시고 남편에게도 내조를 잘 한다. 그러나 신강(身強)하면 성품이 불순하고 조급하여 시비와 언쟁이 많고, 남편을 속이고 시부모에게도 불효한다.

【원 문】

身弱爲病 身强亦然 八字喜貴 不宜驛馬咸池 要純和柔弱
신약위병 신강역연 팔자희귀 불의역마함지 요순화유약

不宜剛健太强 歲運亦同 外有陰差陽錯孤鸞之日 不利嫁娶
불의강건태강 세운역동 외유음차양착고란지일 불리가취

皆無花燭成親 因親至眷 塡房孝娶婚姻轉析 孤鸞殺云
개무화촉성친 인친지권 전방효취혼인전석 고란살운

木虎孀無壻 金猪豈有郎 赤黃馬獨臥 黑鼠守空房 主女寡而男孤

목호상무서 금저개유랑 적황마독와 흑서수공방 주녀과이남고

時中併冲 女則難爲夫嗣 加以空亡時日孤剋 不待言而可知

시중병충 여즉난위부사 가이공망시일고극 불대언이가지

八字官殺俱有 却行官殺財運 乃夫星得地則孤 八字財官俱有

팔자관살구유 각행관살재운 내부성득지즉고 팔자재관구유

運行傷官劫財之地 難爲夫宮 運過方嫁 細推甚驗

운행상관겁재지지 난위부궁 운과방가 세추심험

【해 설】

여명이 매우 신약(身弱)하거나 신강(身强)하면 흉하다. 만일 천덕귀인(天德貴人)이나 월덕귀인(月德貴人)이 있으면 길하나 역마(驛馬)나 함지(咸池)가 있으면 흉하다. 여명은 반드시 깨끗하고 부드러우며 일간(日干)이 너무 강하지 않아야 한다. 세운(歲運)에서도 마찬가지다. 여명이 음차양착살(陰差陽錯殺)이 있거나 일주(日柱)에 고란살(孤鸞殺)이 있으면 결혼운이 불리하다. 이런 사람은 결혼으로 좋은 인연을 맺을 수 없어 친척이나 권속들과도 관계가 좋지 않아 결혼생활이 순탄하지 않다.

고란살(孤鸞殺)이란 목호(木虎)는 갑인(甲寅)이니 대개 사위가 없고, 금저(金猪)는 신해(辛亥)이니 대개 외부가 있고, 적황마(赤黃馬)는 병오(丙午)와 무오(戊午)이니 과부가 되고, 흑서(黑鼠)는 임자(壬子)이니 독수공방하는 명조가 된다. 따라서 사주에 고란살(孤鸞殺)이 있으면 과부가 된다. 여기다 시주(時柱)에 상충(相沖)까지

있으면 후사를 두지 못하고, 일시(日時)까지 공망(空亡)되면 과부
가 되고, 관살(官殺)이 있는데 관살운(官殺運)과 재운(財運)으로
흐르면 과부가 되고, 재관(財官)이 모두 있는데 상관운(傷官運)이
나 겁재운(劫財運)으로 흐르면 남편을 두기 어렵다.

2 여명의 음명(陰命)

【원문】

凡觀陰命 先觀夫主之盛衰 次論身榮 要見子息之强弱
범관음명 선관부주지성쇠 차론신영 요견자식지강약

夫榮子旺 定知富貴榮華 子死夫衰 只是窮孤下賤
부영자왕 정지부귀영화 자사부쇠 지시궁고하천

有夫有子而貧寒者 蓋因身在衰鄕 無夫無子而昌盛者
유부유자이빈한자 개인신재쇠향 무부무자이창성자

亦是身居旺地 若貴人少者 不富亦昌 合貴神非妓卽尼
역시신거왕지 약귀인소자 불부역창 합귀신비기즉니

論淫賤者 四柱傷官 暗招財損 招壻者 夫顯於門戶之中
론음천자 사주상관 암초재손 초서자 부현어문호지중

偏夫者 夫旺於日時之上 夫衰身旺 主爲廉潔之人 鬼旺身衰
편부자 부왕어일시지상 부쇠신왕 주위염결지인 귀왕신쇠

必作孤寒之婦 凡觀陰命之五行 要精詳於明辨矣
필작고한지부 범관음명지오행 요정상어명변의

【해 설】

여자가 음명(陰命)이면 먼저 부궁(夫宮)인 관살(官殺)의 흥망성쇠를 관찰한 후 일간(日干)으로 자식운의 강약을 살핀다. 즉 남편이 영화롭고 자식이 왕성하면 부귀영화를 누리나, 자식이 사절지(死絕地)에 임하고 남편의 운이 쇠약하면 하천한 명조가 된다. 이런 사주는 남편과 자식이 있어도 고독하며 궁색하다. 일간(日干)이 약한 운으로 흐르는데 남편과 자식이 창성하면 본인이 왕운(旺運)에 거하기 때문이다. 이 때 귀인(貴人)이 없으면 부유하지는 않아도 창성하고, 귀인(貴人)이 있는데 합(合)을 하면 기생이나 여승이 되는데 음란하며 빈천한 팔자로 논한다.

여명에서 상관(傷官)이 재성(財星)을 암합(暗合)하면 남편이 데릴사위로 온다. 부성(夫星)이 문호에 투출(透出)하면 편부(偏夫)인데 일시(日時)가 왕성하기 때문이다. 부성(夫星)이 약한데 일간(日干)이 강하면 청렴결백하고, 관귀(官鬼)가 왕성한데 일간(日干)이 쇠약하면 반드시 독수공방한다. 음명(陰命)인 여명을 볼 때는 오행(五行)이 매우 중요하다.

3. 여명의 부귀빈천

【원 문】

欲推女命 先看官星 官帶殺而貧賤 官得令以安榮
욕추여명 선간관성 관대살이빈천 관득령이안영

傷官太重必妨夫 且是爲人性重 倒食重逢須減福 那堪更犯孤辰

상관태중필방부 차시위인성중 도식중봉수감복 나감갱범고진

七殺重須奔奪貴室 合多定損貞名 坐祿乘輿而穩厚

칠살중수분탈귀실 합다정손정명 좌록승여이온후

冲身動步以輕浮 若乃桃花浪滾 淫奔之恥不堪言 日祿歸時

충신동보이경부 약내도화낭곤 음분지치불감언 일록귀시

貴重爲人所敬 天月二德 以坐本命 如逢印綬 貴當兩國之封

귀중위인소경 천월이녁 이좌본밍 여봉인수 귀낭양국시봉

時日羊刃 本是凶神 旣不利於夫主之宮 兼損壞乎平生之性

시일양인 본시흉신 기불리어부주지궁 겸손괴호평생지성

身干主禎祥 時犯食神健旺

신간주정상 시범식신건왕

【해 설】

여명은 볼 때는 먼저 관성(官星)을 살펴야 한다. 관성(官星)이 칠살(七殺)을 대동하면 빈천하고, 관성(官星)이 득령(得令)하면 편안하며 영화롭고, 상관(傷官)이 왕성하면 반드시 사별이나 이별하며 성품도 탁하고, 도식(倒食)을 거듭 만나면 복이 줄어드는데 고진살(孤辰殺)을 범하면 더 흉하다.

여명이 칠살(七殺)이 매우 왕성하여 영귀한 자리를 빼앗고 합(合)이 많으면 정조문제로 불길한 이름을 얻고, 일간(日干)이 건록지(建祿地)에 임하면 성품이 온후하고, 일주(日柱)를 상충(相冲)하면 행동이 약하고, 도화살(桃花殺)이 많으면 매우 음란하다.

여명이 일록귀시격(日祿歸時格)을 이루면 대중의 존경을 받고, 원명에 천월이덕(天月二德)이 있는데 인수(印綬)를 만나면 두 나라의 왕에게 벼슬을 받고, 시주(時柱)나 일주(日柱)에 양인(羊刃)이 있으면 남편은 물론 성격과 운명이 불리하고, 시주(時柱)에 식신(食神)이 있는데 건왕하면 길복이 따른다.

【원 문】

要官八字之强 專食子榮 忌偏印竊身之勝 守閨門而正靜
요관팔자지강 전식자영 기편인절신지승 수규문이정정

必由陰日守中和 待夫壻以經營 此乃陽干時旺甚 大抵欣逢正祿
필유음일수중화 대부서이경영 차내양간시왕심 대저흔봉정록

怕犯咸池 淸貴得長生之輔 雜濁以敗氣之歸 四柱敗多
파범함지 청귀득장생지보 잡탁이패기지귀 사주패다

大忌冲身而犯合 一生忙甚 若非是妓卽爲尼 印壞與公姑相妬
대기충신이범합 일생망심 약비시기즉위니 인괴여공고상투

食專得子嗣之宜 官殺重逢 須防淫亂 姉妹透出 便見爭夫
식전득자사지의 관살중봉 수방음란 자매투출 변견쟁부

魁罡有靈變之機 日貴有安常之福 卽以干支分定
괴강유영변지기 일귀유안상지복 즉이간지분정

官殺勝而無制伏 不爲娼妓 定作尼姑
관살승이무제복 불위창기 정작니고

【해 설】

사주에서 관살(官殺)이 강하면 자식에게 부귀영화가 있으나 편인
(偏印)이 일간(日干)을 왕성하게 하면 흉하다. 여명이 현모양처가
되려면 반드시 음일간(陰日干)이며 중화되어야 한다. 부서(夫壻)를
기다려 경영함은 양일간(陽日干)이 시주(時柱)가 매우 왕하니 일
록(日祿)은 좋아하나 함지(咸池)나 도화(桃花)는 꺼린다.

사주가 청귀하려면 장생지(長生地)의 도움을 받아야 한다. 혼탁한
명(命)은 사절지(死絶地)로 떨어지기 쉽고, 사주에 패(敗)가 많으
면 자신을 상충(相沖)하거나 합(合)하기 때문에 흉하다. 이런 사주
는 얻는 것 없이 바쁘기만 하거나 창기나 여승이 된다.

여명이 인수(印綬)가 파괴되면 고부갈등이 있고, 식신(食神)이 왕
성하면 틀림없이 자식을 두고, 관살(官殺)이 중중하면 음란함을 경
계해야 하고, 비겁(比劫)이 투출(透出)하면 한 남자를 두고 자매가
다투고, 괴강(魁罡)이 있으면 신령한 변화가 있고, 일귀격(日貴格)
이면 편안하고, 관살(官殺)이 왕성한데 제복(制伏)하지 못하면 창
기나 여승이 된다.

4. 여명의 귀격

【원 문】

正氣官星 財官兩旺 印綬天德 獨殺有制 傷官生財 坐祿逢財
정기관성 재관양왕 인수천덕 독살유제 상관생재 좌록봉재

官星帶合 日貴逢財 官貴逢官 官星坐祿 官星桃花 食神生旺

관성대합 일귀봉재 관귀봉관 관성좌록 관성도화 식신생왕

食神生財 七殺化印綬 二德扶身 三奇合局 羊刃有制

식신생재 칠살화인수 이덕부신 삼기합국 양인유제

拱祿拱貴 歸祿逢財

공록공귀 귀록봉재

【해 설】

여명이 정기(正氣) 관성(官星)이 있어 재관(財官)이 모두 생왕(生旺)하거나, 인수(印綬)와 천덕귀인(天德貴人)을 겸하거나, 칠살(七殺)이 1개 있는데 제복(制伏)되거나, 상관(傷官)이 재성(財星)을 돕거나, 일간(日干)이 건록(建祿) 위에 있거나, 재성(財星)과 관성(官星)이 합(合)하거나, 일귀(日貴)가 재성(財星)을 만나거나, 관귀(官貴)가 관성(官星)을 만나거나, 관성(官星)이 건록(建祿)에 임하거나, 관성(官星)에 도화(桃花)가 있거나, 식신(食神)이 생왕(生旺)하여 재성(財星)을 돕거나, 관살(官殺)이 인수(印綬)로 변하여 살인상생(殺印相生)하거나, 천덕귀인(天德貴人)과 월덕귀인(月德貴人)이 일간(日干)을 도와주거나, 삼기(三奇)가 합국(合局)하거나, 양인(羊刃)이 제복(制伏)되거나, 공록(拱祿)과 공귀(拱貴)가 재성(財星)을 만나면 귀격을 이룬다.

5. 여명의 천격

【원 문】

官殺混雜　官殺無制　殺星太重　傷官太重　貪財壞印　比肩犯重
관살혼잡　관살무제　살성태중　상관태중　탐재괴인　비견범중
無官見合　無印見殺　傷官七殺　帶合桃花　八字刑冲　財多身弱
무관견합　무인견살　상관칠살　대합도화　팔자형충　재다신약
羊刃冲刑　金神帶刃　多官多合　倒插桃花　身旺無依　傷官見官
양인충형　금신대인　다관다합　도삽도화　신왕무의　상관견관
財官遇印　印綬遇劫
재관우인　인수우겁

【해 설】

　여명이 정관(正官)과 칠살(七殺)이 혼잡되거나, 관살(官殺)이 왕
성한데 제극(制剋)할 수 없거나, 살성(殺星)이 매우 강하거나, 상관
(傷官)이 매우 강하거나, 재성(財星)이 인수(印綬)를 탐하여 파괴
하거나, 비견(比肩)이 중중하거나, 관살(官殺)이 없거나, 관살(官殺)
이 있어도 합화(合和)하여 관살(官殺) 구실을 못하거나, 신약(身
弱)하고 인수(印綬)가 없는데 관살(官殺)이 일간(日干)을 극(剋)하
거나, 신약(身弱)한데 상관(傷官)과 칠살(七殺)이 대립하거나, 관살
(官殺)이 도화(桃花)와 합(合)되거나, 형충(刑沖)이 들어 사주가
극(剋)되거나, 재성(財星)은 많은데 일간(日干)이 매우 약하거나,
양인(羊刃)이 충형(沖刑)되거나, 금신(金神)이 양인(羊刃)을 대동

하거나, 관살(官殺)이 매우 왕성한데 사주에 합(合)이 많거나, 도화(桃花)를 도와주어 더 강해지거나, 일간(日干)은 왕성한데 용신(用神)이 약하여 의지할 곳이 없거나, 상관(傷官)이 관살(官殺)과 충돌하거나, 재관(財官)이 인수(印綬)와 대립하거나, 인수(印綬)가 왕성한 비겁(比劫)을 도와주면 하천한 사주가 되어 창기·외첩·여급·하녀 등이 된다.

6. 곤랑도화(滾浪桃花)

【원문】

女命用官爲夫 或殺 只喜一位 多者剋夫 如命滿盤 官星爲忌
여명용관위부 혹살 지희일위 다자극부 여명만반 관성위기

滿柱殺星 爲福反吉 傷官不爲貴 傷官運復行剋夫 傷官有制身絶
만주살성 위복반길 상관불위귀 상관운복행극부 상관유제신절

女命傷官 刑子 剋夫爲決 女命官星多者 傷夫主賤 傷官桃花
여명상관 형자 극부위결 여명관성다자 상부주천 상관도화

爲妓女命 或主剋子息 若見貴人一位 或帶榮神 或犯絶地
위기녀명 혹주극자식 약견귀인일위 혹대영신 혹범절지

多富貴貞潔 祿馬相隨 桃花帶貴 咸池遇馬 多淫 妨夫破家
다부귀정결 녹마상수 도화대귀 함지우마 다음 방부파가

有辰無戌命孤 晚貴寂寞 戌多無辰 初年勞碌 中年好 不妨夫
유진무술명고 만귀적막 술다무진 초년노록 중년호 불방부

不剋子 風流而淫 辰戌全則淫亂破家 傷夫剋子 夭壽殘疾

불극자 풍류이음 진술전즉음란파가 상부극자 요수잔질

【해 설】

　여명이 관성(官星)이 있으면 남편인 칠살(七殺)은 1개만 있어야 좋다. 만일 칠살(七殺)이 많으면 남편을 극(剋)하는 명조가 된다. 사주에 관성(官星)이 많으면 흉하나 살성(殺星)이 많아 종격(從格)이 되면 오히려 복이 된다. 상관(傷官)은 남편을 극(剋)하는 육신(六神)이니 제복(制伏)되어야 좋다. 만일 일간(日干)이 사절지(死絶地)에 임하여 매우 약한데 상관(傷官)이 있으면 음란하고, 관성(官星)이 많으면 천박하고, 상관(傷官)과 도화(桃花)가 함께 있으면 기녀가 되거나 자식을 극(剋)한다.

　여명이 귀인(貴人)이 1개 있는데 영신(榮神)이 임하면 절지(絶地)에 있어도 부귀를 이루며 정결하니 관록(官祿)과 재물이 따라온다. 그러나 도화(桃花)와 귀인(貴人)이 있는데 함지(咸池)가 역마(驛馬)를 만나면 음란하고 남편을 방해하여 가정이 깨진다. 만일 진토(辰土)는 있는데 술토(戌土)가 없으면 만년에 귀격을 이루나 적막하다. 만일 술토(戌土)는 많으나 진토(辰土)가 없으면 초년에는 고생하나 중년에는 길하고, 남편을 방해하지 않고 자식도 극(剋)하지 않는다. 그러나 풍류를 좋아하며 음란하다. 만일 진술(辰戌)이 모두 있으면 매우 음란하여 반드시 파가(破家)·상부(傷夫)·극자(剋子)하며 요절하거나 잔병이 많다.

7. 여명의 총단가(總斷歌)

【원 문】

擇婦須侃 靜細說與君聽 夫主要强宮 身主要强甚 官星若不合
택부수침 정세설여군청 부주요강궁 신주요강심 관성약불합

夫主無所依 合絶莫合貴 此法少人推 專以日爲年 此法少人傳
부주무소의 합절막합귀 차법소인추 전이일위년 차법소인전

帶祿入生旺 七殺死教人謗 驛馬帶貴人 終久落風塵 有辰休見戌
대록입생왕 칠살사교인방 역마대귀인 종구낙풍진 유진휴견술

有戌休見辰 辰戌若相見 多是淫賤人 有殺不怕合 無殺劫怕合
유술휴견진 진술약상견 다시음천인 유살불파합 무살겁파합

合神若是多 非妓亦謳歌 貴人一座正 兩三作寵定 羊刃帶傷官
합신약시다 비기역구가 귀인일좌정 양삼작총정 양인대상관

駁雜事多端 滿盤多是印 損子必須定 二德坐正財 富貴自然來
박잡사다단 만반다시인 손자필수정 이덕좌정재 부귀자연래

四柱俱休囚 封贈福祿壽 金水若相逢 必招美麗容 寅申巳亥全
사주구휴수 봉증복록수 금수약상봉 필초미려용 인신사해전

孤淫口便便 子午逢卯酉 定是隨人走 辰戌逢丑未 婦道之大忌
고음구변변 자오봉묘유 정시수인주 진술봉축미 부도지대기

兩貴一位殺 權家富貴說 財官若藏庫 冲破豈不富 天干一字連
양귀일위살 권가부귀설 재관약장고 충파개불부 천간일자연

孤破禍綿綿 地支連一字 兩度成婚事
고파화면면 지지연일자 양도성혼사

【해 설】

여명은 가려야 할 것이 많은데 모름지기 차분하고 온화하며 정숙해야 한다. 부궁(夫宮)은 관살(官殺)이 강하고 일간(日干)은 너무 강하지 않아야 한다. 만일 관성(官星)이 합(合)하지 못하면 부궁(夫宮)은 의지할 곳이 없고, 합절(合絶)되면 절대로 귀격을 이룰 수 없다. 만일 일간(日干)이 건록(建祿)을 대동하면 살기(殺氣)와 흉사와 비방을 대비해야 하고, 역마(驛馬)가 귀인(貴人)을 대동하면 풍진생활로 떨어지고, 진토(辰土)기 있는데 술(戌)이 휴(休)되거나 술(戌)이 있는데 진토(辰土)가 휴(休)되거나 진술(辰戌)이 모두 있으면 음란하거나 천박하다.

만일 칠살(七殺)이 있으면 합(合)을 두려워하지 않으나 칠살(七殺)이 없으면 합(合)을 두려워한다. 합(合)이 많으면 기생이나 창녀가 된다. 귀인(貴人)은 1개만 들어야 좋은데 2~3개 있으면 첩이나 창녀가 된다. 만일 양인(羊刃)이 상관(傷官)을 대동하면 악사하는 경우가 많고, 인성(印星)이 많으면 자손에게 손해가 따르고, 천월이덕(天月二德)이 정재(正財)에 임하면 부귀영화가 자연히 들어오고, 휴수(休囚)가 있으면 녹봉과 관직을 받고 수복을 더한다.

만일 금수(金水)를 만나면 외모가 아름답고, 인신사해(寅申巳亥)가 모두 있으면 고독하며 음란하고, 자오(子午)가 묘유(卯酉)를 만나면 외부를 따라 도망가고, 진술(辰戌)이 축미(丑未)를 만나도 아내의 도리를 저버리니 매우 꺼리고, 양귀(兩貴)에 칠살(七殺)이 1개 있으면 권문세가에서 부귀영화를 누리고, 재관(財官)이 고(庫)에 암장(暗藏)되거나 재관(財官)이 충파(沖破)되면 대개 부유하지

못하고, 천간(天干)에 같은 글자가 연이어 투출(透出)하면 흉화가
계속 이어져 가정이 깨지며 고독하고, 지지(地支)에 같은 글자가
연이어 투출(透出)하면 재혼하거나 부부생활에 문제가 많다.

8. 소아명

【원 문】

凡小兒命 見財多 必庶出螟蛉 剋父母也
범소아명 견재다 필서출명령 극부모야

若幼年行運於財旺之鄕亦然 甲側生頂不正 有胎衣遮
약유년행운어재왕지향역연 갑측생정부정 유태의차

丁偏生雙頂 乾生有依 應有剋刑 辰復生 背父易生易養 申有聲
정편생쌍정 건생유의 응유극형 진복생 배부역생역양 신유성

寅遲滯 未吉 辰有胎衣包 仰生有驚 夫小兒命大要身旺
인지체 미길 진유태의포 앙생유경 부소아명대요신왕

最善印綬生之 無財剋之 則易生災少 不要官星七殺
최선인수생지 무재극지 즉역생재소 불요관성칠살

羊刃傷官太旺 身旺亦多災 身弱則難養 如見所畏之辰
양인상관태왕 신왕역다재 신약즉난양 여견소외지진

切不要行運歲君助之 大畏財旺 不庶出必螟蛉 剋父母也
절불요행운세군조지 대외재왕 불서출필명령 극부모야

更不要行運早 蓋氣難敵也 庚子戊寅戊子丁巳 生月中之後
갱불요행운조 개기난적야 경자무인무자정사 생월중지후

月逢七殺 賴有丁火偏印綬 寅爲長生之地 能生戊土 不合見庚子

월봉칠살 뢰유정화위인수 인위장생지지 능생무토 불합견경자

巳字金長生 其二子水爲財 剋丁火生氣 反生月中七殺

사자금장생 기이자수위재 극정화생기 반생월중칠살

七殺來剋身 身弱難敵 故當年十一月 其子死矣

칠살내극신 신약난적 고당년십일월 기자사의

此爲生殺壞印之禍也 又如癸酉癸亥己丑乙亥 此命四柱財重

차위생살괴인시화야 우녀세유세해기축을해 차명사주재중

自分娩幾乎俱亡 未歲餘 父母亦亡 乃過房繼養 其他倣此 無疑也

자분만기호구망 미세여 부모역망 내과방계양 기타방차 무의야

【해 설】

어린아이의 명조에 재성(財星)이 많으면 반드시 서출이거나 부모를 극(剋)하는데 초년운이 재왕지(財旺地)로 흐르면 더 그렇다. 갑목(甲木)이 생정(生頂)이 부정하면 의복(衣服)이 태(胎)를 막아주고, 정화(丁火)는 쌍정(雙頂)을 편생(偏生)하니 천건(天乾)은 의지할 곳이 있다. 응(應)함이 극형(剋刑)에 있으면 진토(辰土)는 부생(復生)하니 아버지를 배반하지만 생양(生養)이 쉽다. 신금(辛金)의 성(聲)이 있으면 인목(寅木)은 지체하나 미토(未土)는 길하다. 진토(辰土)가 태(胎)에 있으면 의복(衣服)으로 포(包)하니 앙생(仰生)에 경(驚)함이 있다.

어린아이의 사주는 신왕(身旺)해야 하고 인수(印綬)를 도와야 좋다. 재성(財星)을 극(剋)하지 않으면 재앙이 적고 생존하기 쉬우나,

관성(官星)과 칠살(七殺)이 일간(日干)을 극(剋)하면 흉하고, 양인(羊刃)과 상관(傷官)이 왕성한데 신왕(身旺)하면 재앙이 많다. 이때 신약(身弱)하면 더 키우기 어렵다. 만일 진토(辰土)를 만나면 흉한데 대운(大運)이 불리하면 년운(年運)이 도와야 한다. 만일 재성(財星)이 왕성하면 부모를 극(剋)하니 서출이거나 고아인데, 흉운으로 들어가면 어려운 적을 만난 것과 같아 감당하기 어렵다.

경자(庚子)년 무인(戊寅)월 무자(戊子)일 정사(丁巳)시생이 있었는데 월주(月柱)에 칠살(七殺)이 있으니 정화(丁火)인 인수(印綬)가 용신(用神)이다. 인(寅)은 장생지(長生地)이니 능히 무토(戊土)를 돕지만 년주(年柱)에 경자(庚子)가 있으니 합(合)이 되지 않아 사(巳) 중의 경금(庚金)이 장생지(長生地)에 임한다. 그리고 자수(子水) 2개가 재성(財星)인데 용신(用神)인 정화(丁火)를 극(剋)하니 월주(月柱)의 인목(寅木)이 칠살(七殺)이 되어 일간(日干)을 극(剋)하니 신약(身弱) 사주가 어려운 적을 만난 형상이다. 이 사람은 당년 자(子)월에 사망했는데 살성(殺星)이 인수(印綬)를 극(剋)하여 요절한 것이다.

또 계유(癸酉)년 계해(癸亥)월 기축(己丑)일 을해(乙亥)시생이 있었는데 재성(財星)이 중중하여 태어나다가 죽었다. 어머니도 젊은 나이에 아기와 함께 죽었다. 어머니가 호색하다 자궁에 병을 얻었기 때문이다. 이처럼 사주를 자세하게 관찰하면 의심할 것이 없다.

년 월 일 시

庚 戊 戊 丁　　　己庚辛壬癸甲乙丙

子 寅 子 巳　　　卯辰巳午未申酉戌

본명은 시상(時上)의 정화(丁火)가 용신(用神)인데 태어난 해 자(子)월에 사망하였다.

년 월 일 시

癸 癸 己 乙　　　甲乙丙丁戊己庚辛

酉 亥 丑 亥　　　子丑寅卯辰巳午未

본명은 사주에 재성(財星)이 중중하여 태어나자마자 죽었다.

9. 소아의 관살도(關殺倒)

【원문】

小兒之命 當論時辰爲主 先看關殺 次看格局 日主强財官

소아지명 당론시진위주 선간관살 차간격국 일주강재관

旺盛有關無殺 日干弱財官少 常病可養 日干弱 財官多 有關有殺

왕성유관무살 일간약재관소 상병가양 일간약 재관다 유관유살

又有三合 聚殺者難養 不帶刑冲者 聲音響亮 夜啼急性

우유삼합 취살자난양 불대형충자 성음향량 야제급성

八字有財官 生於富貴之家 偏官生於平常之家 傷官劫財

팔자유재관 생어부귀지가 편관생어평상지가 상관겁재

生於貧賤之家 偏官偏印偏財 主偏生庶出 不然 第三四胎

생어빈천지가 편관편인편재 주편생서출 불연 제삼사태

子平之法 偏官爲關 偏財爲殺 取生辰之數斷之

자평지법 편관위관 편재위살 취생진지수단지

水一火二木三金四土五 且如甲日庚殺 乃四九歲 如丙見壬殺

수일화이목삼금사토오 차여갑일경살 내사구세 여병견임살

一六歲 如戊日甲殺 三八歲 庚日丙殺 二七歲 壬見戊殺

일육세 여무일갑살 삼팔세 경일병살 이칠세 임견무살

五十歲見之 至於陰干 亦如此 無不驗矣

오십세견지 지어음간 역여차 무불험의

【해 설】

 어린아이의 명은 시진(時辰)을 위주로 보는데 먼저 관살(關殺)을 본 후 격국(格局)을 본다. 일간(日干)이 강한데 재관(財官)도 강하면 유관무살(有關無殺)이라 하고, 일간(日干)이 약한데 재관(財官)도 약하면 항상 병이 많고, 일간(日干)이 약한데 재관(財官)이 많으면 유관유살(有關有殺)이라 한다. 만일 삼합(三合)이 있으면 관살(官殺)이 모인 형상이니 키우기 어렵고, 형충(刑沖)을 대동하지 않으면 밤에 급히 우는 소리가 난다.

 만일 재관(財官)이 있으면 부귀영화를 누릴 집에서 태어나고, 편관(偏官)이 있으면 평범한 집에서 태어나고, 상관(傷官)과 겁재(劫

財)가 있으면 빈천한 집에서 태어나고, 편관(偏官)과 편인(偏印)과 편재(偏財)가 있으면 서출이거나 3~4번째의 자식이다.

자평법(子平法)에 이르기를 "편관(偏官)은 관(關)이 되고 편재(偏財)는 칠살(七殺)이 되니 생성의 수를 취득하여 단정한다"고 하였다. 즉 수(水)는 1이고, 화(火)는 2이고, 목(木)은 3이고, 금(金)은 4이고, 토(土)는 5다. 예를 들어 갑목(甲木)일이 경금(庚金)을 만나면 칠살(七殺)이 되어 4세나 9세에 사망하고, 병화(丙火)일이 임수(壬水)를 만나면 칠살(七殺)이 되어 1세나 6세에 사망하고, 무토(戊土)일이 갑목(甲木)을 만나면 칠살(七殺)이 되어 3세나 8세에 사망하고, 경금(庚金)일이 병화(丙火)를 만나면 칠살(七殺)이 되어 2세나 7세에 사망하고, 임수(壬水)일이 무토(戊土)를 만나면 칠살(七殺)이 되어 5세나 10세에 사망한다. 음간(陰干)도 이와 같이 간명하면 틀림없을 것이다.

제3장. 질병과 운세의 길흉

1. 성 정

【원 문】

性情者 乃喜怒哀樂愛惡欲之所發 仁義禮智信之所布

성정자 내희노애락애악욕지소발 인의예지신지소포

父精母血而成形皆金木水火土之關係也 且如木曰曲直

부정모혈이성형개금목수화토지관계야 차여목왈곡직

味酸主仁 惻隱之心 慈祥愷悌 濟物利民 恤孤念寡 恬靜淸高

미산주인 측은지심 자상개제 제물이민 흘고념과 념정청고

人物淸秀 體長 面色靑白 故云木盛多仁 太過則折 執物性偏

인물청수 체장 면색청백 고운목성다인 태과즉절 집물성편

不及少仁 心生妬意

불급소인 심생투의

【해 설】

사람의 성정은 희노애락애악욕(喜怒哀樂愛惡欲)에서 생기는 것이고, 인의예지신(仁義禮智信)이 그 소재지이다. 아버지의 정기와 어머니의 피를 받아 형상이 만들어지는 것이니 모두 금목수화토(金木水火土)의 오행(五行)과 관계가 있다.

목(木)은 곡직(曲直), 신맛, 인(仁)을 나타낸다. 따라서 사주에 목(木)이 있으면 인자하며 측은지심이 있고, 자상하며 편안하고, 사물을 잘 관리하며 다른 사람을 이롭게 하고, 고아나 과부를 불쌍히게 여기고, 조용하며 청고하고, 인물이 청수하며 체격이 장대하고, 얼굴색이 청백하다. 사주에 목기(木氣)가 왕성하면 성정이 어질지만, 목기(木氣)가 너무 많은데 꺾이면 편벽하며 집착이 강하고, 목기(木氣)가 부족하면 어질지 못하며 질투심이 많다.

【원 문】

火曰炎上 味苦主禮 辭讓之心 恭敬威儀 質重淳朴
화왈염상 미고주예 사양지심 공경위의 질중순박

人物面上尖下員 印堂窄 鼻露竅 精神閃爍 言語辭急 意速心焦
인물면상첨하원 인당착 비로규 정신섬삭 언어사급 의속심초

面色或青赤 坐則搖膝 太過則足恭聰明 性燥鬚赤 不及則黃瘦
면색혹청적 좌즉요슬 태과즉족공총명 성조수적 불급즉황수

尖巧妒毒 有始無終
첨교투독 유시무종

 화(火)는 염상(炎上), 쓴맛, 예(禮)를 나타낸다. 따라서 사주에 화기(火氣)가 안정되면 사양하며 공경하는 마음이 있고, 중후하며 위엄이 있고 순박하다. 얼굴은 날카롭고 체형은 원형이며 인당(印堂)은 좁다. 정신은 섬뜩하게 빛나고 말을 조급하게 하며 마음이 초조하다. 얼굴색은 청색이나 적색이고, 자리에 앉으면 무릎을 떤다. 그러나 목기(木氣)가 많으면 총명하며 공경심이 있으나 질투가 많고 성격이 조급하며 수염이 적색이다. 만일 목기(木氣)가 부족하면 얼굴이 수척하며 황색이고, 성격이 예민하며 질투심이 많고, 시작은 있으나 끝이 없다.

【원 문】

金曰從革 味辛辣也 主義 羞惡之心 仗義踈財 敢勇豪傑
금왈종혁 미신랄야 주의 수오지심 장의소재 감용호걸
知廉恥 主人中庸 骨肉相應 方面白色 眉高眼深 高鼻耳仰
지염치 주인중용 골육상응 방면백색 미고안심 고비이앙
聲音淸響 剛殺有決 太過則自無仁心 好鬪貪欲 不及則多三思
성음청향 강살유결 태과즉자무인심 호투탐욕 불급즉다삼사
少果決慳吝 作事挫志
소과결간인 작사좌지

【해 설】

 금(金)은 종혁(從革), 신맛, 의(義)를 나타낸다. 따라서 사주에 금기(金氣)가 있으면 성격이 용감하며 정의롭고, 청렴하며 호걸하고 수치심을 안다. 재물을 소통하고 중용을 지키며 골육간에도 잘 지낸다. 얼굴색은 백색이며 눈썹은 높고, 안구는 깊으며 코는 높고, 귀는 믿음직하며 음성은 청향하다. 그러나 금기(金氣)가 많으면 인자하지 않고 난폭하고 투쟁을 좋아하며 탐욕이 많고, 금기(金氣)가 부족하면 생각은 많으나 결단력이 약하고 인색하며 무슨 일이든 잘 포기한다.

【원 문】

水曰潤下 味鹹主智 是非之心 志足多謀 機關深遠 文學聰明
수왈윤하 미함주지 시비지심 지족다모 기관심원 문학총명

譎詐飄蕩 無力傾覆 陰謀好惡 不及則膽小無謀 反主人物瘦小
흘사표탕 무력경복 음모호악 불급즉담소무모 반주인물수소

【해 설】

 수(水)는 윤하(潤下), 짠맛, 지(智)를 나타낸다. 따라서 사주에 수기(水氣)가 중화되면 시비지심과 의지가 있고, 도모하는 일이 많고, 지혜가 깊고, 문학에 재능이 있다. 그러나 수기(水氣)가 많으면 사기성이 많고 음란하며 방탕하고, 무력하며 편벽되고 음모와 사악함을 좋아한다. 그리고 수기(水氣)가 부족하면 담이 작으며 도모하는 일이 없고, 무지하며 발복하지 못하고, 수척하며 왜소하고, 동지를 배반하는 역심이 많다.

【원 문】

土曰稼穡句陳 味甘主信 誠實之心 敦厚至誠 言行相顧

토왈가색구진 미감주신 성실지심 돈후지성 언행상고

好敬神佛 主人背圓腰闊 鼻大口方 眉目淸秀 面如墻壁 而色黃

호경신불 주인배원요활 비대구방 미목청수 면여장벽 이색황

處事不輕 度量寬厚 太過則愚朴 古執如癡 不及則顏色似憂

처사불경 도량관후 태과즉우박 고집여치 불급즉안색사우

鼻低面偏 聲重濁 朴實執拗 太過則孤介硬吝 不得衆情

비저면편 성중탁 박실집요 태과즉고개경인 불득중정

伉毒狠戾 失信顚倒 且如日干弱 則退縮怕羞 日干强 則妄誕

침독한려 실신전도 차여일간약 즉퇴축파수 일간강 즉망탄

執一自傲 自以輕重言之 萬無一失

집일자오 자이경중언지 만무일실

【해 설】

토(土)는 가색(稼穡), 구진(句陳), 단맛, 신의, 성실함을 나타낸다. 따라서 사주에 토기(土氣)가 중화되면 성격이 돈후하며 지성적이고, 언행을 돌아보며 신앙심이 좋고, 처사가 신중하며 도량이 넓다. 신체는 등이 원만하며 허리가 광활하고, 얼굴은 황색이며 장벽(墻壁) 같고, 코는 크고 입은 방정하며 눈썹과 눈은 청수하다. 그러나 토기(土氣)가 많으면 우매하며 고지식하고 어리석을 정도로 고집이 강하다. 토기(土氣)가 부족하면 얼굴이 납작하며 우수에 찬 것처럼 보이고, 코가 낮으며 음성이 무겁고 혼탁하나 박실(朴實)하고

집착(執着)함이 꺾인다.

 어떤 사주든 한 가지 오행(五行)이 많으면 고독하며 인색하고, 신용이 없어 대중의 사랑을 받지 못하고, 악독하며 짐승처럼 사납다. 또 일간(日干)이 약하면 위축되며 수치심을 알고, 일간(日干)이 강하면 한 가지 일에 맹목적으로 집착한다. 이상은 사주의 구조를 보아 분별해야 한다.

2 질병

【원문】

夫疾病者 乃精神氣血之所主 各有感傷 内曰臟腑 外曰肢體
부질병자 내정신기혈지소주 각유감상 내왈장부 외왈지체

八字干支 五行生剋之義 取傷重者而斷之 五行干支太旺不及俱病
팔자간지 오행생극지의 취상중자이단지 오행간지태왕불급구병

金主刀刃刑傷 水乃溺舟而死 木乃縣梁自縊 虎唼蛇嗔
금주도인형상 수내익주이사 목내현양자액 호담사진

火則夜眠顚倒 蛇傷燒焚 土乃山崩石壓 泥陷墻崩 且如生命
화즉야면전도 사상소분 토내산붕석압 니함장붕 차여생명

天干内府所屬 詩曰 甲肝乙膽丙小腸 丁心戊胃己脾鄉
천간내부소속 시왈 갑간을담병소장 정심무위기비향

庚是大腸辛屬肺 壬是膀胱癸腎臟
경시대장신속폐 임시방광계신장

【해 설】

질병은 정신과 기혈의 부조화에서 오는 것이니 상극(相剋)하는 오행(五行)으로 살핀다. 오행(五行)이 너무 왕성하거나 약하면 병에 걸린다. 금(金)은 칼이나 형살(刑殺)에 의한 상해를 당하고, 수(水)는 익사하거나 배를 탔다가 사고를 당하여 죽고, 목(木)은 다리에서 떨어지거나 나무에 목을 매고 죽거나 호랑이나 뱀에게 물려 죽고, 화(火)는 밤에 잠을 자지 못하거나 독사에게 물리거나 화상을 입고, 토(土)는 산에 갔다가 산이 무너지거나 돌에 압사당하거나 진흙구덩이에 빠지는 등의 재앙을 당한다.

그리고 천간(天干)으로 내장의 소속을 알 수 있다. 시(詩)에서는 "갑(甲)은 간장, 을(乙)은 담, 병(丙)은 소장, 정(丁)은 심장, 무(戊)는 위장, 기(己)는 비장, 경(庚)은 대장, 신(辛)은 폐장, 임(壬)은 방광, 계(癸)는 신장에 속한다"고 하였다.

【원 문】

天干外知所屬 甲頭乙項丙肩求 丁心戊脇己屬腹 庚係人臍辛爲股
천간외지소속 갑두을항병견구 정심무협기속복 경계인제신위고

壬脛癸足自來求 子疝氣 丑肚腹 寅臂肢 卯目手 辰背胸 巳面齒
임경계족자래구 자산기 축두복 인비지 묘목수 진배흉 사면치

午心腹 未脾胸 申咳疾 酉肝肺 戌背肺 亥頭肝 肝乃腎家苗
오심복 미비흉 신해질 유간폐 술배폐 해두간 간내신가묘

腎乃肝之主 腎通於眼 膽藏魂 肝藏魄 腎藏精 心藏神 脾藏氣
신내간지주 신통어안 담장혼 간장백 신장정 심장신 비장기

【해 설】

 사주의 천간(天干)으로 인체의 소속을 알 수 있다. 갑(甲)은 두면(頭面)이니 머리이고, 을(乙)은 항(項)이니 목이고, 병(丙)은 견(肩)이니 어깨이고, 정(丁)은 심(心)이니 가슴이고, 무(戊)는 협(脇)이니 갈비이고, 기(己)는 복(腹)이니 배이고, 경(庚)은 제(臍)이니 배꼽이고, 신(辛)은 고(股)이니 허벅지이고, 임(壬)은 경(脛)이니 종아리이고, 계(癸)는 족(足)이니 발이다.

 지지(地支)로도 인체의 소속을 알 수 있다. 자(子)는 산기(疝氣)이니 허리와 아랫배이고, 축(丑)은 두복(肚腹)이니 위장이고, 인(寅)은 비지(臂肢)이니 어깨와 사지이고, 묘(卯)는 목수(目手)이니 눈과 손이고, 진(辰)은 배흉(背胸)이니 등과 가슴이고, 사(巳)는 면치(面齒)이니 얼굴과 치아이고, 오(午)는 심복(心腹)이니 심장과 배이고, 미(未)는 비흉(脾胸)이니 지라와 가슴이고, 신(申)은 해질(咳疾)이니 기침과 해소이고, 유(酉)는 간폐(肝肺)이니 간장과 폐장이고, 술(戌)은 배폐(背肺)이니 등과 폐장이고, 해(亥)는 두간(頭肝)이니 머리와 간장에 해당한다.

 그리고 오장육부는 서로 연결되어 있는데 간장은 신장의 싹이고 신장은 간장의 주인이니 신장은 눈과 통한다. 담은 혼(魂)을 감추고 있고, 간장은 백(魄)을 감추고 있고, 신장은 정(精)을 감추고 있고, 심장은 신(神)을 감추고 있고, 비장은 기(氣)를 감추고 있다.

木命見庚辛申酉多者 肝膽病 內則驚精虛怯 癆瘵嘔血 頭眩目暗

목명견경신신유다자 간담병 내즉경정허겁 노채구혈 두현목암

痰喘頭風脚氣 左癱右瘓 口眼歪斜 風症筋骨疼痛 外則皮膚乾燥

담천두풍각기 좌탄우탄 구안왜사 풍증근골동통 외즉피부건조

眼目之疾 髮鬚疎少 顚撲手足 損傷之患 女生墮胎 血氣不調

안목지질 발수소소 전박수족 손상지환 여생타태 혈기불조

小兒急慢驚風 夜啼咳嗽 經云 筋骨疼痛 蓋因木被金傷

소아급만경풍 야제해수 경운 근골동통 개인목피금상

【해 설】

 만일 갑을목(甲乙木) 일간(日干)이 경신신유(庚辛申酉)의 금기(金氣)가 많으면 금극목(金剋木)되니 간이나 담에 병이 있다. 속으로는 놀라거나, 담력이 약해지거나, 항상 피곤하거나, 피를 자주 토하거나, 머리가 어지럽거나, 눈이 어둡거나, 폐결핵에 걸리거나, 얼굴이 좌우로 틀어지거나, 입이 돌아가거나, 풍증으로 근골이 심하게 아프다. 겉으로는 피부가 건조해 가렵거나, 아토피에 걸리거나, 눈에 병이 생기거나, 머리가 빠져 대머리가 되거나, 수염이 빠지거나, 손발골절이 손상된다. 여자는 낙태하거나 생리가 불순하고, 어린아이는 급만성의 경풍으로 밤에 자주 울거나 기침을 심하게 한다. 경(經)에 이르기를 "뼈가 아프고 몸이 쑤시는 신경계통의 병은 모두 금기(金氣)가 목기(木氣)를 상극(相剋)하기 때문"이라고 하였다.

【원문】

火命見水 及亥子旺地 主小腸心經之患 內則顚啞 口心疼痛

화명견수 급해자왕지 주소장심경지환 내즉전아 구심동통

急緩驚風 禿舌口咽啞 潮熱發狂 外則眼暗失明 小腸腎氣

급완경풍 독설구인아 조열발광 외즉안암실명 소장신기

瘡毒膿血 小兒痘疹癬瘡 婦女乾血淋 火主燥 面色紅赤 經云

창독농혈 소아두진선창 부녀건혈임 화주조 면색홍적 경운

眼暗目昏 多是火遭水剋

안암목혼 다시화조수극

【해 설】

　병정화(丙丁火) 일간(日干)이 해자(亥子) 수왕지(水旺地)에 태어나면 소장이나 심장병을 앓는다. 속으로는 입과 심장에 통증이 있거나, 급성이나 만성 경풍이 있거나, 대머리가 되거나, 혀나 입이나 목에 병이 있거나, 조열하며 발광하는 증세가 있다. 겉으로는 눈이 어두워지거나, 소장이나 신장에 병이 생기거나, 창독이나 농혈병이 있다. 어린아이에게는 천연두나 홍역이나 옴이나 부스럼이 따르고, 여자는 피가 건조하여 피와 땀이 나거나 피부가 건조하거나 얼굴이 홍적색으로 변한다. 경(經)에 이르기를 "화(火)가 수기(水氣)를 많이 만나 상극(相剋)되기 때문"이라고 하였다.

【원 문】

土命見木 及寅卯旺鄕 主脾胃經受傷 內主膈食翻胃氣噎

토명견목 급인묘왕향 주비위경수상 내주격식번위기일

蠱脹泄瀉黃腫不能飮食 吃物揀擇 嘔吐脾傷 外則左手口腹有疾

고창설사황종불능음식 흘물간택 구토비상 외즉좌수구복유질

皮膚燥澁 小兒疳病脾黃 土主溫 多淹滯 面色痿黃 經云

피부조삽 소아감병비황 토주온 다엄체 면색위황 경운

土虛乘木旺之鄕 脾傷定論

토허승목왕지향 비상정론

【해 설】

 무기토(戊己土) 일간(日干)이 인묘(寅卯) 목왕지(木旺地)에 태어나면 비장이나 위장에 병이 생긴다. 속으로는 위장에 열기가 많으니 잘 체하거나, 식도염이나 배가 팽창하는 병에 걸리거나, 설사를 자주 하거나, 황종(黃腫)이 생(生)하여 음식을 잘 먹지 못하거나, 구토하는 증세가 따른다. 겉으로는 왼손이나 입이나 배에 상해를 입거나, 피부가 건조하여 피부병에 걸린다. 어린아이는 위장이 나빠 몸이 야위고 헛배가 부른다. 경(經)에 이르기를 "토(土)가 허약한데 왕목(旺木)을 만나면 비장에 병이 생긴다"고 하였다.

【원 문】

金命見火 及巳午旺處 主大腸肺經受病 咳嗽喘吐 腸風痔漏

금명견화 급사오왕처 주대장폐경수병 해수천토 장풍치루

魑魅失魂 勞怯之症 外則皮膚枯燥 瘋鼻赤疽癩 皆膿血之咎

이매실혼 노겁지증 외즉피부고조 풍비적저란 개농혈지구

經云 金弱遇火炎之地 血疾無疑

경운 금약우화염지지 혈질무의

【해 설】

　경신금(庚辛金) 일간(日干)이 사오(巳午) 화왕지(火旺地)를 만나면 대장이니 폐장에 병이 생긴다. 속으로는 기침병이 있거나, 대장에 풍질이 있어 치질에 걸리거나, 잡신에 끌려 정신을 잃거나, 놀라서 정신병에 걸린다. 겉으로는 피부가 건조하여 피부병에 걸리거나, 코끝이 붉거나, 악창으로 고생한다. 경(經)에 이르기를 "금(金)이 약한데 화염(火炎)을 만나면 혈액병이 따른다"고 하였다.

【원 문】

水命見土 及四季旺月 主膀胱腎經受病 内則流精白濁

수명견토 급사제왕월 주방광신경수병 내즉유정백탁

盗汗鬼交 虛損耳聾 傷寒感冒 外則牙痛疝氣 偏墜腰疼

도한귀교 허손이농 상한감모 외즉즉아통산기 편추요동

腎氣淋瀝 吐瀉疼痛之病 女人主胎崩漏白帶 水主寒 面赤黧黑

신기임력 토사동통지병 여인주태붕누백대 수주한 면적려흑

經云 下元冷疾 只緣水值土傷

경운 하원냉질 지연수치토상

【해 설】

　임계수(壬癸水) 일간(日干)이 토왕절(土旺節)을 만나면 방광이나 신경에 병이 생긴다. 속으로는 밤에 잠을 자다 혼탁한 정액을 흘리거나, 땀을 많이 흘리거나, 잡귀와 성교하거나, 기(氣)가 손상되어 귀가 어두워지거나, 추위로 인하여 독감에 걸린다. 겉으로는 치통이나 요통이 따르거나, 신장병이나 임질이 따르거나, 토사병이 따른다. 여자는 사산하거나 몸이 차갑고, 얼굴이 적색이나 흑색으로 변한다. 경(經)에 이르기를 "토(土)가 수(水)를 극(剋)하면 하원(下元)인 하복부에 냉질이 걸린다"고 하였다.

3. 대운(大運)

【원 문】

夫大運者 以天干曰五運 地支曰六氣 故名範氣 子平之法
부대운자 이천간왈오운 지지왈육기 고명범기 자평지법

大運看支 歲君看天 交運同接木 何也 且干支二字 六十甲子之說
대운간지 세군간천 교운동접목 하야 차간지이자 육십갑자지설

用花字 若天干地支得其時 則自然開花結子盛矣 月令者 天元也
용화자 약천간지지득기시 즉자연개화결자성의 월령자 천원야

今運就月上起 譬之樹苗 樹之見苗 則知名 月之用神 則之其格
금운취월상기 비지수묘 수지견묘 즉지명 월지용신 즉지기격

故謂交運 如同椄木然 命有根苗花實者何 正合此意也 豈不宜矣
고위교운 여동접목연 명유근묘화실자하 정합차의야 개불의의

出癸入甲 如返汗之人 且如甲戌接癸亥 此乃干支接木

출계입갑 여반한지인 차여갑술접계해 차내간지접목

丑運交寅辰巳午未交申戌交亥 此乃轉角椄木 東南西北四方轉角

축운교인진사오미교신술교해 차내전각접목 동남서북사방전각

謂之椄木 格局凶者死 格局善者生 寅卯辰一氣 亥子丑一氣

위지접목 격국흉자사 격국선자생 인묘진일기 해자축일기

氣之相連 皆非椄木之說 且如甲乙得寅卯運 名曰劫財敗財 主剋

기지상연 개비접목지설 차여갑을득인묘운 명왈겁재패재 주극

父母及剋妻 破財爭鬪之事 行丙丁巳午運 名傷官 主剋子女

부모급극처 파재쟁투지사 행병정사오운 명상관 주극자녀

訟事囚繫 庚辛申酉七殺官鄉 主得名 發越太過 則災病惡疾

송사수계 경신신유칠살관향 주득명 발월태과 즉재병악질

行壬癸亥子生氣印綬運 主吉慶增產 辰戌丑未戊己財運

행임계해자생기인수운 주길경증산 진술축미무기재운

主名利皆通 此乃死法譬喩 須隨格局喜忌推之 不可執一

주명리개통 차내사법비유 수수격국희기추지 불가집일

奇妙在識其通變 拙說如神 干旺宜行衰運 干弱宜旺運

기묘재식기통변 졸설여신 간왕의행쇠운 간약의왕운

正乃干弱則求氣旺之籍 有餘則不足之營 須要通變 更兼孤害空亡

정내간약즉구기왕지적 유여즉부족지영 수요통변 갱겸고해공망

勾絞喪門弔客宅墓病死官符白虎諸殺推之 其驗如神

구교상문조객택묘병사관부백호제살추지 기험여신

又一法羊刃桃花 伏吟返吟 休囚死絶衰敗者凶

우일법양인도화 복음반음 휴수사절쇠패자흉

遇帝旺臨官祿馬貴人生養冠帶庫者吉 如空者凶 空者返吉

우제왕임관녹마귀인생양관대고자길 여공자흉 공자반길

吉者返凶 大運不宜與太歲相剋 相冲者凶 更刑冲相剋者亦忌

길자반흉 대운불의여태세상극 상충자흉 갱형충상극자역기

歲冲剋運者吉 運剋歲者凶 格局不吉者死 歲運相生者吉

세충극운자길 운극세자흉 격국불길자사 세운상생자길

祿馬貴人合交互者亦吉 宜仔細推之 無有不應驗者矣

녹마귀인합교호자역길 의자세추지 무유불응험자의

【해 설】

대운(大運)은 천간(天干)의 오운(五運)과 지지(地支)의 육기(六氣)가 만나는 것이다. 자평법(子平法)은 대운(大運)은 지지(地支)를 중점으로 간명하고, 세운(歲運)은 천간(天干)을 중점으로 간명한다. 그러나 대운(大運)과 세운(歲運)을 함께 간명해야 한다. 간지(干支)는 상하 두 글자로 되어 있기 때문이다.

만일 천간지지(天干地支)가 때를 만나면 자연히 개화하여 충실한 열매를 맺는다. 사주에서 월령(月令)이란 천원(天元)인데 이것을 시작으로 운이 흐르며 변하는 것이므로 운명의 변화를 월령(月令)에서 취하여 계산하는 것이 대운(大運)이다. 예를 들면 나무는 근(根)에서 나와 묘(苗)에서 싹이 트고 화(花)에서 꽃이 피고 실(實)에서 열매를 맺는다. 때문에 월령(月令)을 중점으로 용신(用神)을 찾는 것이 격국(格局)이다. 그래서 접목하는 것과 같다고 했는데 사람의 운명도 이 근묘화실(根苗花實)의 원리와 같다. 이러한 원리에 합당하면 길복이 따르나 합당하지 않으면 흉화가 따른다.

예를 들어 계수(癸水) 다음에는 갑목(甲木)이 오니 갑술(甲戌)과 계해(癸亥)는 접목한다. 계수(癸水)가 갑목(甲木)을 만나면 설기(泄氣)하며 생자(生子)하니 갑술(甲戌)이 계해(癸亥)에 간 것은 생왕(生旺)해주기 때문이다. 또 축운(丑運)은 인(寅)과 접목하고, 진운(辰運)은 사오(巳午)와 접복하고, 미운(未運)은 신유(申酉)와 접목하고, 술운(戌運)은 해(亥)와 접목한다. 이처럼 진술축미(辰戌丑未)는 동서남북 사방에서 춘하추동의 절기와 절기 사이에 상극(相剋)이 일어나지 않도록 접목해준다.

만일 사주의 격이 흉하면 실패하거나 사망하나 길하면 발전하거나 생존한다. 지지(地支)에서 볼 때 인묘진(寅卯辰)도 1기, 해자축(亥子丑)도 1기, 사오미(巳午未)도 1기, 신유술(申酉戌)도 1기다. 이것은 기(氣)가 상연(相連)하는 것이니 접목이라고 할 수 없다.

만일 갑목(甲木) 일간(日干)이 인묘진운(寅卯辰運)을 만나면 비견(比肩)이나 겁재(劫財)가 되어 기신(忌神)에 해당하면 패재(敗財)라 하여 부모를 극(剋)하고, 남명은 아내와 재물을 극(剋)하니 투쟁이 일어나고, 병정사오운(丙丁巳午運)으로 흐르면 식신운(食神運)과 상관운(傷官運)인데 기신(忌神)에 해당하면 자녀를 극(剋)하거나 송사로 인하여 감옥에 들어가고, 경신신유(庚辛申酉)의 칠살(七殺鄕)이 용신(用神)이 되면 출세하거나 승진한다. 그러나 칠살(七殺)이 많아 기신(忌神)으로 변하면 관재구설이 따르거나 악질에 걸리거나 패가망신한다. 그리고 임계해자운(壬癸亥子運)으로 흐르면 편인운(偏印運)과 인수운(印綬運)인데 인성(印星)이 용신(用神)이면 가산이 늘어나는 등 경사가 생기고, 재성(財星)인 진술축미무기운(辰戌丑未戊己運)으로 흐르는데 재성(財星)이 용신(用神)이면 명예운과 재물운이 모두 좋다.

그리고 신살(神殺)만 고집하면 안 되고 격국(格局)의 희기(喜忌)를 추리하는 것이 중요하다. 중요한 것은 신강(身强)할 때는 일간(日干)이 약해지는 재관운(財官運)으로 가면 길복이 따르고, 신약(身弱)할 때는 일간(日干)이 강해지는 인비운(印比運)으로 흐르면 길복이 따른다.

자평법(子平法)은 허약하면 도와주고 강건하면 억제하는 것이 요지이며 중요한 통변(通變) 방법이다. 그리고 고진(孤辰)·육해(六害)·공망(空亡)·상문(喪門)·조객(弔客)·쇠병사절(衰病死絶)·백호대살(白虎大殺) 등을 보고 추리하는데 신살(神殺)들은 참고 정도로만 활용하면 된다. 그리고 당사주(唐四柱)에서 말하는 도화(桃花)·복음(伏吟)·휴수사절(休囚死絶)이 있으면 흉하고, 제왕(帝旺)·건록(建祿)·역마(驛馬)·귀인(貴人)·장생(長生)·관대(冠帶)·고지(庫地) 등이 길하다는 이론도 참고만 한다.

그리고 공망(空亡)을 흉하다고 하나 흉살이 공망(空亡)되면 오히려 좋아지고, 길성이 공망(空亡)되면 흉해진다. 대운(大運)과 세운(歲運)도 상극(相剋)이나 상충(相沖)이나 형충(刑沖)되면 흉하나 세운(歲運)이 용신(用神)으로 들어와 기신(忌神)을 충극(沖剋)하면 좋아지고, 세운(歲運)이 기신(忌神)으로 들어와 용신(用神)을 충극

(沖剋)하면 흉해진다. 그리고 격국(格局)이 불길하면 사(死)하나 세운(歲運)이 용신(用神)을 상생(相生)하면 좋아지고, 녹마(祿馬)나 귀인(貴人)이 들고 길신에 해당하면 역시 좋아진다. 이러한 내용을 잘 알고 추리하면 응험하지 않은 경우가 없다.

4. 태세(太歲)의 길흉

【원 문】

太歲乃年中天子 故不可犯 犯之則凶 經云 日犯歲君 災殃必重
태세내년중천자 고불가범 범지즉흉 경운 일범세군 재앙필중

五行有救 其年反必招財 且如甲日見戊年 太歲是也 剋重者死
오행유구 기년반필초재 차여갑일견무년 태세시야 극중자사

甲乙若寅卯亥未日時者 犯剋歲君 決死無疑 有救則吉
갑을약인묘해미일시자 범극세군 결사무의 유구즉길

乃八字庚辛巳酉丑金局也 經云 戊己愁逢甲乙 干頭須要庚辛
내팔자경신사유축금국야 경운 무기수봉갑을 간두수요경신

或丙丁火局焚木 有災勿咎 效此推之 或得己合甲亦解之
혹병정화국분목 유재물구 효차추지 혹득기합갑역해지

大抵太歲不可傷之 相生者吉 乃五行有救 其年反必爲財
대저태세불가상지 상생자길 내오행유구 기년반필위재

犯歲君者 其年必主凶喪 剋妻妾 及財是非 犯上之悔
범세군자 기년필주흉상 극처첩 급재시비 범상지회

加以勾絞空亡咸池宅墓病符死符白虎羊刃 諸殺倂臨 禍患百出

가이구교공망함지택묘병부사부백호양인 제살병임 화환백출

神殺加臨 輕重推之 日干雖不剋歲 猶恐運剋歲君 若加歲運冲刑

신살가임 경중추지 일간수불극세 유공운극세군 약가세운충형

羊刃冲合 主破耗喪事 倘有貴人祿馬 解之稍吉 八字有救無虞

양인충합 주파모상사 당유귀인녹마 해지초길 팔자유구무우

故云太歲乃衆殺之主 入命未必爲災 若遇戰鬪之鄕 必主刑於本命

고운태세내중살지주 입명미필위재 약우전투지향 필주형어본명

【해 설】

태세(太歲)는 년(年)의 천자(天子)이니 범하면 흉하다. 경(經)에 이르기를 "일간(日干)이 세군(歲君)을 범하면 반드시 재앙이 무거우나 오행(五行)이 구제해주면 오히려 재물을 얻는다"고 하였다.

예를 들어 갑목(甲木) 일간(日干)이 무(戊)년에 태어났는데 무겁게 파극(破剋)을 당하면 사망하고, 갑목(甲木) 일간(日干)이 인묘진(寅卯辰)이나 해묘미(亥卯未)월시에 태어났는데 세군(歲君)을 극(剋)하면 반드시 사망한다. 그러나 사주에 경신금(庚辛金)과 사유축(巳酉丑) 금국(金局)이 있어 갑목(甲木)을 구제해주면 길하다. 경(經)에 이르기를 "무기토(戊己土) 일간(日干)은 갑을목(甲乙木)을 만나면 두려워하는데, 간두(干頭)에 경신금(庚辛金)이 투출(透出)하고 자식인 화국(火局)이 있어 목(木)을 태우면 재앙이 된다. 이 때 화(火)가 토(土)를 도와주면 통하므로 구제하지 못한다"고 하였다. 이런 사주는 기토(己土)가 갑목(甲木)을 만나 갑기합토(甲

己合土)하면 해결된다.

태세(太歲)는 상해(傷害)하면 흉하나 상생(相生)하면 길하고, 오행(五行)이 구해주면 그 해에 재물이 들어온다. 세운(歲運)을 침범하면 그 해에 반드시 처첩을 극(剋)하며 재물문제로 시비가 따르고, 여기다 구교(勾絞)·공망(空亡)·함지(咸池)·묘(墓)·쇠(衰)·병(病)·사(死)·백호(白虎)·양인(羊刃) 등이 같이 있으면 백 가지 흉화가 속출한다.

만일 신살(神殺)이 있으면 경중을 살펴야 한다. 일간(日干)이 세운(歲運)을 극(剋)하지 않아도 대운(大運)이 세운(歲運)을 극(剋)하면 흉하다. 이 때 세운(歲運)이 형충(刑沖)되거나 양인(羊刃)이 충합(沖合)하면 반드시 극(剋)하므로 흉하나 귀인(貴人)이나 녹마(祿馬)나 재관(財官)이 와서 풀어주면 길하다. 태세(太歲)는 무리의 살(殺)이므로 항상 재앙이 되는 것은 아니지만 투쟁의 절기를 만나면 반드시 형액을 받는다.

5. 운화기(運化氣)

【원 문】

夫五運化氣者 甲己化土乙庚化金 丁壬化木盡成林
부오운화기자 갑기화토을경화금 정임화목진성림

丙辛化水分淸濁 戊癸南方火燄侵 甲己化土中正之合 辰戌丑未全
병신화수분청탁 무계남방화염침 갑기화토중정지합 진술축미전

曰稼穡勾陳得位 乙庚化金 仁義之合 巳酉丑全曰從革 戊癸化火
왈가색구진득위 을경화금 인의지합 사유축전왈종혁 무계화화

無情之合 得火局曰炎上 丙辛化水 得申子辰水局曰潤下
무정지합 득화국왈염상 병신화수 득신자진수국왈윤하

丁壬化木 得亥卯未全曰曲直仁壽 天干化合者秀氣
정임화목 득해묘미전왈곡직인수 천간화합자수기

地支合局者福德 化之眞者 名公巨卿 化之假者 孤兒異姓
지지합국자복덕 화지진자 명공거경 화지가자 고아이성

逢龍卽化 變作龍飛在天 利見大人 月令生旺養庫臨官之地方化
봉용즉화 변작용비재천 이견대인 월령생왕양고임관지지방화

陰陽得合 夫婦匹配 中和之氣而化 太過不及 皆不能化
음양득합 부부필배 중화지기이화 태과불급 개불능화

有夫從妻化 妻從夫化 正化偏化 日下自化 乃未坤申兌艮寅
유부종처화 처종부화 정화편화 일하자화 내미곤신태간인

經云 東北喪朋 南西得朋 甲日見己字化土 己見甲亦然 乃化之眞
경운 동북상붕 남서득붕 갑일견기자화토 기견갑역연 내화지진

謂之正化 化之眞者 名公巨卿 乃富貴之格 化之假者 孤兒異姓
위지정화 화지진자 명공거경 내부귀지격 화지가자 고아이성

或爲僧道之類 十干效此推之 但戊癸化火 南不化午 北不化子
혹위승도지류 십간효차추지 단무계화화 남불화오 북불화자

午乃少陰君火 所以不化 寅申乃少陽火乃化 經云 化之格局
오내소음군화 소이불화 인신내소양화내화 경운 화지격국

玄中又玄 奇妙中又妙 不可俱述 當觀天元神趣八法

현중우현 기묘중우묘 불가구술 당관천원신취팔법

返照鬼伏類屬從化 仔細推詳

반조귀복류속종화 자세추상

【해 설】

오운화기(五運化氣)는 갑기(甲己)가 합(合)하면 토(土)로 변하고, 을경(乙庚)이 합(合)하면 금(金)으로 변하고, 정임(丁壬)이 합(合)하면 목(木)으로 변하여 성림(成林)을 이루고, 병신(丙辛)이 합(合)하면 수(水)로 변하여 청정해지고, 무계(戊癸)가 합(合)하면 화(火)로 변하니 불덩이를 몰고 온다.

갑기합토(甲己合土)는 중정지합(中正之合)으로 진술축미(辰戌丑未)가 모두 있으면 가색구진득위격(稼穡勾陳得位格)이 되고, 을경합금(乙庚合金)은 인의지합(仁義之合)으로 사유축(巳酉丑)이 모두 있으면 종혁격(從革格)이 되고, 무계합화(戊癸合火)는 무정지합(無情之合)으로 인오술(寅午戌)이 모두 있으면 염상격(炎上格)이 되고, 병신합수(丙辛合水)는 신자진(申子辰)이 모두 있으면 윤하격(潤下格)이 되고, 정임합목(丁壬合木)은 해묘미(亥卯未)가 모두 있으면 곡직인수격(曲直仁壽格)이 된다.

천간(天干)이 합(合)하여 변하면 기운이 나타나고, 지지(地支)가 합(合)하여 국(局)을 이루면 복덕이 따른다. 합(合)하여 변한 것이 진실하면 명예가 높아 큰 벼슬에 오르나, 가합(假合)이면 고아가 되거나 아버지가 둘이다. 그리고 용이 승천하며 조화를 부리는 것

은 하늘에서 일어나는 일인데 대인이 만나면 중화의 기운을 얻고,
월령(月令)이 생왕(生旺)하여 양고(養庫)에 임하면 관방(官方)으로
변하니 음양(陰陽)의 합(合)이라 배우자가 되는데 지나치거나 부
족하면 모두 불가하다.

남편이 아내를 따라 변하는 경우가 있고, 아내가 남편을 따라 변
하는 경우가 있다. 정화(正化)와 편화(偏化)가 그것이다. 일간(日
干)이 자연히 변하면 미(未)는 곤(坤)이고, 신(申)은 태(兌)이고,
인(寅)은 간(艮)이다. 경(經)에서는 "동북(東北)은 상붕(喪朋)이요,
남서(南西)는 득붕(得朋)"이라고 하였다. 갑목(甲木) 일간(日干)이
기토(己土)를 만나면 갑기합토(甲己合土)하고, 기토(己土) 일간(日
干)이 갑목(甲木)을 만나면 역시 합(合)을 하는 것이 그렇다. 그리
고 합(合)한 결과가 용신(用神)이나 희신(喜神)이 되면 부귀영화를
누리나, 기신(忌神)이나 구신(仇神)이면 고아가 되거나 아버지가
여럿이거나 수도자가 된다.

무계합화(戊癸合火)의 경우 남(南)은 오(午)로 변할 수 없고, 북
(北)은 자(子)로 변할 수 없고, 오(午)는 소음(少陰)의 군화(君火)
이니 인신(寅申)으로 변할 수 없다. 그러나 소양(少陽)의 화(火)는
변한다. 경(經)에서는 "화격(化格)은 매우 현묘하니 논하기 어렵다.
마땅히 천원신취(天元神趣)의 8법이 있으니 귀복(鬼伏)과 유속(類
屬)의 종화(從化)를 자세하게 추리하여 상세하게 판단해야 한다"
고 하였다.

6. 화기십단금(化氣十段錦)

【원문】

甲從己合 賴土所生 遇乙兮妻財暗損 逢丁兮衣祿成空 貴顯高門
갑종기합 뢰토소생 우을혜처재암손 봉정혜의록성공 귀현고문

蓋得辛金之力 家殷大富 皆因戊土之功 見癸兮平生發福
개득신금지력 가은대부 개인무토지공 견계혜평생발복

逢壬兮一世飄蓬 遇金家徒四壁 時逢丙火 祿享千鐘 己能化甲
봉임혜일세표봉 우금가도사벽 시봉병화 록향천종 기능화갑

秀在於寅 逢丁兮他人凌辱 遇乙兮自己遭地 陽水重重
수재어인 봉정혜타인능욕 우을혜자기조둔 양수중중

奔走紅塵之客 庚金銳銳 孤寒白屋之人 丙内藏辛 必得其貴
분주홍진지객 경금예예 고한백옥지인 병내장신 필득기귀

戊中隱癸 不至於貧 若要官職遷榮 先須見癸 家殷巨富 務要逢辛
무중은계 불지어빈 약요관직천영 선수견계 가은거부 무요봉신

【해설】

갑목(甲木) 일간(日干)이 기토(己土)를 종(從)하여 합(合)하면 토(土)가 된다. 이는 토(土)에 의지하여 소생하기 때문인데 을목(乙木)을 만나면 겁재(劫財)가 되어 아내와 재물이 손상되고, 정화(丁火)를 만나면 상관(傷官)이 되니 설기(泄氣)되어 의록(衣祿)이 공망(空亡)된다. 만일 신금(辛金)이 정관(正官)이고 관귀(官貴)가 용신(用神)이면 고관이 되고, 무토(戊土)인 편재(偏財)의 공이 있으

면 큰 부자가 된다. 계수(癸水)인 인수(印綬)가 용신(用神)이면 평생 길하나 임수(壬水)인 편인(偏印)이 기신(忌神)이면 평생 정착하지 못하고 떠도는 신세가 된다. 경금(庚金)을 만나면 칠살(七殺)이니 기신(忌神)에 해당하면 가난하고, 시주(時柱)에 병화(丙火)가 있는데 식신(食神)이며 용신(用神)에 해당하면 복록이 많다.

기토(己土)가 갑목(甲木)을 만나 합화(合化)하면 수기(秀氣)가 인목(寅木)에 있으니 갑목(甲木)은 종(從)하고, 정화(丁火) 상관(傷官)을 만났는데 기신(忌神)이면 능욕을 당하고, 을목(乙木) 겁재(劫財)를 만났는데 기신(忌神)이면 매사 느려지고, 양수(陽水)인 임수(壬水) 편인(偏印)이 중중한데 기신(忌神)이면 실속없이 분주하고, 경금(庚金)이 많으면 예리하며 날카롭고, 경금(庚金)을 만났는데 기신(忌神)이면 편관(偏官)이 되니 벼슬을 하지 못하며 외로운 사람이 된다.

병화(丙火)는 병신합수(丙辛合水)하여 신금(辛金)을 암장(暗藏)하니 반드시 귀격을 이루고, 무토(戊土)는 무계합화(戊癸合火)하여 계수(癸水)를 감추니 빈고함에 이르지 않는다. 만일 관직을 알려면 먼저 계수(癸水)를 보아야 한다. 그리고 신금(辛金) 관성(官星)을 만나면 큰 부자가 된다.

【원 문】

乙從庚化 氣稟西方 寒難兮生逢丙位 榮華兮長生壬鄉
을종경화 기품서방 건난혜생봉병위 영화혜장생임향

丁火當權 似春花之笑일 辛金指世 若秋草之逢霜 最喜己臨

정화당권 사춘화지소일 신금지세 약추초지봉상 최희기임

滿堂金玉 偏宜甲向 麻麥盈倉 日日勞神 蓋爲勾陳作亂

만당금옥 편의갑향 마맥영창 일일노신 개위구진작난

時時費力 多因玄武爲殃 庚從乙化 金質彌堅 最忌辛金暗損

시시비력 다인현무위앙 경종을화 금질미견 최기신금암손

偏嫌丙火相煎 遇丁官兮 似蛟龍之得雲雨 逢己印兮

편혐병화상전 우정관혜 사교룡지득운우 봉기인혜

若鵬鶚之在秋天 癸水旺兮 田園漂蕩 壬水盛兮

약붕악지재추천 계수왕혜 전원표탕 임수성혜

財祿增遷 遇戊相侵兮 不成巨富 逢壬助力兮 永保長年

재록증천 우무상침혜 불성거부 봉임조력혜 영보장년

【해 설】

　을목(乙木)이 경금(庚金)을 만나 합(合)하면 서방의 기품을 받고, 병화(丙火)를 만나면 장해와 재액이 따른다. 부귀영화는 임수(壬水)의 장생(長生)에서 나타나고, 정화(丁火)는 관귀(官貴)가 있으니 봄꽃이 봄날을 만난 것과 같이 길하다.

　신금(辛金)이 정화(丁火)를 만나면 가을풀이 서리를 만난 격이니 기토(己土)가 임하면 금옥이 만당하고, 갑목(甲木)을 만나면 창고에 곡식이 가득하다. 그러나 구진(勾陳)이 문제가 되면 날마다 수고롭고, 현무(玄武)가 문제가 되면 노력해도 허사가 된다. 만일 경금(庚金)이 을목(乙木)을 합(合)하면 금(金)이 견고해져 신금(辛

金)이 손상되는데, 병화(丙火)가 들어와 화극금(火剋金)하면 흉하다. 만일 정화(丁火)의 관귀(官貴)를 만나면 교룡이 구름과 비를 만난 것과 같고, 기토(己土) 인수(印綬)를 만나면 한 번에 구만리를 나는 붕악새가 가을 하늘을 만난 격이니 길하다. 만일 계수(癸水)가 왕성하면 전답을 탕진하고, 임수(壬水)가 왕성하면 재물복이 늘어나고, 무토(戊土)를 만나면 서로 침범하니 큰 부자가 되지 못하고, 임수(壬水)가 도와주면 평안함이 영원하다.

【원 문】

丙爲陽火 化水逢辛 有福兮戊土在位 成名兮乙木臨身 官爵遷榮
병위양화 화수봉신 유복혜무토재위 성명혜을목임신 관작천영

生逢癸巳 家門顯達 長在庚寅 强橫起於甲午 禍敗發於壬辰
생봉계사 가문현달 장재경인 강횡기어갑오 화패발어임진

屢遇陰丁 縱富貴能有幾일 重逢己土 雖榮華一似浮雲 辛能化水
누우음정 종부귀능유기일 중봉기토 수영화일사부운 신능화수

得丙方成 四柱最宜見戊 一生只喜逢庚 見己兮何年發福
득병방성 사주최의견무 일생지희봉경 견기혜하년발복

逢壬兮何日成名 癸水旺兮縱困而不困 甲木旺兮 須榮而不榮
봉임혜하일성명 제수왕혜종곤이불곤 갑목왕혜 수영이불영

富貴榮華 重重見乙 傷殘窮迫 疊疊逢丁
부귀영화 중중견을 상잔궁박 첩첩봉정

【해 설】

병(丙)은 양화(陽火)인데 신금(辛金)을 만나면 병신합수(丙辛合水)한다. 이 때 무토(戊土)를 만나면 복이 따르고, 을목(乙木)을 만나면 명예가 따르고, 계사(癸巳)를 만나면 부귀영화가 따르고, 경인(庚寅)을 만나면 가문이 현달하고, 갑오(甲午)를 만나면 강한 횡포가 일어나고, 임진(壬辰)을 만나면 실패한다. 만일 음화(陰火)인 정화(丁火)를 여러 번 만나면 부귀영화가 와도 오래 가지 않고, 기토(己土)를 여러 번 만나년 부귀영화가 뜬구름 같아 곧 사라진다.

신금(辛金)이 병화(丙火)를 만나면 병신합수(丙辛合水)하니 무토(戊土)를 만나는 것이 가장 길하고, 경금(庚金)을 만나 금생수(金生水)하면 길하다. 만일 기토(己土)를 만나면 토극수(土剋水)하니 발복하기 어렵고, 임수(壬水)를 만나면 명예를 이루기 어렵다. 만일 계수(癸水)가 왕성하면 곤궁할 것 같으나 그렇지 않고, 갑목(甲木)이 왕성하면 영화로울 것 같으나 그렇지 않다. 만일 을목(乙木)이 중중하면 병화(丙火)를 목생화(木生火)하니 부귀영화를 이루고, 정화(丁火)가 첩첩하면 핍박하니 쇠약해진다.

【원 문】

丁屬陰火遇陽壬 見丙兮百年安逸 逢辛兮一世優游 富貴雙全
정속음화우양임 견병혜백년안일 봉신혜일세우유 부귀쌍전
喜甲臨於天秤 祿封雙美 欣己共於金牛 活計消疎 皆因戊敗
희갑임어천칭 녹봉쌍미 흔기공어금우 활계소소 개인무패

生涯寂寞 蓋爲癸因 乙木重重 財祿決無成就 庚金燦燦

생애적막 개위계인 을목중중 재록결무성취 경금찬찬

功名切莫妄求 壬從丁化 秀在東方 遇甲兮多招僕馬

공명절막망구 임종정화 수재동방 우갑혜다초복마

逢辛兮廣置田莊 丙火相逢 英雄之豪傑 癸水相會 爲辛苦之經商

봉신혜광치전장 병화상봉 영웅지호걸 계수상회 위신고지경상

佩印乘軒 己臨官位 飄蓬落泊 戊帶殺官皓首無成 皆爲庚金旺

패인승헌 기임관위 표봉낙박 무대살관호수무성 개위경금왕

青年不遇 蓋因乙木爲殃

청년불우 개인을목위앙

【해 설】

　정화(丁火)는 음화(陰火)인데 양임(陽壬)을 만나면 정임합목(丁壬合木)한다. 이 때 병화(丙火)를 만나면 백 년이 편안하고, 신금(辛金)을 만나면 평생 부귀영화가 있고, 갑목(甲木)이 천간(天干)에 투출(透出)하면 복과 명예가 있고, 기토(己土)나 신축(辛丑)이 있으면 좋다. 그러나 무토(戊土)가 있으면 점점 가난해지고, 계수(癸水)가 있으면 인생이 적막하고, 을목(乙木)이 중중하면 절대로 재물을 성취할 수 없고, 경금(庚金)이 찬란하면 공명이 망령된다.

　임수(壬水)가 정화(丁火)와 합(合)하면 정임합목(丁壬合木)이 된다. 이 때 목(木)으로 변하면 수기(秀氣)가 동방에 있으니 갑목(甲木)이 있으면 노복(奴僕)과 재록(財祿)이 많고, 신금(辛金)을 만나면 전답을 넓히고, 병화(丙火)를 만나면 영웅호걸이 되고, 계수(癸

水)를 만나면 고생하는 상인이 되고, 기토(己土)를 만나면 관성(官星)이니 패인(佩印)과 초헌(軺軒)의 수레를 갖고, 무토(戊土)를 만나면 경금(庚金)이 왕성해지니 늙도록 떠돌아도 성공하는 일이 없고, 을목(乙木)을 만나면 청년기에 재액을 당한다.

【원 문】

戊從癸合 化火成功 見乙兮終能顯達 逢壬兮亦自豊隆 衆祿拱持

무종계합 화화성공 견을혜종능현달 봉임혜역자풍융 중록공지

喜丁臨於巳位 六親不睦 緣甲旺於寅宮 丙火炎炎 難尋福祿

희정임어사위 육친불목 연갑왕어인궁 병화염염 난심복록

庚金燦燦 易見亨通 妻子損兮 皆因己旺 謀爲拙兮 蓋爲辛雄

경금찬찬 역견형통 처자손혜 개인기왕 모위졸혜 개위신웅

癸從戊合 化火當臨 丙內藏辛 一世多成多敗 甲中隱己

계종무합 화화당임 병내장신 일세다성다패 갑중은기

百年努力勞心 倉庫豊肥 欣逢丁火 田財殷實 喜得庚金 官爵陞榮

백년노력노심 창고풍비 흔봉정화 전재은실 희득경금 관작승영

連綿見乙 貲財富貴 上下逢壬 財源得失兮 緣辛金之太旺

연면견을 자재부귀 상하봉임 재원득실혜 연신금지태왕

仕途蹭蹬兮 蓋己土之相侵

사도층등혜 개기토지상침

【해 설】

무토(戊土)가 계수(癸水)를 만나면 무계합화(戊癸合火)가 되어 성

공한다. 이 때 을목(乙木)을 만나면 현달하고, 임수(壬水)를 만나면 생활이 풍요롭고, 정화(丁火)가 사궁(巳宮)에 임하면 부귀영화를 누리고, 갑목(甲木)이 인궁(寅宮)에서 왕성해지면 육친과 불목하고, 병화(丙火)가 왕성하면 복록을 얻기 어렵고, 경금(庚金)이 찬란하면 뜻을 쉽게 이루고, 기토(己土)가 왕성하면 아내와 자식이 손상되고, 신금(辛金)이 왕성하면 도모하는 일이 치졸하다.

계수(癸水)가 무토(戊土)를 만나면 무계합화(戊癸合火)한다. 이때 병화(丙火)를 만나면 신금(辛金)이 숨어 있는 것이니 성패가 많고, 갑목(甲木)을 만나면 기토(己土)가 숨어 있는 것이니 노력해도 허사이고, 정화(丁火)를 만나면 부자가 되고, 경금(庚金)이 희신(喜神)이면 전답과 재물이 많아져 부자가 되고, 을목(乙木)이 연면하면 관직에서 출세하고, 임수(壬水)가 있으면 재산으로 부귀영화를 누리고, 신금(辛金)이 있고 화기(火氣)가 왕성하면 재물의 득실이 무상하고, 기토(己土)가 있으면 관직과 인연이 없다.

제4장. 제가오묘론(諸家奧妙論)

1. 신취팔법(神趣八法) 유류속종화반조귀복(有類屬從化返照鬼伏)

【원문】

類象者 乃天地一類也 如春生人 甲乙天干 地支寅卯辰全
유상자 내천지일류야 여춘생인 갑을천간 지지인묘진전

無間斷破壞 謂之奪東方一片秀氣 最怕引至時爲死絶之鄕
무간단파괴 위지탈동방일편수기 최파인지시위사절지향

謂之破了秀氣 運至死絶則不吉 或時上年上引生旺 爲之秀氣加臨
위지파료수기 운지사절즉불길 혹시상년상인생왕 위지수기가임

十分大美 屬象乃天干甲乙木 地支寅卯未全者是也 從象者
십분대미 속상내천간갑을목 지지인묘미전자시야 종상자

如甲乙木日主無根 地支全金 四柱純土 謂之從土 四柱純水
여갑을목일주무근 지지전금 사주순토 위지종토 사주순수

謂之從水 四柱純木 謂之從木 只有秀氣者吉 無秀氣者不吉
위지종수 사주순목 위지종목 지유수기자길 무수기자불길

或天干有甲乙字 或有根者不吉 其從火者 火旺運吉 死絶地凶
혹천간유갑을자 혹유근자불길 기종화자 화왕운길 사절지흉

【해 설】

　유상(類象)이란 천간(天干)과 지지(地支)가 같은 오행으로 구성된
것을 말한다. 가령 봄철생이 천간(天干)에는 갑을(甲乙)이 있고 지
지(地支)에는 인묘진(寅卯辰)이 모두 있는데, 파괴되거나 끊어짐이
없으면 동방의 기운을 모두 얻은 것이니 수기(秀氣)가 있어 부귀
영화를 누린다. 그러나 대운(大運)이 사절지(死絶地)로 흘러 수기
(秀氣)가 파괴되면 안 된다. 만일 시상(時上)이나 년상(年上)에 생
시(生時)의 수기(秀氣)가 임하면 나라의 동량이 된다.

　속상(屬象)이란 천간(天干)에는 갑을(甲乙)이 있고, 지지(地支)에
는 인묘진(寅卯辰)이나 해묘미(亥卯未)가 모두 있는 것을 말한다.

　종상(從象)이란 갑을목(甲乙木) 일간(日干)이 뿌리가 없는 것을
말한다. 지지(地支)가 모두 금(金)이면 종금(從金)하고, 토(土)이면
종토(從土)하고, 수(水)이면 종수(從水)하고, 목(木)이면 종목(從
木)한다. 이 때 수기(秀氣)가 있으면 길하나 없으면 불길하다. 만일
천간(天干)에 갑을(甲乙)이 있으면 뿌리가 있는 것이니 불길하다.
종화(從火)하면 화왕운(火旺運)으로 흐르면 길하나 사절지(死絶
地)로 흐르면 흉하다.

【원 문】

化象者 乃甲乙生人 在辰戌丑未月 天干有一己字 合甲字
화상자 내갑을생인 재진술축미월 천간유일기자 합갑자

謂之甲己化土 喜行方火運 如逢甲乙生旺運 化不成反爲不吉
위지갑기화토 희행방화운 여봉갑을생왕운 화불성반위불길

己字中露出二甲字 謂之爭合 有一個乙字露出 謂之妬合
기자중노출이갑자 위지쟁합 유일개을자노출 위지투합

爲破格不成 照象者 如丙日巳午未 年月日遇時上一位卯木
위파격불성 조상자 여병일사오미 년월일우시상일위묘목

謂之木火相照甚吉 如壬癸日申子辰全屬象者 遇時上一位金
위지목화상조심길 여임계일신자진전속상자 우시상일위금

謂之金水相照 大吉年干有照者亦吉也 返象者
위지금수상조 대길년간유조자역길야 반상자

乃所謂値月令用神 引至時上一位爲絶之鄕 謂之用之不用
내소위치월령용신 인지시상일위위절지향 위지용지불용

皆爲返運 又遇返之太甚 則不吉
개위반운 우우반지태심 즉불길

【해 설】

화상(化象)이란 갑을목(甲乙木) 일간(日干)이 진술축미(辰戌丑未)
월에 태어났는데 천간(天干)에 기(己)가 1개 있어 갑기합토(甲己合
土)하는 것을 말한다. 이 때는 화운(火運)으로 가면 길하나 생왕운
(生旺運)을 만나면 화격(化格)이 되지 않으니 흉하다. 그리고 기

(己)가 있는데 갑(甲)이 2개 투출(透出)하면 쟁합(爭合)이 되고, 을(乙) 1개 나타나면 투합(妬合)이 되니 격을 이루지 못하여 흉하다.

조상(照象)이란 병화(丙火) 일간(日干)이 년월일지(年月日支)에 사오미(巳午未)가 있는데 시상(時上)에서 묘목(卯木) 1개를 만나는 것을 말하며, 목화(木火)가 서로 도와주므로 매우 길하다. 또 임계수(壬癸水) 일간(日干)이 신자진(申子辰)이 모두 있는데 시상(時上)에 금기(金氣)가 1개 있을 때도 해당하는데 금수(金水)가 서로 도와주므로 매우 길하다. 년간(年干)을 도와주어도 역시 길하다.

반상(返象)이란 월령(月令)에 용신(用神)이 있으나 시상(時上)에서 이끌어 절지(絶地)가 되는 것을 말하는데 용신(用神)을 쓸 수 없으므로 흉하다. 이 때 운까지 반대로 흐르면 매우 불길하다. 다시 말해 월령(月令)에 용신(用神)이 있는데 용신(用神)과 반대 운으로 흐르면 매우 불리하다.

【원문】

鬼象者 乃秋月生甲乙日 地支四位純金 謂之鬼象
귀상자 내추월생갑을일 지지사위순금 위지귀상

只要鬼生旺運皆吉 怕見至死絶之鄕 而又身旺則不吉 伏象者
지요귀생왕운개길 파견지사절지향 이우신왕즉불길 복상자

乃寅午戌三合全 又値五月生逢壬일 而天干無丁字透露
내인오술삼합전 우치오월생봉임일 이천간무정자투로

壬水又無根 乃取午中有丁火 合壬水而伏之 所謂伏象
임수우무근 내취오중유정화 합임수이복지 소위복상

運至木火之鄉皆吉 只愁水旺之鄉 則不利也

운지목화지향개길 지수수왕지향 즉불리야

【해 설】

 귀상(鬼象)이란 갑을목(甲乙木) 일간(日干)이 신유술(申酉戌)월에
태어났는데 지지(地支)가 모두 금(金)으로 구성된 것을 말한다. 귀
(鬼)가 생왕(生旺)해지는 신유술운(申酉戌運)으로 가면 길하나 사
절지(死絶地)로 흐르면 흉하고, 일간(日干)이 신왕(身旺)해지는 인
묘진운(寅卯辰運)으로 흘러도 흉하다.

 복상(伏象)이란 8월생이 인오술(寅午戌) 삼합(三合)을 이룬 것을
말한다. 임수(壬水) 일간(日干)이 천간(天干)에 정화(丁火)가 투출
(透出)하지 않고 지지(地支)에 뿌리가 없으면, 임수(壬水)는 지지
(地支)의 오(午)에서 정화(丁火)를 얻어 정임합목(丁壬合木)하니
임수(壬水)가 굴복하므로 복상(伏象)이라고 하는 것이다. 이 때는
목화운(木火運)으로 가면 길하나 수왕운(水旺運)으로 가면 매우
흉하다.

2 격국(格局)의 생사인용(生死引用)

【원 문】

夫格局者 自有定論 今略而述之 印綬見財 行財運 又兼死絶

부격국자 자유정론 금략이술지 인수견재 행재운 우겸사절

必入黃泉 如有比肩 庶幾有解 正官見殺 及傷官刑冲破害

필입황천 여유비견 서기유해 정관견살 급상관형충파해

歲運相併必死 正財偏財 見比肩分奪 劫財羊刃

세운상병필사 정재편재 견비견분탈 겁재양인

又見歲運冲合必死 傷官之格 財旺身弱 官殺重見混雜冲刃

우견세운충합필사 상관지격 재왕신약 관살중견혼잡충인

歲運又見必死 活則殘傷 拱祿拱貴塡實 又見官空亡冲刃

세운우견필사 활즉잔상 공록공귀전실 우견관공망충인

歲運重見卽死 日祿歸時 刑冲破害 見七殺 官星空亡冲刃必死

세운중견즉사 일록귀시 형충파해 견칠살 관성공망충인필사

七殺官大忌 歲運相併必死 其餘諸格 並忌殺及塡實

칠살관대기 세운상병필사 기여제격 병기살급전실

歲運併臨必死 會諸凶神勾絞空亡弔客墓病死官諸殺

세운병임필사 회제흉신구교공망조객묘병사관제살

十死九生 官星太歲 財多身弱 元犯七殺 身輕有救則吉

십사구생 관성태세 재다신약 원범칠살 신경유구즉길

無救則凶 金多夭折 水盛飄流 水旺則夭 土多癡呆 火多頑愚

무구즉흉 금다요절 수성표류 수왕즉요 토다치태 화다완우

太過不及 作此論 一不可拘 二須敢斷 必須理會推之

태과불급 작차론 일불가구 이수감단 필수리회추지

求其生死決矣

구기생사결의

【해 설】

인수격(印綬格)이 재성(財星)이 있는데 재운(財運)으로 흘러 사절지(死絶地)가 되면 반드시 죽는데 비견(比肩)이 구해주면 무사하다.

정관격(正官格) 사주가 칠살(七殺)이 있는데 상관(傷官)이 형충파해(刑沖破害)되면 반드시 사망하는데 세운(歲運)에서 만나도 마찬가지다. 만일 사주에 정재(正財)와 편재(偏財)가 있는데 비견(比肩)이 빼앗고, 겁재(劫財)와 양인(羊刃)이 있는데 세운(歲運)이 충합(沖合)하면 반드시 사망한다.

상관격(傷官格) 사주가 재왕신약(財旺身弱)한데 관살(官殺)이 중중하면 세운(歲運)이 충인(沖刃)할 때 반드시 사망하고, 살아나도 잔상이 남는다.

공록격(拱祿格)이나 공귀격(拱貴格)이 전실(塡實)되고, 관살(官殺)이 공망(空亡)되거나 충인(沖刃)되고, 세운(歲運)에서 다시 흉운을 만나면 사망한다.

일록귀시격(日祿歸時格)이 형충파해(刑沖破害)되고, 칠살(七殺)을 만나고, 관성(官星)이 공망(空亡)이나 충인(沖刃)되면 반드시 사망한다. 이 때는 관살(官殺)을 꺼리는데 세운(歲運)에서 만나도 반드시 사망한다.

나머지 격도 관살(官殺)이 있는데 전실(塡實)되고, 세운(歲運)에서 또 만나면 반드시 죽는다. 그리고 구교(勾絞)·공망(空亡)·조객(弔客)·묘병사(墓病死)의 관살(官殺) 등 여러 흉살이 모여도 십중팔구는 사망한다. 만일 관성(官星)이 태세(太歲)에서 재다신약(財多身弱)하고, 원국에 칠살(七殺)이 있으면 신약(身弱)해지는데 구제해주는 육신(六神)이 있으면 길하나 없으면 흉하다.

　사주에 금(金)이 많으면 요절하고, 수(水)가 왕성해도 요절하고, 수(水)가 강해도 요절한다. 그리고 토(土)가 많으면 어리석고, 화(火)가 많으면 완고하며 어리석다. 오행(五行)은 지나치거나 모자라면 모두 이와 같으니 같은 원리로 생사를 판단하면 된다.

3. 정태세(征太歲)

【원문】

征者 戰也 如臣觸其君 乃下犯上之意 日干支冲剋太歲
정자 전야 여신촉기군 내하범상지의 일간지충극태세

曰征運干支傷冲太歲 亦曰征 但看八字有無救助 仔細推詳
왈정운간지상충태세 역왈정 단간팔자유무구조 자세추상

百發百中 日干支合太歲干支曰晦 歲運合歲干亦然 遇此者主晦氣
백발백중 일간지합태세간지왈회 세운합세간역연 우차자주회기

一年反覆 欲速不達 假如乙丑乙亥壬申乙巳 日干之壬
일년반복 욕속부달 가여을축을해임신을사 일간지임

剋太歲之丙 日支申庚 剋太歲之寅申 又忌寅刑巳 巳刑申 申刑寅
극태세지병 일지신경 극태세지인신 우기인형사 사형신 신형인

行辛未運 合太歲之木局傷官 皆不爲吉 其年甲午月火旺
행신미운 합태세지목국상관 개불위길 기년갑오월화왕

戰剋己土 乙木所爲戰 故死於非命矣
전극기토 을목소위전 고사어비명의

【해 설】

정(征)이란 전쟁의 정복(征服)을 뜻한다. 예를 들어 신하가 임금을 하극상하면 범죄가 되는데 생일(生日)의 간지(干支)가 태세(太歲)를 충극(沖剋)하면 정(征)이 되고, 대운(大運)의 간지(干支)가 태세(太歲)를 상충(相沖)해도 정(征)이 되고, 태세(太歲)의 간지(干支)가 일주(日柱)의 간지(干支)를 상충(相沖)해도 역시 정(征)이 된다. 사주의 구조를 자세히 살펴 추리하면 백발백중한다.

생일(生日)의 간지(干支)가 태세(太歲)의 간지(干支)와 합(合)하면 기운이 어둠 속에 감추어진 것이고, 대운(大運)이 세간(歲干)과 합(合)해도 마찬가지다. 년주(年柱)와 대운(大運)이 모두 이러면 일년의 운이 어둠 속에 감추어진 것이다.

년	월	일	시
己	乙	壬	乙
丑	亥	申	巳

甲癸壬辛庚己戊丁
戌酉申未午巳辰卯

본명은 일간(日干)인 임수(壬水)가 신미(辛未) 대운(大運)의 병인(丙寅)년에 태세(太歲)의 병화(丙火)를 극(剋)하고, 일지(日支)의 신(申) 중 경금(庚金)이 태세(太歲)의 인(寅) 중 갑목(甲木)을 극(剋)하고, 인형사(寅刑巳) 사형신(巳刑申) 신형인(申刑寅)하여 형충(刑沖)이 모두 있고, 대운(大運)의 미(未)는 월지(月支)의 해(亥)와 해묘미합(亥卯未合)하여 목국(木局)을 이루어 상관(傷官)이 되었으나 매우 흉하다.

이 사람은 당년 화월절(火月節)인 갑오(甲午)월에 기토(己土)와 목국(木局)이 전쟁을 벌이자 비명횡사했다. 용신(用神)은 시지(時支)의 사(巳) 중 병화(丙火)이고, 을목(乙木)은 희신(喜神), 해수(亥水)와 임수(壬水)는 기신(忌神), 축토(丑土)는 구신(仇神)이다.

4. 잡론구결(雜論口訣)

【원 문】

看子平之法 專論財官 以月上財官爲緊要 發覺在於日時
간자평지법 전론재관 이월상재관위긴요 발각재어일시

要消詳於强弱 論官星不論格局 論格局不論官星 入格者非富卽貴
요소상어강약 론관성불론격국 론격국불론관성 입격자비부즉귀

不入格者非夭卽貧 官怕傷 財怕劫 印綬見財 愈多愈災 傷官見官
불입격자비요즉빈 관파상 재파겁 인수견재 유다유재 상관견관

爲禍百端 若非疾病傷軀 必當官訟因繫 子喪妻傷 傷官見官
위화백단 약비질병상구 필당관송수계 자상처상 상관견관

元有者重 元無者輕 傷官見官 重則遷徒 輕則刑責
원유자중 원무자경 상관견관 중즉천도 경즉형책

【해 설】

자평법(子平法)은 재관(財官)을 주로 위주로 논하는데 월상(月上)의 재관(財官)을 중요하게 보고, 일시(日時)의 강약을 소상하게 살

핀다. 관성(官星)을 논할 때는 격국(格局)을 논하지 않고, 격국(格局)을 논할 때는 관성(官星)을 논하지 않는다. 격을 이루어도 부귀를 이루지 못하는 경우가 있고, 격을 이루지 못해도 요절하거나 가난하지 않은 경우가 있다.

관성(官星)은 상관(傷官)을 두려워하고, 재성(財星)은 비겁(比劫)을 두려워하고, 인수(印綬)는 재성(財星)을 두려워하는데 이처럼 두려워하는 것이 많을수록 재화가 많아 기복이 심하다. 상관(傷官)이 관성(官星)을 만나면 질병에 걸리거나 신체에 상해를 입거나 관재구설로 감옥에 들어가는 등 백 가지 흉화가 따른다. 그렇지 않으면 아내가 죽거나 자식이 손상된다. 상관(傷官)이 관성(官星)을 만났는데 원명에 관성(官星)이 있으면 재앙이 많고, 없으면 재앙이 가볍다. 상관(傷官)이 관성(官星)을 보는 것이 중하면 귀양을 가거나 형책(刑責)을 당한다.

【원 문】

傷官見官 心地勾曲 詭譎多詐 傲物氣高 常以天下之人不如己
상관견관 심지구곡 궤휼다사 오물기고 상이천하지인불여기
貴人憚之 小人惡之 傷官用財者富 傷官劫財者貧 年上傷官
귀인탄지 소인악지 상관용재자부 상관겁재자빈 년상상관
富貴不久 月上傷官 父母不完 日支傷官 難爲妻妾 時上傷官
부귀불구 월상상관 부모불완 일지상관 난위처첩 시상상관
子孫無傳 歲月傷官劫財 生於貧賤之家 日下時中有財官
자손무전 세월상관겁재 생어빈천지가 일하시중유재관

先貧後富 歲月財官印綬 生於富貴之家 故日時傷官劫財
선빈후부 세월재관인수 생어부귀지가 고일시상관겁재
先富後貧 傷損子息
선부후빈 상손자식

【해 설】

상관(傷官)이 관성(官星)을 만나면 심지가 왜곡되어 거짓과 사기성이 많고, 오만하며 안하무인이 된다. 상관격(傷官格) 사주가 재성(財星)이 용신(用神)이면 부자이고, 비겁(比劫)이 용신(用神)이면 가난하다. 상관(傷官)이 년상(年上)에 투출(透出)하면 부귀영화가 오래 가지 못하고, 월상(月上)에 투출(透出)하면 부모가 완전하기 어렵고, 일주(日柱)에 있으면 처첩이 완전하기 어렵고, 시상(時上)에 있으면 자손이 없거나 자손덕이 없다.

년주(年柱)나 월주(月柱)에 상관(傷官)이나 겁재(劫財)가 있으면 가난한 집에서 태어나고, 일주(日柱)나 시주(時柱)에 재관(財官)이 있으면 처음에는 가난하나 나중에는 부자가 되고, 년주(年柱)나 월주(月柱)에 재관(財官)이나 인수(印綬)가 있으면 부귀영화를 누릴 집에서 태어난다. 경(經)에서는 "일주(日柱)나 시주(時柱)에 상관(傷官)이나 겁재(劫財)가 있으면 선부후빈형이며 자식에게 상해가 따른다"고 하였다.

【원 문】

故傷官見官 官殺混雜 爲人好色多淫 作事小巧寒賤

고상관견관 관살혼잡 위인호색다음 작사소교한천

乙木己土爲太乙 亥上登明 男好色女淫濫 官殺混雜 有財者吉

을목기토위태을 해상등명 남호색여음남 관살혼잡 유재자길

無財印者凶 但看財命有氣 縱背祿而不貧 財絶命衰

무재인자흉 단간재명유기 종배록이불빈 재절명쇠

縱建祿而不富 劫財敗財 心高下賤 見者主貪婪

종건록이불부 겁재패재 심고하천 견자주람람

鬼中逢官須逼迫 彼剋我兮貴 我剋彼兮富 彼生我兮以仗母力

귀중봉관수핍박 피극아혜귀 아극피혜부 피생아혜이장모력

長我精神 我生彼兮常懷逼迫

장아정신 아생피혜상회핍박

【해 설】

상관(傷官)이 관성(官星)을 만나거나 관살(官殺)이 혼잡하면 음란
하며 하는 일이 거칠고 천하다. 을목(乙木)과 기토(己土)가 태을귀
신(太乙貴神)인 해수(亥水) 위에 있으면 남자는 색을 좋아하고 여
자는 음란하다. 관살(官殺)이 혼잡한데 재성(財星)이 있으면 길하
나 재성(財星)이나 인성(印星)이 없으면 흉하다. 만일 재명(財命)
이 유기(有氣)하면 배록(背祿)이라도 가난하지 않고, 재성(財星)이
끊어져 명조가 쇠약하면 건록(建祿)이 있어도 부자가 될 수 없다.

그리고 겁재(劫財)나 패재(敗財)가 심하면 하천한 사람이니 가난

하고, 귀살(鬼殺)이 있는데 정관(正官)을 만나면 핍박만 당한다. 신강(身强) 사주는 재관(財官)이 일간(日干)을 극(剋)하면 귀격을 이루고, 신약(身弱) 사주는 일간(日干)이 재관(財官)을 극(剋)하면 부격을 이룬다. 그리고 재관(財官)이 일간(日干)을 도와주면 어머니의 도움이 있는 것이니 일간(日干)의 정신이 생장하고, 일간(日干)이 재관(財官)을 도와주면 항상 핍박할 생각을 품는다.

【원 문】

財入月令 勤儉慳吝 柱有劫財比刃多者 刑父傷妻 不聚財也
재입월령 근검간인 주유겁재비인다자 형부상처 불취재야
路伎商賈 須觀落地之財 宰相須看得時正祿 七殺梟重
노기상가 수관낙지지재 재상수간득시정록 칠살효중
走偏他鄕之客 傷官劫財 瞞心負賴之徒 重犯財官者貴
주편타향지객 상관겁재 만심부뢰지도 중범재관자귀
重犯亡神者夭 七殺宜制 獨立爲强 明殺合去 五行和氣春風
중범망신자요 칠살의제 독립위강 명살합거 오행화기춘풍
暗殺合來 刑傷害己 時殺喜冲 喜刃無制 女多産厄 男犯刑名
암살합래 형상해기 시살희충 희인무제 여다산액 남범형명
二德無破 女必賢良 男多忠孝 傷官用印去財 方可馳名
이덕무파 여필현량 남다충효 상관용인거재 방가치명
傷官用財 傷官處須當發福
상관용재 상관처수당발복

【해 설】

　재성(財星)이 월령(月令)에 있으면 근면검소하나 인색하다. 이 때 사주에 겁재(劫財)와 비견(比肩)과 양인(羊刃)이 많으면 아버지와 대립하고, 아내가 손상되고, 재물이 잘 모이지 않고, 노점상에 의지하는 걸인신세가 된다. 고관에 오르려면 정관(正官)의 복록이 용신(用神)이고, 행운에서 용신운(用神運)을 만나야 한다.

　만일 칠살(七殺)과 효신(梟神)이 많으면 타향에서 떠돌고, 상관(傷官)과 겁재(劫財)가 있으면 사기신과 의뢰신이 많다. 만일 재관(財官)을 거듭 만나면 귀격이 되나 흉신이 많으면 단명요절한다. 칠살(七殺)은 반드시 제복(制伏)시켜야 하지만 1개 있는데 강하면 좋고, 흉살은 합거(合去)시키면 길하고, 암살(暗殺)이 있으면 합(合)하여 일간(日干)을 상형(相刑)하거나 상해(傷害)하니 흉하다.

　만일 시상(時上)에서 칠살(七殺)이 충(沖)하고 양인(羊刃)이 있으면 길하나 제복(制伏)시키지 못하면 여자는 산액이 많고 남자는 형벌을 받는다. 만일 천월이덕(天月二德)이 손상되지 않으면 여자는 반드시 현명하며 양순하고, 남자는 충효심이 많다. 상관격(傷官格) 사주가 인성(印星)이 용신(用神)인데 재성(財星)을 제거하면 명예를 이루고, 재성(財星)이 용신(用神)인데 상관운(傷官運)을 만나면 반드시 발복한다.

【원 문】

入格淸奇者富 入格不成者貧 一格二格 非卿卽相

입격청기자부 입격불성자빈 일격이격 비경즉상

三格四格 財官不純 非隸卒多是九流 六陰朝陽

삼격사격 재관불순 비예졸다시구류 육음조양

季月只作印看 吉神惟怕破害 凶神不喜刑冲 財官印食

계월지작인간 길신유파파해 흉신불희형충 재관인식

定顯慈祥之德 傷官劫刃 難逃寡惡之名 冲天無合

정현자상지덕 상관겁인 난도과악지명 충천무합

乃飄流之徒 六壬趨艮 逢亥月者貧 馬落空亡 操心落魄之人

내표류지도 육임추간 봉해월자빈 마낙공망 조심낙백지인

離祖月合 逢冲過房 七殺帶三刑 母親明父暗 多是偸生

이조월합 봉충과방 칠살대삼형 모친명부암 다시투생

財印偏官 庶出已定 干頭燥熱 冉伯牛怨於蒼天

재인편관 서출이정 간두조열 염백우원어창천

【해 설】

사주가 격국(格局)을 이루고 청기(清奇)하면 부명이 되나 격국(格局)을 이루지 못하면 빈약하다. 만일 1~2개의 격을 이루면 고관이나 부자가 되고, 3~4개의 격을 이루면 재관(財官)이 순수하지 않아 천격이 되니 노비나 졸병이 되거나 복술가 등의 잡술로 살아간다.

육음조양격(六陰朝陽格)이 진술축미(辰戌丑未)월에 태어나면 인성(印星)이 길신인데 손상되면 매우 흉하고, 흉신이 형충(刑冲)되어도 흉하다. 재성(財星)과 관성(官星)과 인수(印綬)와 식신(食神)이 있으면 자상의 덕이 있고, 상관(傷官)과 겁재(劫財)와 양인(羊刃)이 있으면 과부가 되거나 고독하거나 박복한 운명을 피하기 어렵고, 천(天)을 충(沖)하고 합(合)이 없으면 일정한 주거없이 떠돌아 다니는 무리가 된다.

육임추간격(六壬趨艮格)이 해(亥)월에 태어나면 빈한하다. 재성(財星)이 공망(空亡)되었기 때문이니 조심하지 않으면 혼백을 잃고 조상이 살던 땅을 떠난다. 만일 재성(財星)이 상충(相沖)하면 색을 좋아하고, 칠살(七殺)이 삼형(三刑)을 대동하면 어머니가 색정이 많아 아버지가 누군지 모르고, 재인편관(財印偏官)이 있으면 시출이 분명힌데 긴두(丁頭)에 니티니면 염백우(冉伯牛)가 하늘에 원한을 호소하는 것과 같이 된다.

【원 문】

時日相刑 難免卜商莊子之嘆 刑多者爲人不義 合多者疎者亦親
시일상형 난면복상장자지탄 형다자위인불의 합다자소자역친

合多主晦 冲多主凶 辰多好鬪 戌多好訟 辰戌魁罡 多凶少吉
합다주회 충다주흉 진다호투 술다호송 진술괴강 다흉소길

時日空亡 難爲妻子 交馳驛馬 別土離鄕 食神干旺 勝似財官
시일공망 난위처자 교치역마 별토이향 식신간왕 승사재관

順食者食前方丈 倒食者單食豆羹 食衰梟旺 不死也災 水潤下兮
순식자식전방장 도식자단식두갱 식쇠효왕 불사야재 수윤하혜

文章顯達 土稼穡兮 富貴經商 金水雙淸而爲道 火土混濁而爲僧
문장현달 토가색혜 부귀경상 금수쌍청이위도 화토혼탁이위승

子午最嫌巳亥 卯酉切忌寅申 巳入亥宮 見陰木終爲損壽
자오최혐사해 묘유절기인신 사입해궁 견음목종위손수

時逢丙寅 則冠帶簪纓 五行絶處 卽是胎元 生日逢之 名曰受氣

시봉병인 즉관대잠영 오행절처 즉시태원 생일봉지 명왈수기

化者有十日 甲申乙酉庚寅辛卯壬午癸未丙子丁丑戊午己丑

화자유십일 갑신을유경인신묘임오계미병자정축무오기축

【해 설】

 일시(日時)가 상형(相刑)하면 점을 봐주는 사람이 탄식하고, 형살(刑殺)이 많으면 흉하고, 합(合)이 많으면 천박한 사람과 친근하게 지내며 부화뇌동하고, 상충(相沖)이 매우 많으면 흉한 일을 많이 당하고, 진토(辰土)가 많으면 싸움을 좋아하고, 술(戌)이 많으면 송사를 좋아하고, 진술(辰戌) 괴강(魁罡)이 있으면 길복은 적고 흉화만 많다. 만일 일시(日時)가 공망(空亡)되면 처자와 행복하게 살기 어렵고, 역마(驛馬)가 교대로 달리면 타향으로 간다.

 만일 식신(食神)이 천간(天干)에 나타나 강하면 재관(財官)을 이긴 것과 같은데 식신(食神)이 순서대로 투출(透出)하면 길복이 많다. 그러나 도식(倒食)이 있으면 식복이 약하니 죽으로 연명하고, 식신(食神)이 쇠약한데 효신(梟神)이 왕성하면 죽음에는 이르지 않으나 재앙이 많다.

 만일 임계수(壬癸水) 일간(日干)이 윤하격(潤下格)을 이루면 총명하며 문장이 뛰어나고, 무기(戊己) 일간(日干)이 가색격(稼穡格)을 이루면 상업으로 부귀를 누리고, 금수(金水)가 모두 깨끗하면 수도자가 되고, 화토(火土)가 혼탁하면 속세와 인연이 없으니 승려가 된다. 이런 사주는 자오상충(子午相沖)과 사해상충(巳亥相沖)을 가

장 꺼리고, 묘유상충(卯酉相沖)과 인신상충(寅申相沖)도 꺼린다. 만일 인사신(寅巳申) 삼형(三刑)이 해궁(亥宮)에 있으면 흉한데 음목(陰木)을 보면 수명이 손상된다.

　만일 시주(時柱)에 병인(丙寅)이 있으면 고관이 된다. 오행(五行)의 절지(絶地)가 태원(胎元)이고, 생일(生日)에 절지(絶地)가 임하면 생기(生氣)를 받는데 갑신(甲申)·을유(乙酉)·경인(庚寅)·신묘(辛卯)·임오(壬午)·계미(癸未)·병자(丙子)·정축(丁丑)·무오(戊午)·기축(己丑)일이면 해당한다. 이 10일은 격에 들지 못해도 부귀한 명조가 된다.

【원 문】

八字雖不入格 富貴亦是盈餘 另有福德秀氣 各有天地神祇
팔자수불입격 부귀역시영여 영유복덕수기 각유천지신지
論化之格 化之眞者 名公巨卿 化之假者 孤兒異姓 逢龍卽變化
논화지격 화지진자 명공거경 화지가자 고아이성 봉용즉변화
飛龍在天 利見大人 又有冬逢炎熱 夏草逢霜 陰鼠樓木 神龜宿火
비룡재천 이견대인 우유동봉염열 하초봉상 음서누목 신귀숙화
有合無合 後學難知 得一分三 前賢不載 且夫論格局者 明有定例
유합무합 후학난지 득일분삼 전현불재 차부론격국자 명유정례
撮口訣者 略擧一二 當謂諸賢經旨 無合取用 庶可易通 道合無窮
촬구결자 약거일이 당위제현경지 무합취용 서가이통 도합무궁
學無止法 經云 更能絶慮忘思 鑑命無差無誤矣
학무지법 경운 갱능절려망사 감명무차무오의

【해 설】

사주가 격을 이루지 못해도 부귀영화를 누리는 것은 복덕(福德) 과 천지신명을 공경하는 마음이 있기 때문이다. 만일 화격(化格)이 진격(眞格)이면 명공거경(名公巨卿)이 되나 가격(假格)이면 고아 가 되거나 이성문제가 흉하다. 화격(化格)이란 용이 구름을 만나 변하는 것과 같으니 대인이 만나면 길하다.

겨울철 임계수(壬癸水) 일간(日干)이 염열(炎熱)인 사오미(巳午 未)월을 만나면 길복을 얻고, 병정화(丙丁火) 일간(日干)이 가을철 신유술(申酉戌)월을 만나면 길복을 얻는다. 음서(陰鼠)인 임계수 (壬癸水) 일간(日干)이 인묘진(寅卯辰)월에 의지하면 평안하고, 신 귀(神龜)인 임수(壬水)가 숙화(宿火)인 정화(丁火)를 만나면 정임 합목(丁壬合木)을 한다. 그러나 같은 수(水)인데 임수(壬水)와 병 화(丙火)가 만나면 합(合)하지 않는 것은 후학들이 알기 어려울 것 이다. 선현의 학설에서 얻는 것이 3분의 1에 불과한 것처럼 앞의 선현들이 그 세미한 원리를 기록해 놓은 것이 없다.

격국(格局)은 명확한 부분도 있지만 구결로 전해들은 사람은 1~2 명 정도이니 제현의 경지를 이해할 정도다. 무합(無合)을 취용하고 운은 가히 바뀌어 통하는 것이니 명리학(命理學)의 도(道)는 합 (合)이 무궁하며 오묘하여 끝이 없다. 경(經)에 이르기를 "오직 잡 념과 사려를 끊고 간명에 임해야 오차가 없다"고 하였다.

5. 군흥(群興)

【원 문】

夫人生有秉富貴之榮 而當興富貴 而且能享福

부인생유병부귀지영 이당흥부귀 이차능향복

而保其終身 其何故也 蓋四柱中身主專旺

이보기종신 기하고야 개사주중신주전왕

而其所用吉神 或爲財 或爲官 或爲印綬 或爲食神

이기소용길신 혹위재 혹위관 혹위인수 혹위식신

俱各帶祿權得令 不偏不雜 又無刑冲傷損剋害

구각대록권득령 불편불잡 우무형충상손극해

方爲富貴本源之不雜也 後日能成才振耀前人之基業

방위부귀본원지불잡야 후일능성재진요전인지기업

成當代之功名 不招讒謗 不致傷害 又在運上步步皆吉

성당대지공명 불초참방 불치상해 우재운상보보개길

【해 설】

평생 길복을 누리는 것은 어떤 연고인가. 이것은 신주(身主)인 일간(日干)이 반드시 강하고, 재성(財星)이나 관성(官星)이나 인수(印綬)나 식신(食神)이 용신(用神)이나 희신(喜神)이고, 건록(建祿)이나 관귀(官貴)가 치우치거나 혼잡하지 않고, 형충파해(刑冲破害)의 손상이 없고, 원국이 밝고 맑아 혼잡하지 않고, 대운(大運)이나 년운(年運)이 모두 좋기 때문이다. 이런 사람은 능히 인재가 되

어 입신양명하고, 선조의 업을 계승하여 발전시키고, 사람들의 참
소나 비방을 받지 않는다.

원 문】

四柱益加吉利 是謂源清流潔 故能享福以過人
사주익가길이 시위원청류결 고능향복이과인

保其中而無悔也 皆由命運一路滔滔 生旺而然 非幸也
보기중이무회야 개유명운일로도도 생왕이연 비행야

乃命也 可不辨乎 夫人之生 又有窮餓其身 愁苦孤寒顚倒
내명야 가불변호 부인지생 우유궁아기신 수고고한전도

無何一旦逢時 興然而起 或當營財滿意 白手莊田 或致君澤民
무하일단봉시 흥연이기 혹당영재만의 백수장전 혹치군택민

獨步台鼎 斯人也 前後異見 其故何如 蓋因柱中日主生起未旺
독보태정 사인야 전후이견 기고하여 개인주중일주생기미왕

所用貴神 悉皆得位而成旺 又且合格
소용귀신 실개득위이성왕 우차합격

【해 설】

사주가 좋으면 이익이 더 많아지는 것은 그 근원이 청결하기 때
문이고, 명운이 파란만장한 것은 사주가 왕성하지 않기 때문이다.
따라서 중화를 잘 지켜 보존하면 후회할 일이 없을 것이다. 그리고
굶주리며 고독하게 살다가도 재물이 많아지거나 자수성가하거나
군왕을 보필하거나 삼공(三公)에 오르는 것은, 일간(日干)의 생기

(生氣)가 왕성하지 않다가 용신(用神)이 대운(大運)을 만나거나 격(格)이 합(合)하기 때문이다.

【원 문】

奈何日主無力 不能勝任其福 亦勞困偃蹇 忽逢運扶
내하일주무력 불능승임기복 역노곤언건 홀봉운부

其日干得其强健 用神出虎嘯風生 原命用神 方爲我用
기일간득기강건 용신출호소풍생 원명용신 방위아용

我得乘之 則勃然而興 是偏乘和 衰以遇旺 故迎吉而能崛起
아득승지 즉발연이흥 시편승화 쇠이우왕 고영길이능굴기

若夫建業創功 有大小之不同 當於所遭命之輕重辯之可也
약부건업창공 유대소지부동 당어소조명지경중변지가야

【해 설】

일간(日干)이 무력하면 길복을 감당할 수 없는데 행운까지 도와주지 않으면 노력해도 얻는 것이 없다. 용신(用神)이 강건해야 호랑이가 바람을 일으키면서 달리는 것과 같은 세력을 얻으니 능력을 발휘할 수 있다. 발복하려면 원국에서 일간(日干)이 필요로 하는 용신(用神)을 만나야 한다. 그러면 중화의 기운에 올라탄 것이고, 왕성한 운을 만나는 것이니 때가 오면 우뚝 일어날 수 있다. 그러나 성공의 크기는 명조의 경중에 따라 달라지니 자세하게 살펴야 한다.

又有日主强 則四柱五行 殺純不雜 身殺俱旺 則根本元無制伏
우유일주강 즉사주오행 살순불잡 신살구왕 즉근본원무제복

富貴不成 惟待運來制伏 殺神則化爲權 方能崛興 才德動公卿
부귀불성 유대운래제복 살신즉화위권 방능굴흥 재덕동공경

功名顯達 出類超羣 是其身旺 殺神逢制化爲權也 制神力旺
공명현달 출유초군 시기신왕 살신봉제화위권야 제신력왕

發福非常 安得其人不顯達 以至極品之尊貴乎 實有其命
발복비상 안득기인불현달 이지극품지존귀호 실유기명

又要行其運以扶 方見勃興也 如苟運不至 即常人耳
우요행기운이부 방견발흥야 여순운불지 즉상인이

【해 설】

일간(日干)이 강하고 오행(五行)이 혼잡하지 않으면 부귀영화를 누리나, 일간(日干)과 관살(官殺)이 모두 왕성한데 원명에서 관살(官殺)을 제극(制剋)시키지 못하면 부귀영화를 누리지 못한다. 이런 사주는 행운에서 관살(官殺)을 제복(制伏)시키는 운을 만나야 발복할 수 있다. 만일 신살(神殺)이 변하여 권세가 되면 공명을 이루어 출중한 존재가 된다. 이것은 신왕(身旺)하고 칠살(七殺)이 강한데 제복(制伏)시키는 운을 만나기 때문이다. 그러나 운이 도와주지 않으면 평상인에 지나지 않는다.

又要四柱中 日主健旺 用神亦旺 各相停均 爲富屋朱門

우요사주중 일주건왕 용신역왕 각상정균 위부옥주문

貴命之賢子也 及其長大 成立豊盛 一逢惡曜運 加臨原命

귀명지현자야 급기장대 성립풍성 일봉악요운 가임원명

見其財而奪之 因其官而傷之 來臨其印而壞之 逢其食而損之

견기재이탈지 인기관이상지 내림기인이괴지 봉기식이손지

遭逢此運 禍不勝言 所以中年見傾而不發 如其惡運一去

조봉차운 화불승언 소이중년견경이불발 여기악운일거

又逢好運扶身 使我用神一新 譬如枯苗得雨 勃然而興

우봉호운부신 사아용신일신 비여고묘득우 발연이흥

鴻毛遇風 飄然而擧 不可禦也

홍모우풍 표연이거 불가어야

【해 설】

 일간(日干)과 용신(用神)이 모두 강하면 부옥(富屋)의 주문(朱門)
이니 귀격을 이룬다. 이런 사주는 오복을 구비하고 양처와 현자를
둔다. 그러나 한 번 악운을 만나면 재물이 사라지고, 관성(官星)과
인성(印星)이 파괴되고 식신(食神)을 만나 손상되면 극심한 재앙
이 따른다. 이 때 악운이 가고 다시 호운을 만나 도움을 받으면 다
시 발복한다. 이런 사주는 마른 싹이 입춘(立春) 후에 봄비를 만나
저절로 자라나는 것과 같고, 잔털이 저절로 일어나는 것과 같으니
크게 발복한다. 이것을 취흥(聚興)이라고 한다.

【원 문】

又有人生五行身旺 羊刃比肩 俱各爭旺 惟有財官格神等物

우유인생오행신왕 양인비견 구각쟁왕 유유재관격신등물

虛浮輕少 無力成功名矣 出門行運 又非作福之地 所以一生飢寒

허부경소 무력성공명의 출문행운 우비작복지지 소이일생기한

勞苦落剝 有志無成 或至中年晚景 頓逢殺運 假殺爲權

노고낙박 유지무성 혹지중년만경 돈봉살운 가살위권

制伏羊刃 或得權貴以顯揚 或招貲財而發福 當隨五行淸濁

제복양인 혹득권귀이현양 혹초자재이발복 당수오행청탁

以遇其運而別之 是一生窮困 忽然而興起於中年晚景也

이우기운이별지 시일생궁곤 홀연이흥기어중년만경야

故知此命元用財官 平生無氣 卽至運到 方成富貴 一一興利

고지차명원용재관 평생무기 즉지운도 방성부귀 일일흥리

故末興者 乃得運而然也 學者不可勉乎

고말흥자 내득운이연야 학자불가면호

【해 설】

　오행(五行)과 신주(身主)가 왕성하고 양인(羊刃)과 비견(比肩)이 모두 왕성해도 재관(財官)이나 살신(殺神) 등이 약하면 공명을 이루지 못한다. 신강(身强)하나 재관(財官)이 약하기 때문이다. 여기다 흉운을 만나면 평생 가난하며 뜻이 있어도 이루지 못한다. 그러나 중년에 재관운(財官運)을 만나 관살(官殺)로 귀격을 이루고 양인(羊刃)을 제복(制伏)시키면 지위와 관직과 재물을 얻는다. 따라

서 오행(五行)의 청탁을 보고 간명해야 한다. 중년에 발복하는 것을 중흥(中興)이라 하고, 말년에 발복하는 것을 말흥(末興)이라고 하는데, 원명에서 재관(財官)이 용신(用神)이면 평생 길복을 누리지 못해도 일단 운이 오면 부귀격을 이룬다. 역학자들은 이런 오묘한 이치를 깨닫는 데 힘써야 한다.

6. 흥망(興亡)

【원 문】

夫人生柱中有純殺爲用也　殺神無制　則爲白屋窮途之人
부인생주중유순살위용야　살신무제　즉위백옥궁도지인

或一毫門營幹之士　故要逢制殺運　假殺而起　進用朝廷　操權威福
혹일호문영간지사　고요봉제살운　가살이기　진용조정　조권위복

功不可量　制伏運一人財鄕　則能黨殺　便興禍患　如此官旺殺旺
공불가량　제복운일인재향　즉능당살　편흥화환　여차관왕살왕

運元恐失計　所以命黨殺運　倘來生凶　偶然遇流年財殺少旺
운원공실계　소이명당살운　당래생흉　우연우유년재살소왕

殺神相黨　倂合興殃　身主孤寒剋害　輕則傾家徒配　重則刑其身
살신상당　병합흥앙　신주고한극해　경즉경가도배　중즉형기신

故其殺神倂合　凶亡之可畏也　有如此殺刃者　一一難免禍患焉
고기살신병합　흥망지가외야　유여차살인자　일일난면화환언

【해 설】

 사주에서 살성(殺星)만을 취할 때는 살성(殺星)을 제복(制伏)시키지 않으면 안 된다. 다시 말해 신살(神殺)을 제복(制伏)시키지 못하면 매우 가난하다. 간혹 권문세가의 선비가 되는 경우도 있으나 제살(制殺)하는 길운을 만나기 때문이고, 조정에서 권세를 장악하며 길복을 누리는 것은 관살(官殺)을 제복(制伏)하는 운의 도움을 받기 때문이다. 만일 대운(大運)이 재성지(財星地)로 들어가 재생관(財生官)하면 살성(殺星)이 더 강해지니 갑자기 화액이 따른다. 따라서 명조가 관왕(官旺)한데 칠살(七殺)이 강한 운으로 흐르면 모든 것을 잃는다. 다시 년운(年運)에서 재살(財殺)이 소왕(少旺)하면 살신(殺神)이 합(合)하여 일어나는 것이니 재액이 합(合)해야 한다. 그렇지 않으면 고독하며 가난하고, 여기다 극해(剋害)되어 미약하면 가산이 기울고, 중하면 형벌까지 받는다. 다시 말해 살신(殺神)이 합(合)하거나 강하면 흉하다. 여기다 관살(官殺)과 양인(羊刃)까지 있으면 말로 표현하기 어려울 정도의 화액이 따른다.

【원 문】

又有柱中月令 正氣官星 爲一生貴氣 惟逢印運則利
우유주중월령 정기관성 위일생귀기 유봉인운즉이
蓋官星喜逢財旺以生之 印旺以護之 故令其仁能行仁布德
개관성희봉재왕이생지 인왕이호지 고령기인능행인포덕
緯國經邦 權重爵高 所以貴也 後遇殺神旺鄕 殺神祿位
위국경방 권중작고 소이귀야 후우살신왕향 살신녹위

歲殺併臨 官化爲鬼 喪身必矣 不行殺運 或逢傷官運
세살병임 관화위귀 상신필의 불행살운 혹봉상관운

又無印綬治之 傷官得地 祿遭傷損 喪妻剋子 剝職生災
우무인수치지 상관득지 녹조상손 상처극자 박직생재

立可見矣 更遇流年 倘他損官受剋 必致亡爲慘惡
입가견의 갱우유년 당타손관수극 필치망위참악

【해 설】

월령(月令)에 관성(官星)의 정기(正氣)가 있으면 평생 부귀를 누린다. 관성(官星)이 인수(印綬)를 만나면 길하고, 재성(財星)이 강하여 재생관(財生官)하면 길하고, 인성(印星)이 강하여 인극식(印剋食)하면 길하다. 이런 사주는 인자하며 덕을 베풀 줄 알고, 고위직에 올라 권세를 누린다.

그러나 살신(殺神)이 왕성한 운으로 흘러 녹위(祿位)가 되거나, 세살(歲殺)이 임하면 관성(官星)이 귀살(鬼殺)로 변하니 반드시 흉하다. 만일 칠살운(七殺運)으로 가지 않고 상관운(傷官運)을 만나거나, 인수(印綬)는 없는데 상관(傷官)만 있으면 상처극자(喪妻剋子)와 삭탈관직이 따른다. 여기다 유년(流年)에서 상관(傷官)이 합(合)되면 관성(官星)이 손상되니 반드시 죽거나 매우 흉하다.

【원 문】

故欲官祿逢傷 而免剝戮者 不其難之乎 如有高見明識
고욕관록봉상 이면박육자 불기난지호 여유고견명식

知進退存亡之機 而保其身者 官祿逢傷 六親免禍

지진퇴존망지기 이보기신자 관록봉상 육친면화

亦當自己受惡疾而終者矣 又有四柱中所專用神 無官殺氣

역당자기수악질이종자의 우유사주중소전용신 무관살기

惟偏財正財當旺而已 財神當道 隱隱興隆 積財聚寶 但少貴矣

유편재정재당왕이이 재신당도 은은흥융 적재취보 단소귀의

欲知且看行運如何 若財逢官祿旺之鄉 又成富貴之局 設有不幸

욕지차간행운여하 약재봉관록왕지향 우성부귀지국 설유불행

財神脫局 羊刃相逢 財傾福敗 多患其凶 及流年冲合羊刃

재신탈국 양인상봉 재경복패 다환기흉 급류년충합양인

財神盡傷 原命衰絕 羊刃生凶 敗亡極矣

재신진상 원명쇠절 양인생흉 패망극의

【해 설】

만일 관록(官祿)이 손상되면 박탁과 참육함을 면하기 어렵다. 그러나 높은 식견과 안목으로 진퇴와 존망을 알아 자신의 명을 보존하면 관록(官祿)이 상관(傷官)을 만나도 육친의 화는 면하며 본인이 악질을 받는 것으로 끝난다. 또 용신(用神)이 강하나 편재(偏財)와 정재(正財)가 왕성할 뿐 관살(官殺)이 없으면 재신(財神)이 당도할 때 재물을 모을 수는 있으나 귀는 작다.

만일 재성(財星)이 관록(官祿)이 강한 운을 만나면 부귀영화를 누리나, 재신(財神)이 탈국(脫局)하고 양인(羊刃)을 만나면 재운(財運)과 복록이 기울고 우환이 많다. 그리고 유년(流年)에서 양인(羊

刃)을 만나 충합(沖合)하고, 재신(財神)이 상진(傷盡)되고, 원명이
쇠절(衰絶)되면 심하게 망한다.

7. 제1 보법

【원 문】

夫稟陰陽而生天地間 故造化之賦於人也 稟造化而生
부품음양이생천지산 고소화지부어인야 품조화이생

物亦如之 莫不由陰陽變化 是故推人吉凶休咎 斯理昭著
물역여지 막불유음양변화 시고추인길흉휴구 사리소저

然術家之法固多 究徵索子平之外未有矣 子平一法 專以日干爲主
연술가지법고다 구징색자평지외미유의 자평일법 전이일간위주

而取提綱 所藏之物爲令 次及年月時支以表其端 凡格用月令提綱
이취제강 소장지물위령 차급년월시지이표기단 범격용월령제강

勿於傍求年日時爲格 今人多不知其法 於此百法百失 譬如月令
물어방구년일시위격 금인다불지기법 어차백법백실 비여월령

以金木水火土爲要 但有一事而定言之 若於傍求 則有失誤
이금목수화토위요 단유일사이정언지 약어방구 즉유실오

取其月令實事 則以遍求輕重淺深格局破沖可也
취기월령실사 즉이편구경중천심격국파충가야

【해 설】

천지간에 존재하는 것은 음양(陰陽)의 조화가 아닌 것이 없듯이

사람의 운명도 이 원리에 근거한다. 그리고 간명하는 방법은 매우 많으나 자평법(子平法)의 원리를 벗어난 것은 없다. 자평법(子平法)은 일간(日干)을 위주로 하며, 제강(提綱)인 월지(月支)를 취하여 용신(用神)을 삼고, 년주(年柱)와 월주(月柱)와 시주(時柱)에 따라 그 단서를 잡는다. 격국(格局)은 월령(月令)인 제강(提綱)을 취해야 하는데 대부분 이것을 몰라 실패한다. 다시 말해 월령(月令)의 경중과 깊이를 두루 살펴 구하고, 격국(格局)과 충파(沖破) 등도 살펴야 한다.

【원 문】

西山易鑑先生得其變通 將干格分爲六格爲重
서산역감선생득기변통 장간격분위육격위중

曰官曰印曰財曰殺曰食神曰傷官 而消息之 無不驗矣
왈관왈인왈재왈살왈식신왈상관 이소식지 무불험의

其法曰逢官看財 逢殺看印 逢印看官 斯有奧妙不傳之法
기법왈봉관간재 봉살간인 봉인간관 사유오묘불전지법

取四者不偏不倚 生剋制化 而遇破體囚爲下運 有生有去爲福
취사자불편불의 생극제화 이우파체수위하운 유생유거위복

有助有剝爲禍 其理深長 最宜消詳切當 不昧庸術 熱讀幸加勉焉
유조유박위화 기이심장 최의소상절당 불매용술 열독행가면언

【해 설】

서산(西山) 역감(易鑑)이 그 통변법(通變法)을 터득하였다. 천간

(天干)의 10격 중에서 6격이 중요하다. 관(官)·인(印)·재(財)·살(殺)·식신(食神)·상관(傷官)을 말하는데 그 원리가 응험하지 않은 바가 없다. 관성(官星)을 만나면 재성(財星)을 쓰고, 칠살(七殺)을 만나면 인성(印星)을 쓰고, 인성(印星)을 만나면 관성(官星)을 써야 하는데 이 법은 전해지지 않았다. 사주팔자에서는 불편부당과 생극제화(生剋制化)가 길한데 파(破)와 휴수지(休囚地)에 임하면 하급운이 된다. 만일 도와주거나 제거해주면 길한 명조를 이루나 도와주는 길성이 제복(制伏)되면 흉한 명조가 된다. 운명을 간정할 때는 소상하게 살피고, 편견에 얽매이지 말고, 용렬한 잡술로 경솔하게 간명하면 안 된다.

8. 제2 보법

【원 문】

子平之法 以日爲主 先看提綱爲重 次用年日時支 合成格局
자평지법 이일위주 선간제강위중 차용년일시지 합성격국
方可斷之 皆以月令爲用 不可以年取格 凡看子平之數
방가단지 개이월령위용 불가이년취격 범간자평지수
取格不定 十有九差 惟易鑑先生之法 月令用金只用金
취격불정 십유구차 유역감선생지법 월령용금지용금
用火只用火 八字水多却取水 不來取火 況此差矣 以法斷之
용화지용화 팔자수다각취수 불래취화 황차차의 이법단지

誤其大半 是西山易鑑參透玄機 十八格內取六格爲重 用相生

오기대반 시서산역감참투현기 십팔격내취육격위중 용상생

定格合局 仍用年日下 以推輕重淺深 萬無一失

정격합국 잉용년일하 이추경중천심 만무일실

【해 설】

자평법(子平法)은 일간(日干)을 위주로 간명하는데 먼저 월지(月支)의 제강(提綱)을 살핀 후 년주(年柱)와 일지(日支)와 시주(時柱)를 살피고, 그 다음 합(合)과 격국(格局)을 살펴 추리하는 것이다. 다시 말해 년주(年柱)에서 격을 이루는 것은 불가하고 월령(月令)에서 용신(用神)을 취해야 한다.

자평법(子平法)은 격을 취득하는 방법이 일정하지 않은데 열에 아홉의 차이가 있다. 여기서 생각할 것은 역감(易鑑)의 간명법이다. 월령(月令)에 금(金)이 있으면 오직 금(金)이 용신(用神)이고, 화(火)가 있으면 오직 화(火)가 용신(用神)이고, 수(水)가 많으면 수(水)를 제거하고 화(火)를 얻어 오지 않는 것으로 추리하여 단정하는 법인데 절반은 오류였다.

역감(易鑑)이 이 원리를 통하여 후인들이 잘 알 수 없는 점을 자세하게 해명하였다. 18격의 현의(玄義)가 그것인데 이 중에서 6격을 중요하게 보았다. 정격(定格)이 합국(合局)하면 년주(年柱)와 일지(日支)의 경중과 심천을 살펴 간명하면 실수하지 않을 것이다.

六格法曰 逢官看財 逢財看殺 逢殺看印 逢印看官

육격법왈 봉관간재 봉재간살 봉살간인 봉인간관

如用印不怕殺 是殺拘印 印拘身 還作上格取之

여용인불파살 시살구인 인구신 환작상격취지

如四柱逢印看七殺 但有官殺在 運行官殺鄕 亦作貴格

여사주봉인간칠살 단유관살재 운행관살향 역작귀격

月令通官 柱中遇財 財生官妙矣 乃富貴之格 柱中見財

월령통관 주중우재 재생관묘의 내부귀지격 주중견재

要人財旺 至興發福矣 但見一發 則以殺爲重 不可又行財旺之鄕

요인재왕 지흥발복의 단견일발 즉이살위중 불가우행재왕지향

乃財生殺旺 當作貧賤之格 凡格當以發官言之

(내 재생살왕 당작빈천지격 범격당이발관언지)

【해 설】

6격이란 관성(官星)을 만나면 재성(財星)을 보는 것이고, 재성(財星)을 만나면 칠살(七殺)을 보는 것이고, 칠살(七殺)을 만나면 인성(印星)을 보는 것이고, 인성(印星)을 만나면 관성(官星)을 보는 것이니, 칠살(七殺)이 많으면 인성(印星)을 용신(用神)으로 삼아 살생인(殺生印)하면 칠살(七殺)을 두려워하지 않는다. 이는 칠살(七殺)은 인성(印星)이 구속하기 때문이고, 인성(印星)은 자신인 일간(日干)을 구속하기 때문이다. 이런 사주는 상격으로 본다.

만일 인성(印星)을 만나 칠살(七殺)을 보는데 관살(官殺)이 있고

관살운(官殺運)으로 흐르면 귀격을 이루고, 월령(月令)에 관성(官星)이 통하는데 사주에서 재성(財星)을 만나면 재생관(財生官)하니 부귀영화를 이루며 재성(財星)이 크게 발복한다. 그러나 이미 칠살(七殺)이 중한데 재왕운(財旺運)으로 가면 불가하다. 이것은 재성(財星)이 생(生)하여 칠살(七殺)을 더 강하게 만들어 오히려 빈천해지기 때문이다. 격은 마땅히 관성(官星)이 발복하는 운이어야 한다는 말이다.

9. 촌금수수론(寸金搜髓論)

【원 문】

造化先須看日主 後把提綱次第 四柱專論其財官
조화선수간일주 후파제강차제 사주전론기재관

身旺財旺官多富貴 若還身旺財官損 只是朝求暮討兒
신왕재왕관다부귀 약환신왕재관손 지시조구모토아

財官旺時日主强 紫袍金帶有何疑 財官旺而日主弱
재관왕시일주강 자포금대유하의 재관왕이일주약

運行身旺最爲奇 日主旺而財官弱 運入財官名利馳
운행신왕최위기 일주왕이재관약 운입재관명리치

日主坐下有財官 月令相逢貴不難 富貴財官爲總論
일주좌하유재관 월령상봉귀불난 부귀재관위총론

早年富貴祿高攀 身旺無依更遷祖 不遷居死在外地
조년부귀록고반 신왕무의갱천조 불천거사재외지

身弱無倚 損財傷妻 或是外家冷落 或過房入舍
신약무의 손재상처 혹시외가랭락 혹과방입사

【해 설】

　운명의 조화를 알려면 먼저 사주의 중심인 일간(日干)을 살핀 후 제강(提綱)인 월지(月支)를 보고 용신(用神)을 정해야 한다. 사주 팔자는 오로지 재관(財官)을 논해야 한다. 만일 신왕(身旺)하고 재왕(財旺)하고 관다(官多)하면 부귀영화를 이루고, 신왕(身旺)하나 재관(財官)이 손상되어 허약하면 조석으로 의식주를 구하러 다니는 사람이 되고, 재관(財官)이 강한데 일간(日干)도 강하면 자주색 옷에 관대를 매는 사람이 되고, 재관(財官)이 강하고 일간(日干)이 약한데 인비운(印比運)을 만나면 가장 기이한 길복이 따르고, 일간(日干)이 강하고 재관(財官)이 쇠약한데 재관운(財官運)으로 흐르면 명리가 발복한다.

　일지(日支)에 재관(財官)이 있고 월령(月令)에 관귀(官貴)가 있는 것은 어려운 일이 아니지만 부귀영화는 재관(財官)의 길흉 여부로 논하기 때문이다. 만일 년주(年柱)나 월주(月柱)의 재관(財官)이 용신(用神)이면 일찍 부귀영화를 누리거나 높은 지위에 오르고, 신왕(身旺)하나 재관(財官)이 손상되어 용신(用神)이 의지할 데가 없으면 조상의 땅을 떠나거나 타향에서 죽고, 신약(身弱)하여 일간(日干)이 의지할 곳이 없으면 손재 파산하거나, 아내와 이별하거나, 외가가 몰락하거나, 본인이 외첩을 둔다.

【원문】

身旺印旺 破財不聚 有財只好善破 或置物創屋

신왕인왕 파재불취 유재지호선파 혹치물창옥

或門大而倉廩虛 內不足而外有餘 官喜露 露則淸高

혹문대이창름허 내부족이외유여 관희로 로즉청고

財要藏 藏則豊厚 殺藏官露 惡隱善揚 人生遇此

재요장 장즉풍후 살장관로 악은선양 인생우차

名振鄕邦 官殺太重身更强 一逢制伏作賢良

명진향방 관살태중신갱강 일봉제복작현량

七殺官拱印貴非輕 烜赫威揚定振名 身居九夏火土多

칠살관공인귀비경 훤혁위양정진명 신거구하화토다

逢見水濟貴中和 水火元來要旣濟 管敎名利振山河

봉견수제귀중화 수화원래요기제 관교명리진산하

生居三冬 水冷金寒 得火相扶 莫作等閒 火勢炎炎

생거삼동 수냉금한 득화상부 막작등한 화세염염

如無水運 行水鄕亦是美 水勢滔滔 若無火運入火鄕亦爲奇

여무수운 행수향역시미 수세도도 약무화운입화향역위기

南方火炎 利入北方水運 北方水寒 利入南方火運

남방화염 이입북방수운 북방수한 이입남방화운

東方木多 宜入西方金運 西方旺運 宜入東方木運

동방목다 의입서방금운 서방왕운 의입동방목운

【해 설】

 신왕(身旺)한데 인성(印星)도 왕성하면 인성(印星)과 비겁(比劫)
이 매우 왕성해진다. 이런 사주는 재물이 모이지 않거나, 재물이 있
어도 잘 잃어버려 집과 창고만 클뿐 가난한 명이 된다. 관(官)은
천간(天干)에 투출(透出)해야 성품이 청고하고, 재성(財星)은 지지
(地支)에 암장(暗藏)되어 있어야 재물복이 많다. 만일 칠살(七殺)
이 암장(暗藏)되어 있고 관성(官星)이 투출(透出)하면 악은 숨어
있고 선은 나타난 것과 같으니 이름을 날린다. 여기다 관살(官殺)
이 많고 신주(身主)가 강한데 제복(制伏)시키면 현명하며 착하고,
칠살(七殺)과 인수(印綬)가 관인상생(官印相生)하면 권위가 빛나
며 지위가 안정된다.

 만일 여름철인 9월생이 화토(火土)가 많으면 수제(水濟)되어야 귀
격을 이룬다. 수화(水火)는 기제(旣濟)되어야 등과하여 명예와 이
익이 산하와 같이 넘치기 때문이다. 만일 겨울철생이면 수(水)는
냉하고 금(金)은 차가우니 먼저 화기(火氣)를 얻어야 길하고, 화
(火)가 강한데 수(水)가 없으면 수향운(水鄉運)으로 가야 길하고,
수(水)가 강한데 화(火)가 없으면 화향운(火鄉運)으로 가야 길하
다. 만일 남방의 사오미(巳午未)월생이면 북방인 해자축운(亥子丑
運)으로 가야 길하고, 북방의 해자축(亥子丑)월생이면 남방의 사오
미운(巳午未運)으로 가야 길하고, 동방의 인묘진(寅卯辰)월생이면
서방의 신유술운(申酉戌運)으로 가야 길하고, 서방의 신유술(申酉
戌)월생이면 동방의 인묘진운(寅卯辰運)으로 가야 길하다.

【원 문】

水火有旣濟之功 金木有成名之論 五行得其相濟 威名榮振九天

수화유기제지공 금목유성명지론 오행득기상제 위명영진구천

三丘五行 辰戌丑未 若是重見 骨肉刑悲 父母不足 兄弟異離

삼구오행 진술축미 약시중견 골육형비 부모부족 형제이리

親戚情疎 更虧妻子 冲破提綱 多虧父母 或是刑 或是離異

친척정소 갱휴처자 충파제강 다휴부모 혹시형 혹시이이

身旺比肩坐驛馬 兄弟飄逢好瀟灑 八字四馬總交馳

신왕비견좌역마 형제표봉호소쇄 팔자사마총교치

身榮勞碌任東西 倘有身閒心不定 動則風流靜則悲

신영노록임동서 당유신한심부정 동즉풍류정즉비

財星入庫主聚財 財星入庫妻慳吝 謹守貲財不做人

재성입고주취재 재성입고처간인 근수자재불주인

若是財星坐四馬 妻賢無處不欣欣 官殺重重不帶財

약시재성좌사마 처현무처불흔흔 관살중중불대재

妻能内助不和諧 公姑不敬妻無禮 奪却夫權命所排

처능내조불화해 공고불경처무례 탈각부권명소배

【해 설】

　수(水)와 화(火)가 만나면 수화기제(水火旣濟)를 이루고, 금(金)
과 목(木)이 만나면 성기명성(成器名聲)을 이룬다. 오행(五行)은
상제(相濟)되어야 부귀영화를 누린다. 삼구(三丘)의 오행(五行)에
서 진술축미(辰戌丑未)는 사고지(四庫地)인데 거듭 만나면 골육간

에 형살의 비극이 있고, 부모덕이 약하고, 형제간에 이별하고, 친척이 무정하고, 아내와 자식이 손상된다.

만일 제강(提綱)인 월지(月支)가 충파(沖破)되면 부모가 손상되니 형액이 있거나 부자가 따로 살고, 신왕(身旺)한데 비견(比肩)이 역마(驛馬)에 앉아 있으면 형제가 떠돌기를 좋아하고, 역마(驛馬)인 인신사해(寅申巳亥)가 모두 있으면 영화와 노록이 동서에서 다르게 나타나니 몸은 한가하나 마음이 불안하고, 동(動)하면 풍류에 빠지고, 정(靜)하면 비정(悲情)이 있다. 만일 재성(財星)이 입고(入庫)되면 아내가 인색하며 재물이 들어와도 모으지 못하고, 재성(財星)이 4역마(驛馬)인 인신사해(寅申巳亥)에 앉아 있으면 아내가 현명하니 즐겁지 않은 일이 없다. 그러나 관살(官殺)이 중중한데 재성(財星)이 없으면 아내가 무례하며 화애롭지 못하여 시부모에게 불경하며 남편의 권리를 빼앗는다.

【원 문】

官星若也逢生旺　更得長生旺在時　子息聰明多俊秀
관성약야봉생왕　갱득장생왕재시　자식총명다준수
兒孫個個着緋衣　比劫傷官旺　傷妻更損兒　養子多不孝
아손개개착비의　비겁상관왕　상처갱손아　양자다불효
乞養總非宜　日主七殺帶梟神　妻主虛胎小産多　血氣不調成血疾
걸양총비의　일주칠살대효신　처주허태소산다　혈기불조성혈질
更看行運又何如　男子梟食重重見　身弱多因癆病隨
갱간행운우하여　남자효식중중견　신약다인로병수

女人梟食非爲吉 産難驚人病亦危 女人官旺兼財旺
여인효식비위길 산난경인병역위 여인관왕겸재왕

招得賢夫更好兒 若是財官俱受損 傷夫剋子守空幃
초득현부갱호아 약시재관구수손 상부극자수공위

【해 설】

관성(官星)이 생왕(生旺)한데 시주(時柱)가 장생지(長生地)에 임
하면 자손이 길하다. 이런 사주는 자식이 총명하고 준수하며 관복
을 입는다. 그러나 비겁(比劫)과 상관(傷官)이 강하면 아내와 자식
이 손상된다. 이 때는 양자를 들여도 효심이 없어 양자에게 얻어
먹듯이 연명하니 좋지 않다.

만일 일간(日干)이 칠살(七殺)과 효신(梟神)을 대동하면 아내가
가장노릇을 한다. 아내는 태궁(胎宮)이 약하여 유산이 잘 되고, 혈
기가 조화롭지 못하여 혈액병에 걸린다. 게다가 행운에서 효신(梟
神)을 만나면 남자는 몸이 약하여 중독성 병이 많이 따르고, 여자
는 난산으로 위험해진다. 여명이 관왕재왕(官旺財旺)하면 현명한
남편과 좋은 자식을 두나, 재관(財官)이 손상되면 상부극자(傷夫剋
子)하여 독수공방한다.

【원 문】

印綬旺身更旺 爲人刑剋主孤貧 若得官顯財又顯
인수왕신갱왕 위인형극주고빈 약득관현재우현

亦爲超羣拔萃人 只緣水火相剋 或是目昏眼暗 女命若也傷官旺

역위초군발췌인 지연수화상극 혹시목혼안암 여명약야상관왕

坐下傷官會罵夫 朝暮俑俑口不絶 百年終見帶刑孤

좌하상관회매부 조모남남구불절 백년종견대형고

日如乙巳戊辰庚午辛未日干帶之 權貴之妻也 更主賢妻亦主貴

일여을사무진경오신미일간대지 권귀지처야 갱주현처역주귀

更看四柱又何如 又如丙子丁丑戊寅己卯 生人遇此 皆因前道

갱간사주우하여 우여병자정축무인기묘 생인우차 개인전도

辛巳壬午甲申乙酉 俱是坐下財官 逢之富貴不少 丁亥戊子幷庚寅

신사임오갑신을유 구시좌하재관 봉지부귀불소 정해무자병경인

日主逢之命不輕 辛卯丙申丁酉位 財官内隱顯聲名

일주봉지명불경 신묘병신정유위 재관내은현성명

【해 설】

인수(印綬)가 강한데 비겁(比劫)도 강하면 형극과 고독과 가난이 따른다. 만일 재관(財官)으로 현달함을 얻으면 뛰어난 복을 누리나, 수화(水火)가 상극(相剋)하면 눈이 어두워지기도 한다. 만일 여명이 상관(傷官)이 강한데 일지(日支)에서 상관(傷官)이 회국(會局)하면 남편을 모욕하며 구설이 끝나지 않고 형고(刑孤)를 대동한다.

을사(乙巳)·무진(戊辰)·경오(庚午)·신미(辛未)일생은 권귀(權貴)를 만나면 본인이 현처와 귀인이 된다. 병자(丙子)·정축(丁丑)·무인(戊寅)·기묘(己卯)일생도 마찬가지다. 신사(辛巳)·임오(壬午)·갑신(甲申)·을유(乙酉)일생은 일지(日支)에 재관(財官)이

모두 있으니 부귀영화가 작지 않고, 정해(丁亥)·무자(戊子)·경인
(庚寅)일생은 명조가 가볍지 않고, 신묘(辛卯)·병신(丙申)·정유
(丁酉)일생은 재관(財官)이 숨어 있으니 명성을 떨친다.

【원 문】

己亥甲申見庚戌　印綬財官內裏藏　更得丙辰壬戌至
기해갑신견경술　인수재관내리장　갱득병진임술지

四時符印非常　甲子丙寅興丁卯　己巳壬辰癸巳同
사시부인비상　갑자병인흥정묘　기사임진계사동

虛名虛利任飄蓬　乙亥庚申幷己巳　生下財官並無有
허명허리임표봉　을해경신병기사　생하재관병무유

妻宮子女帶虛花　東西南北是身家　甲午戊戌幷庚子
처궁자녀대허화　동서남북시신가　갑오무술병경자

女剋丈夫男剋子　乙巳丙午丁未同　重重壬子主孤窮
여극장부남극자　을사병오정미동　중중임자주고궁

甲寅乙卯與戊午　干支同類子不足　己未庚申及癸亥
갑인을묘여무오　간지동류자부족　기미경신급계해

月令更旺成禍害　月柱財官印綬全　月時符合福祿綿綿
월령갱왕성화해　월주재관인수전　월시부합복록면면

干支同類幷身旺　剋子刑妻破祖田　好將四柱分强弱
간지동류병신왕　극자형처파조전　호장사주분강약

莫犯陰陽執一言　此是五行眞妙訣　不逢智者莫虛傳
막범음양집일언　차시오행진묘결　불봉지자막허전

【해 설】

　기해(己亥)·갑신(甲申)일생이 경술(庚戌)이 있으면 인수(印綬)와 재관(財官)이 암장(暗藏)된 것이니 병진(丙辰)이나 임술(壬戌)을 만나면 관직이 비상하다. 갑자(甲子)·병인(丙寅)일생은 귀격을 이루고, 정묘(丁卯)·기사(己巳)·임진(壬辰)·계사(癸巳)일생도 마찬가지다.

　그러나 을해(乙亥)·경신(庚申)·기사(己巳)일생은 일주(日柱)에 재관(財官)이 없으니 명리가 없고 처궁과 자녀궁도 허망하다. 갑오(甲午)·무술(戊戌)·경자(庚子)·을사(乙巳)·병오(丙午)·정미(丁未)일생은 여명은 남편을 극(剋)하고 남명은 자식을 (剋)한다. 임자(壬子)일생은 고독하며 가난하고, 갑인(甲寅)·을묘(乙卯)·무오(戊午)일생은 간지(干支)가 같으니 자식들이 효심이 없고, 기미(己未)·경신(庚申)·계해(癸亥)일생은 월령(月令)이 왕성하면 화액이 따른다.

　만일 월주(月柱)에 재관(財官)과 인수(印綬)가 모두 있으면 월령(月令)에 부합한 것이니 복록이 면면하나, 간지(干支)가 같고 신왕(身旺)하면 극자형처(剋子刑妻)하고 조상의 업을 파한다. 요컨대 사주의 강약을 분별하고, 음양(陰陽)과 오행(五行)의 비결을 터득해야 한다. 그리고 지혜로운 자가 아니면 함부로 전승하지 말라.

10. 논명세법(論命細法)

【원 문】

過房七殺帶三刑　母明父暗是偸生　我明我暗從化象

과방칠살대삼형　모명부암시투생　아명아암종화상

父死之時不送靈　庚金化成火相時　父亡見血不須疑

부사지시불송영　경금화성화상시　부망견혈불수의

比肩三合族人害　三刑零落及難妻　比肩暗損及門房

비견삼합족인해　삼형영락급난처　비견암손급문방

兄弟無情被罔欺　如帶比肩成別象　弟兄不睦報君知

형제무정피망기　여대비견성별상　제형불목보군지

妻帶三合及坐妻　妻曾認得是親支　坐妻透妻成別象

처대삼합급좌처　처증인득시친지　좌처투처성별상

定主離妻再聚妻　多透妻財須怕婦　妻歸絶地不生兒

정주이처재취처　다투처재수파부　처귀절지불생아

化成別象剋正夫　必主欺夫禮義疎　身旺食强亦如此

화성별상극정부　필주기부례의소　신왕식강역여차

【해 설】

　과방(過房)은 칠살(七殺)이 삼형(三刑)을 대동하기 때문이다. 이런 사주는 어머니는 분명하나 아버지가 분명하지 않다. 어머니의 불륜으로 태어났기 때문이다. 아명(我明)하거나 아암(我暗)하는 것은 종화(從化)의 상이고, 아버지의 장례식에 참석하지 않아 영혼을 보내지 못한다. 만일 경금(庚金)이 병정화(丙丁火)를 만나 변하면 아버지가 혈광사하고, 비견(比肩)이 삼합(三合)하면 친족이 해를 입고, 삼형(三刑)이 영락(零落)하면 처궁이 어렵다.

비견(比肩)의 암손(暗損)이 문방(門房)에 미치는 것은 형제인 비겁(比劫)이 기신(忌神)이며 무정하여 속았기 때문이다. 만일 비견(比肩)을 대동하면 별상(別象)을 이루어 형제가 불목한다. 처궁이 삼합(三合)을 대동하면 아내는 일찍부터 연애하는 사이였고, 일지(日支)에 아내가 투출(透出)하면 별상(別象)을 이룬다. 이런 사주는 아내와 이별한 후 재혼하고, 처재(妻財)가 많이 투출(透出)하면 아내를 두려워한다. 처재(妻財)가 절지(絶地)에 임하면 불길한데, 별상(別象)을 이루면 남편을 극(剋)하니 반드시 아내가 남편을 속이고 무례하다. 신왕(身旺)한데 식신(食神)이 강해도 마찬가지다.

【원 문】

陽母專位主傷生 母親來父上受其驚 天時地利生過月
양모전위주상생 모친래부상수기경 천시지리생과월

七殺兼刑頂上偏 印歸殺地母有病 丙子雙者頂雙靈
칠살겸형정상편 인귀살지모유병 병자쌍자정쌍영

日祿歸時須應夢 小兒無乳食冲刑 壬子乙酉對偏生
일록귀시수응몽 소아무유식충형 임자을유대편생

丙戌丁丑妻獲靈 背父而生甲乙卯 此時須要記分明
병술정축처획령 배부이생갑을묘 차시수요기분명

假令申子辰從水也 不然 五月無水 有火不從也 戊癸化火巳午

가령신자진종수야 불연 오월무수 유화불종야 무계화화사오

天干地支從火也 又將坐日甲木論 珞琭子云 學釋則離宮修定

천간지지종화야 우장좌일갑목론 낙록자운 학석즉이궁수정

是如此取用也 杜老先生敎鏡鐸僧判 將此爲例 此日參詳

시여차취용야 두노선생교경탁승판 장차위례 차일참상

朝暮苦想 似此半年 忽然間得此時入處 云公初學進退了幾番

조모고상 사차반년 홀연간득차시입처 운공초학진퇴료기번

後獲此法 非與他陰陽也 此別家幽微之經也

후획차법 비여타음양야 차별가유미지경야

【해 설】

갑목(甲木)이 임수(壬水)를 만나면 양모(陽母)가 되는데, 임수(壬水)가 1개만 있으면 생모와 사별하고 아버지를 따라 계모 슬하에서 고생하며 자란다. 이 때 월주(月柱)에 칠살(七殺)이 있는데 형(刑)되면 이마가 찌그러지고, 인성(印星)이 살지(殺地)에 임하면 어머니에게 병이 있다.

만일 시주(時柱)에 병자(丙子)가 모두 있으면 이마가 짱구이고, 일록(日祿)이 시주(時柱)에 임하면 꿈이 잘 맞고, 식신(食神)이 충형(沖刑)되면 어린아이가 모유가 없다. 임자(壬子)·을유(乙酉)일생은 편벽된 인생을 살아가고, 병술(丙戌)·정축(丁丑)일생은 남의 아내를 빼앗고, 갑인(甲寅)·을묘(乙卯)일생은 아버지에게 버림받는다.

만일 사주에 신자진(申子辰)이 있으면 수(水)를 종(從)하는데 그렇지 않은 경우가 있다. 5월생인데 수(水)가 없고 화(火)가 있으므로 종(從)하지 않는다. 무계(戊癸)가 화(火)로 변하고, 사오(巳午)가 천간(天干)과 지지(地支)에 있으면 화(火)를 종(從)한다.

이것은 갑목(甲木) 일간(日干)에 해당하는 말인데, 낙록자(珞琭子)는 "학문을 해석하면 이궁(離宮)은 수정하여 남방을 취해야 하는 예"라 하였고, 두노(杜老)의 경탁승판(鏡鐸僧判)에서는 "내가 반 년을 고심하며 명상하던 중에 홀연히 입처(入處)를 해득하였다. 초학자들은 먼저 절후의 심천과 운로의 진퇴를 공부한 후에 이 법을 터득하라. 이 법은 다름아니라 음양(陰陽)의 원리이고, 별가비전(別家秘傳)의 유현(幽玄)하고 미묘함을 전한 경전"이라고 하였다.

【원 문】

又論心印口訣 雙頂者 只可言八字 有雙丙丁者是也
우론심인구결 쌍정자 지가언팔자 유쌍병정자시야

若只一丙一丁下有刑冲者 可言歪頂無失也 又一法
약지일병일정하유형충자 가언왜정무실야 우일법

言人兒女麻面者 是戊己被甲乙剋之 然面主有怕痕
언인아여마면자 시무기피갑을극지 연면주유파흔

戊己見乙巳乙卯乙亥是矣 如此遞相貫穿 天干地支
무기견을사을묘을해시의 여차체상관천 천간지지

往來相剋 化合之氣 死生破敗 皆此所主也 其干支萬變
왕래상극 화합지기 사생파패 개차소주야 기간지만변

如此化 病源此中出 成敗此中出 命之幽微 莫不由於此

여차화 병원차중출 성패차중출 명지유미 막불유어차

而假外來哉 更於此看得到處 不須歸家多說

이가외래재 갱어차간득도처 불수귀가다설

【해 설】

　심인구결(心印口訣)에서는 "쌍정(雙頂)이란 사주에 병정(丙丁)이
쌍으로 있는 것"이라고 하였다. 만일 병(丙)과 정(丁)이 1개씩 있
는데 지지(地支)에 형충(刑沖)이 있으면 이마가 삐뚤어지고 매사
가 허무하게 끝난다. 또 다른 법에서는 여명이 무기(戊己) 일간(日
干)인데 갑을(甲乙)에게 극(剋)되면 얼굴이 곰보라 하였고, 무기
(戊己) 일간(日干)이 을사(乙巳)나 을묘(乙卯)나 을해(乙亥)를 만
나 극(剋)되면 얼굴에 흉터가 있다고 하였다.

　이와 같이 천간(天干)과 지지(地支)가 왕래하며 상극(相剋) 상충
(相沖)하는 것은 이기(理氣) 때문이며 사생파패(死生破敗)의 주요
한 원인이 된다. 간지(干支)의 만변에 따라 질병이 충극(沖剋)에서
발생하고, 성패도 충극(沖剋)에서 발생하니 충극(沖剋)으로 말미암
지 않는 것이 없고, 명리(命理)의 미묘함도 여기서 말미암지 않는
것이 없다. 외부에서 온다는 것은 모두 거짓말이고, 잡다한 설명들
은 모두 정설이 아니니 이것을 터득하면 정확하게 간명할 수 있다.

【원 문】

四柱支中元有忌者 切忌運中透出病 運中忌財作凶財

사주지중원유기자 절기운중투출병 운중기재작흉재

歲戰便爲災 凡坐煞者 不可行煞旺運 身旺又加旺運

세전편위재 범좌살자 불가행살왕운 신왕우가왕운

歲運併來傷殺 與我無情者是 印綬怕行財運 主惡死或血疾

세운병래상살 여아무정자시 인수파행재운 주악사혹혈질

印綬多母衆 或食衆乳 或奇養外人家 如四柱有官星流氣

인수다모중 혹식중유 혹기양외인가 여사주유관성유기

太歲冲官星 必因官訟 如遇比肩助者 言比肩之人救助無事

태세충관성 필인관송 여우비견조자 언비견지인구조무사

流氣轉生財官者 凡識生財傷官有三 傷之不盡 多出吏道

유기전생재관자 범식생재상관유삼 상지불진 다출이도

元有物氣 傷官運及印綬復見官星者 多凶化氣 怕逢返本

원유믈기 상관운급인수복견관성자 다흉화기 파봉반본

不化有變局 如化不成者 可只用本日干斷

불화유변국 여화불성자 가지용본일간단

【해 설】

지지(地支)의 중원(中元)에 기신(忌神)이 있는데 행운에서 기신운 (忌神運)을 만나면 병이 생기고, 기신운(忌神運)이 재성(財星)이면 재운(財運)이 흉하고, 용신(用神)과 세운(歲運)이 상극(相剋)되면 반드시 재앙이 따른다.

만일 일지(日支)에 살성(殺星)이 있는데 행운에서 강한 살성(殺星)을 만나면 매우 흉하고, 신왕(身旺)한데 행운에서 신왕운(身旺運)을 만나면 매우 흉하다. 여기다 일간(日干)이 기신(忌神)이며 무정하면 인수(印綬)가 재운(財運)을 극(剋)하니 악사를 당하거나 혈광병이 생긴다.

사주에 인수(印綬)가 많으면 여러 사람의 젖을 먹으면서 자라거나 남의 집에서 자란다. 만일 관성(官星)이 유기(流氣)한데 태세(太歲)가 충(沖)하면 반드시 송사가 따른다. 이 때 비견(比肩)을 만나 도움을 받으면 일간(日干)이 강해지는데, 비견(比肩)이 매우 강하고 유기전생(流氣轉生)하는 재관(財官)을 만나면 구조되므로 무사하다.

여기서 반드시 알아야 할 것은 재성(財星)을 돕는 것은 상관(傷官)인데 상관(傷官)이 불진(不盡)하면 이도(吏道)에서 출세한다. 원명에 재성(財星)이 있는데 상관운(傷官運)에서 인수(印綬)를 만나고, 다시 관성(官星)을 만나면 흉화가 많다. 화상(化像)된 외격 사주가 다시 정격(正格)이 되면 흉하고, 변국(變局)이 되지 못하면 일간(日干)이 용신(用神)이 되므로 정격(正格)으로 단정한다.

【원 문】

且如己土用癸水爲妾 運逢辰庫 主妾與自家人私通 丙用乙爲母
차여기토용계수위첩 운봉진고 주첩여자가인사통 병용을위모
遇庚申母多外情 丙用庚爲父 又寅丙多主父弱 戊用癸爲妻
우경신모다외정 병용경위부 우인병다주부약 무용계위처

若坐酉宮 或主好酒 本元無財官 運逢財官者主凶 他人發財發官
약좌유궁 혹주호주 본원무재관 운봉재관자주흉 타인발재발관

火入水鄉 主血疾 壬癸引歸寅卯 主陽不興 時歸敗絶 老後無成
화입수향 주혈질 임계인귀인묘 주양불흥 시귀패절 노후무성

日干與流氣合 主晦氣入門 假令六甲日 以偏陽土爲父 陰土爲妻
일간여유기합 주회기입문 가령육갑일 이편양토위부 음토위처

陽金子 陰金女陽木陰木同法 餘皆倣此 妻星入敗地 主妻不正
양금자 음금여양목음목동법 여개방차 처성입패지 주처부정

如己酉庚午癸酉癸丑 是財入敗地也 寅申巳亥
여기유경오계유계축 시재입패지야 인신사해

乃四長生必得聰明妻 財官印得氣爲妙 元見財官 商旅農家
내사장생필득총명처 재관인득기위묘 원견재관 상여농가

【해 설】

기토(己土) 일간(日干)이 계수(癸水)가 용신(用神)이면 외첩이 되는데, 진토(辰土)의 창고운을 만난 격이니 자기 집에서 사통한다. 병화(丙火) 일간(日干)은 을목(乙木)이 용신(用神)이면 어머니가 되는데 경신(庚申)을 만나면 어머니에게 외정이 많고, 경금(庚金)이 용신(用神)이면 아버지가 되는데 인목(寅木)과 병화(丙火)가 많으면 아버지가 허약하다. 무토(戊土) 일간(日干)은 계수(癸水)가 용신(用神)이면 아내가 되는데 일지(日支)에 유금(酉金)이 있으면 술을 좋아한다.

본래 원명에 재관(財官)이 없는데 재관운(財官運)을 만나면 본인

은 흉하나 다른 사람은 재관(財官)이 발복한다. 화(火)가 용신(用神)인데 수운(水運)으로 들어가면 형액이 있고, 임계(壬癸)가 용신(用神)인데 인묘운(寅卯運)으로 들어가면 흥왕할 수 없다. 만일 시주(時柱)가 패절지(敗絶地)에 임하면 말년에 이루는 것이 없고, 일간(日干)이 심하게 설기(泄氣)되면 회기(晦氣)에 들어가는 것이니 자손이 불리하다. 예를 들면 육갑(六甲)일생이 편재(偏財)인 양토(陽土)는 아버지이고, 음토(陰土)는 아내이고, 양금(陽金)은 아들이고, 음금(陰金)은 딸이 되는 경우를 말한다. 양목(陽木)과 음목(陰木)도 같은 방법으로 보는데 나머지도 이것을 참고하면 된다.

만일 부성(婦星)이 패지(敗地)에 임하면 아내가 부정하다. 예를 들어 기유(己酉)년 경오(庚午)월 계유(癸酉)일 계축(癸丑)시생이면 재성(財星)이 패지(敗地)에 들어간 것이다. 인신사해(寅申巳亥)가 있으면 장생지(長生地)가 되므로 반드시 아내가 총명하고, 재관(財官)과 인수(印綬)가 있으면 기묘함을 이루고, 원명에 재관(財官)이 있으면 상업 때문에 여행하거나 농가에 산다.

【원 문】

財多印陷 少年剋母 母不貞潔 必重嫁 女人之命 日干同者
재다인함 소년극모 모부정결 필중가 여인지명 일간동자
若我旺他衰 我爲正 他旺我衰 他爲正 壬癸之水盛者 聰明多智
약아왕타쇠 아위정 타왕아쇠 타위정 임계지수성자 총명다지
女多淫濫 時上見財者 必須入舍 支中有官無刑破者 因妻發官
여다음남 시상견재자 필수입사 지중유관무형파자 인처발관

支中有殺無制 因妻致禍 假令壬癸日運逆行者 生於正月二月

지중유살무제 인처치화 가령임계일운역행자 생어정월이월

取戊己土爲官 故爲祿絕 取丙丁火爲財 四柱不透出財神

취무기토위관 고위록절 취병정화위재 사주불투출재신

此爲背祿不貧也

차위배록불빈야

【해 설】

재성(財星)이 많은데 인수(印綬)가 함몰되면 소년기에 어머니를 극(剋)한다. 이는 어머니가 정결하지 못하여 재혼한 여인이기 때문이다. 일간(日干)이 같은 자가 아신(我身)은 강하고 타인은 쇠약하면 아신(我身)이 정당한 곳을 만나고, 타인이 강하고 아신(我身)이 쇠약하면 타인이 정당한 곳을 만난다. 만일 임계수(壬癸水)가 왕성하면 남명은 총명하며 지혜로우나 여명은 음란하다. 이 때 시상(時上)에서 재성(財星)을 만나면 반드시 관직에 오른다.

만일 지지(地支)에 관성(官星)이 있는데 형파(刑破)가 없으면 아내 때문에 관운(官運)이 발복하나, 지지(地支)에 칠살(七殺)이 있는데 제극(制剋)하지 못하면 아내 때문에 화를 당한다. 예를 들어 임계수(壬癸水) 일간(日干)이 역행하고 정월이나 2월생인데 무기토(戊己土)가 용신(用神)이면 관성(官星)이 되어 복록이 끊어지고, 병정화(丙丁火)가 용신(用神)이며 재성(財星)인데 사주에 재신(財神)이 없으면 배록(背祿)이지만 빈약하지는 않다.

【원 문】

寅卯暗藏三陽四陽之火爲在 如行子丑運 遇比肩分奪

인묘암장삼양사양지화위재 여행자축운 우비견분탈

交亥運木長生而助火 主發財 戌運亦然 酉運火死水敗

교해운목장생이조화 주발재 술운역연 유운화사수패

主破敗 如壬癸生寅卯月順運者 巳午運發財福 亦忌財神透露

주파패 여임계생인묘월순운자 사오운발재복 역기재신투로

歲運亦然 如遇財神透出 四柱元有羊刃比肩 因妻致禍

세운역연 여우재신투출 사주원유양인비견 인처치화

忌申酉二運 如四柱元有印者 百物更改 革故鼎新

기신유이운 여사주원유인자 백물갱개 혁고정신

如流年遇殺者凶 酉運裸形沐浴 劫殺主死 如丙子丁丑戊寅

여류년우살자흉 유운나형목욕 겁살주사 여병자정축무인

辛卯壬辰癸巳 丙午丁未戊申 辛酉壬戌癸亥時犯之

신묘임진계사 병오정미무신 신유임술계해시범지

多因孝病中成親

다인효병중성친

【해 설】

　인(寅)에는 3양(陽)이 암장(暗藏)되고, 묘(卯)에는 4양(陽)이 암장 (暗藏)되어 화기(火氣)를 감추고 있다. 이 때 행운이 자축운(子丑 運)으로 흘러 비견(比肩)을 만나면 재성(財星)을 빼앗고, 해운(亥 運)으로 흐르면 목(木)의 장생지(長生地)이므로 화기(火氣)를 도와주니 재물운이 좋다. 술운(戌運)도 역시 좋고, 유운(酉運)은 화기(火氣)는 사(死)하고 수기(水氣)는 패(敗)하니 실패한다.

만일 임수(壬水)나 계수(壬水) 일간(日干)이 인(寅)이나 묘(卯)월에 태어났는데 행운이 순행하여 사오운(巳午運)을 만나면 재물운이 발복한다. 그러나 재신(財神)이 천간(天干)에 투출(透出)하면 발복하지 못하는데 세운(歲運)에서 만나도 마찬가지다. 만일 재신(財神)이 투출(透出)했는데 원국에 양인(羊刃)과 비견(比肩)이 있으면 아내 때문에 흉화를 당하는데 이 때 가장 꺼리는 것은 신운(申運)과 유운(酉運)이고, 만일 원국에 인성(印星)이 있으면 백물(百物)을 갱개(更改)하며 혁신하는데 이것을 정신(鼎新)이라 한다. 그리고 유년(流年)에 칠살(七殺)을 만나면 흉하다.

유운(酉運)에는 나체의 형상인 목욕지(沐浴地)에 임하니 색정이 발동하는데 겁살운(劫殺運)을 만나면 사망한다. 그러나 병자(丙子)·정축(丁丑)·무인(戊寅)·신묘(辛卯)·임진(壬辰)·계사(癸巳)·병오(丙午)·정미(丁未)·무신(戊申)·신유(辛酉)·임술(壬戌)·계해(癸亥)시생이면 효심이 깊어 병 중에도 양친을 봉양한다.

【원 문】

如用子女之法 不喜墓庫 如子女入庫 主無子女
여용자녀지법 불희묘고 여자녀입고 주무자녀
庫日用甲爲偏財爲父 坐申行酉地 爲財臨殺位 父死不歸家
고일용갑위편재위부 좌신행유지 위재임살위 부사불귀가

陽干女命食神多者爲娼 陰干女命食傷官多者爲妓 有物去之爲良

양간여명식신다자위창 음간여명식상관다자위기 유물거지위양

火至天干 多主瘰癧 地支多時生瘡 用殺返輕 多爲僧道之首

화지천간 다주라력 지지다시생창 용살반경 다위승도지수

【해 설】

 자녀에 해당하는 육신(六神)이 묘고(墓庫)에 들어가면 무자식 팔
자가 된다. 예를 들어 갑목(甲木) 일간(日干)이 무토(戊土) 편재
(偏財)가 아버지인데 월주(月柱)가 무신(戊申)이고 유운(酉運)으로
흐르면 재성(財星)이 살지(殺地)에 임하는 형상이 된다. 이런 사주
는 객사한 아버지의 시신이 집에 돌아오지 못한다.

 만일 여명이 양일간(陽日干)인데 식신(食神)이 많으면 창녀가 되
고, 음일간(陰日干)인데 식신(食神)이나 상관(傷官)이 많으면 기생
이 된다. 그러나 길신이 식상운(食傷運)을 제거해주면 좋다. 만일
천간(天干)에 화(火)가 많으면 연주창(連珠瘡)을 앓고, 지지(地支)
에 화(火)가 많으면 부스럼을 앓고, 칠살(七殺)이 용신(用神)인데
미약하면 승도의 수장이 되는 경우가 많다.

제5장. 선현비법론(先賢秘法論)

1. 상관설(傷官說)

【원 문】

傷官若傷盡 却喜見官星 傷官若論財 見禍不輕來 傷官若用印
상관약상진 각희견관성 상관약논재 견화불경래 상관약용인

剋殺不如刑 傷官若論財 帶合有聲名 傷官用財 不宜印鄕
극살불여형 상관약논재 대합유성명 상관용재 불의인향

傷官見鄕 傷官見官 印運不妨 雜氣財官 印俱不忌 兩戌合一癸
상관견향 상관견관 인운불방 잡기재관 인구불기 양무합일계

得再嫁 妻財受剋 生子不育 印綬比肩 不忌財鄕 印綬多根
득재가 처재수극 생자불육 인수비견 불기재향 인수다근

身旺必貧 印綬被傷剋父母 官殺混雜剋父母 財多身弱剋父母
신왕필빈 인수피상극부모 관살혼잡극부모 재다신약극부모

干與支同剋妻 辛卯戊寅不怕殺多 女命比肩卽姉妹貪合謊詐
간여지동극처 신묘무인불파살다 여명비견즉자매탐합황사

財有劫不怕露就殺 火命人最好 月支屬火 干頭有木提出火矣
재유겁불파로취살 화명인최호 월지속화 간두유목제출화의
癸酉弱格 見殺必凶 官貴太盛 旺處必傾
계유약격 견살필흉 관귀태성 왕처필경

【해 설】

상관(傷官)이 상진(傷盡)되었는데 관성(官星)을 만나면 길하나, 상관격(傷官格)이 재성(財星)이 있으면 흉화가 가볍지 않다. 이 때 인수(印綬)를 용신(用神)으로 삼아 칠살(七殺)을 극(剋)하면 불리하다. 만일 상관격(傷官格)이 재성(財星)이 있는데 합(合)을 대동하면 명성이 있으나, 재성(財星)이 용신(用神)인데 인성지(印星地)로 향하면 흉하다. 그러나 상관운(傷官運)에서 관성(官星)을 만나면 인성운(印星運)이 방해하지 않는다.

잡기재관격(雜氣財官格)은 인성(印星)을 꺼리지 않는다. 만일 무(戊) 2개가 계(癸) 1개와 무계합(戊癸合)하면 처재(妻財)를 극(剋)하니 여러 번 결혼한다. 이 때 인수(印綬)와 비견(比肩)이 많으면 자식을 키우기 어렵고, 재성지(財星地)로 흘러도 꺼리지 않으나 인수(印綬)의 뿌리가 중하여 신왕(身旺)하면 반드시 빈약하고, 인수(印綬)가 상해되면 부모를 극(剋)하고, 관살(官殺)이 혼잡해도 부모를 극(剋)하고, 재다신약(財多身弱)해도 부모를 극(剋)하고, 천간(天干)과 지지(地支)가 같으면 아내를 극(剋)한다. 그러나 신묘(辛卯)와 무인(戊寅)일생은 칠살(七殺)이 많아도 꺼리지 않는다.

여명이 자매인 비견(比肩)이 탐합(貪合)하면 사기성이 많다. 그러나 재성(財星)이 있는데 겁재(劫財)가 있으면 관살(官殺)을 꺼리지 않는다. 관살(官殺)이 비겁(比劫)을 제거하기 때문이다. 만일 화명(火命)이 월지(月支)에 화(火)가 있고 간두(干頭)에 목(木)이 있으면 화(火)가 생출(生出)하니 길하다. 만일 계유(癸酉)일생이 격이 약한데 칠살(七殺)을 만나면 반드시 흉하고, 관귀(官貴)가 많아 왕성한데 왕지(旺地)로 흐르면 반드시 파경에 이른다.

【원 문】

土命不論胞胎 只論日時不怕 官殺混雜 陽干方論 陰干不取
토명불론포태 지론일시불파 관살혼잡 양간방론 음간불취
子怕寅 午火不怕水 寅木不怕金 巳金不怕火 己土不怕木
자파인 오화불파수 인목불파금 사금불파화 기토불파목
午火不怕水 未同申金不怕水 己土戌土不怕木 卯木怕酉金
오화불파수 미동신금불파수 기토술토불파목 묘목파유금
辰土怕寅木 乙日五月不怕殺 四柱元有病 要去病 不去病不發
진토파인목 을일오월불파살 사주원유병 요거병 불거병불발

【해 설】

토일주(土日主)는 포태법(胞胎法)으로 논하지 않는다. 일지(日支)와 시주(時柱)를 중요하게 여기는데 관살(官殺)이 혼잡해도 흉하지 않다. 그러나 이것은 양일간(陽日干)에게만 해당하고 음일간(陰日干)은 해당하지 않는다.

자수(子水)는 인목(寅木)을 두려워하나 오화(午火)는 수(水)를 두려워하지 않고, 인목(寅木)은 금(金)을 두려워하지 않고, 사(巳) 중 경금(庚金)은 화(火)를 두려워하지 않고, 기토(己土)는 목(木)을 두려워하지 않고, 오화(午火)는 수(水)를 두려워하지 않고, 미토(未土)와 신금(申金)은 수(水)를 두려워하지 않고, 기토(己土)와 술토(戌土)는 목(木)을 두려워하지 않는다.

그러나 묘목(卯木)은 유금(酉金)을 두려워하고, 진토(辰土)는 인목(寅木)을 두려워한다. 그리고 을목(乙木) 일간(日干)이 5월생이면 칠살(七殺)을 두려워하지 않으나, 원국에 병이 있는데 제거하지 못하면 발복하지 못한다.

2. 심경가(心鏡歌)

【원문】

人生富貴皆前定 術士須詳論 天上星辰有可加 此說更無差
인생부귀개전정 술사수상론 천상성진유가가 차설갱무차

時年月建逢命位 正是福元取 壽元合處是無眞 此說不虛陳
시년월건봉명위 정시복원취 수원합처시무진 차설불허진

官祿貴馬見合刑 一擧便成名 日逢貴地見祿馬 壯歲登科甲
관록귀마견합형 일거편성명 일봉귀지견록마 장세등과갑

時日若逢祿馬位 爲官必淸貴 五行時日無相雜 爲官多顯達
시일약봉녹마위 위관필청귀 오행시일무상잡 위관다현달

羊刃重重又見殺 大貴登科甲 若逢三奇連祿馬 名譽滿天下
양인중중우견살 대귀등과갑 약봉삼기연녹마 명예만천하

日坐食又合干 九卿三公看 甲子己巳有一說 天德得合訣
일좌식우합간 구경삼공간 갑자기사유일설 천덕득합결
丙子癸巳與前官 官職三公卿
병자계사여전관 관직삼공경

【해 설】

부귀영화는 태어나면서 이미 사주로 정해지고, 길흉화복은 하늘에
있는 성신들의 가호로 좌우된다는 것은 더 거론할 것 없는 말이다.
생년월일시(生年月日時)에서 절기는 가장 큰 영향을 미치며 월건
(月建)으로 표시한다. 그리고 신살(神殺)이나 합(合)이나 행운만으
로 명조의 길흉을 논하는 것은 옳지 않고, 복록의 많고 적음과 수
명의 길고 짧음 등은 모두 원명에서 살펴야 한다.

만일 관록(官祿)과 귀마(貴馬)가 형합(刑合)되면 일거에 명성을
이루고, 일주(日柱)에서 귀지(貴地)와 녹마(祿馬)를 얻으면 장년에
등과하고, 일주(日柱)나 시주(時柱)에서 녹마(祿馬)를 얻으면 관직
으로 진출하여 반드시 청귀한 명을 이룬다.

오행(五行)이 일시(日時)에서 혼잡하지 않으면 관직으로 현달하
고, 양인(羊刃)이 중중한데 칠살(七殺)을 만나면 대귀격이니 등과
하여 고관에 오른다. 만일 갑자(甲子)일생과 기사(己巳)일생이 삼
기격(三奇格)인데 녹마(祿馬)를 만나면 천하에 명예를 날리고, 일
주(日柱)에 식신(食神)이 들었는데 천간(天干)을 합(合)하면 구경
삼공(九卿三公)의 고관이 된다. 만일 병자(丙子)일생과 계사(癸巳)
일생이 천덕귀인(天德貴人)을 합(合)하면 전관(前官)의 대우를 받

으며 삼공(三公)의 높은 벼슬에 오른다.

【원 문】

木若逢金主不傷 兩府坐中堂 火若逢水主將權 爲將鎭城邊
목약봉금주불상 양부좌중당 화약봉수주장권 위장진성변

金若火主大權 方面刺吏官 水若逢土入官局 宜作侍從下
금약화주대권 방면자리관 수약봉토입관국 의작시종하

土若逢木爲正祿 八座三台福 年得月祿不爲害 日貴取爲主
토약봉목위정록 팔좌삼태복 년득월록불위해 일귀취위주

生逢貴人値孤寡 決定爲僧也 空亡官祿遇貴人 淡服作高僧
생봉귀인치고과 결정위승야 공망관록우귀인 담복작고승

五行無氣守孤寡 必定作行者 空亡刑害又逢囚 爲僧及裏頭
오행무기수고과 필정작행자 공망형해우봉수 위승급이두

欲知人命主有權 食神旺必全 相沖羊刃再殺傷 必主上法場
욕지인명주유권 식신왕필전 상충양인재살상 필주상법장

的殺若逢盤足坐 惡鬼死刑獄 麥田相逢共帝星 徒流定分明
적살약봉반족좌 악귀사형옥 맥전상봉공제성 도류정분명

大害當權多夭折 少年逢刃殺 日逢官鬼見重刑 惡死甚分明
대해당권다요절 소년봉인살 일봉관귀견중형 악사심분명

刃神劫殺兩頭居 早歲夢天衢 祿馬俱逢行絶地 勞困難逃避
인신겁살양두거 조세몽천구 녹마구봉행절지 노곤난도피

月若逢時與刑沖 根基定一空
월약봉시여형충 근기정일공

【해 설】

목일주(木日主)가 금(金)을 만났는데 상해를 입지 않으면 삼부(三府)의 재상이 되고, 화일주(火日主)가 수(水)를 만났는데 감당할 수 있으면 장군이 되어 대권을 장악하고, 금일주(金日主)가 화(火)를 만났는데 감당할 수 있으면 고관이 되고, 수일주(水日主)가 토(土)를 만났는데 관국(官局)이 있으면 왕의 측근에서 요직을 맡고, 토일주(土日主)가 목(木)을 만났는데 정록(正祿)이 되면 장관에 해당하는 자리에 오른다.

만일 년월(年月)에서 녹(祿)을 얻으면 해롭지 않고, 일주(日柱)에 귀인(貴人)이 들면 길하다. 그러나 사주에 귀인(貴人)이 있는데 고과살(孤寡殺)이 있으면 반드시 승려가 된다. 만일 관록(官祿)이 공망(空亡)되었는데 귀인(貴人)을 만나면 담박한 수도복을 입는 고승이 되고, 오행(五行)이 무기(無氣)한데 고과살(孤寡殺)이 있으면 반드시 수행자가 된다. 이 때 공망(空亡)과 형해(刑害)가 휴수지(休囚地)에 임하면 공부를 많이 하는 승려가 된다.

권귀(權貴)를 알려면 반드시 식신(食神)의 강약을 살펴야 한다. 칠살(七殺)이 상충(相沖)되거나 양인(羊刃)을 상해하면 반드시 관재(官災) 때문에 상급법원에서 재판을 받고, 흉살을 구제해주는 것이 없는데 흉살운을 또 만나면 감옥에서 사형을 당한다. 만일 맥전(麥田)의 토(土)가 공제(共帝)인 관귀(官鬼)를 만나면 무리지어 다니는 유랑자가 분명한데, 큰 해를 당하면 권세가 당당한 자라도 요절하는 경우가 많다.

만일 소년기에 양인(羊刃)과 칠살(七殺)을 만났는데 일주(日柱)에 관귀(官鬼)가 있어 심하게 형(刑)되면 반드시 흉하게 죽고, 양인(羊刃)과 겁살(劫殺)이 모두 있으면 어릴 때 가출하고, 녹마(祿馬)가 절지(絶地)로 가면 고생하다 도망가고, 월주(月柱)와 시주(時柱)에 형충(刑沖)이 있으면 근본이 공허하다.

【원 문】

時遇官星生旺位 子孫成行序 向祿臨財官更期 貴顯有家資
시우관성생왕위 자손성행서 향록임재관갱기 귀현유가자

日月純官無財位 反主無官貴 卯刑子位子刑卯 癸乙相刑貴
일월순관무재위 반주무관귀 묘형자위자형묘 계을상형귀

子來冲午未刑戌 甲乙逢申顯貴名 祿馬俱絶又發財 人元尅出來
자래충오미형술 갑을봉신현귀명 녹마구절우발재 인원극출래

得一分三緣何議 祿馬飛天是 歲合時日分兩頭 切須仔細求
득일분삼연하의 녹마비천시 세합시일분양두 절수자세구

君子若逢主秦對 常人主災晦 心懷悔退成何事 重陽剝官位
군자약봉주진대 상인주재회 심회회퇴성하사 중양박관위

柱中有祿運逢財 金玉自天來 言前能說貴與賤亦須看大運
주중유록운봉재 금옥자천래 언전능설귀여천역수간대운

大凡行運逢祿馬 發跡爲官也 天乙二德爲救解 百災不爲害
대범행운봉녹마 발적위관야 천을이덕위구해 백재불위해

向祿臨財甚希奇 貴顯主官貲 命中祿馬同貴人 福祿進珠珍
향록임재심희기 귀현주관자 명중녹마동귀인 복록진주진

貴人君子坐刑殺 名成少年發 陰陽貴賤宜消息 熱曉於胸臆
귀인군자좌형살 명성소년발 음양귀천의소식 열효어흉억
日時身命許多般 一訣通變看
일시신명허다반 일결통변간

【해 설】

시주(時柱)에 관성(官星)이 있는데 생왕지(生旺地)에 임하면 자손
이 순서대로 성공하고, 녹(祿)이 다시 재관(財官)에 임하면 영귀하
며 가산이 넉넉하다. 그러나 일월(日月)에 순수한 관성(官星)있는
데 재성(財星)이 없으면 오히려 관귀(官貴)가 없다. 묘(卯)의 형
(刑)은 자(子)이고, 자(子)의 형(刑)은 묘(卯)이기 때문이다.

만일 계을(癸乙)이 상형(相刑)하면 귀격을 이루고, 자(子)가 오
(午)를 만나면 충(沖)하고, 미(未)가 술(戌)을 만나면 형(刑)된다.
만일 갑을(甲乙)이 신(申)을 만나면 귀격을 이루고, 녹마(祿馬)가
절지(絶地)에 임하면 재물운이 발복한다. 암장(暗藏)된 인원(人元)
이 충극(沖剋)되어 나오기 때문이다.

그런데 3분의 1을 얻는 것은 녹마비천격(祿馬飛天格)이기 때문이
다. 세(歲)가 일시(日時)와 합(合)하여 양두(兩頭)로 나누어지므로
자세히 연구하지 않으면 안 된다. 그리고 군자가 진(秦)을 대하여
만나고, 평상인이 재앙을 만나면 후회하며 후퇴하는 것은 무슨 이
유인가. 중양(重陽)의 관위(官位)를 박탈당하고 사주에 녹운(祿運)
이 재성(財星)을 만나면 금옥이 하늘에서 내려와 앞에서 말한대로
영귀와 더불어 천(賤)은 역시 대운(大運)에서 좌우한다.

만일 행운에서 녹마(祿馬)가 발복하면 관록(官祿)이 된다. 천을이
덕(天乙二德)은 구제하며 해방시켜주는 신이니 사주에 있으면 재
앙을 입지 않고, 녹(祿)이 재성운(財星運)으로 흐르면 귀가 현달하
고, 재관(財官)을 얻는데 녹마(祿馬)와 귀인(貴人)이 동행하면 복
록이 진기하고, 귀인(貴人)인 군자가 형살(刑殺)에 임하면 소년기
에 명성을 이룬다. 이것이 음양(陰陽)의 이치이고 귀천의 가르침이
다. 후학도들은 열심히 익혀 일시(日時)와 신명(身命)의 원리인
통변(通變)을 깨닫기 바란다.

3. 요상부(妖祥賦)

【원 문】

命理深微 子平可推 先要其日干 次則詳其月令 年時共表吉凶
명리심미 자평가추 선요기일간 차즉상기월령 년시공표길흉

妖祥不忒於歲月 通參於成敗 禍福無遺 或有不見之刑 須當審究
요상불특어세월 통참어성패 화복무유 혹유불견지형 수당심구

更有分抽之緖 後學難知 天淸地濁 自然稟一氣之生 五行正貴
갱유분추지서 후학난지 천청지탁 자연품일기지생 오행정귀

忌刑冲剋破之鄕 四柱支干 喜三合六合之地 寅申巳亥
기형충극파지향 사주지간 희삼합육합지지 인신사해

乃財官印綬長生 辰戌丑未 係祿馬印星奇庫 日貴時貴
내재관인수장생 진술축미 계녹마인성기고 일귀시귀

大忌刑冲剋破 拱祿拱貴 最怕塡實刑冲 觀無合有合 逢凶不凶

대기형충극파 공록공귀 최파전실형충 관무합유합 봉흉불흉

傷官之於年 運到官鄉不喜 羊刃冲合歲君 運臨而禍至辰戌魁罡

상관지어년 운도관향불희 양인충합세군 운임이화지진술괴강

忌官星怕逢七殺 金神日刃 喜七殺而忌刑冲 時上偏官要制伏

기관성파봉칠살 금신일인 희칠살이기형충 시상편관요제복

【해 설】

자평(子平)은 심오하며 미묘한 명리(命理)의 원리를 관찰하고 추리하였다. 자평(子平)의 법은 먼저 일간(日干)을 중심으로 보고, 다음은 월령(月令)의 조후(調候)를 보고, 다음은 년주(年柱)와 시주(時柱)의 길흉을 본다. 그리고 흉화와 길복과 세월에 따른 원리, 성공과 실패, 화복의 왕래, 유산의 유무, 있으나 보이지 않는 형살(刑殺) 등을 종합하여 분석해야 한다.

하늘은 청정하고 땅은 혼탁하니 자연은 그 법칙을 따라 일기(一氣)로 만생물을 품고 있으므로 오행(五行)은 정귀(正貴)해야 한다. 그리고 매우 꺼리는 것은 용신(用神)이 형충(刑冲)과 파극지(破剋地)로 향하는 것이고, 기뻐하는 것은 지지(地支)에서 삼합(三合)과 육합(六合)을 만나는 것이다.

그리고 인신사해(寅申巳亥)는 역마(驛馬)이며 재관(財官)과 인수(印綬)의 장생지(長生地)이고, 진술축미(辰戌丑未)는 녹마(祿馬)와 인성(印星)이 의지하는 창고다. 그리고 일귀격(日貴格)과 시귀격(時貴格)이 매우 꺼리는 것은 형충(刑冲)과 파극(破剋)이고, 공록격(拱祿格)과 공귀격(拱貴格)이 가장 두려워하는 것은 전실(塡實) 과 형충(刑沖)인데 무합(無合)이나 유합(有合)을 만나면 흉을 만나 도 흉이 아니다.

　상관격(傷官格)은 년운(年運)이나 대운(大運)이 관운(官運)에 이 르면 가장 흉하고, 양인(羊刃)이 세군(歲君)과 상충(相沖)이나 합 (合)하면 흉하고, 진술(辰戌)은 괴강(魁罡)인데 관성(官星)을 꺼리 고 칠살(七殺)도 만나도 꺼린다. 금신(金神)과 일인격(日刃格)은 칠살(七殺)은 길하나 형충(刑沖)은 흉하고, 시상편관격(時上偏官 格)은 편관(偏官)이 제복(制伏)되어야 길하다.

【원 문】

弱身强官 專殺莫逢鬼旺 亦要制伏爲强 但看本有本無
약신강관 전살막봉귀왕 역요제복위강 단간본유본무

遇而不遇 要禀中和 辛癸多逢丑地 怕塡實不喜官星
우이블우 요품중화 신계다봉측지 파전실블희관성

甲子日再逢子時 嫌丑午亦畏庚辛 壬癸多亥子 祿馬飛天
갑자일재봉자시 혐측오역외경신 임계다해자 녹마비천

離巽丙丁聚巳午 倒冲天祿 壬騎龍背 辰多冲戌官星 乙用丙子
이손병정취사오 도충천록 임기용배 진다충슬관성 을용병자

聚貴聲名嗟夫 財命有氣 背祿而不貧 絶財命衰 縱健祿而不富
취귀성명차부 재명유기 배록이블빈 절재명쇠 종건녹이블부

癸到艮山 怕庚辛忌逢戊土 壬逢丑地 忌戊己怕見庚金
계도간산 파경신기봉무토 임봉측지 기무기파견경금

庚遇申子辰 乃井欄叉 又謂之入局 忌丙丁 愁巳午 戊見申時
경우신자진 내정란차 우위지입국 기병정 수사오 무견신시
怕甲丙亦忌寅卯
파갑병역기인묘

【해 설】

신주(身主)가 약한데 관성(官星)이 강하면 칠살(七殺)이 없어야
하고, 귀(鬼)가 강하면 제복(制伏)시켜야 한다. 이 때는 사주에 원
래 있는 것과 없는 것을 보아 판단해야 한다. 사주에 없으면 만나
도 만난 것이 아니기 때문이다.

사주에서 가장 필요한 것은 오행(五行)의 중화다. 만일 신계(辛
癸) 일간(日干)이 축(丑)을 많이 만나는데 관성(官星)이 전실(塡
實)되면 흉하고, 갑자(甲子)일 자(子)시생이 축(丑)과 오(午)를 만
나면 흉하고, 경신(庚辛)의 관성(官星)을 만나도 흉하다.

만일 임계수(壬癸水) 일간(日干)이 해자(亥子)가 많으면 비천녹마
격(飛天祿馬格)이 되므로 관성(官星)을 싫어하고, 이손(離巽)인 병
정화(丙丁火) 일간(日干)이 사오(巳午)가 많으면 천록(天祿)이 도
충(倒沖)되고, 임기용배격(壬騎龍背格)은 진토(辰土)가 많으니 술
(戌)과 상충(相沖)하여 관성(官星)을 얻는다.

만일 을목(乙木) 일간(日干)이 병자(丙子)시를 관귀(官貴)로 삼으
면 이름을 크게 날린다. 재명(財命)이 유기(有氣)하면 관록(官祿)
을 배록(背祿)해도 가난하지 않으나 절쇠(絶衰)하면 건록(健祿)이
되어도 부귀할 수 없다.

만일 계수(癸水) 일간(日干)이 간산(艮山)인 축인궁(丑寅宮)에 임하면 경신금(庚辛金)을 두려워하며 무토(戊土)를 꺼리고, 임수(壬水) 일간(日干)이 축지(丑地)를 만나면 무기(戊己)를 꺼리며 경금(庚金)을 두려워하고, 경금(庚金) 일간(日干)이 신자진(申子辰)을 만나면 정란차격(井欄叉格)이 되는데 병정(丙丁)을 꺼리며 사오(巳午)를 두려워하고, 무토(戊土) 일간(日干)이 신(申)시를 만나면 갑병(甲丙)을 두려워하며 인묘(寅卯)를 꺼린다.

【원 문】

辛金己土若遇 謂之從格 名爲秀氣 四柱火傷 又無救是災迍邅
신금기토약우 위지종격 명위수기 사주화상 우무구시재둔전

辛日戊子時 忌子多怕日相冲 陽水逢辰見戊己 災臨難避
신일무자시 기자다파일상충 양수봉진견무기 재임난피

甲見戊己時 偏財運喜財鄕 丁日辛年號歲財 運逢戊貴 乙逢申位
갑견무기시 편재운희재향 정일신년호세재 운봉무귀 을봉신위

忌見刑冲 日時歸祿 官逢有禍 另有天衝地擊 陰錯陽差 貪合忘官
기견형충 일시귀록 관봉유화 령유천충지격 음착양차 탐합망관

劫先財後 名難成貴 貪合忘殺 身旺時福 福祿增加 官藏煞見
겁선재후 명난성귀 탐합망살 신왕시복 복록증가 관장살견

有制伏亦自煇煌 官見殺藏 身弱後終見波渣 身弱喜逢旺運
유제복역자휘황 관견살장 신약후종견파사 신약희봉왕운

身强最愛殺鄕 將來者進 功成者退 富貴喜重犯者奇 宜通變而推
신강최애살향 장래자진 공성자퇴 부귀희중범자기 의통변이추

決無差悞矣
결무차오의

【해 설】

　신금(辛金)이 기토(己土)를 만나면 종격(從格)이 된다. 이 때 사
주에 화상(火傷)이 있으면 명예가 있으나 구제해주는 신(神)이 없
으면 재앙이 끊이지 않는다.

　만일 신금(辛金) 일간(日干)이 무자(戊子)시생이면 육음조양격(六
陰朝陽格)이 되니 자수(子水)가 많으면 흉하고, 일주(日柱)와 상충
(相沖)하면 흉하다. 만일 양수(陽水)인 임수(壬水) 일간(日干)이
진(辰)과 무기(戊己)를 만나면 재앙을 피하기 어렵고, 갑목(甲木)
일간(日干)이 무진(戊辰)시나 기사(己巳)시생이면 편재운(偏財運)
을 기뻐하고, 정화(丁火) 일간(日干)이 년주(年柱)에 신(辛)이 있
으면 세재(歲財)인데 행운에서 무(戊)를 만나면 귀격을 이루고, 을
목(乙木) 일간(日干)이 신(申)을 만나면 형충(刑沖)을 꺼린다.

　만일 일시귀록격(日時歸祿格)인데 관성(官星)을 만나 천충지격
(天衝地擊)·음착양차(陰錯陽差)·탐합(貪合)·망관(忘官) 등에
임하면 겁재(劫財)를 먼저 만나고 재성(財星)을 나중에 만나니 명
예와 귀를 이루기 어렵다. 만일 탐합(貪合)하여 망살(忘殺)하면 신
왕운(身旺運)에 복록이 늘어나고, 관성(官星)이 지지(地支)에 암장
(暗藏)되었는데 살성(殺星)이 천간(天干)에 투출(透出)하면 제복
(制伏)시켜야 스스로 빛난다.

　만일 신약(身弱) 사주가 관성(官星)이 천간(天干)에 투출(透出)했

는데 칠살(七殺)이 지지(地支)에 암장(暗藏)되어 있으면 결국은 파란만장한 흉화를 당한다. 신약(身弱) 사주가 가장 기뻐하는 것 왕운(旺運)을 만나는 것이고, 신강(身强) 사주가 가장 기뻐하는 것은 칠살운(七殺運)을 만나는 것이다. 이런 사주는 길운이 오면 발전하나 이미 공을 이루어 정상에 올랐으면 서서히 하강한다. 부귀영화는 기묘한 것이므로 통변(通變)을 따라 추리하면 절대로 실수하지 않을 것이다.

4. 낙역부(絡繹賦)

【원 문】

參天地之奧妙 測造化之幽微 別人生之貴賤 取法則於干支
참천지지오묘 측조화지유미 별인생지귀천 취법즉어간지

決生死之吉凶 推得失之玄妙 甲乙之木 最喜春生 壬癸之水
결생사지길흉 추득실지현묘 갑을지목 최희춘생 임계지수

偏宜冬旺 丙丁火而夏明 庚辛金 而秋銳 戊己兩干之土
편의동왕 병정화이하명 경신금 이추예 무기양간지토

要旺四季之期 日乃自身 須究强弱 年爲本主 宜細推詳
요왕사계지기 일내자신 수구강약 년위본주 의세추상

年干父兮支母 日干己兮支妻 月干兄兮支弟 時支女兮干兒
년간부혜지모 일간기혜지처 월간형혜지제 시지여혜간아

後殺剋年 父母早喪 前殺剋後 子息必虧 馬入妻宮
후살극년 부모조상 전살극후 자식필휴 마입처궁

必得能家之婦 殺臨子位 必招悖逆之兒 祿入妻宮 食妻之祿

필득능가지부 살임자위 필초패역지아 녹입처궁 식처지록

【해 설】

인생의 귀천과 길흉은 천지의 오묘함과 조화를 측량하여 추리해야 한다. 갑을목(甲乙木) 일간(日干)은 봄철인 인묘진(寅卯辰)월이 가장 길하고, 임계수(壬癸水) 일간(日干)은 겨울철인 해자축(亥子丑)월이 가장 길하고, 병정화(丙丁火) 일간(日干)은 여름철인 사오미(巳午未)월이 가장 길하고, 경신금(庚辛金) 일간(日干)은 가을철인 신유술(申酉戌)월이 가장 길하고, 무기토(戊己土) 일간(日干)은 사계절인 진술축미(辰戌丑未)월이 가장 길하다.

일간(日干)은 자신을 나타내니 강약을 살펴야 하고, 년주(年柱)는 본주(本主)이니 마땅히 자세히 살펴야 하는데 년간(年干)은 아버지에 해당하고, 년지(年支)는 어머니에 해당한다. 그리고 일지(日支)는 처궁에 해당하고, 월간(月干)은 형에 해당하고, 월지(月支)는 아우에 해당하고, 시간(時干)은 아들에 해당하고, 시지(時支)는 딸에 해당한다. 이것은 위치로 육친(六親)을 보는 방법인데 후살(後殺)이 년(年)을 극(剋)하면 부모를 일찍 잃고, 전살(前殺)이 후를 극(剋)하면 반드시 자식이 실패한다. 그리고 역마(驛馬)가 처궁에 있으면 반드시 아내가 살림을 잘 하고, 칠살(七殺)이 자식궁에 임하면 반드시 자식이 패역불효하고, 건록(建祿)이 처궁에 임하면 식복과 처복이 많다.

印臨子位 受子之榮 梟居子位 破祖之基 財官月旺 得父資財

인임자위 수자지영 효거자위 파조지기 재관월왕 득부자재

所忌財傷祿薄 最嫌鬼旺身衰 原其剋彼爲財 生我爲印 食神暗見

소기재상록박 최혐귀왕신쇠 원기극피위재 생아위인 식신암견

人物豊肥 梟印重生 祖財漂蕩 咸池財露主淫奢

인물풍비 효인중생 조재표탕 함지재로주음사

凶殺合年防自刃 土剋水而成腹臟之疾 火鍛金以患癆瘵之災

흉살합년방자인 토극수이성복장지질 화단금이환로채지재

桃花會祿 酒色亡身 財旺身衰 因財喪命 觀乎財生官者 用賄求官

도화회록 주색망신 재왕신쇠 인재상명 관호재생관자 용회구관

財壞印者 貪財卸職 財旺生官 自身榮顯 財生殺黨 夭折童年

재괴인자 탐재사직 재왕생관 자신영현 재생살당 요절동년

獨殺冲破廢閒人 諸殺逢刑兇狠輩 天干多兮 見干年須當夭折

독살충파폐한인 제살봉형흉한배 천간다혜 견간년수당요절

地支多兮 見支年必見凶災

지지다혜 견지년필견흉재

【해 설】

인성(印星)이 자식궁에 임하면 자식으로 인하여 부귀영화를 누리고, 효신살(梟神殺)이 자식궁에 임하면 조상의 업을 파하고, 재관(財官)이 월주(月柱)에 있는데 왕성하면 부모에게 재산을 많이 물려받는다. 그러나 재성(財星)이 손상되거나 녹(祿)이 박하거나 흉

살이 강하거나 일간(日干)이 쇠약하면 그렇지 않다. 원래 아신(我身)이 극(剋)하는 것은 재성(財星)이고, 아신(我身)을 돕는 것은 인성(印星)이기 때문이다.

식신(食神)이 암견(暗見)하면 인물이 풍비하고, 효신(梟神)과 인수(印綬)가 같이 있으면 조상의 유산을 탕진하고, 함지(咸池)가 들었는데 재성(財星)이 나타나면 음탕하며 사치스럽고, 홍살이 년주(年柱)와 합(合)하면 자살할 위험이 있고, 토극수(土剋水)하면 복부와 장기에 병이 생기고, 화기(火氣)가 금기(金氣)를 만나 화극금(火剋金)하면 폐병으로 시름시름 앓고, 도화살(桃花殺)이 회록(會祿)하면 주색으로 패가망신한다.

재성(財星)이 왕성한데 신주(身主)가 쇠약하면 재물로 인하여 명을 다한다. 재생관(財生官)하면 재성(財星)을 취하니 등과하며 영화로우나, 재성(財星)이 인성(印星)을 파괴하면 재물을 탐하다 직장에서 쫓겨나고, 재왕(財旺)하여 생관(生官)하면 자신의 노력으로 현달하고, 재성(財星)이 무리의 살(殺)을 도와주면 어릴 때 요절하고, 홀로 있는 살(殺)이 충파(沖破)되면 한가하며 쓸모없는 사람이 되고, 여러 살(殺)이 형(刑)되면 간사한 무리가 되고, 천간(天干)에 여러 가지 살(殺)이 많으면 천간(天干)이 들어오는 해에 반드시 요절하고, 지지(地支)에 많으면 지지(地支)가 들어오는 해에 반드시 흉화가 따른다.

【원 문】

財生官 官生印 印生身 富貴雙全 干黨財 財黨殺 殺攻身

재생관 관생인 인생신 부귀쌍전 간당재 재당살 살공신

凶窮兩逼 酉寅刑害繼傷婚 丑卯風雷多性急 殺官混雜

흉궁양핍 유인형해계상혼 축묘풍뇌다성급 살관혼잡

乃技藝之流 財祿生馬 爲經商之客 馬落空亡 遷居飄流

내기예지류 재록생마 위경상지객 마낙공망 천거표류

祿遭沖破別土離鄕 陰多利於女人 陽盛宜於男子 陰盛於陽

녹조충파별토이향 음다이어여인 양성의어남자 음성어양

主女興家 陽盛於陰 男當建府 純陽則男必孤寒 純陰則女當寡困

주녀흥가 양성어음 남당건부 순양즉남필고한 순음즉여당과곤

官貴生年 伏凶然而名垂萬古 貴宜乎多 絶慮忘思 無差無誤

관귀생년 복흉살이명수만고 귀의호다 절려망사 무차무오

【해 설】

　재성(財星)이 관성(官星)을 도와주고, 관성(官星)이 인성(印星)을 도와주고, 인성(印星)이 일간(日干)을 도와주면 부귀영화를 누린다. 그러나 천간(天干)에 재성(財星)의 무리가 들어 관살(官殺)의 무리를 도와주고, 관살(官殺)이 일간(日干)을 공격하면 양면으로 핍박을 당한다. 만일 유인(酉寅)이 형해(刑害)되면 결혼이 손상되고, 축묘(丑卯)가 풍뇌(風雷)가 많으면 성급하고, 관살(官殺)이 혼잡하면 기예 계통으로 나가고, 재록(財祿)이 역마(驛馬)를 도와주면 상업인이 되고, 역마(驛馬)가 공망(空亡)되면 떠돌이 신세가 되고, 건록

(建祿)이 충파(沖破)되면 고향을 떠난다.

　여명은 음기(陰氣)가 많으면 이롭고, 남명은 양기(陽氣)가 많으면 이롭다. 남명이 음(陰)일생인데 양기(陽氣)가 왕성하면 여자로 인하여 흥하고, 양(陽)일생인데 음기(陰氣)가 왕성하면 당당하게 가문을 이룬다. 남명이 양(陽)으로만 구성되면 반드시 고독하고, 여명이 음(陰)으로만 구성되면 반드시 과부가 되어 곤고하다. 그리고 관귀(官貴)가 년주(年柱)에 있는데 흉살이 제복(制伏)되면 만고에 명성을 전한다. 귀인성(貴人星)은 많으면 많을수록 길복이 많다는 것을 염두에 두면서 간명하면 착오가 없을 것이다.

5. 상심부(想心賦)

【원 문】

人居六合 心相五行 欲曉一生 辯形察性 官星愷悌 貴氣軒昂
인거육합 심상오행 욕효일생 변형찰성 관성개제 귀기헌앙

性優游而仁慈寬大 懷豁達而和暢聲音 丰姿美而秀麗
성우유이인자관대 회활달이화창성음 봉자미이수려

性格敏而聰明 印綬主多智慧 豊身自在心慈 食神善能飮食
성격민이총명 인수주다지혜 풍신자재심자 식신선능음식

體厚而喜謳歌 偏官七殺 勢壓三公 喜酒色而偏爭好鬪
체후이희구가 편관칠살 세압삼공 희주색이편쟁호투

愛軒昂而扶弱欺强 性情如虎 急躁如風 梟印當權
애헌앙이부약기강 성정여호 급조여풍 효인당권

使心機而始勤終惰 好學藝而多學少成 偏印劫印 出祖離家

사심기이시근종타 호학예이다학소성 편인겁인 츨조이가

外象謙和尙義 內實狠毒無知 有刻剝之意 無慈惠之心

외상겸화상의 내실한독무지 유각박지의 무자혜지심

【해 설】

사람이 거하는 곳은 동서남북 상하의 화합이고, 심상은 오행(五
行)에 의하여 생기는 것이니 사람의 운명을 잘 알려면 외적인 형
상을 분별하며 내적인 성품을 살펴야 한다.

만일 관성(官星)이 용신(用神)이면 공경을 잘 하며 귀기(貴氣)가
높다. 이런 사람은 성품이 우아하며 인자하고, 관대하며 활달하고,
민첩하며 총명하다. 그리고 음성은 화창하고 수족은 수려하며 아름
답다. 만일 인수(印綬)가 용신(用神)이면 지혜가 많고 인자하며 신
체가 풍부하고, 식신(食神)이 용신(用神)이면 음식을 잘 먹고 신체
가 풍후하며 음악과 가무를 좋아하고 예능에 소질이 있다.

만일 편관(偏官) 칠살(七殺)이 용신(用神)이면 삼공(三公)의 지위
에 올라 권세를 압도하나 주색과 싸움을 좋아하는 경향이 있고, 높
고 밝은 것을 좋아하고 강자를 무시하며 약자를 돕는 마음이 있고,
성정은 맹호와 같고 조급함은 바람과 같다. 이런 사주가 효신(梟
神)과 인수(印綬)가 있으면 처음에는 부지런하나 나중에는 게을러
지므로 학문과 예술을 좋아하나 이루는 것이 작다. 여기다 편인(偏
印)과 겁재(劫財)가 기신(忌神)이면 조상이 살던 땅을 버리고, 겉
으로는 겸손하고 온화하며 정의감이 있어 보이지만 속으로는 각박

하며 자애심이 없고 흉악하다.

【원문】

偏正財露 輕財好義 愛人趨奉 好說是非 嗜酒貪花 亦係如此
편정재로 경재호의 애인추봉 호설시비 기주탐화 역계여차

傷官傷盡 多藝多能 使心機而傲物氣高 多譎詐而侮人志大
상관상진 다예다능 사심기이오물기고 다휼사이모인지대

官高骨俊 眼大眉粗 日德心善穩厚 而作事慈祥 魁罡性嚴有操持
관고골준 안대미조 일덕심선온후 이작사자상 괴강성엄유조지

而爲人聰敏 日貴夜貴 朝榮暮榮 爲人純粹 而有姿色
이위인총민 일귀야귀 조영모영 위인순수 이유자색

作人德而不驕奢 金神貴格 火地奇哉 有剛斷明敏之才
작인덕이불교사 금신귀격 화지기재 유강단명민지재

無刻薄欺瞞之心 乙巳鼠貴 遇午冲貧如顏子 壬騎龍背
무각박기만지심 을사서귀 우오충빈여안자 임기용배

逢丁破慾比申辰 井欄飛天 其心傲物 刑合趨艮 智足多仁
봉정파욕비신진 정란비천 기심오물 형합추간 지족다인

六甲趨乾 主仁慈而剛介心平
육갑추건 주인자이강개심평

【해설】

만일 편재(偏財)와 정재(正財)가 투출(透出)하면 재물에 대한 욕심이 없다. 이런 사람은 사람을 좋아하며 존경하고, 정의와 시시비

비를 좋아하고, 술을 즐기며 여색을 탐한다. 만일 상관(傷官)이 상진(傷盡)되면 다재다능하나 오만하며 사기성이 있고, 관직으로 권세를 누리고, 뜻은 높고 크나 다른 사람을 업신여기고, 골격이 준수하며 눈이 크고 눈썹이 거칠다.

이 때 일덕격(日德格)이면 심성이 착하며 온후하고 자상하다. 괴강격(魁罡)이면 엄격하며 지조가 있고 총민하다. 일귀격(日貴格)이면 영귀하며 영화롭고 순수하며 자색과 인덕이 있고 교만하거나 사치하지 않는다. 금신격(金神格)이면 귀격(貴格)이니 화운(火運)를 만나면 기묘함을 이루고, 명민하며 강단이 있고, 각박하거나 기만하는 마음이 없다.

그리고 을사서귀격(乙巳鼠貴格)은 오화(午火)를 만나면 충(沖)되므로 공자(孔子)의 수제자인 안자(顔子)처럼 청빈하게 살고, 임기용배격(壬騎龍背格)은 정화(丁火)를 만나면 격이 깨지지만 과욕을 부리고, 정란차격(井欄叉格)과 비천녹마격(飛天祿馬格)은 이상이 높아 현실적인 것을 업신여기고, 형합격(刑合格)과 추간격(趨艮格)은 지혜와 인자한 마음이 많고, 육갑추건격(六甲趨乾格)은 인자하며 강개하고 마음이 평온하다.

【원 문】

五陰會局 爲人佛口蛇心 二德印生 作事施恩布德 五行有化
오음회국 위인불구사심 이덕인생 작사시은포덕 오행유화

看何氣而推 四柱無情 取元干而論也 且火炎土燥 必聲洪而好禮
간하기이추 사주무정 취원간이논야 차화염토조 필성홍이호례

水淸潤下 主言悟而施仁 金白水淸 質黑肥圓 土氣厚重 信在四時
수청윤하 주언오이시인 금백수청 질흑비원 토기후중 신재사시

彙合如然 失時反此 事則擧其大略 須要察其細微 欲識情理
휘합여연 실시반차 사즉거기대략 수요찰기세미 욕식정리

學者用心於此
학자용심어차

【해 설】

오음(五陰)이 회국(會局)하면 말은 부처처럼 하나 속은 독사처럼
사악하다. 이런 사주가 천을이덕(天乙二德)이 있는데 인수(印綬)가
아신(我身)을 도와주면 은혜와 덕을 넓게 베풀고, 오행(五行)이 변
하면 사주가 유정해지고 오행(五行)이 전극(戰剋)하면 무정해지는
데 원명의 천간(天干)을 보고 논해야 한다.

또 화염토조(火炎土燥)하면 반드시 목소리가 크며 예의를 좋아하
고, 수청윤하(水淸潤下)하면 언어가 능숙하며 덕을 베풀고, 금백수
청(金白水淸)하면 얼굴이 검고 비만하며 원만하고, 토기(土氣)가
후중하면 신의가 있는데 회합(會合)이 있으면 더 그러하나 실시
(失時)하면 신의가 없다.

6. 현기부(玄機賦)

【원 문】

太極判爲天地 一氣分有陰陽 日干爲主 專論財官 月支取格

태극판위천지 일기분유음양 일간위주 전론재관 월지취격

乃分貴賤 有格不正者敗 無格有用者成 有官莫尋格局

내분귀천 유격부정자패 무격유용자성 유관막심격국

有格局喜官星 官印財食無破淸高 殺傷梟刃 用之爲吉

유격국희관성 관인재식무파청고 살상효인 용지위길

善惡相交 喜去殺而從善 吉凶混雜 忌害吉以化凶 有官有殺

선악상교 희거살이종선 길흉혼잡 기해길이화흉 유관유살

宜身旺 制殺爲奇 有官有印 畏財興 助財爲禍 身强殺淺

의신왕 제살위기 유관유인 외재흥 조재위화 신강살천

殺運無妨 殺重身輕 制鄕爲福

살운무방 살중신경 제향위복

【해 설】

천지를 만들 때 태극(太極)의 일기(一氣)가 나와 음양(陰陽)이 되었고, 음양(陰陽)에서 오행(五行)이 나왔고, 오행(五行)에서 만물이 태어났다. 사주팔자는 일간(日干)을 위주로 간명하는데 반드시 재관(財官)을 논하고, 월지(月支)로 격을 정하여 귀천을 판단한다. 격을 이루어도 오행(五行)이 부정하면 실패하고, 격을 이루지 못해도 용신(用神)이 있으면 성공할 수 있다.

만일 사주에 관성(官星)이 있으면 굳이 격을 찾지 않아도 되는데
이 때는 관성(官星)을 가장 기뻐한다. 다시 말해 사주에는 관성(官
星)과 인성(印星)과 재성(財星)과 식신(食神)이 있으면 좋으나 극
(剋)을 당하지 않아야 청고한 명조가 된다. 이 때 칠살(七殺)과 상
관(傷官)과 효신(梟神)과 양인(羊刃)이 있으면 좋으나, 길성과 흉
살이 혼잡하면 흉살은 제거하고 길성을 따라가야 좋다. 만일 길성
이 손상되어 흉살을 따라가면 매우 흉하다.

만일 관성(官星)과 살(殺)이 있는데 신왕(身旺)하고 제살(制殺)하
면 기묘한 명을 이루나, 관성(官星)과 인성(印星)이 있는데 재성
(財星)이 왕성하여 인성(印星)을 극(剋)하면 흉화가 따른다. 만일
신강(身强)하고 칠살(七殺)이 약한데 칠살운(七殺運)으로 가면 무
방하고, 칠살(七殺)이 많고 신약(身弱)한데 칠살(七殺)을 제극(制
剋)하는 인성운(印星運)이나 비겁운(比劫運)으로 가면 발복한다.

【원 문】

身旺印多 喜行財地 財多身弱 畏入財鄕 男逢比劫傷官
신왕인다 희행재지 재다신약 외입재향 남봉비겁상관

剋妻害子 女犯傷官 偏印喪子刑夫 幼失雙親 財星太重
극처해자 여범상관 편인상자형부 유실쌍친 재성태중

爲人孤剋 身旺無依 年沖月令 離祖成家 日破提沖 弦斷再續
위인고극 신왕무의 년충월령 이조성가 일파제충 현단재속

時日對沖 傷妻剋子 日通月令 得祖安身 木遇春長
시일대충 상처극자 일통월령 득조안신 목우춘장

遇庚辛反假爲權 火歸夏生 見壬癸能爲福厚 土逢辰戌丑未

우경신반가위권 화귀하생 견임계능위복후 토봉진술축미

木重成名 金坐申酉之中 火鄕發福 水居亥子 戊己難侵

목중성명 금좌신유지중 화향발복 수거해자 무기난침

【해 설】

신왕(身旺)하고 인성(印星)이 많은데 재성운(財星運)으로 흐르면
길하나, 신약(身弱)하고 재성(財星)이 많은데 재성운(財星運)으로
흐르면 흉하다. 이 때 남명이 비겁(比劫)이나 상관(傷官)이 왕성하
여 기신(忌神)이 되면 아내와 자식을 극(剋)하고, 여명이 상관(傷
官)이나 편인(偏印)이 왕성하여 기신(忌神)이 되면 남편과 자식을
극(剋)한다.

만일 재성(財星)이 왕성하여 기신(忌神)이 되면 어려서 부모를 잃
고, 신왕(身旺)한데 용신(用神)이 마땅치 않으면 고독하고, 년주(年
柱)가 월령(月令)을 충(沖)하면 고향을 떠나 객지에서 자수성가하
고, 일주(日柱)와 월주(月柱)가 충파(沖破)하면 부자 사이가 단절
되고, 다시 행운에서 시주(時柱)와 일주(日柱)가 상충(相沖)하면
상처극자(傷妻剋子)하고, 일지(日支)와 월령(月令)이 통하면 조상
의 업을 물려받아 일신이 편안하다.

목일주(木日主)는 봄철인 인묘진(寅卯辰)월에 태어나면 창성하고,
경신(庚辛)을 만나면 권세를 얻는다. 화일주(火日主)는 여름철인
사오미(巳午未)월에 태어나면 생왕(生旺)하고, 임계(壬癸)를 만나
면 복이 많다. 토일주(土日主)는 사계절인 진술축미(辰戌丑未)월에

태어나면 강하고, 목(木)이 많으면 관직과 명예를 얻는다. 금일주 (金日主)는 가을철인 신유술(申酉戌)월에 태어나면 강하고, 화운 (火運)으로 흐르면 발복한다. 수일주(水日主)는 겨울철인 해자축 (亥子丑)월에 태어나면 강하나 무기토(戊己土)가 침범하면 흉하다.

【원 문】

身坐休囚 平生未濟 身旺喜逢祿馬 身弱忌見財官

신죄 휴수 평생미제 신왕희봉녹마 신약기견재관

得時俱爲旺論 失令便作衰看 四柱無根 得時爲旺 日干無氣

득시구위왕론 실령편작쇠간 사주무근 득시위왕 일간무기

遇劫爲强 身弱喜印 主旺宜官 財官印綬 破則無功 殺傷梟劫

우겁위강 신약희인 주왕의관 재관인수 파즉무공 살상효겁

去之爲福 甲乙秋生金透露 水木火運榮昌 丙丁冬降水汪洋

거지위복 갑을추생금투노 수목화운영창 병정동강수왕양

火土木方貴顯 戊己春生 西南方有救 庚辛夏長 水土運無傷

화토목방귀현 무기춘생 서남방유구 경신하장 수토운무상

壬癸逢於土旺 金木宜榮

임계봉어토왕 금목의영

【해 설】

일지(日支)가 휴수(休囚)에 임하면 평생 발복하지 못한다. 만일 신왕(身旺)한데 녹마(祿馬)를 만나면 길하나 신약(身弱)한데 재관 (財官)을 만나면 매우 흉하다. 월령(月令)이 득시(得時)하면 신왕

(身旺)한 것으로 보고, 월령(月令)이 실시(失時)하면 신약(身弱)한 것으로 본다.

만일 일간(日干)이 실령(失令)하여 뿌리가 없으면 인비운(印比運)을 만나야 강해지고, 일간(日干)이 무기(無氣)하면 비견(比肩)이나 겁재(劫財)를 만나야 강해진다. 신약(身弱)하면 인수(印綬)를 만나야 가장 길하고, 신강(身强)하면 관성(官星)을 만나 제복(制伏)되어야 길하다. 재관(財官)과 인수(印綬)는 극(剋)되면 공이 없으나 칠살(七殺)·상관(傷官)·효신(梟神)·겁재(劫財)는 제거되어야 복이 따른다.

갑을목(甲乙木) 일간(日干)이 가을철에 태어났는데 금기(金氣)가 있으면 수목운(水木運)이나 화운(火運)에 발전하고, 병정화(丙丁火) 일간(日干)이 겨울철에 태어났는데 수기(水氣)가 왕성하면 화토운(火土運)이나 목운(木運)에 귀명을 이루고, 무기토(戊己土) 일간(日干)이 봄철에 태어났는데 신유운(申酉運)이나 사오운(巳午運)을 만나면 구제되고, 경신금(庚辛金) 일간(日干)이 여름철에 태어났는데 수운(水運)이나 토운(土運)을 만나면 손상이 없고, 임계(壬癸) 일간(日干)이 진술축미(辰戌丑未)월에 태어났는데 금운(金運)이나 목운(木運)을 만나면 부귀영화를 누린다.

【원 문】
身弱有印 殺旺無傷 忌行財地 傷官傷盡 行官運以無妨
신약유인 살왕무상 기행재지 상관상진 행관운이무방

傷官用印宜去財 傷官用財宜去印 是或傷官財印俱彰 將何發福

상관용인의거재 상관용재의거인 시혹상관재인구창 장하발복

身旺者用財 身弱者用印 用財去印 用印去財 方發彌福

신왕자용재 신약자용인 용재거인 용인거재 방발미복

正所謂喜者存之 憎者去之 財多身弱 身旺以爲榮 身旺財衰

정소위희자존지 증자거지 재다신약 신왕이위영 신왕재쇠

財旺鄉而發福 重犯官星 只宜制伏 食神疊見 須忌官鄉 頑金無火

재왕향이발복 중범관성 지의제복 시신첩견 수기관향 완금무화

大用不成 强木無金 清名難著 水多得土財多蓄 火焰逢波祿位高

대용불성 강목무금 청명난저 수다득토재다축 화염봉파녹위고

有官有印 無破無榮 無印無官 有格取貴

유관유인 무파무영 무인무관 유격취귀

【해 설】

  신약(身弱) 사주가 인수(印綬)가 있으면 칠살(七殺)이 강해도 상
해를 입지 않으나, 인수(印綬)가 용신(用神)인데 재운(財運)으로
흐르면 흉하다. 이 때 상관(傷官)이 상진(傷盡)하면 관운(官運)으
로 흘러도 무방하나 상관(傷官)이 강하여 인수(印綬)가 용신(用神)
이면 재성(財星)을 제거해야 길하고, 재성(財星)이 용신(用神)이면
인수(印綬)를 제거해야 길하다.

  만일 상관(傷官)과 재성(財星)과 인수(印綬)가 모두 강하면 신왕
(身旺) 사주는 재성(財星)을 용신(用神)으로 삼아야 하고, 신약(身
弱) 사주는 인수(印綬)를 용신(用神)으로 삼아야 한다. 아무튼 재

성(財星)이 용신(用神)이면 인수(印綬)를 제거해야 하고, 인수(印綬)가 용신(用神)이면 재성(財星)을 제거해야 길복이 따른다.

그리고 신약(身弱)한데 재성(財星)이 많으면 인성(印星)이나 비겁(比劫)을 만나야 부귀영화가 따르고, 신왕(身旺)한데 재성(財星)이 약하면 재성(財星)이 왕성해지는 운으로 흘러야 발복한다. 이 때 관성(官星)이 중중하면 제복(制伏)시켜야 하고, 식신(食神)이 첩첩한데 관운(官運)으로 흐르면 흉하다.

만일 완고한 금(金)이 화(火)가 없으면 명성을 이루기 어렵고, 강한 목(木)이 금(金)이 없으면 청귀하나 명성을 이루기 어렵고, 수(水)가 많은데 토(土)가 있으면 재물을 많이 모으고, 염염한 화(火)가 수(水)를 만나 파(破)되면 높은 지위에 오르고, 관성(官星)과 인성(印星)이 있으나 파(破)되면 부귀영화를 이룰 수 없고, 관성(官星)과 인성(印星)이 없어도 격을 이루면 부귀영화를 누린다.

【원 문】

羊刃格喜偏官 金神最宜制伏 雜氣財官 刑冲則發 官貴太盛
양인격희편관 금신최의제복 잡기재관 형충즉발 관귀태성

旺處必傾 身太旺喜見財官 主太柔不宜祿馬 旺官旺印與旺財
왕처필경 신태왕희견재관 주태유불의녹마 왕관왕인여왕재

入墓有禍 傷官食神幷身旺 遇庫與災 運貴在於支取
입묘유화 상관식신병신왕 우고여재 운귀재어지취

歲重向乎干求 印多者行財而發 財旺者遇比何妨 格淸局正
세중향호간구 인다자행재이발 재왕자우비하방 격청국정

富貴榮華 印旺官旺 聲名特達 合官非爲貴取 合殺莫作凶推

부귀영화 인왕관왕 성명특달 합관비위귀취 합살막작흉추

桃花帶殺喜淫奔 華蓋逢空多刻薄 平生不發 八字休囚 一世無權

도화대살희음분 화개봉공다각박 평생불발 팔자휴수 일세무권

身衰遇鬼 身旺者則宜泄宜傷 身衰者則喜扶喜助

신쇠우귀 신왕자즉의설의상 신쇠자즉희부희조

禀中和莫令太過不及 若遵此法推詳 禍福驗如影響

품중화마령태과불급 약준차법추상 화복험여영향

【해 설】

양인격(羊刃格)은 편관(偏官)이 있어야 길하고, 금신격(金神格)은 제복(制伏)되어야 길하고, 잡기재관격(雜氣財官格)은 형충(刑沖)되어야 길하다. 만일 관귀(官貴)가 왕성한데 왕지(旺地)에 임하면 반드시 패하고, 일간(日干)이 왕성한데 재관(財官)을 만나면 길하나 신주(身主)가 약한데 녹마(祿馬)를 만나면 좋지 않고, 관성(官星)과 인성(印星)과 재성(財星)이 모두 왕성한데 용신(用神)이 입묘(入墓)되면 재화가 따르고, 신왕(身旺)한데 상관(傷官)과 식신(食神)이 있으면 고지(庫地)에 임할 때 재화가 따른다.

대운(大運)으로 간명할 때는 지지(地支)를 중심으로 보아야 한다. 대운(大運)은 10년 단위로 보는데 천간(天干)은 4년, 지지(地支)는 6년으로 보는 경우가 많다. 그리고 세운(歲運)은 년운(年運)을 말하는데 천간(天干)을 중심으로 본다.

만일 사주에 인성(印星)이 많으면 신강(身强)한 것이니 재운(財

運)에 발복하고, 재성(財成)이 강하면 신약(身弱)한 것이니 비겁운 (比劫運)에 발복한다. 격이 청귀하고 정당하면 부귀영화가 따르는 데 인성(印星)과 관성(官星)이 모두 왕성하면 명성이 특별하게 발 달한다. 그리고 관성(官星)이 합(官)하면 영귀하지 않고, 살(殺)이 합(官)하면 흉하지 않은 것으로 추리한다.

만일 도화(桃花)가 칠살(七殺)을 대동하면 음란하고, 화개(華蓋) 가 공망(空亡)되면 각박하고, 휴수지(休囚地)가 있으면 발복하지 못하고, 신약(身弱)한데 관살(官殺)이 기신(忌神)이면 평생 권세를 얻지 못한다. 신왕(身旺) 사주는 설기(泄氣)되어야 하므로 식상운 (食傷運)을 만나야 길하고, 신약(身弱) 사주는 도움을 받아야 하니 인성운(印星運)이나 비겁운(比劫運)을 만나야 길하다.

사주는 어느 한 쪽으로 치우치면 안 되고 반드시 중화되어야 한 다. 이 이치를 존중하고 준수하면서 간명하면 그림자가 물체를 따 라 다니는 것과 같이 길흉화복이 보일 것이다.

7. 유미부(幽微賦)

【원 문】

天地陰陽二氣 降於春夏秋冬 各生其時 有用者則吉
천지음양이기 강어춘하추동 각생기시 유용자즉길
無用者則凶 是以泄天機之妙理 談大道之玄微 天旣生人
무용자즉흉 시이설천기지묘리 담대도지현미 천기생인

人各有命 所以早年富貴 八字運限咸和 中主孤單

인각유명 소이조년부귀 팔자운한함화 중주고단

五行逢死絶敗 過房入舍 年月中分 隨母從夫 偏財空而印旺

오행봉사절패 과방입사 년월중분 수모종부 편재공이인왕

早歲父亡 偏財臨死絶殺宮 幼歲母離 只爲財多印死

조세부망 편재임사절살궁 유세모이 지위재다인사

【해 설】

천지에는 음양(陰陽)이라는 이기(二氣)가 있는데 각각 그 생출(生出)의 시기가 유용하면 길하나 무용하면 흉하다. 부귀를 일찍 이루는 것은 사주팔자가 중화되었기 때문이고, 중년에 곤고한 것은 오행(五行)이 사절지(死絶地)에 임했기 때문이고, 색을 좋아하며 불륜을 저지르는 것은 년주(年柱)가 패지(敗地)에 임하고 월주(月柱)가 충형(沖刑)되었기 때문이고, 어머니가 재혼하는 것은 편재(偏財)가 공망(空亡)되고 인수(印綬)가 매우 왕성하기 때문이고, 아버지와 일찍 헤어지는 것은 편재(偏財)가 사절지(死絶地)와 살궁(殺宮)에 임했기 때문이고, 어릴 때 어머니와 헤어지는 것은 재성(財星)은 많고 인성(印星)은 사멸되었기 때문이다.

【원 문】

比肩多而兄弟無情 羊刃多而妻宮有損 官逢死氣之方 子招難得

비견다이형제무정 양인다이처궁유손 관봉사기지방 자초난득

若見傷官太盛 子亦難留 如遇沖破提綱 定主離而祖業 再見空亡
약견상관태성 자역난유 여우충파제강 정주이이조업 재견공망

三番四廢 印綬逢生 母當顯貴 偏官絶地 父必崢嶸
삼번사폐 인수봉생 모당현귀 편관절지 부필쟁영

官星臨祿旺之鄕 子當榮顯 七殺遇長生之位 女招貴夫 妻星失令
관성임녹왕지향 자당영현 칠살우장생지위 여초귀부 처성실령

半路抛離 若乃借宮所生 亦是他人依養女
반노포이 약내차궁소생 역시타인의양녀

【해 설】

 비견(比肩)이 많으면 형제 사이가 무정하고, 양인(羊刃)이 많으면
처궁이 손상되고, 관성(官星)이 사지(死地)에 임하면 자식을 두기
어렵고, 상관(傷官)이 매우 왕성하면 자식을 지키기 어렵다. 만일
월령(月令)인 제강(提綱)이 충파(沖破)되면 고향을 떠나 조상의 업
을 잇지 못하고, 다시 공망(空亡)을 만나면 3~4번 계속 실패한다.
만일 인수(印綬)가 생(生)되면 어머니가 현귀하나 편관(偏官)이 절
지(絶地)에 임하면 반드시 아버지가 위태롭다. 관성(官星)이 녹왕
지(祿旺地)에 임하면 자식이 영현하고, 여명이 칠살(七殺)이 장생
지(長生地)에 임하면 귀한 남편을 만난다. 부성(婦星)이 실령(失
令)하면 중년에 이별하는데 이 사람과의 사이에서 낳은 아이는 남
의 손에 키우게 된다.

【원 문】

酒色猖狂 只是桃花帶殺 慈祥敏慧 天月二德聚來

주색창광 지시도화대살 자상민혜 천월이덕취래

印綬旺而子少息稀 正官旺而女多男少 梟神興早年折夭

인수왕이자소식희 정관왕이여다남소 효신흥조년절요

食神旺老壽而高 偏財逢敗 父主風流 子息若臨殺地 破家蕩產

식신왕노수이고 편재봉패 부주풍류 자식약임살지 파가탕산

自身逢敗 早歲興衰 妻入墓不得妻財 父臨庫父當先死

자신봉패 조세흥쇠 처입묘불득처재 부임고부당선사

比肩逢祿 兄弟名高 食神多而好飲食 正官旺而受沾滋

비견봉록 형제명고 식신다이호음식 정관왕이수첨자

身臨沐浴之年 恐愁水厄 生入鬪剋之年 必逢禍災

신임목욕지년 공수수액 생입투극지년 필봉화재

【해 설】

　도화(桃花)가 칠살(七殺)을 대동하면 주색이 심하고, 천월이덕(天月二德)이 있으면 자상하며 민첩하고, 인수(印綬)가 강하면 자식을 적게 두고, 정관(正官)이 강하면 딸은 많으나 아들이 적고, 효신(梟神)이 있으면 자식이 단명요절하나 식신(食神)이 강하면 장수한다. 편재(偏財)가 패지(敗地)에 임하면 아버지가 풍류객이고, 자식이 살지(殺地)에 임하면 가정과 재산이 깨지고, 일간(日干)이 패지(敗地)에 임하면 어릴 때 흥쇠가 따르고, 처궁이 입묘(入墓)되면 아내와 재산이 없다.

아버지가 고지(庫地)에 임하면 어머니보다 아버지가 먼저 돌아가시고, 비견(比肩)이 녹(祿)에 임하면 형제의 명예가 높다. 식신(食神)이 많으면 식욕이 좋고, 정관(正官)이 강하면 자식이 많다. 일간(日干)이 목욕지(沐浴地)에 임하면 물로 인한 공포와 근심이 있고, 행운이 투쟁하며 기신운(忌神運)으로 가면 반드시 재화를 당한다.

【원 문】

女帶桃花坐殺 定主淫奔 傷多而印綬被剋 母當淫蕩 年月冲者
여대도화좌살 정주음분 상다이인수피극 모당음탕 년월충자

難爲祖業 日時冲者 妻子招遲 若見天元刑戰 父母難靠
난위조업 일시충자 처자초지 약견천원형전 부모난고

如遇地支所生 凶中成吉 日主弱水火相戰 而招是非
여우지지소생 흉중성길 일주약수화상전 이초시비

甲木衰逢金旺 而無仁無義 此乃男命之玄機 略說女人之奧妙
갑목쇠봉금왕 이무인무의 차내남명지현기 약설여인지오묘

純粹在於八字 純有富貴者 一官生旺 四柱休囚 必爲貴者
순수재어팔자 순유부귀자 일관생왕 사주휴수 필위귀자

濁淫者五行冲旺 娼淫者官殺交叉 命主多合 此爲不良
탁음자오행충왕 창음자관살교차 명주다합 차위불량

滿柱殺多 不爲剋制 印綬多而老無子 傷官旺而幼傷夫
만주살다 불위극제 인수다이노무자 상관왕이유상부

【해 설】

여명이 도화(桃花)와 칠살(七殺)이 있으면 음탕하며 광분하고, 상관(傷官)이 많은데 인수(印綬)를 극(剋)하면 어머니가 음탕하다. 년주(年柱)와 월주(月柱)가 충(沖)하면 조상의 업을 지키기 어렵고, 일지(日支)와 시주(時柱)가 충(沖)하면 처자를 많이 둔다. 천간(天干)에 충형(沖刑)이 많으면 부모가 의지할 곳이 없을 정도로 어렵고, 지지(地支)에 충형(沖刑)이 많으면 흉한 가운데 길함이 있다.

신약(身弱)한데 수화(水火)가 싸우면 시비가 따르고, 갑목(甲木) 일간(日干)이 쇠약한데 금(金)이 강하면 인자함과 정의감이 없다. 사주팔자가 순수하면 부귀를 이루고, 관성(官星) 1개가 생왕(生旺) 하는데 사주가 휴수지(休囚地)에 임하면 반드시 귀격을 이룬다. 그러나 오행(五行)의 상충(相沖)이 심하거나, 관살(官殺)이 교차하거나, 합(合)이 많으면 음란하며 불량하다. 사주에 칠살(七殺)이 가득한데 제극(制剋)시키지 못하면 인수(印綬)가 많아도 자식을 두지 못하고, 상관(傷官)이 강하면 젊을 때 남편을 잃고 독수공방한다.

【원 문】

荒淫之慾 食神太過 四柱不見夫星 未爲貞潔 官星絶遇休囚
황음지욕 식신태과 사주불견부성 미위정결 관성절우휴수
孤孀獨宿 淸潔源流 金猪相遇 木虎相見 四柱三夫 羊刃重疊
고상독숙 청결원류 금저상우 목호상견 사주삼부 양인중첩
偏財逢死 夫宮早喪 食神一位逢生旺 招子須當拜聖明
편재봉사 부궁조상 식신일위봉생왕 초자수당배성명

父母之宮 男命同斷 若見此書 藏之如寶 若遇高士 對鏡分明
부모지궁 남명동단 약견차서 장지여보 약우고사 대경분명

依其此法萬無一失
의기차법만무일실

【해 설】

사주에 식신(食神)이 태과(太過)하면 색욕이 강하고, 부성(夫星)
이 없으면 정결하지 못하고, 관성(官星)이 절지(絶地)와 휴수(休
囚)에 임하면 과부가 되어 독수공방하나 청결하다. 사주에 금저(金
猪)인 신해(辛亥)와 목호(木虎)인 갑인(甲寅)이 모두 있으면 남편
이 셋이고, 양인(羊刃)이 많은데 편재(偏財)가 사절지(死絶地)에
임하면 어머니의 부궁(夫宮)이 불리하니 아버지가 일찍 돌아가시
고, 식신(食神)이 1개 있는데 생왕지(生旺地)에 임하면 자식이 성
군을 보필하는 요직에 오른다. 부모궁은 남명과 같이 간명한다. 이
글을 보는 사람들은 보화처럼 잘 간직해야 한다. 만일 고상한 선비
를 만나 깊은 뜻을 터득하면 거울을 보듯이 분명하고, 이 법을 익
혀 간명하면 절대로 실수하지 않을 것이다.

8. 오행원리소식부(五行元理消息賦)

【원 문】

詳其往聖 鑒以前賢 論生死全憑鬼谷 推消息端的徐公
상기왕성 감이전현 논생사전빙귀곡 추소식단적서공

陽生陰死 陽死陰生 循環逆順 變化見矣 夫陽木生亥死午
양생음사 양사음생 순환역순 변화견의 부양목생해사오

雖存亡易見 陰木跨馬逢猪 則吉凶可知 艮生丙而遇鷄死
수존망역견 음목과마봉저 즉길흉가지 간생병이우계사

兌生丁而逢虎傷 戊藏寅而西方沒 己生酉而艮中亡 庚逢蛇而崢嶸
태생정이봉호상 무장인이서방몰 기생유이간중망 경봉사이쟁영

運見鼠亦難當 辛生子死在巽地 壬生申藏於震方 免生癸水衣祿足
운견서역난당 신생자시재손지 임생신장어진방 면생계수의록족

運行猴地見災殃 十干生死同斷 造化依此詳推
운행후지견재앙 십간생사동단 조화의차상추

【해 설】

왕성(往聖)의 도(道)를 상고하며 현인들의 비법을 살펴 생사의 원리를 밝힌 사람은 귀곡자(鬼谷子)이고, 그 후 더 자세히 설명하며 밝힌 사람은 서자평(徐子平)이다. 양기(陽氣)가 생(生)하면 음기(陰氣)가 사(死)하고, 양기(陽氣)가 사(死)하면 음기(陰氣)가 생(生)하는 원리를 보여준 것이다. 양목(陽木)은 해(亥)에서 생(生)하며 오(午)에서 사(死)하고, 음목(陰木)은 오(午)에서 생(生)하며 해(亥)에서 사(死)하니 길흉을 가히 알 것이다.

간궁(艮宮)에서는 병화(丙火)가 인(寅)에서 생(生)하고 유(酉)에서 사(死)한다. 태궁(兌宮)에서는 정화(丁火)가 인(寅)을 만나면 상해되므로 인유(寅酉)는 서로 꺼린다. 무(戊)는 인(寅)에 암장(暗藏)되어 발복하다가 신유금운(申酉金運)을 만나면 몰락하고, 기

(己)는 유(酉)에서 장생(長生)하다가 인(寅)에서 사(死)하고, 경(庚)은 사(巳)에서 장생(長生)하다가 자(子)를 만나면 사(死)하고, 신(辛)은 자(子)에서 장생(長生)하다가 손방(巽方)인 사(巳)에서 사(死)하고, 임(壬)은 신(申)에 암장(暗藏)되어 장생(長生)하다가 진방(震方)을 만나면 사(死)하고, 계수(癸水)는 묘(卯)에서 장생(長生)하다가 신(申)을 만나면 사(死)한다. 십간(十干)의 생사와 명리(命理)의 조화는 이 법으로 추리하기 바란다.

【원 문】

又詳權刃雙顯停均 位至侯王 中途或喪或危 運扶官旺
우상권인쌍현정균 위지후왕 중도혹상혹위 운부관왕

平生爲富爲貴 身殺兩停 大貴者用財而不用官
평생위부위귀 신살양정 대귀자용재이불용관

當權者用殺而不用印 印賴殺生 官因財旺 食居先 殺居後
당권자용살이불용인 인뢰살생 관인재왕 식거선 살거후

功名兩全 酉破卯 卯破午 財名雙美 享福五行歸祿
공명양전 유파묘 묘파오 재명쌍미 향복오행귀록

壽彌八字相停 晦火無光於稼穡 陰木絶氣於丙丁 火虛有焰
수미팔자상정 회화무광어가색 음목절기어병정 화허유염

金實無聲 水泛木浮者活木 陽木亥生助無垢 陰木亥死水泛
금실무성 수범목부자활목 양목해생조무구 음목해사수범

【해 설】

권력을 나타내는 관살(官殺)과 양인(羊刃)이 모두 있는데 균형을 이루면 제후의 지위에 이른다. 만일 상해되어 위태로우면 행운에서 일간(日干)을 도와줄 때 관왕(官旺)해지므로 평생 부귀영화를 누린다. 이것은 신주(身主)와 칠살(七殺)이 양정(兩停)하기 때문이다. 만일 대귀격이면 관성(官星)을 버리고 재성(財星)을 쓴다. 이것은 관성(官星)은 아신(我身)을 극(剋)하기 때문이다. 그리고 권력을 잡았으면 인수(印綬)는 버리고 칠살(七殺)을 쓴다. 이것은 인성(印星)은 관인상생(官印相生)하여 칠살(七殺)에 의지하고, 관성(官星)은 재생관(財生官)하여 왕성한 재성(財星)에 의지하기 때문이다.

년월(年月)에 식신(食神)이 있는데 칠살(七殺)이 일시(日時)에 있으면 공명을 이루고, 유(酉)가 묘(卯)를 극(剋)하고 오(午)가 묘(卯)를 극(剋)하면 재물과 명예가 모두 아름답다. 만일 오행(五行)이 귀록(歸祿)이면 길복을 누리고, 오행(五行)이 상정(相停)하면 장수한다. 그러나 가색(稼穡)의 토기(土氣)가 넘쳐 설기(泄氣)가 심하면 화(火)가 기우니 빛을 발하지 못하고, 병정화(丙丁火)가 왕성하여 심하게 설기(泄氣)하면 음목(陰木)은 불길하다.

만일 화기(火氣)가 허약하나 도움을 받으면 길하고, 금기(金氣)가 실하면 기물을 이루지 못하니 흉하고, 수기(水氣)가 넘치면 목(木)이 떠다니니 토기(土氣)를 만나야 쓸모가 생긴다. 양목(陽木)인 갑목(甲木)은 해(亥)월을 만나면 도움을 받아 무방하나 음목(陰木)인 을목(乙木)은 해(亥)월을 만나면 수(水)를 범하니 사(死)한다.

土重金埋者陽金 水盛則危 火明則滅 陽金得煉太過 變格奔波

토중금매자양금 수성즉위 화명즉멸 양금득연태과 변격분파

陰木歸垣失令 終爲身弱 土重而掩火無光 逢木反爲有用

음목귀원실령 종위신약 토중이엄화무광 봉목반위유용

水盛則木無定 若行土運方榮 五行不可太甚 八字須得中和

수성즉목무정 약행토운방영 오행불가태심 팔자수득중화

土止水流全福壽 土虛木盛必傷殘 運會元辰 須當夭折 木盛多仁

토지수류전복수 토허목성필상잔 운회원진 수당요절 목성다인

土薄寡信 水旺居垣須有智 金堅主義却能爲 金水聰明而好色

토박과신 수왕거원수유지 금견주의각능위 금수총명이호색

水土混雜必多愚 遐齡得於中和 夭折喪於偏枯 辰戌剋制幷冲

수토혼잡필다우 하령득어중화 요절상어편고 진술극제병충

必犯刑名 子卯相刑門戶 全無禮德 棄印就財明偏正

필범형명 자묘상형문호 전무예덕 기인취재명편정

棄財就殺論剛柔 傷官無財可恃 雖巧必貧 食神制殺逢梟

기재취살론강유 상관무재가시 수교필빈 식신제살봉효

不貧則夭

불빈즉요

【해 설】

토(土)가 많으면 금(金)이 묻히니 양금(陽金)이라도 쓸모가 없고,
수(水)가 많으면 만물이 침수되니 위태롭고, 화(火)가 많으면 만물

이 타버리니 흉하다. 만일 양금(陽金)이 지나치게 단련되면 변격(變格)이 되니 중화되어야 귀격을 이루고, 음목(陰木)인 을목(乙木)이 귀원(歸垣)하면 실령(失令)하니 신약(身弱) 사주가 된다.

만일 토(土)가 많으면 화(火)가 꺼져 빛을 잃지만 목(木)을 만나면 유용해지니 길하고, 수(水)가 왕성하면 목(木)이 안정되지 못하나 토운(土運)을 만나면 토극수(土剋水)하니 영화롭다. 이처럼 사주는 중화되어야 한다. 만일 오행(五行)이 1~2가지로 편중되면 흉하다. 수(水)가 많아 넘칠 때는 토(土)로 막아주어야 길복이 따르고, 토(土)가 허약한데 목(木)이 왕성하면 손상되니 흉하다.

만일 자(子)월 자(子)일생이 자(子) 대운(大運)과 해(亥) 세운(歲運)을 만나 수국(水局)을 이루면 반드시 요절하고, 목(木)이 왕성하면 인자하고, 토(土)가 약하면 신의가 없고, 수(水)가 강하면 지혜가 있고, 금(金)이 견고하면 정의감이 없고, 금수(金水)가 왕성하면 총명하나 색을 좋아하고, 수토(水土)가 혼잡하면 어리석으니 중화되어야 철이 든다.

오행(五行)이 치우치면 요절하고, 진술(辰戌)이 극제상충(剋制相沖)하면 형액을 받고, 자묘(子卯)가 상형(相刑)하면 예의와 덕이 없다. 이런 사주는 인성(印星)을 버리고 재성(財星)을 써야 하므로 편재(偏財)와 정재(正財)를 구분할 줄 알아야 한다. 재성(財星)을 버리고 칠살(七殺)을 쓸 때는 일간(日干)의 강유(剛柔)를 보아야 한다. 만일 상관(傷官)이 있는데 재성(財星)이 없으면 교묘하며 사악하므로 가난하고, 식신(食神)이 제살(制殺)하여 인성(印星)인 효신(梟神)이 인극식(印剋食)하면 가난하거나 요절한다.

【원문】

男多羊刃必重婚 女犯傷官須再嫁 貧賤者皆因旺處遭刑

남다양인필중혼 여범상관수재가 빈천자개인왕처조형

孤寡者只爲財神被劫 去殺有官方論福 去官有殺有威權

고과자지위재신피겁 거살유관방론복 거관유살유위권

逢傷官反得夫星 乃財命有氣 遇梟神而喪子息 薄福無後而孤

봉상관반득부성 내재명유기 우효신이상자식 박복무후이고

三戌冲辰禍不淺 兩干不雜利名齊 丙子辛卯相逢 荒淫滾浪

삼술충진화불천 양간불잡이명제 병자신묘상봉 황음곤낭

子午卯酉全備 酒色昏迷 天干殺顯 無制者賤 地支財伏

자오묘유전비 주색혼미 천간살현 무제자천 지지재복

暗生者奇 因財致富 羊刃與運併臨

암생자기 인재치부 양인여운병임

【해설】

남명이 양인(羊刃)이 많으면 중혼하고, 여명이 상관(傷官)이 관살(官殺)을 극(剋)하면 재가한다. 만일 왕지(旺地)가 형충(刑沖)되면 빈천하고, 겁재(劫財)가 재신(財神)을 극(剋)하면 과부가 된다. 만일 칠살(七殺)을 제거하고 정관(正官)을 쓰면 발복하고, 정관(正官)을 제거하고 칠살(七殺)을 쓰면 권위가 있다. 만일 재성(財星)이 유기(有氣)한데 상관(傷官)을 만나면 부성(夫星)이 유리하나, 효신(梟神)이 있으면 자식을 상해하니 후사가 없어 고독하다. 만일 술(戌)이 3개 있는데 진(辰)을 상충(相沖)하면 화가 가볍지 않으나 양간(兩干)이 혼잡하지 않으면 명예가 이롭고 집안이 안정된다.

　병자(丙子)일생이 신묘(辛卯)를 만나면 도화(桃花)가 되니 색정이 많고, 자오묘유(子午卯酉)가 모두 있으면 주색으로 혼미하고, 천간(天干)에 칠살(七殺)이 있는데 제복(制伏)시키지 못하면 천박하고, 지지(地支)에 재성(財星)이 암장(暗藏)되어 있으면 기이한 바가 있으니 재물을 모은다. 이것은 양인(羊刃)이 세운(歲運)이나 대운(大運)에 임하기 때문이다.

【원 문】

貪食乖疑 命用梟神因有病 姪男爲嗣 義女爲妻 日時相逢卯酉
탐식괴의 명용효신인유병 질남위사 의녀위처 일시상봉묘유
始生必主迂移 平生敬信神祇 造化因逢戌亥 陰剋陰 陽剋陽
시생필주우이 평생경신신지 조화인봉술해 음극음 양극양
財神有用 官多無官 大旺傾危 殺多無殺 反爲不害 財多無財
재신유용 관다무관 대왕경위 살다무살 반위불해 재다무재
運逢化殺生災 八字得局失垣 平生不遇 四柱歸垣得令 早歲軒昂
운봉화살생재 팔자득국실원 평생불우 사주귀원득령 조세헌앙
木逢類象 榮貴高遷 命用梟神 富家營辨 財官俱敗者死
목봉유상 영귀고천 명용효신 부가영변 재관구패자사
食神逢梟者亡 龍藏亥卯 經商利絡絲綿 丁巳孤鸞 合作聰明
식신봉효자망 용장해묘 경상이락사면 정사고난 합작총명
詩女日犯裸形沐浴 濁濫淫娼 日祿歸時見財 則淸高富貴
시녀일범나형목욕 탁람음창 일록귀시견재 즉청고부귀

歸祿有財而獲福 無財歸祿必須貧 財印混雜 終爲困窮
귀록유재이획복 무재귀록필수빈 재인혼잡 종위곤궁

偏正濁亂 必致傷殘
편정탁난 필치상잔

【해 설】

식신(食神)이 과중하면 만사가 어긋나고, 효신(梟神)이 있으면 생
질을 양자로 삼아 후사를 잇고 아내의 자매를 아내로 삼는다. 만일
일시(日時)에 묘유(卯酉)가 있으면 아내와 자식이 상충(相沖)하는
것이니 자식이 태어나면서부터 이사를 자주 한다. 만일 사주에 천
문성(天門星)인 술해(戌亥)가 있으면 신앙심이 깊은데, 도사나 승
려나 역술인이나 무속인의 사주가 이러한 경우가 많다.

음기(陰氣)가 극(剋)하는 것은 음기(陰氣)이고, 양기(陽氣)가 극
(剋)하는 것은 양기(陽氣)다. 따라서 재신(財神)을 쓰는데 관성(官
星)이 많으면 오히려 관운(官運)이 작고, 관살(官殺)이 왕성하면
패망하고, 칠살(七殺)이 많으면 칠살운(七殺運)이 사라져 해가 없
다. 만일 재성(財星)이 많으면 오히려 재물운이 없는데 또 재운(財
運)을 만나면 재앙이 따른다. 만일 사주가 격을 이루었으나 실령
(失令)하면 평생 길운을 만나지 못하여 불행하나 득령(得令)하면
어릴 때 출세한다.

만일 목(木)이 유상(類象)을 만나면 귀격을 이루니 승진하나 효신
(梟神)이 있으면 부잣집에서 부귀영화를 누린다. 만일 재관(財官)
이 패지(敗地)에 임하면 죽고, 식신(食神)이 효신(梟神)을 만나면

망한다. 진토(辰土)에는 해묘(亥卯)가 암장(暗藏)되어 있으니 상업을 하면 이익이 따른다.

만일 정사(丁巳)일생이 고란살(孤鸞殺)과 합(合)되면 총명하다. 시(詩)에서 말하기를 "여명에서 목욕(沐浴)이 일간(日干)을 범하면 음탕하다"고 하였다. 만일 일록격(日祿格)이 시주(時柱)에 재성(財星)이 있으면 청고하며 부귀영화를 누리고, 귀록격(歸祿格)이 재성(有星)이 있으면 길복을 누리나 재성(有星)이 없으면 반드시 빈한하다. 만일 재성(財星)과 인성(印星)이 혼잡하면 가난하고, 편재(偏財)와 정재(正財)가 혼잡하면 반드시 흉하다.

【원 문】

太歲忌逢戰鬪 羊刃不喜刑冲 癸從戊合 少長無情 多有不仁
태세기봉전투 양인불희형충 계종무합 소장무정 다유불인

庚逢丙擾 豈知遇正官 却無俸祿 蓋祿逢七殺 乃有聲名
경봉병요 개지우정관 각무봉록 개록봉칠살 내유성명

不從不化 淹留仕路之人 從化得從 顯達功名之士 化成祿旺者生
불종불화 엄유사로지인 종화득종 현달공명지사 화성록왕자생

化成祿絶者死 處僧道之首 用殺反輕 受憲臺之職 偏官得地
화성녹절자사 처승도지수 용살반경 수헌대지직 편관득지

生地相逢 壯年不祿 老壽無終 丁逢卯木 遇己土梟食之人
생지상봉 장년불록 노수무종 정봉묘목 우기토효식지인

亥乃神漿 遇酉金嗜盃之客 財逢旺地人多富 官遇長生命必榮
해내신장 우유금기배지객 재봉왕지인다부 관우장생명필영

丁生酉金 丙辛遇之絶嗣 財臨殺地 父死而不歸家 八專日支同類

정생유금 병신우지절사 재임살지 부사이불귀가 팔전일지동류

殺年殺運生災 若能觀覽熟讀 詳玩貴賤 萬無一失

살년살운생재 약능관람숙독 상완귀천 만무일실

【해 설】

태세(太歲)가 꺼리는 것은 형충(刑沖)이고, 양인(羊刃)이 꺼리는 것도 형충(刑沖)이다. 계(癸)는 무(戊)와 무계합화(戊癸合火)하면 무정하고, 경(庚)은 병화(丙火)을 만나면 어지러워지니 인자함이 없고, 정관(正官)을 만나면 녹(祿)이 사라진다.

녹격(祿格)이 칠살(七殺)을 만나면 명성이 있으나 종격(從格)도 아니고 화격(化格)도 아니면 거리에서 방황한다. 그러나 종격(從格)인지 화격(化格)인지가 분명하면 현달하여 공명을 이룬다. 만일 화격(化格)인데 녹(祿)이 강하면 발전하나 건록(建祿)이 절지(絶地)에 임하면 사멸한다.

승도의 세계에서 수장이 되는 것은 칠살(七殺)이 경박하기 때문이고, 헌대(憲臺)라는 감찰원의 고위직에 오르는 것은 편관(偏官)이 득지(得地)하기 때문이다. 그러나 생지(生地)를 만나도 장년에 녹(祿)이 없으면 오래 살아도 복이 없다.

정화(丁火)가 묘목(卯木)과 기토(己土)를 만나면 어릴 때 부모를 잃고, 해(亥)가 신장(神漿)인 유금(酉金)을 만나면 음주를 즐긴다. 재성(財星)이 왕지(旺地)에 임하면 부자가 되고, 관성(官星)이 장생지(長生地)에 임하면 부귀영화를 누린다.

만일 정화(丁火) 일간(日干)이 유금(酉金)을 만나거나 병화(丙火) 일간(日干)이 신금(辛金)을 만나면 후사가 끊어지고, 재성(財星)이 살지(殺地)에 임하면 아버지가 객사해도 시신이 돌아오지 못하고, 팔자가 간여지동(干與支同)인데 칠살운(七殺運)과 년살운(年殺運)을 만나면 재앙이 따른다. 이 법을 숙지하면 귀천을 상세하게 논할 수 있을 것이다.

❷권 차례

동양철학전문출판 | 삼한

천직·사주팔자로 찾은 나의 직업

신비한 동양철학 34

역경없이 탄탄하게 성공할 수 있는 방법!

잘 되겠지 하는 막연한 생각으로 의욕만 갖고 도전하는 것과 나에게 맞는 직종은 무엇이고 때는 언제인가를 알고 도전하는 것은 근본적으로 다르고, 결과 또한 다르다. 더구나 요즈음은 I.M.F.시대라 하여 모든 사람들이 정신까지 위축되어 생기를 잃어가고 있다. 이런 때 의욕만으로 팔자에도 없는 사업을 시작했다고 하자, 결과는 불을 보듯 뻔하다. 그러므로 이런 때일수록 침착과 냉정을 찾아 내 그릇부터 알고, 생활에 대처하는 지혜로움을 발휘해야 한다.

· 백우 김봉준 저

통변술해법

신비한 동양철학 ㉑

가닥가닥 풀어내는 역학의 비법!

이 책은 역학에 대해 다 알면서도 밖으로 표출되지 않아 어려움을 겪는 사람들을 위한 실습서다. 특히 틀에 박힌 교과서적인 역술의 고정관념에서 벗어나, 한차원 높게 공부할 수 있도록 원리통달을 설명하는데 중점을 두었다. 실명감정과 이론강의라는 두 단락으로 나누어 역학의 진리를 설명했기 때문에 누구나 쉽게 이해할 수 있다. 역학계의 대가 김봉준 선생의 역서「알기쉬운 해설·말하는 역학」의 후편이다.

· 백우 김봉준 저

현장 지리풍수

신비한 동양철학 48

현장감을 살린 지리풍수법

풍수를 업으로 삼는 사람들이 진(眞)과 가(假)를 분별할 줄 모르면서 24산의 포테시묘의 법을 익히고는 많은 법을 알았다고 자부하며 뽐내고 있다. 그리고는 재물에 눈이 어두워 불길한 산을 길하다 하고, 선하지 못한 물(水)을 선하다 하면서 죄를 범하고 있다. 이는 분수 밖의 것을 망녕되게 바라기 때문이다. 마음 가짐을 바로하고 고대 원전에 공력을 바치면서 산간을 실사하며 적공을 쏟으면 정교롭고 세밀한 경지를 얻을 수 있을 것이다.

· 전항수 · 주관장 편저

완벽 사주와 관상

신비한 동양철학 55

사주와 관상의 핵심을 한 권에

자연과 인간, 음양(陰陽)오행과 인간, 사계와 절후, 인상(人相)과 자연, 신(神)들의 이야기 등등 우리들의 삶과 관계되는 사실적 관계로만 역(易)을 설명해 누구나 쉽게 이해할 수 있도록 썼으며 특히 역(易)에 대한 관심과 흥미를 갖게 하고자 인상학(人相學)을 추록했다. 여기에 추록된 인상학(人相學)은 시중에서 흔하게 볼 수 있는 상법(相法)이 아니라 생활상법(生活相法) 즉 삶의 지식과 상식을 드리고자 했으니 생활에 유익함이 있기를 바란다.

· 김봉준 · 유오준 공저

해몽 · 해몽법

신비한 동양철학 50

해몽법을 알기 쉽게 설명한 책

인생은 꿈이 예지한 시간적 한계에서 점점 소멸되어 가는 현존물이기 때문에 반드시 꿈의 뜻을 따라야 한다. 이것은 꿈을 먹고 살아가는 인간 즉 태몽의 끝장면인 죽음을 향해 달려가고 있는 인간이기 때문이다. 꿈은 우리의 삶을 이끌어가는 이정표와도 같기에 똑바로 가도록 노력해야 한다.

· 김종일 저

역점

신비한 동양철학 57

우리나라 전통 행운찾기

주역을 무조건 미신으로 치부해버리는 생각은 버려야 한다. 주역이 점치는 책에만 불과했다면 벌써 그 존재가 없어졌을 것이다. 그러나 오랫동안 많은 학자가 연구를 계속해왔고, 그 속에서 자연과학과 형이상학적인 우주론과 인생론을 밝혀, 정치 · 경제 · 사회 등 여러 방면에서 인간의 생활에 응용해왔고, 삶의 지침서로써 그 역할을 했다. 이 책은 한 번만 읽으면 누구나 역점가가 될 수 있으니 생활에 도움이 되길 바란다.

· 문명상 편저

명리학연구

신비한 동양철학 59

체계적인 명확한 이론

이 책은 명리학 연구에 핵심적이 내용만을 모아 하나의 독립된 장을 만들었다. 명리학은 분야가 넓어 공부를 하다보면 주변에 머무르는 경우가 많아, 주요 내용을 잃고 헤매는 경우가 많다. 그러므로 뼈대를 잡는 것이 중요한데, 여기서는 「17장. 명리대요」에 핵심 내용만을 모아 학문의 체계를 잡는데 용이하게 하였다.

· 권중주 저

쉽게 푼 풍수

신비한 동양철학 60

현장에서 활용하는 풍수지리법

산도는 매우 광범위하고, 현장에서 알아보기 힘들다. 더구나 지금은 수목이 울창해 소조산 정상에 올라가도 나무에 가려 국세를 파악하는데 애를 먹는다. 그러므로 사진을 첨부하니 많은 도움이 되길 바란다. 물론 결록에 있고 산도가 눈에 익은 것은 혈 사진과 함께 소개하니 참고하기 바란다. 이 책을 열심히 정독하면서 답산하면 혈을 알아보고 용산도 할 수 있을 것이다.

· 전항수 · 주장관 편저

동양철학전문출판 | 삼한

올바른 작명법

신비한 동양철학 61

세상의 부모들에게 가장 소중한 것이 무엇이냐고 물으면 누구든 자녀라고 할 것이다. 그런데 왜 평생을 좌우할 이름을 함부로 짓는가. 이름이 얼마나 소중한지를. 이름의 오행작용이 사람의 일생을 어떻게 좌우하는지를 모르기 때문이다. 세상만물은 음양오행의 영향을 받지 않는 것이 없다. 봄이 가면 여름이 오고, 여름이 가면 가을이 오고, 가을이 가면 겨울이 오고, 겨울이 가면 봄이 오는 것 또한 음양오행의 원리다.

· 이정재 저

신수대전

신비한 동양철학 62

흉함을 피하고 길함을 부르는 방법

신수를 보는 방법은 여러 가지가 있는데 대부분이 주역과 사주추명학에 근거를 둔다. 수많은 학설 중에서 몇 가지를 보면 사주명리, 자미두수, 관상, 점성학, 구성학, 육효, 토정비결, 매화역수, 대정수, 초씨역림, 황극책수, 하락리수, 범위수, 월영도, 현무발서, 철판신수, 육임신과, 기문둔갑, 태을신수 등이다. 역학에 정통한 고사가 아니면 제대로 추단하기 어려운데 엉터리 술사들이 넘쳐난다. 그래서 누구나 자신의 신수를 볼 수 있도록 몇 가지를 정리했다.

· 도관 박흥식

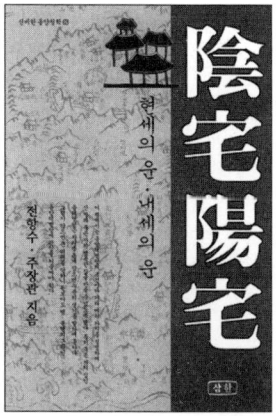

음택양택

신비한 동양철학 63

현세의 운·내세의 운

이 책에서는 음양택명당의 조건이나 기타 여러 가지를 설명하여 산 자와 죽은 자의 행복한 집을 만들 수 있도록 했다. 특히 죽은 자의 집인 음택명당은 자리를 옳게 잡으면 꾸준히 생기를 발하여 흥하나, 그렇지 않으면 큰 피해를 당하니 돈보다도 행·불행의 근원인 음양택명당에 관심을 기울여야 한다.

· 전항수 · 주장관 지음

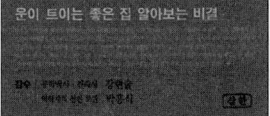

이런 집에 살아야 잘 풀린다

신비한 동양철학 64

운이 트이는 좋은 집 알아보는 비결

힘든 상황에서 내 가족이 지혜롭게 대처하고 건강을 지켜주는, 한마디로 운이 트이는 집은 모두의 꿈일 것이다. 가족이 평온하게 생활할 수 있는 집, 나가서는 발전을 가져다 줄 수 있는 그런 집이 있다면 얼마나 좋을까? 그런 소망에 한 걸음이라도 가까워지려면 막연하게 운만 기대해서는 안 된다. '호랑이를 잡으려면 호랑이 굴로 들어가라'는 속담이 있듯이 좋은 집을 가지려면 그만한 노력이 있어야 한다.

· 강현술 · 박흥식 감수

동양철학전문출판 | 삼한

사주에 모든 길이 있다

신비한 동양철학 65

사주를 간명하는데 조금이라도 도움이 되었으면 하는 바람에서 이 책을 쓰게 되었다. 간명의 근간인 오행의 왕쇠강약을 세분해서 설명했다. 그리고 대운과 세운, 세운과 월운의 연관성과, 십신과 여러 살이 운명에 미치는 암시와, 십이운성으로 세운을 판단하는 방법을 설명했다.

· 정담 선사 편저

사주학

신비한 동양철학 66

5대 원서의 핵심과 실용

이 책은 사주학을 체계적으로 공부하려는 학도들을 위해 꼭 알아야 할 내용과 용어를 수록하는데 중점을 두었다. 이 학문을 공부하려고 찾아온 사람들에게 여러 가지 질문을 던져보면 거의 기초지식이 시원치 않다. 그런 상태로 사주를 읽으려니 제대로 될 리가 없다. 이 책으로 용어와 제반지식을 터득하면 빠른 시일에 소기의 목적을 이룰 수 있을 것이다.

· 글갈 정대엽 저

주역 기본원리

신비한 동양철학 67

주역의 기본원리를 통달할 수 있는 책

이 책에서는 기본괘와 변화와 기본괘가 어떤 괘로 변했을 경우 일어날 수 있는 내용들을 설명하여 주역의 변화에 대한 이해를 돕는데 주력하였다. 그러나 그런 내용을 구분할 수 있는 방법을 전부 다 설명할 수는 없기에 뒷장에 간단하게설명하였고, 다른 책들과 설명의 차이점도 기록하였으니 참작하여 본다면 조금이나마 도움이 될 것이다.

· 원공선사 편저

사주특강

신비한 동양철학 68

자평진전과 적천수의 재해석

이 책은 『자평진전(子平眞詮)』과 『적천수(滴天髓)』를 근간으로 명리학(命理學)의 폭넓은 가치를 인식하고, 실전에서 유용한 기반을 다지는데 중점을 두고 썼다. 일찍이 『자평진전(子平眞詮)』을 교과서로 삼고, 『적천수(滴天髓)』로 보완하라는 서낙오(徐樂吾)의 말에 깊이 공감한다.

청월 박상의 편저

동양철학전문출판 | 삼한

복을 부르는방법

신비한 동양철학 69

나쁜 운을 좋은 운으로 바꾸는 비결

개운하는 방법은 여러 가지가 있으나, 이 책의 비법은 축원문을 독송하는 것이다. 독송이란 소리내 읽는다는 뜻이다. 사람의 말에는 기운이 있는데, 이 기운은 자신에게 돌아온다. 좋은 말을 하면 좋은 기운이 돌아오고, 나쁜 말을 하면 나쁜 기운이 돌아온다. 이 책은 누구나 어디서나 쉽게 비용을 들이지 않고 좋은 운을 부를 수 있는 방법을 실었다.

· 역산 김찬동 편저

인터뷰 사주학

신비한 동양철학 70

쉽고 재미있는 인터뷰 사주학

얼마전까지만 해도 사주학을 취급하는 사람들은 미신을 다루는 부류로 취급되었다. 그러나 지금은 하루가 다르게 이 학문을 공부하는 사람들이 폭증하고 있는 것으로 보인다. 젊은 층에서 사주카페니 사주방이니 사주동아리니 하는 것들이 만들어지고 그 모임이 활발하게 움직이고 있다는 점이 그것을 증명해준다. 그뿐 아니라 대학원에는 역학교수들이 점차로 증가하고 있다.

· 글갈 정대엽 편저

육효대전

신비한 동양철학 37

정확한 해설과 다양한 활용법

동양의 고전 중에서도 가장 대표적인 것이 주역이다. 주역은 옛사람들이 자연의 법칙을 거울삼아 인간이 생활을 영위해 나가는 처세에 관한 지혜를 무한히 내포하고, 피흉추길하는 얼과 슬기가 함축된 점서)인 동시에 수양·과학서요 철학·종교서라고 할 수 있다.

· 도관 박흥식 편저

사람을 보는 지혜

신비한 동양철학 73

관상학의 초보에서 완성까지

현자는 하늘이 준 명을 알고 있기에 부귀에 연연하지 않는다. 사람은 마음을 다스리는 심명이 있다. 마음의 명은 자신만이 소통하는 유일한 우주의 무형의 에너지이기 때문에 잠시도 잊으면 안된다. 관상학은 사람의 상으로 이런 마음을 살피는 학문이니 잘 이해하여 보다 나은 삶을 삶을 영위할 수 있도록 노력해야 한다.

· 이부길 편저

명리학 | 재미있는 우리사주

신비한 동양철학 74

사주 세우는 방법부터 용어해설 까지‼

몇 년 전 『사주에 모든 길이 있다』가 나온 후 선배 제현들께서 알찬 내용의 책다운 책을 접했다면서 매월 한 번만이라도 참 역학의 발전을 위하여 학술세미나를 열자는 제의를 받았다. 그러나 사주의 작성법을 설명하지 않아 독자들에게 많은 질타를 받고 뒤늦게 이 책을 출판하기로 결심했다. 이 책은 한글만 알면 누구나 역학과 가까워질 수 있도록 사주 세우는 방법부터 실제 간명, 용어해설에 이르기까지 분야별로 엮었다.

· 정담 선사 편저

성명학 | 바로 이 이름

신비한 동양철학 75

사주의 운기와 조화를 고려한 이름짓기

사람은 누구나 타고난 운명, 즉 숙명이라는 것이 있다. 숙명인 사주팔자는 선천운이고, 성명은 후천운이 되는 것으로 이름을 지을 때는 타고난 운기와의 조화를 고려함이 중요하다. 따라서 역학에 대한 깊은 이해가 선행되어야 함은 지극히 당연한 일이다. 부연하면 작명의 근본은 타고난 사주에 운기를 종합적으로 분석하여 부족한 점을 보강하고 결점을 개선한다는 큰 뜻이 있다고 할 수 있다.

· 정담 선사 편저

운을 잡으세요 | 개운비법

신비한 동양철학 76

염력강화로 삶의 문제를 해결한다!

염력(念力)이 강한 사람은 운명을 개척하며 행복하게 살고, 염력이 약한 사람은 운명의 노예가 되어 불행하게 살아간다. 때문에 행복과 불행은 누가 주는 것이 아니라 자기 자신이 만든다고 할 수 있다. 한 마디로 말해 의지의 힘, 즉 염력이 운명을 바꾸는 것이다. 이 책에서는 이러한 염력을 강화시켜 삶에서 일어나는 문제를 해결하는 방법을 알려준다. 누구나 가벼운 마음으로 읽고 실천한다면 반드시 목적을 이룰 수 있을 것이다.

• 역산 김찬동 편저

작명정론

신비한 동양철학 77

이름으로 보는 역대 대통령이 나오는 이치

사주팔자가 네 기둥으로 세워진 집이라면 이름은 그 집을 대표하는 문패라고 할 수 있다. 사람은 태어나면서 사주를 통해 운을 타고나고 이름이 주어진 순간부터 명(命)이 작용한다. 사주와 이름이 곧 운명을 결정한다는 것이다. 따라서 이름을 지을 때는 사주의 격에 맞추어야 한다. 사주 그릇이 작은 사람이 원대한 뜻의 이름을 쓰면 감당하지 못할 시련을 자초하게 되고 오히려 이름값을 못할 수 있다. 즉 분수에 맞는 이름으로 작명해야 하기 때문에 사주의 올바른 분석이 필요하다.

• 청월 박상의 편저

원심수기 통증예방 관리비법

신비한 동양철학 78

쉽게 배워 적용할 수 있는 통증관리법

이 책을 세상에 내놓는 것은 우리 전통 민중의술도 세상의 그 어떤 의술에 못지 않게 아주 훌륭한 치료술이 있고 그 전통이 수백 년, 또는 수천 년을 내려오면서 전해지고 있는데 현재 사회를 보면 무조건 외국에서 들어온 것만이 최고라고 하는 식으로 하여 우리의 전통 민중의술을 뿌리째 버리려고 하는데 문제가 있는 것 같기에 우리것을 지키고자 하는데 그 첫째의 목적이 있다 할 수 있을 것이다.

· 원공 선사 저

사주비기

신비한 동양철학 79

역학으로 보는 대통령이 나오는 이치!!

이 책에서는 고서의 이론을 근간으로 하여 근대의 사주들을 임상하여, 적중도에 의구심이 가는 이론들은 과감하게 탈피하고 통용될 수 있는 이론만을 수용했다. 따라서 기존 역학서의 아쉬운 부분들을 충족시키며 일반인도 열정만 있으면 누구나 자신의 운명을 감정하고 피흉취길할 수 있는 생활지침서로 활용할 수 있을 것이다.

청월 박상의 편저

찾기 쉬운 명당

· ·

신비한 동양철학 44

풍수지리의 모든 것 !

이 책은 가능하면 쉽게 풀려고 노력했고, 실전에 도움
이 되도록 했디. 특히 풍수지리에서 방향측정에 필수인
패철(佩鐵)사용과 나경(羅經) 9층을 각 층별로 간추려
설명했다. 그리고 이 책에 수록된 도설, 즉 오성도, 명
산도, 명당 형세도 내거수 명당도, 지각(枝脚)형세도,
용의 과협출맥도, 사대혈형(穴形) 와겸유돌(窩鉗乳突)
형세도 등은 국립중앙도서관에 소장된 문헌자료인 만
산도단, 만산영도, 이석당 은민산도의 원본을 참조했다.

· 호산 윤재우 저

명리입문

· ·

신비한 동양철학 41

명리학의 필독서 !

이 책은 자연의 기후변화에 의한 운명법 외에 명리학
도들이 궁금해 했던 인생의 제반사들에 대해서도 상세
하게 기술했다. 따라서 초보자부터 심도있게 공부한 사
람들까지 세심히 읽고 숙독해야 하는 책이다. 특히 격
국이나 용신뿐 아니라 십신에 대한 자세한 설명, 조후
용신에 대한 보충설명, 인간의 제반사에 대해서는 독보
적인 해설이 들어 있다. 초보자들에게는 더할 수 없이
훌륭한 길잡이가 될 것이다.

· 동하 정지호 편역

동양철학전문출판 | 삼한

육효점 정론

신비한 동양철학 80

육효학의 정수!

이 책은 주역의 원전소개와 상수역법의 꽃으로 발전한 경방학을 같이 실어 독자들의 호기심을 충족시키는데 중점을 두었습니다. 주역의 원전으로 인화의 처세술을 터득하고, 어떤 사안의 답은 육효법을 탐독하여 찾으시기 바랍니다.

· 효명 최인영 편역

작명 백과사전

신비한 동양철학 81

36가지 이름짓는 방법과 선후천 역상법 수록

이름은 나를 대표하는 생명체이므로 몸은 세상을 떠날지라도 영원히 남는다. 성명운의 유도력은 후천적으로 가공 인수되는 후존적 수기로써 조성 운화되는 작용력이 있다. 선천수기의 운기력이 50%이면 후천수기도의 운기력도50%이다. 이와 같이 성명운의 작용은 운로에 불가결한조건일 뿐 아니라, 선천명운의 범위에서 기능을 충분히 할 수 있다.

· 임삼업 편저 | 송충석 감수

사주대성

신비한 동양철학 33

초보에서 완성까지

이 책은 과거 현재 미래를 모두 알 수 있는 비결을 실었다. 그러나 모두 터득한디는 것은 어려울 것이다. 역학은 수천 년간 동방의 석학들에 의해 갈고 닦은 철학이요 학문이며, 정신문화로서 영과학적인 상수문화로서 자랑할만한 위대한 학문이다.

· 도관 박흥식 저

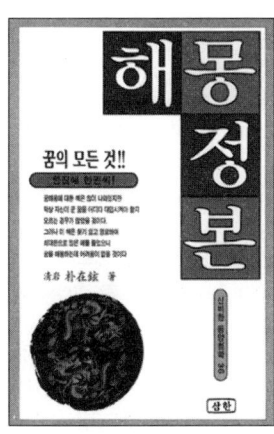

해몽정본

신비한 동양철학 36

꿈의 모든 것!

막상 꿈해몽을 하려고 하면 내가 꾼 꿈을 어디다 대입시켜야 할지 모를 경우가 많았을 것이다. 그러나 이 책은 찾기 쉽고, 명료하며, 최대한으로 많은 갖가지 예를 들었으니 꿈해몽을 하는데 어려움이 없을 것이다.

· 청암 박재현 저

적천수 정설
••••••••••••••••••••••••••••••••
신비한 동양철학 82
적천수 원문을 쉽고 자세하게 해설

적천수(滴天髓)는 명나라 개국공신인 유백온(劉伯溫) 선생이 처음으로 저술한 후 여러 사람이 각각 자신의 주장을 내세워 해설하여 오늘날에는 많은 분량이 되었다. 그러나 원래 유백온(劉伯溫) 선생이 저술한 적천수(滴天髓)의 원문은 내용이 그렇게 많지가 않다. 저자는 적천수(滴天髓) 원문을 보고 30년 역학(易學)의 경험을 총동원하여 감히 해설해 보았다.

· 역산 김찬동 편역

궁통보감 정설
••••••••••••••••••••••••••••••••
신비한 동양철학 83
궁통보감 원문을 쉽고 자세하게 해설

『궁통보감(窮通寶鑑)』은 5대원서 중에서 가장 이론적이며 사리에 맞는 책이라고 생각한다. 이 책은 조후(調候)를 중심으로 설명하며 간명한 것이 특징이다. 역학을 공부하는 학도들에게 도움을 주려고 먼저 원문에 음독을 단 다음 해설하였다. 그리고 예문은 서낙오(徐樂吾) 선생이 해설한 것을 그대로 번역하였고, 저자가 상담한 사람들의 사주와 점서에 있는 사주들을 실었다.

· 역산 김찬동 편역

주역육효 해설방법 上·下

신비한 동양철학 38

한 번만 읽으면 주역을 활용할 수 있는 책!

이 책은 주역을 해설한 것으로, 될 수 있는 한 여러 가지 사설을 덧붙이지 않고 주역을 공부하고 활용하는데 필요한 요건만을 기록했다. 따라서 주역의 근원이나 하도낙서, 음양오행에 대해서도 많은 설명을 자제했다. 다만 누구나 이 책을 한 번 읽어서 주역을 이해하고 활용할 수 있도록 하는데 중점을 두었다.

· 원공선사 저

사주명리학 핵심

신비한 동양철학 ⑲

맥을 잡아야 모든 것이 보인다!

이 책은 잡다한 설명을 배제하고 명리학자들에게 도움이 될 비법만을 모아 엮었기 때문에 초심자가 이해하기에는 다소 어려운 부분도 있겠지만 기초를 튼튼히 한 다음 정독한다면 충분히 이해할 것이다. 신살만 늘어놓으며 감정하는 사이비가 되지말기를 바란다.

· 도관 박흥식 저

동양철학전문출판 | 삼한

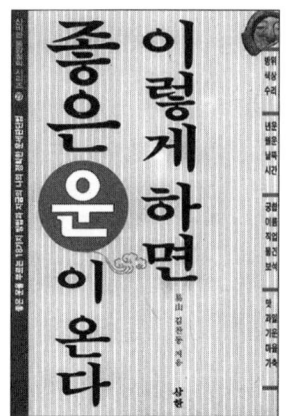

이렇게 하면 좋은 운이 온다

신비한 동양철학 ㉗

한 가정에 한 권씩 놓아두고 볼만한 책!

좋은 운을 부르는 방법은 방위·색상·수리·년운·월운·날짜·시간·궁합·이름·직업·물건·보석·맛·과일·기운·마을·가축·성격 등을 정확하게 파악하여 자신에게 길한 것은 취하고 흉한 것은 피하면 된다. 간혹 예외인 경우가 있지만 극소수에 불과하고 대부분은 적중하기 때문에 좋은 효과를 본다. 이 책의 저자는 신학대학을 졸업하고 역학계에 입문했다는 특별한 이력을 갖고 있기 때문에 더 많은 화제가 되고 있다.

· 역산 김찬동 저

말하는 역학

신비한 동양철학 ⑪

신수를 묻는 사람 앞에서 말문이 술술 열린다!

이 책은 그토록 어렵다는 사주통변술을 이해하기 쉽고 흥미롭게 고담과 덕담을 곁들여 사실적인 인물을 궁금해 하는 사람에게 생동감있게 통변하고 있다. 길흉작용을 어떻게 표현하느냐에 따라 상담자의 정곡을 찔러 핵심을 끄집어내고 여기에 대한 정답을 내려주는 것이 통변술이다. 역학계의 대가 김봉준 선생의 역작이다.

· 백우 김봉준 저

술술 읽다보면 통달하는 사주학

신비한 동양철학 ㉗

술술 읽다보면 나도 어느새 도사 !

당신은 당신 마음대로 모든 일이 이루어지던가. 지금까지 누구의 명령을 받지 않고 내 맘대로 살아왔다고, 운명 따위는 믿지도 않고 매달리지 않는다고, 이렇게 말하는 사람들이 많다. 그러나 그것은 우주법칙을 모르기 때문에 하는 소리다.

· 조철현 저

참역학은 이렇게 쉬운 것이다

신비한 동양철학 ㉔

음양오행의 이론으로 이루어진 참역학서 !

수학공식이 아무리 어렵다고 해도 1, 2, 3, 4, 5, 6, 7, 8, 9, 0의 10개의 숫자로 이루어졌듯이, 사주도 음양과 목, 화, 토, 금, 수의 오행으로 이루어졌을 뿐이다. 그러니 용신과 격국이라는 무거운 짐을 벗어버리고 음양오행의 법칙과 진리만 정확하게 파악하면 된다. 사주는 단지 음양오행의 변화일 뿐이고, 용신과 격국은 사주를 감정하는 한가지 방법에 지나지 않는다.

· 청암 박재현 저

동양철학전문출판 | 삼한

나의 천운 운세찾기

신비한 동양철학 ⑫

놀랍다는 몽골정통 토정비결 !

이 책은 역학계의 대가 김봉준 선생이 놀랍다는 몽공토
정비결을 연구 · 분석하여 우리의 인습 및 체질에 맞게
엮은 것이다. 운의 흐름을 알리고자 호운과 쇠운을 강
조했으며, 현재의 나를 조명해보고 판단할 수 있도록
했다. 모쪼록 생활서나 안내서로 활용하기 바란다.

· 백우 김봉준 저

쉽게푼 역학

신비한 동양철학 ❷

쉽게 배워서 적용할 수 있는 생활역학서 !

이 책에서는 좀더 많은 사람들이 역학의 근본인 우주
의 오묘한 진리와 법칙을 깨달아 보다 나은 삶을 영위
하는데 도움이 될 수 있도록 가장 쉬운 언어와 가장 쉬
운 방법으로 풀이했다. 역학계의 대가 김봉준 선생의
역작이다.

· 백우 김봉준 저

이름이 운명을 바꾼다

신비한 동양철학 ㉕

이름은 제2의 자신이다!

이름에는 각각 고유의 뜻과 기운이 있어서 그 기운이 성격을 만들고 그 성격이 운명을 만든다. 나쁜 이름은 부르면 부를수록 불행을 부르고 좋은 이름은 부르면 부를수록 행복을 부른다. 만일 이름이 거지 같다면 아무리 운세를 잘 만나도 밥을 좀더 많이 얻어 먹을 수 있을 뿐이다. 이 책의 저자는 신학대학을 졸업하고 역학계에 입문했다는 특별한 이력을 갖고 있기 때문에 더 많은 화제가 되고 있다.

· 역산 김찬동 저

작명해명

신비한 동양철학 ㉖

누구나 쉽게 배워서 활용할 수 있는 체계적인 작명법!

일반적인 성명학으로는 알 수 없는 한자이름, 한글이름, 영문이름, 예명, 회사명, 상호, 상품명 등의 작명방법을 여러 사례를 들어 체계적으로 분석하여 누구나 쉽게 배워서 활용할 수 있도록 서술했다.

· 도관 박홍식 저

관상오행

신비한 동양철학 ⑳

한국인의 특성에 맞는 관상법 !

좋은 관상인 것 같으나 실제로는 나쁘거나 좋은 관상이 아닌데도 잘 사는 사람이 왕왕있어 관상법 연구에 흥미를 잃는 경우가 있다. 이것은 중국의 관상법만을 익히고, 우리의 독특한 환경적인 특징을 소홀히 다루었기 때문이다. 이에 우리 한국인에게 알맞는 관상법을 연구하여 누구나 관상을 쉽게 알아보고 해석할 수 있도록 자세하게 풀어놓았다.

· 송파 정상기 저

물상활용비법

신비한 동양철학 31

물상을 활용하여 오행의 흐름을 파악한다 !

이 책은 물상을 통하여 오행의 흐름을 파악하고, 운명을 감정하는 방법을 연구한 책이다. 추명학의 해법을 연구하고 운명을 추리하여 오행에서 분류되는 물질의 운명 줄거리를 물상의 기물로 나들이 하는 활용법을 주제로 했다. 팔자풀이 및 운명해설에 관한 명리감정법의 체계를 세우는데 목적을 두고 초점을 맞추었다.

· 해주 이학성 저

운세십진법 · 本大路

신비한 동양철학 ❶

운명을 알고 대처하는 것은 현대인의 지혜다!

타고난 운명은 분명히 있다 그러니 자신의 운명을 알고 대처한다면 비록 운명을 바꿀 수는 없지만 충분히 향상시킬 수 있다. 이것이 사주학을 알아야 하는 이유다. 이 책에서는 자신이 타고난 숙명과 앞으로 펼쳐질 운명행로를 찾을 수 있도록 운명의 기초를 초연하게 설명하고 있다.

· 백우 김봉준 저

국운 · 나라의 운세

신비한 동양철학 ㉒

역으로 풀어본 우리나라의 운명과 방향!

아무리 서구사상의 파고가 높다하기로 오천년을 한결같이 가꾸며 살아온 백두의 혼이 와르르 무너지는 지경에 왔어도 누구하나 입을 열어 말하는 사람이 없으니 답답하다. IMF라는 특수한 상황에서 불확실한 내일에 대한 해답을 이 책은 명쾌하게 제시하고 있다.

· 백우 김봉준

명인재

신비한 동양철학 43

신기한 사주판단 비법 !

살(殺)의 활용방법을 완벽하게 제시하는 책!

이 책은 오행보다는 주로 살을 이용하는 비법이다. 시중에 나온 책들을 보면 살에 대해 설명은 많이 하면서도 실제 응용에서는 무시하고 있다. 이것은 살을 알면서도 응용할 줄 모르기 때문이다. 그러나 이 책에서는 살의 활용방법을 완전히 터득해, 어떤 살과 어떤 살이 합하면 어떻게 작용하는지를 자세하게 설명하고 있다.

· 원공선사 지음

사주학의 방정식

신비한 동양철학 18

가장 간편하고 실질적인 역서 !

이 책은 종전의 어려웠던 사주풀이의 응용과 한문을 쉬운 방법으로 터득할 수 있게 하는데 목적을 두었고, 역학의 내용이 어떤 것이며 무엇이 어디에 속하는지를 알고자 하는데 있다.

· 김용오 저

원토정비결

· ·

신비한 동양철학 53

반쪽으로만 전해오는 토정비결의 완전한 해설판

지금 시중에 나와 있는 토정비결에 대한 책들을 보면 옛날부터 내려오는 완전한 비결이 아니라 반쪽의 책이다. 그러나 반쪽이라고 말하는 사람이 없다. 그것은 주역의 원리를 모르기 때문이다. 따라서 늦은 감이 없지 않으나 앞으로의 수많은 세월을 생각하면서 완전한 해설본을 내놓기로 한 것이다.

· 원공선사 저

내가 보고 내가 바꾸는 DIY사주

· ·

신비한 동양철학 40

내가 보고 내가 바꾸는 사주비결 !

이 책은 기존의 책들과는 달리 한 사람의 사주를 체계적으로 도표화시켜 한 눈에 파악할 수 있고, DIY라는 책 제목에서 말하듯이 개운하는 방법을 제시하고 있다. 초심자는 물론 전문가도 자신의 이론을 새롭게 재조명해 볼 수 있는 케이스 스터디 북이다.

· 석오 전 광 지음

동양철학전문출판 | 삼한

남사고의 마지막 예언

신비한 동양철학 29

이 책으로 격암유록에 대한 논란이 끝나기 바란다

감히 이 책을 21세기의 성경이라고 말한다. 〈격암유록〉
은 섭리가 우리민족에게 준 위대한 복음서이며, 선물이
며, 꿈이며, 인류의 희망이다. 이 책에서는 〈격암유록〉
이 전하고자 하는 바를 주제별로 정리하여 문답식으로
풀어갔다. 이 책으로 〈격암유록〉에 대한 논란은 끝나기
바란다.

· 석정 박순용 저

진짜부적 가짜부적

신비한 동양철학 7

부적의 실체와 정확한 제작방법

인쇄부적에서 가짜부적에 이르기까지 많게는 몇백만원
에 팔리고 있다는 보도를 종종 듣는다. 그러나 부적은
정확한 제작방법에 따라 자신의 용도에 맞게 스스로
만들어 사용하면 훨씬 더 좋은 효과를 얻을 수 있다.
이 책은 중국에서 정통부적을 연구한 국내유일의 동양
오술학자가 밝힌 부적의 실체와 정확한 제작방법을 소
개하고 있다.

· 오상익 저

한눈에 보는 손금

신비한 동양철학 52

논리정연하며 바로미터적인 지침서

이 책은 수상학의 연원을 초월해서 동서합일의 이론으로 집필했다. 그야말로 완벽하리만치 논리정연한 수상학을 정리한 것이다. 그래서 운명적, 철학적, 동양적, 심리학적인 면을 예증과 방편에 이르기까지 아주 상세하게 기술했다. 이 책은 수상학이라기 보다 한 인간의 바로미터적인 지침서 역할을 해줄 것이다. 독자 여러분의 꾸준한 연구와 더불어 인생성공의 지침서가 될 수 있을 것이다.

· 정도명 저

만세력 | 사륙배판 · 신국판
사륙판 · 포켓판

신비한 동양철학 45

찾기 쉬운 만세력

이 책은 완벽한 만세력으로 만세력 보는 방법을 자세하게 설명했다. 그리고 역학에 대한 기본적인 내용과 결혼하기 좋은 나이 · 좋은 날 · 좋은 시간, 아들 · 딸 태아감별법, 이사하기 좋은 날 · 좋은 방향 등을 부록으로 실었다.

· 백우 김봉준 저

동양철학전문출판 | 삼한

수명비결

신비한 동양철학 14

주민등록번호 13자로 숙명의 정체를 밝힌다

우리는 지금 무수히 많은 숫자의 거미줄에 매달려 허우적거리며 살아가고 있다. 1분 · 1초가 생사를 가름하고, 1등 · 2등이 인생을 좌우하며, 1급 · 2급이 신분을 구분하는 세상이다. 이 책은 수명리학으로 13자의 주민등록번호로 명예, 재산, 건강, 수명, 애정, 자녀운 등을 미리 읽어본다.

· 장충한 저

운명으로 본 나의 질병과 건강상태

신비한 동양철학 9

타고난 건강상태와 질병에 대한 대비책

이 책은 국내 유일의 동양오술학자가 사주학과 더불어 정통명리학의 양대산맥을 이루는 자미두수 이론으로 임상실험을 거쳐 작성한 표준자료다. 따라서 명리학을 응용한 최초의 완벽한 의학서로 질병을 예방하고 치료하는데 활용한다면 최고의 의사가 될 것이다. 또한 예방의학적인 차원에서 건강을 유지하는데 훌륭한 지침서로 현대의학의 새로운 장을 여는 계기가 될 것이다.

· 오상익 저

오행상극설과 진화론

신비한 동양철학 5

인간과 인생을 떠난 천리란 있을 수 없다

과학이 현대를 설정하여 설명하고 있으나 원리는 동양 철학에도 있기에 그 양면을 밝히고자 노력했다. 우주에 서 일어나는 모든 일을 과학으로 설명될 수는 없다. 비과학적이라고 하기보다는 과학이 따라오지 못한다고 설명하는 것이 더 솔직하고 옳은 표현일 것이다. 특히 과학분야에 종사하는 신의사가 저술했다는데 더 큰 화 제가 되고 있다.

· 김태진 저

사주학의 활용법

신비한 동양철학 17

가장 실질적인 역학서

우리가 생소한 지방을 여행할 때 제대로 된 지도가 있 다면 편리하고 큰 도움이 되듯이 역학이란 이와같은 인생의 길잡이다. 예측불허의 인생을 살아가는데 올바 른 안내자나 그 무엇이 있다면 그 이상 마음 든든하고 큰 재산은 없을 것이다.

· 학선 류래웅 저

동양철학전문출판 | 삼한

쉽게 푼 주역

신비한 동양철학 10

귀신도 탄복한다는 주역을 쉽고 재미있게 풀어놓은 책

주역이라는 말 한마디면 귀신도 기겁을 하고 놀라 자빠진다는데, 운수와 일진이 문제가 될까. 8×8=64괘라는 주역을 한 괘에 23개씩의 회답으로 해설하여 1472괘의 신비한 해답을 수록했다. 당신이 당면한 문제라면 무엇이든 해결할 수 있는 열쇠가 이 한 권의 책 속에 있다.

· 정도명 저

핵심 관상과 손금

신비한 동양철학 54

사람을 볼 줄 아는 안목과 지혜를 알려주는 책

오늘과 내일을 예측할 수 없을만큼 복잡하게 펼쳐지는 현실에서 살아남기 위해서는 사람을 볼줄 아는 안목과 지혜가 필요하다. 시중에 관상학에 대한 책들이 많이 나와있지만 너무 형이상학적이라 전문가도 이해하기 어렵다. 이 책에서는 누구라도 쉽게 보고 이해할 수 있도록 핵심만을 파악해서 설명했다.

· 백우 김봉준 저

진짜궁합 가짜궁합

신비한 동양철학 8

남녀궁합의 새로운 충격

중구에서 연구한 국내유일의 동양오술학자가 우리나라
역술들의 궁합법이 잘못되었다는 것을 학술적으로
분석·비평하고, 전적과 사례연구를 통하여 궁합의 실
체와 타당성을 분석했다. 합리적인 「자미두수궁합법」과
「남녀궁합」 및 출생시간을 몰라 궁합을 못보는 사람들
을 위하여 「지문으로 보는 궁합법」 등을 공개한다.

· 오상익 저

좋은꿈 나쁜꿈

신비한 동양철학 15

그날과 앞날의 모든 답이 여기 있다

개꿈이란 없다. 꿈은 반드시 미래를 예언한다. 이 책은
프로이드의 정신분석학적인 입장이 아닌 미래판단의
근거에 입각한 예언적인 해몽학이다. 여러 형태의 꿈을
체계적으로 정리했으니 올바른 해몽법으로 앞날을 지
혜롭게 대처해 보자. 모쪼록 각 가정에서 한 권씩 두고
이용하면 생활하는데 많은 도움이 될 것이다.

· 학선 류래웅 저

완벽 만세력

신비한 동양철학 58

착각하기 쉬운 썸머타임 2도 인쇄

시중에 많은 종류의 만세력이 나와있지만 이 책은 단순한 만세력이 아니라 완벽한 만세경전으로 만세력 보는 법 등을 실었기 때문에 처음 대하는 사람이라도 쉽게 볼 수 있도록 편집되었다. 또한 부록편에는 사주명리학, 신살종합해설, 결혼과 이사택일 및 이사방향, 길흉보는 법, 우주천기와 한국의 역사 등을 수록했다.

· 백우 김봉준 저

주역·토정비결

신비한 동양철학 40

토정비결의 놀라운 비결

지금 시중에 나와 있는 토정비결에 대한 책들을 보면 옛날부터 내려오는 완전한 비결이 아니라 반쪽의 책이다. 그러나 반쪽이라고 말하는 사람이 없다. 그것은 주역의 원리를 모르기 때문이다. 따라서 늦은 감이 없지 않으나 앞으로의 수많은 세월을 생각하면서 완전한 해설본을 내놓기로 했다.

· 원공선사 저

왕초보 내 사주

신비한 동양철학 84

초보 입문용 역학서

이 책은 역학을 너무 어렵게 생각하는 초보자들에게 조금이나마 도움을 주고자 쉽게 엮으려고 노력했다. 이 책을 숙지한 후 역학(易學)의 5대 원서인 『적천수(滴天髓)』, 『궁통보감(窮通寶鑑)』, 『명리정종(命理正宗)』, 『연해자평(淵海子平)』, 『삼명통회(三命通會)』에 접근한다면 훨씬 쉽게 터득할 수 있을 것이다. 이 책들은 저자가 이미 편역하여 삼한출판사에서 출간한 것도 있고, 앞으로 모두 갖출 것이니 많이 활용하기 바란다.

· 역산 김찬동 편저

스스로 공부하게 하는 방법과 천부적 적성

신비한 동양철학 85

내 아이를 성공시키고 싶은 부모들에게

자녀를 성공시키고 싶은 마음은 부자나 가난한 사람이나 모두 같을 것이다. 그러나 가난한 부모를 둔 아이들은 공부할 수 있는 환경이 열악하다. 빈익빈 부익부 현상이 배우는 아이들 때부터 시작되기 때문이다. 그러니 가난한 집 아이가 좋은 성적을 내기는 매우 어렵고, 원하는 학교에 들어가기도 어렵다. 그러나 실망하기에는 아직 이르다. 내 아이가 훌륭한 인재로 성장해 아름답고 멋진 삶을 살아가는 방법이 이 책에 있다.

· 청암 박재현 지음

기문둔갑 비급대성

• •

신비한 동양철학 86

기문의 정수

기문둔갑은 천문지리·인사명리·법술병법 등에 영험한 술수로 예로부터 은밀하게 특권층에만 전승되었다. 그러나 아쉽게도 기문을 공부하려는 이들에게 도움이 될만한 책이 거의 없다. 필자는 이 점이 안타까워 천견박식함을 돌아보지 않고 감히 책을 내게 되었다. 한 권에 기문학을 다 표현할 수는 없지만 이 책을 사다리 삼아 저 높은 경지로 올라간다면 제갈공명과 같은 지혜를 발휘할 수 있을 것이다.

· 도관 박흥식 편저

아호연구

• •

신비한 동양철학 87

여러 가지 작호법과 실예 모음

필자는 오래 전부터 작명을 연구했다. 그러나 시중에 나와 있는 책에는 대부분 아호에 관해서는 전혀 언급하지 않았다. 그래서 아호에 관심이 있어도 자료를 구하지 못하는 분들을 위해 이 책을 내게 되었다. 아호를 짓는 것은 그리 대단하거나 복잡하지 않으니 이 책을 처음부터 끝까지 착실히 공부한다면 누구나 좋은 아호를 지어 쓸 수 있을 것이라고 생각한다.

· 임삼업 편저

점포, 이렇게 하면 부자됩니다

신비한 동양철학 88

부자되는 점포, 보는 방법과 만드는 방법

사업의 성공과 실패는 어떤 사업장에서 어떤 품목으로 어떤 사람들과 거래히느냐에 따라 판가름난다. 그리고 사업을 성공시키려면 반드시 몇 가지 문제를 살펴야 하는데 무작정 사업을 시작하여 실패하는 사람들이 많다. 그래서 이 책에서는 이러한 문제와 방법들을 조목조목 기술하여 누구나 성공하도록 도움을 주는데 주력하였다.

· 김도희 편저

새로 나온 완성 주역비결

신비한 동양철학 92

반쪽으로 전해오는 토정비결을 완전하게 해설

지금 시중에 나와 있는 토정비결에 대한 책들은 옛날부터 내려오는 완전한 비결이 아니라 반쪽의 책이다. 그러나 반쪽이라고 말하는 사람은 없다. 그것은 주역의 원리를 모르기 때문이다. 그래서 늦은 감이 없지 않으나 앞으로 수많은 세월을 생각해서 완전한 해설판을 내놓기로 했다.

· 원공선사 편저

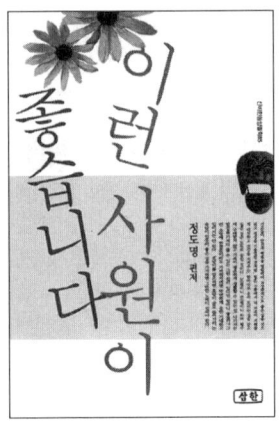

이런 사원이 좋습니다

신비한 동양철학 90

사원선발 면접지침

사회가 다양해지면서 인력관리의 전문화가 매우 필요하며 인력수급 계획이 기업주들의 애로사항이 되었다. 필자는 그동안 수많은 기업의 사원선발 면접시험에 참여했는데 한결같이 기업주들이 면접지침에 관한 책이 하나쯤 있으면 좋겠다는 것이었다. 그리하여 필자가 경험한 사례들을 참작하여 이 책을 내게 되었으니 좋은 사원을 선발하는데 많은 도움이 될 것이라고 믿는다.

· 정도명 지음

육효학총론

신비한 동양철학 89

육효학의 핵심만을 정확하고 알기 쉽게 정리

육효는 갑자기 문제가 생겨 난감한 경우에 명쾌한 답을 찾을 수 있는 학문이다. 그러나 시중에 나와 있는 책들이 대부분 원서를 그대로 번역해 놓은 것이라 전문가인 필자가 보기에도 지루하며 어렵다는 느낌이 들었다. 그래서 보다 쉽게 공부할 수 있도록 이 책을 출간하게 되었다. 육효에 관심이 있는 사람은 누구나 정독한다면 크고 작은 난관들을 사전에 미리 알고 대처할 수 있을 것이라고 믿는다.

· 김도희 편저

한글이미지 성명학

신비한 동양철학 93

이름감정서

이 책은 본인의 이름은 물론 사랑하는 가족 그리고 가까운 친척이나 친구들의 이름까지도 좋은지 나쁜지 알아볼 수 있도록 지금까지 나와 있는 모든 성명학을 토대로 하여 썼다. 감언이설이나 협박성 감명에 흔들리지 않고 확실한 이름풀이를 볼 수 있을 것이다. 그리고 아름답고 멋진 삶을 살아갈 수 있는 이름을 짓는 방법도 상세하게 제시하였다.

• 청암 박재현 지음

명리실무

신비한 동양철학 94

명리학의 총 정리서

명리학(命理學)은 오랜 세월 많은 철인(哲人)들에 의하여 전승 발전되어 왔고, 지금도 수많은 사람이 임상과 연구에 임하고 있으며, 몇몇 대학에 학과도 개설되어 체계적인 교육을 하고 있다. 그러나 아직도 실무에서 활용할 수 있는 책이 부족한 상황이기 때문에 나름대로 현장에서 필요한 이론들을 정리해 보았다. 초학자는 물론 역학계에 종사하는 사람들에게 큰 도움이 될 것이라고 믿는다.

• 박흥식 편저

음파메세지(氣) 성명학

신비한 동양철학 51
새로운 시대에 맞는 새로운 성명학

지금까지의 모든 성명학은 모순의 극치를 이루고 있다. 이제 새로운 시대에 맞는 음파메세지(氣) 성명학이 탄생했으니 차근차근 읽어보고 복을 계속 부르는 이름을 지어 사랑하는 자녀가 행복하고 아름다운 삶을 살아갈 수 있도록 하는데 도움이 되었으면 한다.

· 청암 박재현 저

정법사주

신비한 동양철학 49
독학과 강의용 겸용의 책

이 책은 사주추명학을 연구하고자 하는 분들에게 심오한 주역의 이해를 돕고자 하는 의도에서 시작되었다. 음양오행의 상생상극에서부터 육친법과 신살법을 기초로 하여 격국과 용신 그리고 유년판단법을 활용하여 운명판단에 첩경이 될 수 있도록 했고, 추리응용과 운명감정의 실례를 하나 하나 들어가면서 독학과 강의용 겸용으로 엮었다.

· 원각 김구현 저

기문둔갑옥경

신비한 동양철학 32

가장 권위있고 우수한 학문 !

우리나라의 기문역사는 장구하지만 산세한 문헌은 전무한 상태라 이 책을 발간하기로 했다. 기문둔갑은 천문지리는 물론 인사명리 등 제반사에 관한 길흉을 판단함에 있어서 가장 우수한 학문이며 병법과 법술방면으로도 특징과 장점이 있다. 초학자는 포국편을 열심히 익혀 설국을 자유자재로 할 수 있도록 하고 개인의 이익보다는 보국안민에 일조하기 바란다.

·도관 박흥식 저

정본·관상과 손금

신비한 동양철학 42

바로 알고 사람을 사귑시다

이 책은 관상과 손금은 인생을 행복으로 이끌기 위해 있다는 관점에서 다루었다. 그야말로 관상과 손금의 혁명이라고 할 수 있을 것이다. 여러분도 관상과 손금을 통한 예지력으로 인생의 참주인이 되기 바란다. 용기를 불어넣어 주고 행복을 찾게 하는 것이 참다운 관상과 손금술이다. 이 책으로 미래의 좋은 예지력을 한번쯤 발휘해 보기 바란다. 이 책이 일상사에 고민하는 분들에게 해결방법을 제시해 줄 것이다.

·지창룡 감수

사주 속으로

신비한 동양철학 95

역학서의 고전들로 입증하며 쉽고 자세하게 푼 책

십 년 동안 역학계에 종사하면서 나름대로는 실전과 이론에서 최선을 다했다고 자부한다. 역학원의 비좁은 공간에서도 항상 후학을 생각하는 마음으로 역학에 대한 배움의 장을 마련하고자 노력한 것도 사실이다. 이 책을 역학으로 이름을 알리고 역학으로 생활하면서 조금이나마 역학계에 이바지할 것이 없을까라는 고민의 산물이라 생각해주기 바란다.

· 김상회 편저

비법 작명기술

신비한 동양철학 96

복과 성공을 함께 하려면

이 책은 성명의 발음오행이나 이름글자의 획수에 따른 수리를 근간으로 하는, 실제 이용이 가장 많은 기본 작명법을 서술하고, 주역의 괘상으로 풀어 길흉을 판단하는 역상법 5가지와 그외 중요한 작명법 5가지를 합하여 「보배로운 10가지 이름 짓는 방법」을 부재로 실었다. 따라서 성명학의 학술적 이정표 역할과 작명전문서로도 손색이 없을 것이다. 특히 작명비법인 선후천역상법은 이름글자의 획수계산을 원획에 의존하는 일반작명법과 달리 정획과 곡획을 함께 사용해 주역 상수학을 대표하는 하락이수를 쓰고, 육효가 들어가 응험률을 높였다.

· 임삼업 편저

호(雅號)책

신비한 동양철학 97

아호 짓는 방법과 역대 유명인사의 아호, 인명용 한자 수록

필자는 오래 전부터 작명을 공부하며 연구하는 데 열중했지만 대부분의 작명책에는 아호에 관해서는 전혀 언급하지 않았고, 간혹 거론했어도 몇 줄 정도의 뜻풀이에 불과하거나 일반작명법에 준한다는 암시만 풍기며 끝을 맺었다. 따라서 필자가 참고한 문헌도 적었음을 인정한다. 아호에 관심이 있어도 자료를 구하지 못하는 현실에 착안하여 필자 나름대로 각고 끝에 본서를 펴냈다.

· 임삼업 편저

서체자전

신비한 동양철학 98

해서를 기본으로 전서, 예서, 행서, 초서를 연습할 수 있는 책

한자는 오랜 옛날부터 우리 생활과 뗄 수 없는 관계를 맺어왔음에도 한자를 잘 몰라 불편을 겪는 사람들이 많아 이 책을 내게 되었다. 이 책에서는 해서(楷書)를 기본으로 각 글자마다 전서(篆書), 예서(隷書), 행서(行書), 초서(草書) 순으로 배열하여 독자가 필요한 것을 찾아 연습하기 쉽도록 하였다.

· 편집부 편

정본 | 완벽 만세력

신비한 동양철학 99

착각하기 쉬운 서머타임 2도인쇄

시중에 많은 종류의 만세력이 있지만 이 책은 단순한 만세력이 아니라 완벽한 만세경전이다. 그리고 만세력 보는 법 등을 실었기 때문에 처음 대하는 사람이라도 쉽게 볼 수 있다. 또 부록편에는 사주명리학, 신살 종합 해설, 결혼과 이사 택일, 이사 방향, 길흉보는 법, 우주의 천기와 우리나라 역사 등을 수록하였다.

· 김봉준 편저

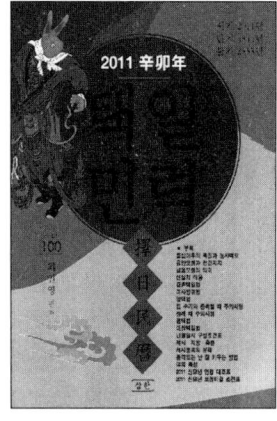

택일민력(擇日民曆)

신비한 동양철학 100

택일에 관한 모든 것

이 책은 택일에 대한 모든 것을 넣으려고 최선을 다하였다. 동양철학을 공부하여 상담하거나 종교인·무속인·일반인들이 원하는 부분을 쉽게 찾아 활용할 수 있도록 칠십이후, 절기에 따른 벼농사의 순서와 중요한 과정, 납음오행, 신살의 의미, 구성조견표, 결혼·이사·제사·장례·이장에 관한 사항 등을 폭넓게 수록하였다.

최인영 편저

조화원약 평주

신비한 동양철학 35

명리학의 정통교본!

이 책은 자평진전, 난강망, 명리정종, 적천수 등과 함께 명리학의 교본에 해당하는 것으로 중국 청나라 때 나온 난강망이라는 책을 서낙오 선생께서 설명을 붙인 것이다. 기존의 많은 책들이 격국과 용신으로 감정하는 것과는 달리 십간십이지와 음양오행을 각각 자연의 이치와 춘하추동의 사계절의 흐름에 대입하여 인간의 길흉화복을 알 수 있게 했다.

· 동하 정지호 편역

용의 혈 · 풍수지리 실기 100선

신비한 동양철학 30

실전에서 실감나게 적용하는 풍수지리의 길잡이!

이 책은 풍수지리 문헌인 조선조 고무엽(古務葉) 태구승(泰九升) 부집필(父輯筆)로 된 만두산법(巒頭山法), 채성우의 명산론(明山論), 금랑경(錦囊經) 등을 알기 쉬운 주제로 간추려 풍수지리의 길잡이가 되고자 했다. 그리고 인간의 뿌리와 한 사람의 고유한 이름의 중요성을 풍수지리와 연관하여 살펴보아야 하기 때문에 씨족의 시조와 본관, 작명론(作名論)을 같이 편집했다.

· 호산 윤재우 저